股权架构解决之道

146个实务要点深度释解

于强伟 著

法律出版社 LAW PRESS·CHINA
北京

图书在版编目(CIP)数据

股权架构解决之道 / 于强伟著. -- 北京 : 法律出版社, 2018(2024.5 重印)
ISBN 978-7-5197-2730-7

Ⅰ. ①股… Ⅱ. ①于… Ⅲ. ①股权管理-研究 Ⅳ. ①F271.2

中国版本图书馆 CIP 数据核字(2018)第 219554 号

股权架构解决之道
GUQUAN JIAGOU JIEJUE ZHI DAO

于强伟 著

责任编辑 赵明霞
装帧设计 马 帅

出版发行 法律出版社
编辑统筹 法商出版分社
责任校对 王晓萍
责任印制 胡晓雅
经　　销 新华书店

开本 710 毫米×1000 毫米 1/16
印张 28　**字数** 363 千
版本 2019 年 1 月第 1 版
印次 2024 年 5 月第 10 次印刷
印刷 永清县金鑫印刷有限公司

地址:北京市丰台区莲花池西里 7 号(100073)
网址:www.lawpress.com.cn
投稿邮箱:info@lawpress.com.cn
举报盗版邮箱:jbwq@lawpress.com.cn

销售电话:010-83938349
客服电话:010-83938350
咨询电话:010-63939796

书号:ISBN 978-7-5197-2730-7
定价:98.00 元
凡购买本社图书,如有印装错误,我社负责退换。电话:010-83938349

本书赞誉

在改革开放40年之际，中国企业家（而不只是中国企业）需要怎样一个新视角和新格局？那就是从只是重视经营，转而进入同时重视管理，又特别是企业顶层架构的设计与管理。一则，长青企业需要有序传承，必然涉及企业家对企业所有权的设计和分配；二则，成熟企业需要全面变革，必然涉及企业家引入资本和外部人才；三则，双创企业需要快速成长，必然涉及创业者与资本的博弈和上市愿景驱动。而这三者的决定性平台，都聚焦于企业股权设计。特别是初创企业，在互联网时代的颠覆下，已经彻底改变了类似两百年来从山西票号就沿袭下来的所有权与经营权截然分开的企业治理模式。当资本已经堂而皇之地渗入到企业日常运营乃至企业价值观塑造时，企业家和创业者对企业股权的设计，就在起点上已经决定了一切的终点。而本书思维和实操并重，会使我们的企业家一方面知道自己该怎样想，同时也知道自己该怎样做。

——杨光（《中外管理》杂志社社长兼总编）

股权就是基因，股权架构不同代表着企业的基因不同。基因决定着企业生命的健康程度和长度。行业不同，企业的股权结构可不同；企业的阶段不同，企业股权结构可因时调整。股权结构设计的合理及丰富多彩，就会对企业的发展、壮大起到决定性的作用。老板可以用股权激励人，职业经理人可以因股权而获得激励、获取财富。企业可以良好的股权架构及激励作用，而获得旺盛的活力。当然，股权结构设计不合理，或使用不当就是企业发展的一剂毒药。《股权架构解决之道》一书兼顾理论性和实用性，用严谨朴素的表达方式为老板、职业经理人、投资者在股权应用上进行了体系化的诠释，具有很强的实用性，读之受益。

——景素奇（中国猎头专委会副主任兼秘书长、国际人力资本网总裁、
腾驹达猎头机构董事长、《老板是这样熬成的》一书作者）

股权是当今经济社会的重要纽带，公司投资、融资、并购和上市等资本运作，主要是借助股权这种权利形式完成的，它在社会资源整合、优化资源配置方面已经发挥了积极作用，并且将继续发挥不可替代的重要作用。股权架构代表了股东、投资人、员工等各方利益的平衡，股权架构的设计是股权管理的核心环节，也是股权投资需要考虑的决策依据。科学合理的股权架构设计将为公司排除后顾之忧，系统地打造符合本公司现状的股权架构是每一位企业家和股权投资者需要历练的技能。股权架构没有最优，只有最适合。于强伟律师的新著《股权架构解决之道》，集理论性和实践性、特别是操作性于一体，对创业、创新和企业成长，具有很强的指导意义，对于想要借助股权架构实现平稳持续发展的公司来说，本书提供了系统性的、多元化的视角，具有很高的实用价值。

——沈志群（中国投资协会股权和创业投资专业委员会会长）

本书作者于强伟先生，既是一名专业的优秀律师，也是一位成功的企业管理者。他的双重身份彼此叠加和激发，创造了其非常难得的独特视角，让他能以更开阔、更多元、更多维的方式来进行全书的逻辑建构以及具体章节与段落的内容表达。专业阐述背后的人文情怀，让本书能够适应不同领域读者的诸多需求。书中蕴含的智慧能量，不仅是帮助读者看清纷繁的经济现象背后的规律与实质的随身宝典，还是那些心怀梦想的创业者首选的远行指南。《股权架构解决之道》一书在一种严谨朴素的表达中，蕴含着一种智慧的力量。作者那

颗赤诚利他的心，赋予每一个页码，每一行文字以直指心灵，直面万象的愿望和力量。

——张政（中央电视台高级编辑、中国电视艺术家协会会员）

从事经济领域法制报道近二十年，见证过好的股权架构如何护航助力企业收获未来，也目睹了糟糕的股权架构如何像埋伏的狙击手摧毁一个个企业的生命，其中交织的利益与情感、法律与人性更令人唏嘘。股权结构设计对公司的重要性，如同体制选择、治理结构搭建对一个国家的重要性。做为企业基石的顶层设计，它影响一个企业生命史的所有阶段，无论那些枯燥的数字和繁复的结构如何宛若迷宫，都需要我们以尊重之心去打量，否则，近忧与远虑俱在。本书可谓强伟律师集十数年丰富实践和专注思考的成就，不仅是帮助局中者找到迷宫地图的指南，更可能成为正在搭建未来的经营者们排检隐患、救企业于危地的良方。

——石强（中央电视台《经济与法》制片人）

股权作为新经济社会的伟大发明，协助创造了巨大的社会财富，在资源整合和资源共享方面，它起到了无可替代的作用。现代企业的管理者，不仅要重视经营和管理，更要关注各方利益的均衡，股权及其架构即是这种利益均衡的核心安排。一个好的股权架构，既需要各方的信任，也需要注重规则和底线，某种程度上可以认为，股权架构是企业最核心的顶层设计之一。因此，对当今互联网时代的企业来说，外部环境瞬息万变，只有练好内功，打造牢不可摧的股东团队，才能在激励的竞争中砥砺前行、挥斥方遒。这本《股权架构解决之道》集理论性和实践性于一体，目标明确、体系性强，值得一读。

——唐彬（易宝支付创始人、CEO）

股权架构是一门艺术，它凝聚了各方的博弈，代表着一种平衡。现代企业的管理者，不仅需要经营企业，更需要经营人心。无论是创始团队股东、因股权激励而成为股东的员工，还是公司融资引入的外部投资者，都希望借助公司的成功实现个人的价值。而公司成功的标志之一，就是财务上满足各方的利益诉求，并且有较好的股东满意度、员工满意度。要实现此目的，便离不开股权架构。《股权架构解决之道》一书系统阐述了有关股权及其架构设计的核心规则，对创业者、股权投资者合理利用规则、规避投资风险具有很高的参考价值。

——余晨（易宝支付联合创始人、总裁）

序

股权是经济社会的伟大发明，如果没有股权，就不会有现代意义上的公司。股权也是经济社会的助推器，有了股权，才会有可能将各种资源整合在一起，在经济、社会、生活的方方面面为人们带来便利。股权还是一种社会现象，自1602年东印度公司成立以来的400多年时间里，它直接或间接地帮助创造的社会财富超过了以往所有时代的总和，也改变了世界的格局。在这些意义上，股权已经与每个人息息相关，无论人们是否有所察觉，都在享受着它给当代社会带来的红利。

在众多民商事权利类型中，股权也是一种魔法般的存在。与传统的物权和债权不同，其价值变化之迅速、集多重元素于一身，有时令人为之疯狂、有时令人爱恨交加，魔幻程度不亚于白粉和期货。正因如此，有关股权的研究和应用也越来越广泛和深入。股权伴随着公司的全部生命周期，在不同阶段发挥着不同的作用。初创阶段的公司，聚集资金、聚集人才是股权的使命；发展阶段的公司，释放股权、整合资源成为股权的重心；成熟阶段的公司，成就股东、造福股民成为新的任务；而衰退阶段的公司，收回剩余投资、减少损失又成为股权的最后使命。当然，在各个阶段中，公司治理问题、股东权益保护问题等是贯穿始终的。这从另一方面也说明了，股权是高度复合性的权利，需要投入、需要等待、需要分享、需要合作，最后才能欢笑收割。

经营好一家公司不易，持续经营好一家公司更难。股权架构决定着利益的创造和分享格局，科学合理的股权架构将为经营好一家公司奠定良好的基础。股权架构的设计是公司股权管理的核心和基石，也是公司最重要的顶层设计。在某种程度上可以说，股权架构也是公司的核心竞争力，设计恰当将会使公司如虎添翼，设计不当也会使公司迅速没落，甚至衰亡。在设计股权架构时多听取专业人士的意见，将风险管理工作前置，不仅成本低，而且效果好，是“治病于未病”的最佳时机。

于强伟律师是中国政法大学培养的民商法专业研究生，其在实务工作中有多年的股权管理经验，本书体系新颖，系统性强，将股权架构进行了系统的梳理和总结，揭示了股权架构的本源和主线，并列明了核心关注要点，结合大量案例为不同场景的股权处理进行了有针对性的分析和提示，具有实用性。故此，推荐给各位读者。

王　涌

中国政法大学商法研究所所长、博士生导师

2018年9月5日

自 序

初识股权架构，是十多年前我刚刚从事律师职业，因项目需要到企业现场尽职调查时，才近距离地感受到它的魅力。从那时起，股权及股权架构问题不断地伴随着我的职业生涯，逐渐由理论走进实践。在工作中我注意到，很多人在谈股权，每个公司也都离不开股权，不过能够将股权娴熟运用的人，经常是那些没有经受过系统的法学专业训练的公司创始人，谙熟人性、有大智慧、有规则意识基本上是这类人的标配。法学家、司法实务工作者为股权确立了应用规则，企业家则是运用这些规则实现特定的经济目的的高手。但是，不可否认，很多企业家因不熟悉规则、过于看重人性而导致走了弯路，有的甚至因此一蹶不振。于是我在想，有没有可能将复杂拗口的股权专业理论知识，结合实践需求，系统地、简明地进行梳理总结，提炼出股权以及股权架构设计的要点核心，为已经或即将运作企业的企业家朋友提供简单的系统化指引，助力他成为股权高手。带着这样的想法，又承蒙法律出版社法商分社薛晗社长的鼓励，本书试图进行一次尝试，这就是写作本书的初衷。

本书要解决的是三个问题：第一，股权架构最核心的规则应如何把握？第二，股权架构设计有哪些应用场景，以及在每个应用场景下应当怎样把握尺度。第三，如何在股权架构设计中管理好有关风险，确保相关各方股权的健康、安全。

对第一个问题，我认为最核心的就是控制权规则，落脚点就是利益。公司法为股权确定了多项规则，包括分红权、表决权、查账权、派生诉讼权、优先购买权等，实际操作中股东又自行约定了多项规则，如回购权、反稀释权等，其实都是围绕利益实现而设置的控制权规则。所以，只要在股权架构中通过各种方式保证了控制权，也就保证了利益。

对第二个问题，可以结合企业的生命周期理论进行归类分析。一般而言，企业要经历初创期、成长期、成熟期、衰退期四个阶段，每个阶段对股权管理的诉求是有差别的。初创期的公司面临股权架构搭建问题，这个阶段的股权架构设计非常关键，它决定了未来若干年公司内部的利益平衡和安排，很多公司在蒸蒸日上时股东分家散伙，原因往往是“不患寡而患不均”。成长期的企业，面临融资、融智问题，还要拓展业务，压力很大，企业这个阶段对股权激励、股权融资（有时甚至是多轮融资）有比较大的依赖，操作成功即锦上添花，操作不成功可能就是引狼入室。成熟期的企业，现金流比较稳定，业务渠道也很成熟，个别关键人员的变动一般不会对企业造成很大影响，企业有较强的风险抵抗能力，企业面临的主要问题可能就是如何让优秀的业绩惠及更多人，以及如何让企业再上一个大台阶实现质的飞跃，比如成功上市。处于这个阶段的企业对股权激励、股权融资的需求可能就不如成长期那么迫切。而衰退期的企业，考虑更多的是转型、清盘等问题，前景不再诱人，股权激励、股权融资也不是这个阶段企业的主要考虑问题。当然，企业生命周期的这四个阶段，有时也很难准确区分，甚至是交叉的。从企业对股权管理需求的角度看，股权架构设计大致主要应用在三个场景：初创企业的股权架构设计、股权激励时的股权架构设计、股权融资时的股权架构设计。这三种情景下的股权架构设计分别针对的是三类群体：创始伙伴、员工、外部投资人，每一个情景的股权设计都有不同的侧重点。总体而言，三个场景的讨论基本上可以覆盖企业从设立到终止的各个阶段对股权架构设计的需求。

对第三个问题，本书将从税务风险管理、合规风险管理、刑事风险管理三个角度，分别对股权架构设计过程中的风险进行提示。股权设计涉及的问题很多，风险也很多，实际操作中不可能将所有风险都消灭，因为从风险管理的角度讲，风险与机会是并存的，消灭了风险也就消灭了机会，我们所要做的就是，在知己知彼的基础上，清晰地知道风险在哪里，然后根据自己的风险偏好和风险承受能力做出判断，并相应地采取降低、回避、转移、承受等风险管理措施。

在章节的编排上，本书将在第一章、第二章、第三章对股权架构的本源、主线及核心规则进行系统梳理，对股权架构设计的核心问题进行分析总结。第四章专门介绍初创公司的股权架构设计，第五章介绍股权激励的股权架构设计，第六章介绍股权融资的股权架构设计，这三个章节侧重于应用场景的归类总结。第七章专门介绍股权架构设计时涉及的风险管理，侧重于现有法律法规的分析，是本书的底线章节、红线章节，为读者清晰地予以列示。

本书在写作过程中，得到了众多企业家朋友（如易宝支付创始人唐彬、余晨，《中外管理》杂志社长兼总编杨光等）的支持，以及众多律师朋友（如金杜律师事务所合伙人谢元勋律师、通商律师事务所合伙人张新阳律师、康达律师事务所高级合伙人王华鹏律师、盈科律师事务所合伙人药东虎律师、中银律师事务所高级合伙人葛友山律师等）的支持，普华永道会计师事务所多位财税专家（如曹炜、唐丹等）也对本书的写作提供了大力支持，特别是法律出版社法商分社薛晗社长、赵明霞资深编辑的细心引导和耐心沟通，在此一并致谢，没有他们的帮助，本书不会如此顺利地完成。

最后，感谢我的家人，在我繁忙工作之余保证了本书的写作时间，特别是女儿荞荞经常用她独有的儿童视角给我带来新的感悟，在此一并感谢！

由于时间仓促，本书在内容上一定还有很多不完善之处，相比于专业书籍，我更倾向于将本书定位为解决股权架构实务问题的汇总手册，如果书中内容观点有错误或者引用的案例有不当之处，恳请读者批评指正。

于强伟

2018 年 8 月 21 日

CONTENTS

目录

第一章

股权架构的本源：是科学也是艺术

第二章

股权架构的主线：控制权

第三章

股权架构的扩展：核心应用规则

第四章

初创公司的股权架构设计

第五章

股权激励的股权架构设计

第六章

股权融资的股权架构设计

第七章

股权架构设计过程中的风险管理

案例索引

第一章

股权架构的本源：是科学也是艺术

1.1 股权是一种既简单又复杂的权利

中世纪后期兴起于地中海沿岸的康孟达（Commenda）组织，是世界上较早出现的商业合伙形式。它最初应用于海上贸易，由既想获得利益又不愿亲身冒险的资本家出资，由航海者向海外运销货物，盈利按出资额分配，亏损由航海者承担无限责任，资本家只在出资范围内承担有限责任，今天大家都习以为常的合伙企业和有限公司的核心分配机制都是从这种早期组织演化而来。股权，作为商业组织的基本规则，决定着资源的集中和分配方式，也代表着各方的利益平衡安排，是现代公司运作的基石。“耕者有其田，商者有其股”已经成为新经济时代常谈常新、与时俱进的商业存在。

1.1.1 重新认识股权

从不同的角度看股权，会得出不同的认识结论。从创业者角度，股权代表着控制和信任；从员工角度，股权代表着激励和认同；从投资者角度，股权代表着增值和收益。其实无论从哪个角度，股权都有一个共同的属性，那就是利益。股权的这种利益属性是天然的，也是公司作为营利性质法人的伴生品。

创业者、员工、投资者之间的利益深度绑定和博弈，往往是通过股权进行的。

（1）股权是抽象的权利，本身不产生价值

股权代表的是一种通道，拥有这种通道，就可以向股权公司要求分红，也可以通过交易、流转实现收益。所以，可以简单地认为，股权的价值是通过分红和买卖来实现的。

（2）股权代表着无限的可能

在各种权利形态中，股权的想象空间是最大的。我们日常所见所闻的各种有形资产，如土地、房产等，价值也会有波动，但这种波动始终是有限度的。而股权则不同，即使是很少量的投资，也可以带来巨大的回报，且上不封顶，当然，这一切都取决于股权公司的业绩。

（3）股权是面向未来的权利

在股权投资领域，投资者看重的是公司的未来，押注的是经营管理团队，获取的是未来收益。因此，在公司估值环节，很多时候在技术上采用基于未来收益的估值法进行评估作价，这其中的道理就是“看未来”。股权的未来性在交易作价时表现得很明显，即使公司此时此刻亏得一塌糊涂，如果未来预期看好，也不会影响交易各方的积极性。

（4）股权可以满足多样化的需求

股权的内涵极其丰富，权利内部的组合使用形式相当灵活，正是股权在属性和作用上的多样化，使股权满足了不同主体的经济需求，并且衍生出了许多的功能和价值。

1.1.2 股权为什么既简单又复杂

说股权简单，是因为我们在公司实践中，接触到的一般就是股权的收益权和表决权。收益权主要是通过公司分红和转让股权 / 股票的方式实现股东收益，表决权主要是在股东会上就选举董事、公司并购融资等事项进行投票的权利。除了这两类权利以外，《公司法》赋予各位股东的其他权利一般情况下不会受到重视。许多情况下，股东甚至也没有意识到还可以行使其他哪些权利，导致股权中的很多权利被闲置，股权的最大作用没有被发挥出来。

其实，股权是一种很复杂的权利，在分类上也是一种独立的权利类型。从公司法学原理上看，股权是一个权利束，包含了一系列的具体权利（“权能”，指作为权利享有者和义务承担者的能力或资格）。这些具体权利总体上可以分为四大类：股东受益权、股东治理权、股东知情权、股东诉讼权。其中，股东受益权确保了股东实现投资的经济目的；股东治理权、股东知情权是过程性的权利，为股东实现投资目的提供过程保证；而股东诉讼权则为股东实现投资目的提供了司法救济保障，也是股权中的弥补性权利。四类权利形态至少包含 30 项具体权利，这些权利共同构成了股东行使股权的基本依据。这 30 项具体权利如表 1–1 所示：

表 1–1　股权的分类、具体权利及《公司法》依据

序号	类型	具体权利	《公司法》法条依据
1	股东受益权	利润分配权	第 34 条、第 166 条
		股权转让权	第 71 条、第 137 条
		优先购买权	第 71 条
		优先增资权	第 34 条、第 133 条第 4 项
		股权回购请求权	第 74 条、第 142 条
		剩余财产分配请求权	第 186 条第 2 款
2	股东治理权	股东会议出席权	第 36 条、第 98 条
		表决权	第 42 条、第 103 条
		临时股东会议提议召开权	第 39 条第 2 款、第 100 条第 3 项
		特殊情况下股东会议召集和主持权	第 40 条、第 101 条
		股东大会临时提案权	第 102 条第 2 款
		董事会临时会议提议召开权	第 110 条第 2 款
		一人有限公司股东决策权	第 61 条
		股东会议、董事会决议撤销权	第 22 条
		对股份公司经营的建议权、质询权	第 97 条

续表

序号	类型	具体权利	《公司法》法条依据
3	股东知情权	查阅、复制公司重要文件权	第 33 条、第 97 条
		查阅会计账簿权	第 33 条第 2 款
		股东会议知情权	第 41 条、第 102 条
		对公司特殊人员报酬的知情权	第 116 条
		对滥用股东权利的起诉权	第 20 条
4	股东诉讼权	对利用关联关系损害公司利益者的起诉权	第 21 条
		对股东出资违约的起诉权	第 28 条、第 83 条
		对股东出资填补责任者的起诉权	第 30 条、第 93 条
		确认决议无效或撤销的起诉权	第 22 条
		股东查阅会计账簿的起诉权	第 33 条
		股东请求公司收购其股权的起诉权	第 74 条第 2 款
		对董事、监事和高管人员的派生诉讼权	第 149 条、第 151 条第 1 款
		对他人损害公司利益的派生诉讼权	第 151 条第 3 款
		对董事和高管人员的起诉权	第 152 条
		请求司法解散公司权	第 182 条

实践中，很多股东其实并不知道自己还有那么多权利，以为就只有收益权和投票权，是名副其实的“躺在权利上睡觉”的人。股东对权利内容的疏忽，给心术不正之人留下了可乘之机。这也是导致在公司融资过程中，创始团队股东被对方下套或恶意利用的主要根源。在实务操作中，股东的权利其实还不止上面 30 项，基于各方股东与投资人的约定，还可以衍生出许多其他的权利，比如优先分红权、优先清算权、赎回权等。

从传统民法角度来看，股权是成员权的一种，性质特殊，内涵丰富。市民社会中社团法人的出现，是成员权得以产生和存续的社会基础。成员权强调的就是成员与成员之间的关系及成员与团体之间的关系，包含的权能形态十分丰富。在权利性质上，成员权具有团体性、集合性、参与性、附属性，同时也兼具自益性和共益性、法定性和约定性等特性，国内民法学者在学理上目前还没有就这种权利的全部特性达成共识。2021 年 1 月 1 日实施的《民法典》总则部分也没有就成员权问题作出规定，可以看出成员权在立法层面也有一定争议。不过，股权又不同于传统的民事权利，按照江平教授的观点，股权是与物权、债权、知识产权并列的一类财产权利。在公司及商事领域，股权甚至可以说是最重要的一类主体权利。

1.2 股权是创富工具

1.2.1 股权为何是创富工具

我们先看下面一组数字：

2005年8月5日，百度上市当天创造了8位亿万富翁（包括李彦宏、刘建国、徐勇、梁冬、朱洪波等），50位千万富翁，240位百万富翁。

2007年11月1日，巨人网络集团有限公司成功登陆纽约证券交易所，市值达到42亿美元，史玉柱的身家突破500亿元。共造就了21个亿万富翁，186个百万和千万富翁。

合众思壮控股股东郭信平与姚明在2007年12月18日签订《股权转让协议》，郭信平向姚明转让了公司37.5万元的股权，招股书显示，姚明认缴出资额37.5万元。一周后，合众思壮改制成股份公司，姚明的37.5万元股权变成了67.5万股。而在公司股票上市一日之后，作为该公司第四大股东的姚明，持股账面价值已经达到了6176.25万元，资产已经整整翻了91.5倍。

聚美优品上市开盘价27.25美元，市值达到38.7亿美元，天使投资人徐小平前期共投资38万美元，占股份8.8%，账面财富一度高达3.4亿美元，持股4年时间获得了800多倍的回报。

腾讯2014年3月的平均股价为583.28港元/股，其股东南非MIH的持股市值高达3676亿港元，折合471.29亿美元，而其在2001年的初始投资额仅为3200万美元。据此计算，MIH对腾讯的投资回报倍数在13年内达到了

1473 倍。

上面这些案例都是通过股权实现财富剧增的知名案例，类似情况在资本市场并不罕见。我们可以发现，这些投资者财富的表现形式都是股票，虽然股票价值在波动，但只要公司业绩稳中有涨，或有利好不断，股票价值将会持续提升，这也是许多公司削尖脑袋追求上市的原因之一。股票上市后，股东手中的股权不仅获得了相比非上市公司更强的流动性，而且可以作为质押的标的物更方便地获取银行等金融机构的融资。

股权之所以能够迅速带来创富效应，有许多方面的复杂因素共同作用，包括公司基本面因素、市场供求因素、行业趋势因素等。不过从根本上看，二级市场的股票实际上是投资者在围绕着感兴趣的股票进行的零和游戏，在这场资本的游戏盛宴中，有的人赚得盆满钵满，有的人输得一地鸡毛。

1.2.2 股权的创富效应是怎样实现的

股权本身不产生价值、不创造价值，它只是代表财富的媒介。股权的这种媒介作用与财富的增值又是密不可分的，以至于在很多情况下，大家认为股权就是财富。

从顺序上看，股权的创富效应是按照以下方式逐步实现的：

第一阶段：股东进行原始出资

投资者用《公司法》允许的方式，如货币或者实物、知识产权等作价出资，按照每 1 元出资对应 1 元注册资本的标准，取得初创公司的股权。此时公司尚未开始运营，也未发生各种费用，股权的价值与原始出资等值。

第二阶段：股权价值开始发生波动

公司成立后在运营过程中，会有各种费用支出，同时也产生业务收入，在按照会计准则进行核算后，会得到公司的净资产、净利润等重要数据。多数情况下，股权价值此时与净资产是对应的，可能高于原始出资，也可能低于原始出资，但是对一些前景看好、成长性高的公司而言，低于原始出资甚至公司净资产出现负值的情况下，不一定代表股权价值下降。但是，此时的股权价值只是一个账面价值，还没有得到第三方认可。

第三阶段：公司对外融资时股权价值开始得到第三方认可

创业公司从成立到首发上市，中间往往要进行若干轮融资，一来解决公司的资金需求；二来可以提升公司的估值，优化股权结构，利于后期上市时公司股票的估值。在融资时，极少有用公司净资产作为作价标准进行融资的，一般都是高于净资产进行溢价融资，也有的按照净利润乘以可比市盈率作为估值标准。总的趋势是，从A轮融资开始，估值越来越高，到公司Pre-IPO轮的融资，估值达到上市前的最高点，并且得到了投资者的认可。

第四阶段：公司上市

公司成功上市后，股权价格会进一步上涨，达到自公司成立以来的最高峰。此时，股权价格也有了明确的计算标准，即公司每股收益乘以市盈率得出每股价格。每股收益是相对固定的，市盈率则代表着市场上投资者对公司的认可，公司前景越好，预期收益越高，市盈率就会相应升高。这时，决定股权价格的上面两个因素，一个是公司可控的，另一个是公司不可控的，股权价格充满了各种可能。前面案例中提到的无论是姚明的投资增值90多倍，还是徐小平的投资增值800多倍，都是这两个因素组合的结果。对同一家公司来说，入股时间越早，持股时间越长，股权增值的倍数可能就会越高，如南非MIH对腾讯的投资。

对大多数公司来说，股权价值的变化总体上就是沿着上述时间阶段不断增长的。实践中，有关股权的资本运作形式其实是非常丰富的，在时间顺序上可能也有跳跃性。如有的公司从设立到上市周期很短，未经历过复杂的多轮融资；有的是通过借壳方式间接上市，可能未经历过融资，他们的股权价值同样在运动中成长。尽管公司股权价值的变化有不同路径，但股权作为财富的表现形式，始终是各方博弈的焦点。认清了股权作为财富工具的创富效应，才能更加理性地使用股权和驾驭股权。

1.3 股权是管理手段

谈到公司治理的时候，往往是以股权作为核心主线，围绕如何分配控制权、如何相互制衡、如何对管理团队进行激励和约束展开的。而谈到公司管理的时候，需要考虑如何通过组织的有效运转，将公司战略进行分解并确保有效落地，达成管理目标。从分工可以看出，公司治理与公司管理是两个不同的任务，引用 Robert I.Tricker 教授在其《公司治理》（1984）一书中提出的观点，公司管理是在运营企业，而公司治理则是确保这种运营处于正确的轨道之上。不过，公司治理与公司管理之间也有很多链接，最重要的就是公司战略和组织管理。由于战略是通过组织来具体实施的，因此，可以归纳认为，公司治理和公司管理中，股权和管理之间的联系已经越来越密不可分，并且，随着公司组织形态的不断变革，它们之间已经表现出“你中有我、我中有你”的融合趋势。

1.3.1 组织变革对股权的要求越来越高

（1）组织为什么需要变革

第一，外部环境的需要。包括产业结构的调整、政府经济政策的调整、竞争观念的改变、新科学技术的发展引起产品和工艺的变革、新经济模式的出现等。企业组织结构是实现战略目标的手段，企业外部环境的变化必然要求企业组织结构做出适应性的调整。

第二，内部变化的需要。包括技术条件的变化，如企业实行技术改造，引进新的设备要求技术服务部门的加强以及技术、生产、营销等部门的调整；人员条件的变化，如人员结构和人员素质的提高等；管理条件的变化，如实行计算机辅助管理，实行优化组合等。

第三，企业成长的需要。企业从初创期开始，经历成长期、成熟期、衰退期等不同阶段，对组织结构的要求也各不相同，如小企业成长为中型或大型企业，单一品种企业成长为多品种企业，单厂企业成为企业集团等过程中，必然要求组织相应地进行变化以满足企业变革需求。

实际上，在今天的互联网时代，变革已经成为常态，唯一不变的就是变化，而且经常是颠覆式的变化，用“一日千里”描述都略显单薄。来自市场和用户的需求经常使许多企业感到无所适从，“大鱼吃小鱼”已经全面让位于“快鱼吃慢鱼”，效率、便捷在严峻地考验着并颠覆着传统行业。因此，组织的变革必须相应跟上外部变化，以极高的速度做出响应，传统的组织必须被重新激活。否则，可能一夜醒来，发现已经莫名其妙地一败涂地，就如诺基亚被微软收购时其 CEO 约玛·奥利拉（Jorma Olila）说的一句话，“我们并没有做错什么，但不知为什么，我们输了”。

（2）从资本的角度，组织将如何变革

①组织与人的关系将会重构，从人是工具到人是目的。

在农业文明时期，组织与人形成了血缘性团队、地缘性组织。发展到工业文明时期，组织与人形成了专业化的团队、科层制的组织。而到了现在已经开启的智能化时代，组织与人的关系继续重构，衍生出了细胞型组织、网状结构组织，组织围绕着人持续在进行关系与价值的重构：从人力成本到人力资本；从资本雇佣劳动到人力资本与货币资本相互雇佣；从雇佣关系到合伙关系；员工的工作体验从物质激励逐步演化到精神激励、价值认可等，这些新的变化都意味着人已不再仅仅是价值创造的工具，而是与其他形式的资本一样，需要创造并分享价值，也需要得到相比过去更多的认可。

②不忘初心，事业合伙制体现了人才价值的回归。

追根溯源，早期的商业合伙形式索塞特（Society）与康孟达（Commenda），都很强调“人”对企业的价值贡献，资本承担的只是有限责任，而人则要对企业的经营发展、债权债务等承担很重的风险和责任，相应地也有权要求分享很高的剩余价值。反观今天的公司，“资本多数决”成为常态，实际在参与创造价值的人的利益没有得到充分的尊重，这种过于强调出资人的权利保护而忽视未出资的实际经营管理者及员工利益的做法，某种程度上与企业最初形态的价值观诉求渐行渐远。基于此，一直以来，强调的都是人才雇佣、人才招聘，而没有说人才合作。直到最近这些年，随着互联网新时代思维的变革，对人的价值、重要性的认识有了新的变化，才出现了诸如阿里巴巴的合伙人制、万科的事业合伙人制等新的组织形式。从回归本源的角度看，这就是人才合伙思维的体现。[1]

1.3.2 股权通过什么形式起到管理手段的作用

股权本身属于公司治理的概念，将其用到管理实践中，也是最近几十年的事情，目前普遍的一个说法就是“股权激励”。按照前面的讨论，货币资本可以创造价值，人力资本同样可以创造价值，对员工进行“股权激励”与其说是一种制度的创新，还不如说是某种真正意义上的回归，回归到基本的常识和企业形态产生的本源。

常见的股权激励手段包括以下八种，详细内容可参考本书第五章“5.2 实施股权激励的工具”，此处仅简单列示：

（1）虚拟股票（Phantom Stocks）。是指公司授予激励对象一种“虚拟”的股票，这种股票只有分红权和享受股价增值收益的权利，除此以外不享有股权的其他所有权能，不能转让和出售，在离开公司时自动失效。

（2）股票期权（Stock Options）。这是目前最为经典、使用最为广泛的股权激励方式，指股东授予激励对象（如高管人员、技术骨干等）以一定价格（行权价）购买本公司股票的选择权，具有这种选择权的人，可以在规定的时间内，以行权价从本公司购买一定数量的股票（此过程称为“行权”），也可以选择放弃购买的权利。股票期权一般情况下不允许转让。

（3）限制性股票（restricted stocks）。指上市公司按照预先确定的条件授予激励对象一定数量的本公司股票，激励对象只有在工作年限或业绩目标等符

1 正如彭剑锋教授所述，人才应当由过去被动适应货币资本转变为企业价值创造的主导因素，人力资本和货币资本应当具有同等的企业价值创造权、价值分享权以及价值创造决策的话语权，人才与货币资本的关系应当从被动过渡到主动、平等的关系，二者之间已经不再是单一的雇佣关系，而是相互的雇佣关系，资本可以雇佣人才，人才也可以雇佣资本。引自彭剑锋教授于2017年12月《第25届中外管理官产学恳谈会》上的演讲。

合股权激励计划规定条件的，才可出售限制性股票并从中获益。

（4）员工持股计划（Employee Stock Ownership Plans，ESOP）。属于长期激励的一种，兴起于20世纪50年代的美国，以福特公司为典型代表，其特点是通过全员持股的方式强化员工的主人翁精神。

（5）股票增值权（Stock Appreciation Rights，SARs）。通常与认购权配合使用，其中股票增值权不须实际购买股票，经理人直接就期末公司股票增值部分（期末股票市价减去约定价格的余额）得到一笔报酬，经理人可以选择增值的现金或购买本公司的股票。

（6）延期支付计划（Deferred Compensation Plan，DCP）。也称延期支付，是指公司将管理层的部分薪酬，特别是年度奖金、股权激励收入等按当日公司股票市场价格折算成股票数量，存入公司为管理层人员单独设立的延期支付账户。在既定的期限后或在该高级管理人员退休以后，再以公司的股票形式或根据期满时的股票市场价格以现金方式支付给激励对象。

（7）业绩股票（Performance Shares）。是指在年初确定一个较为合理的业绩目标，如果激励对象到年末时达到预定的目标，则公司授予其一定数量的股票或提取一定的奖励基金购买公司股票。业绩股票的流通变现通常有时间和数量限制。

（8）无条件赠与。这种方式一般是公司大股东提供股权，采用无偿转让的方式对被激励对象实施激励。

1.3.3 股权作为管理手段起到的作用如何

实践中，通过股权激励实施管理，仍然面临着许多挑战。它是一把“双刃剑”，用得好则利人利己，用不好则伤人伤己。以股权作为管理手段，本质目的是实施正向激励，释放正向能量以改善管理效果，实践中有大量企业的员工通过股权激励迅速实现了财务自由，如阿里巴巴上市时身价过千万元的员工达到上万名。当然，也有许多企业因为实施股权激励不当，造成企业人心攀比、绩效不升反降，甚至由于股权纠纷而影响了企业的重组或上市。

以股权作为管理手段，在实践中应当注意下面几个问题：

（1）股权激励不是股权福利

福利是全员平均主义，而股权之所以考虑人力资本的价值，是因为人才参与并实现了价值创造，如果像发放福利一样搞成人人持股，可能会造成不同价值贡献的人持股相同的情况，进而挫伤价值贡献大的人的积极性，事实上可能会降低激励效果。

（2）股权激励要考虑对股权架构的影响

股权架构的设计，在很大程度上会影响公司治理的成效，通过股权激励方式释放的股权比例，在整体股权架构中要恰当、平衡，不能因为实施股权激励而导致公司控制权的失衡，并引发相应的争夺纠纷。

（3）股权激励要考虑对财务指标的影响

一般情况下，公司实施股权激励时，考虑到员工的实际支付能力，都会选择以较低的成本释放股权，比如赠与、象征性一元的对价、注册资本价格、净资产价格或折扣价格等。如果公司近期有融资行为，公司股权就会有一个相对公允的市场价格，员工取得股权的价格与市场价格之间的差异，在会计上将会被确认为股份支付费用，并冲减当期损益。如发放的股权激励数额过大，员工价格与市场价格之间的差额较高，而公司利润不高，则有可能导致公司利润被大幅度冲减甚至为负值，从而可能会影响公司后期的 IPO 或重组。不过，如果公司没有这些资本运作的打算，则另当别论。

（4）股权激励要考虑税务风险

如果用于激励员工的股权是由老股东转让而来，且价格较低并且公司近期有大比例溢价融资的，可能会被税务机关认定为价格过低，老股东因此而可能面临税务征缴风险。

所以，以股权作为管理手段实施激励，应充分发挥其正能量作用，防止负面影响，并将相关风险在专业评估后降至最低，防止造成管理上的麻烦甚至障碍。从价值贡献的角度讲，如果人力资本的贡献很小，就可能会存在如同小股东一样的搭便车行为，真正对企业操心的还是大股东或者价值贡献大的人，他们承担的风险大、责任重，自然对企业更加关心。我们承认人力资本的价值贡献，认可股权的管理工具作用，但并非要绝对保证结果的公平，而更多的是强调规则的平等和程序的正义。

有关股权激励的更多注意事项，本书将在第五章“5.5 制定股权激励方案需要注意的事项”进行详细介绍。

1.4 股权等于价值贡献

1.4.1 股权是资本的等价交换物

传统观念认为，股权是投资人向公司交付出资后，作为放弃出资财产所有权的对价，从公司换取的等值权利。按照《公司法》及《公司登记管理条例》，只有符合规定的出资形式才可以被用作出资，而劳务、信用、自然人姓名、商誉、特许经营权或者设定担保的财产等不得作价出资。

我国《公司法》规定的法定出资形式历史演变情况如表 1–2 所示：

表 1–2 法定出资形式历史演变

公司法版本	出资形式	比例结构	注册资本	出资履行	验资
1993 年《公司法》	货币、实物、工业产权、非专利技术、土地使用权五种	技术出资不得超过注册资本的 20%	（1）有限公司：生产经营、商品批发公司 50 万元；商业零售公司 30 万元；科技开发、咨询、服务性公司 10 万元；（2）股份公司：1000 万元	采用实缴制，必须一次性足额缴纳	必须验资

续表

公司法版本	出资形式	比例结构	注册资本	出资履行	验资
2005 年《公司法》	货币以及实物、知识产权、土地使用权等可用货币估价、可转让的非货币财产	非货币出资不得超过注册资本的70%	(1)有限公司：不再区分行业，一律为 3 万元；(2)股份公司：500 万元	（1）股份公司和普通有限公司：首次出资不低于注册资本的 20%，也不得低于最低限额，其余部分 2 年内缴足，投资性公司 5 年内缴足；（2）一人公司一次性缴足	必须验资
2013 年《公司法》	货币以及实物、知识产权、土地使用权等可用货币估价、可转让的非货币财产	无限制	废除注册资本最低限额要求，改为依照全体股东认缴的出资额或全体发起人认购的股本总额确定注册资本	（1）有限公司及发起设立的股份公司，采用认缴制；（2）募集设立的股份公司及法律法规规定的特殊行业，采用实缴制	采用认缴制设立的公司不再验资，采用实缴制设立的公司，应当验资

资本大致可以分为人力资本和物力资本。从上面出资形式的演变可以看出，我国《公司法》无一例外地承认物力资本的财产价值，可以被用来换取股权。而人力资本虽然本身也有价值，也可以参与创造价值，但允许其作为出资的一种形式在《公司法》层面目前还得不到认可，略显遗憾。其实，无论是人力资本还是物力资本，都具有价值属性，对企业经营成果都有贡献，有时候甚至难以区分谁的贡献更大。如果股权只体现物力资本作为等价交换物，而不承认人力资本的可交换性，对人力资本拥有者和贡献者是不公平的。按照现在管理学对组织变革的认识，物力资本与人才已经不再是单向的雇佣关系，物力资本可以雇佣人才，人才也可以雇佣物力资本，这实质上是在认可人才的资本价值。所以，体现在股权的取得环节，就是人力资本和物力资本一样，都应当是股权的等价交换物。

实践总是走在法律的前面，现在很多公司尤其是高科技公司或者对创始人团队依赖性很强的公司，在融资估值时，已经将人力资本的价值贡献考虑进行了股权架构中的比例分配，创始团队出少量资金拿多数股权、投资人出大量资金拿少数股权的做法已经很普遍，认可人力资本的股权价值有着现实的应用土壤。如果公司也可以像合伙企业一样，劳务出资、人力资本出资有现实的法律依据，相信会有更多数量、更有创新价值的公司涌现出来。

1.4.2 人力资本的出资价值应当得到充分认可

物力资本的价值比较容易衡量，比如货币财产、实物及财产性权利等可评估的非货币财产，有专门的评估规则进行价值确认，因此判断物力资本的价值贡献时较为容易，而人力资本价值的衡量和评估相对比较困难。但是，不能因为价值衡量标准的不易确定，而不认可人力资本的出资价值，人力资本的价值贡献应当在股权架构中得到反映。

（1）人力资本是有价值的

按照经济学界的一般看法，亚当·斯密是最早系统论述人力资本思想的古典政治经济学家。他认为，人的才能是个人财产的一部分，工人增进的熟练程度，可以和便利劳动、节省劳动的机器和工具同样看作固定资本，人的有用才能与实物性财产并列，是获得收入与利润的一种资本。

随着知识经济的到来和科学技术的突飞猛进，专业的高度分化和综合使人力资本的重要性程度不断提高。西奥多·W. 舒尔茨（Thodore W.Schults）在《人力资本投资》一书中指出，美国的国民收入，新增加的财富有 80% 是由人力资本所提供的，只有 20% 左右来自物质形态。舒尔茨还强调，“不发达国家的经济之所以落后，主要就在于他们重视物质资本投资而忽视人力资本投资”。世界银行的专家利用公开发表的数据对全世界 192 个国家的资本存量进行了粗略计算，提出了“国民财富”新标准，认为目前全世界人力资本、土地资本、货币资本三者构成比为64 ：20 ：16,而人力资本则是全球国民财富中最大的财富。

（2）科学认识人力资本的价值

按照人才的专业化程度及其知识结构，可以将人力资本划分为三类：管理型人力资本、技术型人力资本、一般型人力资本。管理型人力资本是指拥有管理和领导知识、经验、能力的资本形式，如企业家、公司高管等就属于这种类型；技术型人力资本是指在某个专业技术领域拥有独特的知识、经验和能力的资本形式，如工程师、会计师、律师、技术专家等即属此类；一般型人力资本往往是指通用性高、可替代型强、稀缺性弱的资本形式，除管理型人力资本、技术型人力资本以外的都是一般型人力资本。相比较而言，前两种人力资本的价值较高，第三种人力资本的价值较低。其原因可以从财务角度解释，即如果一定要换算成为可计量的财产价值，就对该项人力资本在未来一定年限内创造的价值进行折现，比如采用工资作为价值维度，累加计算一定年限后按照某个折现率进行计算，就可以算出该项人力资本的现值，这三种形式的人力资本的价值肯定是不同的。

人力资本具有以下核心特性：

①具有人身依附性和专属性，不可转让、不能继承，这是区别于物力资本最根本的标志。

②具有稀缺性，正所谓“千军易得，一将难求”。

③具有综合性，人力资本是包括知识、经验、能力、体力等多种要素的集合，是一个综合性资本，而且经常处于变化之中。

④具有风险性和不确定性。人力资本会经常受到人的情绪、健康状况、工作环境等各种内外部因素的影响，导致其价值可能会出现波动。如果对人才的使用恰当，将会事半功倍；如果使用不当，则会事倍功半。这也是人力资本价值不易衡量的很重要的原因。

（3）人力资本的价值如何在股权架构中得到体现

如上所述，人力资本参与了企业价值的创造，企业的价值积累不应该单纯归属于最初的物力资本提供者，人力资本和物力资本都应该参与企业剩余价值的分配。从价值角度看，无论哪种形式的资本，决定其在股权架构中股权比例的核心要素，应当是对公司的价值贡献额度。接下来的问题是，人力资本如何参与企业利润的分配，如何在股权架构中恰当体现它的价值贡献。归纳起来，一个总的原则是：主要创始人占大比例股权，联合创始人占小比例股权，员工通过股权激励分享剩余的股权。在具体分配股权比例时，可以结合企业实际情况设定计算规则，依据这个总原则进行细化、落地。

【案例 1–1】

某创业投资企业股权分配方案

甲准备创业，找了乙、丙两人做联合创始人，并邀请到某投资机构为创业企业进行早期投资。经协商，出资方案为：三名创业者的人力资本估值 1000 万元，初始物力资本投入 1000 万元，人力资本换取的股权均为普通股，物力资本换取的股权为优先股。普通股中，甲占 500 万元股权，乙、丙各占 150 万元股权，剩余 200 万股作为期权池，用于未来对公司骨干员工的股权激励。优先股中，甲出资 300 万元，乙、丙各出资 100 万元，剩余 500 万元由风险投资机构来投资。

分配完成后的股权架构如表 1–3 所示：

表 1–3 某创业投资企业股权分配

投资者	人力出资（万元）	普通股（%）	物力出资（万元）	优先股（%）	合计持股（万元）	合计比例（%）
甲	500	25	300	15	800	40
乙	150	7.5	100	5	250	12.5
丙	150	7.5	100	5	250	12.5
期权池	200	10	—	—	200	10
投资机构	—	—	500	25	500	25
总计	1000	50	1000	50	2000	100

【问题聚焦】

该方案在执行过程中还要注意四个问题：

（1）目前《公司法》不承认以人力资本作为出资形式，按照上述表格分配确认的股权架构，只是各创业股东、投资人之间的约定比例安排，如果公司后续有资本运作的计划，如IPO、重组上市等，根据《公司法》的资本确定原则，以人力资本出资的股东，稳妥起见还是要以货币形式补缴出资，否则可能会构成出资不实。不过，新《公司法》修改后，原来的实缴制改为认缴制，以人力资本作为出资的股东，只要公司不涉及资本运作的安排，就可以暂时不用以替代方式缴纳出资。

（2）人力资本的价值由于其自身的特殊性，没有统一的评估方法和规则，在操作中主要由各创始团队股东自行协商确定，只要其价值得到团队的一致认可，那么该结果就应当得到尊重。

（3）目前《公司法》还不存在"期权池"的概念，只要落实到工商登记文件中，就必须确定股东是谁，哪怕代持也可以。常规的做法有两个：第一，设立一个有限合伙企业，由控股股东、实际控制人或其指定的人作为普通合伙人（General Partner，GP），实际拥有并控制期权池，待未来期权量化到个人名下时，再在有限合伙层面完成有限合伙人（Limited Partner，LP）的份额调整；第二，由控股股东、实际控制人或其指定的人代持该部分期权池对应的股权，待未来期权量化到个人名下时，或者公司进行股份制改造时，再通过股权转让的方式完成股权激励的落地。

（4）要考虑控制权的归属安排，股权向联合创始人及投资人释放的速度和节奏需要控制好，否则可能会影响控制权的稳定及后续融资的顺利实施，这也是股权架构安排中最为核心的问题。本书将在后面章节中专门介绍股权的分配及其调整。

1.5 股权架构的科学性即股权规则的合理设计

1.5.1 与股权架构相关的股权规则有哪些

股权规则有很多，《公司法》的主线就是围绕股权及公司的设立、变更、终止及其权利义务的享有和承担而展开的，规则种类繁多，体系复杂。本书讨论的股权规则，主要是指在设计公司的股权架构时涉及的相关股权规则。经笔者梳理，此类规则至少包括以下五个方面：

（1）股权设立规则。包括：

①用作出资的资本形式，既包括传统的货币、实物、知识产权、土地使用权等物力资本，也包括知识经验、技术能力等人力资本，对于无法直接衡量价值的人力资本形式，如何协商定价及后续如何满足资本充足要求的应对方法；

②股权的持有主体与持股路径，包括直接持股、代持股、自然人持股、法人持股、有限合伙持股、层层嵌套有限合伙或金融产品的间接持股等；

③股权成熟制度的安排；

④期权池的预留及设立等。

（2）股权变更规则。包括：

①股权的动态调整机制，包括股权转让的实施与限制、成熟股权的兑现、期权的行权与终止等；

②基于对赌条款实施的股权数量调整方式；

③根据各方约定的条款（如反稀释权、回赎权等）实施的股权调整；

④根据价值贡献的实际状况与期初状况的差异进行的股权调整方法等。

（3）股权退出规则。包括：

①通过公司 IPO、重组上市、第三方收购等实现股权变现退出的条件约定；

②股权回购（Buyback）的主体、条件与触发因素；

③共同出售股权（Co-Sale Right）的实施情形及条件限制；

④拖售权（Drag-Along Right）的实施情形及条件限制；

⑤优先清算权（Preferred Liquidation）对清算事件的约定及要求的投资回报倍数、参与分配权的限度等；

⑥卖权选择权（Put Option）和买权选择权（Call Option）等。

（4）控制权规则。包括：

①控制的手段，法律上的控制和事实上的控制等；

②直接依靠股权实施的控制，包括积极控制（拥有绝对多数或相对多数股权）和消极控制（拥有某些事项的否决权）；

③间接依靠股权实施的控制，包括投票权委托、签署一致行动协议、股权代持、拥有类别股份的表决权（如AB股等）、设立有限合伙企业并担任GP，进而控制投票权等。

（5）股权平衡规则。包括：

①平衡创始团队股东之间、新加入的重要成员与创始团队股东之间股权关系的规则；

②平衡投资人与创始团队股东之间股权关系的规则；

③平衡员工与股东之间股权激励关系的规则等。

1.5.2 股权规则应当怎样设计才算是合理的设计

（1）保证股权规则运用的合规性

股权合规性是公司进行各种资本运作的基本前提，无论是IPO、新三板挂牌还是重大资产重组，股权合规是公司历史沿革中最重要的问题。这里的合规性主要包括以下几个方面：

①出资主体的合规性，诸如自然人身份的合规性，不得存在不能作为出资人的情形，如公务员、国企管理人员等；最好不要存在监管上有不确定性的主体，比如契约型基金、资管计划、信托计划等。

②出资方式的合规性，如不合规，后期可能还需要整改。

③出资人数的合规性，有限公司不能超过50人，股份公司不能超过200人。

按照现在的监管规则，通过在基金业协会备案的有限合伙私募股权基金投资的，很多情况下将不再视为1名出资人，会被要求穿透计算有限合伙人的人数，此时也应注意穿透后合并计算的人数不要超过上述标准。

④出资额度的合规性，对于某些特殊监管行业，出资额要满足法定条件，有的还需要进行验资。

（2）要有稳定的控制权

通过控制权规则的合理运用，要能达到保证公司有稳定的控制权、不会陷入公司僵局的效果，这是判断一个股权架构设计得是否成功的关键指标。具体包括两方面：

①能够形成单极稳定的控制局面。在股权架构中，无论是通过单独持股，还是通过股权代持、一致行动协议等方式，要形成能够绝对控制（67%以上）或者相对控制（50%以上）或者至少是消极控制（34%）的控制权分配格局，控制权越强越有利于公司的稳定。

②避免均衡的持股架构。在股权架构设计中一定要避免均衡型的持股结构，比如50%：50%、25%：25%：25%：25%等，这种结构的最大弊端在于，一旦股东之间发生矛盾，大家势均力敌，很容易导致股东会不能做出决策并形成公司僵局，给经营管理和业务发展带来重大不利影响，严重的甚至还会引发个人争斗。

（3）充分考虑商业逻辑的需要

股权架构在设计过程中，必须要充分理解并尊重商业逻辑的内在规律。不同的商业逻辑，对人的价值认可、对知识、时间和效率的要求等都是不一样的。商业逻辑中很重要的环节就是对权利的分配、对利益的分配，这与股权架构中的股权分配是密切相关的。股权分配如果能够充分反映商业逻辑的需求，匹配不同要素的价值贡献，对于公平、合理地完成股权架构设计具有很重要的意义。其实，对于商业逻辑的考虑，创始人股东最具有发言权，这也是创始人在股权架构设计的某些方面具有不可替代作用的主要原因。

尊重了商业逻辑设计出来的股权架构，才真正反映了公司的实际诉求，才是接地气的、管用的股权架构。

1.5.3 科学的股权架构是保障企业稳健前行的根基

股权架构是公司顶层设计的核心内容，也是公司的关键骨架。虽然它本身不能直接为业务带来贡献，但是它所确定的控制权是否稳定、分配机制是否合理反映价值贡献、退出渠道是否畅通等，是保证一家公司能否稳健发展、基业常青的重要基石，好的股权架构能够助力公司潜力的挖掘和业务的增长。但凡成功的公司，在股权架构方面往往做得很出色，比如小米、阿里巴巴等。不成功的公司，如果是由于股权因素导致的不成功，其后果往往都比较严重，不合理的股权架构带给企业的杀伤力往往也很大。这方面的案例非常多，比如"西少爷"肉夹馍、罗辑思维、拉勾网、泡面吧、理大师等，创业团队分道扬镳，甚至对簿公堂的情况频频发生，给我们敲响了一次又一次的警钟。

【案例 1-2】

"西少爷"肉夹馍合伙人纠纷案[1]

"西少爷"肉夹馍曾经是一家前途无量的明星创业公司，却在公司刚刚走上正轨时，创始人团队分崩离析，给公司发展带来很大的负面影响。尽管创业者们对此各执一词，我们也无从判断到底谁对谁错，但从公司的股权架构设计来看，在初始创立时的确存在一些可圈可点的地方。

2013 年 6 月 19 日，孟兵、宋鑫、罗高景三人成立奇点兄弟计算机科技（北京）有限公司，各自股权比例分别为 40%、30%、30%。公司成立之初主要从事孟兵擅长的互联网业务，孟兵和罗高景负责项目开发，宋鑫负责销售。

2013 年 10 月，由于业绩实在不佳，孟、宋、罗三人不再坚持之前的项目，

1 本案例根据互联网刊载的媒体报道整理而成。

开始转做肉夹馍。

2014 年 4 月 8 日，西少爷肉夹馍开业。在开店之前，他们不忘用冲击性话题来开路，一篇名为《我为什么要辞职去卖肉夹馍》的文章悄然产生。文章里，北京的繁华、高悬的房价、物质的爱情、平凡枯燥的工作，一切都太有代入感，处处都敲击着白领和即将就业的大学生的心，于是，文章一夜之间被疯传。一时间西少爷成了各个网站的热点，生意很是兴隆。

“西少爷”开业不到一周，便有投资机构找来，并给出了 4000 万元的估值。创始人认为这时候需要引入投资来扩大业务，但就在引入投资、协商股权架构的过程中，孟宋之间的矛盾被激发。

2014 年 5 月初，西少爷创始人开始与投资人商讨有关投资的细节。当时孟兵为了公司之后在海外的发展，希望组建 VIE 结构，他的投票权是其他创始人的 3 倍，除宋鑫外，其他人都表示同意。

2014 年 6 月 15 日，价值观的差异以及合伙人之间长期积压的不和，终于爆发，经大股东投票，宋鑫被迫离开公司经营管理层。对于宋鑫的股份，孟、罗等给出的方案是，27 万元加 2% 的股份，买回宋鑫手中 30% 的股份。但宋鑫不同意，主张要 1000 万元，理由是当时西少爷的估值有 4000 万元，他可以分得 1/4。

由于一直没有谈拢，2014 年 7 月，宋鑫另起炉灶重新开了名为“新西少”的肉夹馍店。“西少爷”正式分家。

根据工商登记信息显示，截至 2018 年 1 月 12 日，“西少爷”的股权结构为：孟兵持股 43.61%，罗高景持股 28.2%，奇点同舟餐饮管理（北京）有限公司持股 28.2%。宋鑫在股权上已经与“西少爷”没有了任何关系。

【问题聚焦】

虽然有些信息不能够从公开渠道获取，但是根据上述已经公开的信息，可以判断“西少爷”肉夹馍从成立之初，在股权方面存在的一些瑕疵，为日后创始人的分道扬镳埋下了隐患。

（1）股权结构均衡且缺乏调整机制

孟兵、宋鑫、罗高景在公司成立之初，分别持有的 40% ：30% ：30% 的股比结构接近平衡，这种结构的弊端之一是如果三个合伙人意见不一致，股东会将不能通过任何决议。另外，这种确定比例的股权结构，是建立在各合伙人贡献基本持平的前提之上，从后期孟兵、宋鑫两人之间发生的矛盾来看，集中于宋鑫的贡献和股权比例是否匹配，而对于大家认为的不匹配情形，当初股权设计中没有预留股份调整机制，刚性太强，灵活性不足。

（2）缺乏明确的股权退出设计

股权投资比较特殊，投资人完成出资义务后，一般情况下不能随意退出公司，只有在特定情形下，如上市、并购等才有机会实现退出。“西少爷”公司成立之初，三个合伙人满腔热血地开创业务，对达到特殊条件时的退出机制也没有想得很周全，再加上相互之间的信任不足、价值观出现错位，非常容易导致团队内讧。这也给宋鑫 30% 股份的收购问题增加了很大的谈判障碍，对公司融资也有影响。

（3）控制权的调整手段较为粗放

公司搭建 VIE 架构在海外上市，本是一件有利公司发展的长远规划，这也是全体股东创立公司的共同梦想。孟兵在这个过程中要求增加股份的投票权（相当于发行了同股不同权的类别股份），可能是由于个人感觉对公司的发展做出了更大贡献，或者至少希望做出更大贡献。而在一般情况下，类别股份是在公司引进投资者时，适用于创始团队与投资人之间的股份权利安排，赋予创始团队更大的投票权，比如京东的 AB 股制度即是。直接在创始团队股东之间安排类别股份，的确显得有点粗放，如果要做，也应当在公司成立之时做，而不是成立后再做，这样会增加沟通成本且极易引发矛盾。

与“西少爷”肉夹馍类似，“罗辑思维”合伙人之间也是由于利益及控制关系等分配不均，导致公司在被投资人高估值时，出现了分手事件。不过，“罗辑思维”两个合伙人间的关系处理更加平缓，过渡也更加自然。

【案例 1-3】

“罗辑思维”合伙人纠纷案[1]

“罗辑思维”是知名的知识服务商和运营商，主讲人罗振宇，旗下包括微信公众订阅号、知识类脱口秀视频节目：《罗辑思维》及知识服务 APP：得到 APP。从 2012 年开播至今，《罗辑思维》长视频脱口秀已积累播出了 205 集，在优酷、喜马拉雅等平台播放超过 10 亿人次，在互联网经济、创业创新、社会历史等领域制造了大量现象级话题。公司 2015 年 10 月完成 B 轮融资时，估值已达到 13.2 亿元人民币，此轮融资由中国文化产业基金领投，启明创投等跟投，同时柳传志等行业大佬参与了罗辑思维的融资。这样一家非常优秀的互联网自媒体企业，在公司发展过程中也曾经遭遇了因股权产生的重大波折。

2012 年 4 月，申音与朱珊珊、孙佳佳、罗振宇 4 人创办了独立新媒（北京）信息科技有限公司（以下简称“独立新媒”），当时的股权比例为 55 ∶ 15 ∶ 15 ∶ 15。

2012 年 12 月，罗振宇、申音合作推出《罗辑思维》脱口秀节目。

2013 年 12 月，独立新媒的朱珊珊、孙佳佳两位股东退出，剩下申音和罗振宇两位股东，申音持股 82.35%，罗振宇持股 17.65%。在此股权架构下，两人共同分享《罗辑思维》《蛮子文摘》《凯子曰》等多个项目和新势联合一家子公司的全部利益。

2013 年年底，“罗辑思维”微信粉丝约 150 万，进行了第二批招募会员，吸引了将近 2 万的普通会员，5000 的铁杆会员，收入近 1000 万元。“罗辑思维”

1 本案例根据互联网刊载的媒体报道整理而成。

在商业上的阶段性成功，成为中国互联网知识社群第一品牌，引起投资人的关注，当时已有投资人给出 1 亿元的估值。

2014 年 5 月，传出两人“分手”的消息。事后分析原因，可能是在分工方面，对于《蛮子文摘》《凯子曰》等项目和新势联合公司，应该是主要由申音负责，罗振宇是不参与工作的。对于“罗辑思维”，申音主要负责投资和运作品牌，打造出“罗胖”的明星形象，再收割粉丝赚钱。罗振宇是台前明星，申音是幕后英雄。当“罗辑思维”成功后，各种资源会转过来找“罗辑思维”，找罗振宇，罗振宇显得越来越重要。而独立新媒旗下的其他项目不如“罗辑思维”成功。关键是申音、罗振宇之间 82.35% ：17.65% 的股权比例，可能已经无法平衡双方的利益，就出现了“分手”事件。

2014 年 6 月，罗振宇与李天田、吴声等成立北京思维造物信息科技有限公司，开始运作“罗辑思维”项目。

2014 年 7 月 4 日，独立新媒的股东发生变更，罗振宇不再持股，申音成为公司的唯一股东，标志着双方从法律上正式“分手”。

【问题聚焦】

“罗辑思维”合伙人的“分手”事件，至少反映了以下两个问题：

（1）项目与公司的利益不能轻易绑定

在罗振宇与申音的合作中，独立新媒公司名下除了“罗辑思维”项目外，还有一个子公司、多个其他项目，而罗振宇只参与“罗辑思维”一个项目的工作，但分享公司主体下的子公司、其他项目的利益。这在事实上会形成一种格局：无论项目公司运作成功与否、项目收益大小，双方只能按照在独立新媒公司的股权比例分享利益，即使其他子公司及项目收益较差甚至无收益，双方的利益分配方式也是固定的。由于缺少项目价值的评估机制，这种价值贡献与分配方式的安排，一定会随着项目的进展及公司的运营而出现错位，迟早会导致双方的不平衡。

（2）股权结构的设计没有充分考虑人力资本的贡献价值

罗振宇是前台明星，是“罗辑思维”项目运营的核心，申音则是幕后英雄，但对这个项目而言，双方对各自人力资本的价值贡献存在不同的认知，由此导致的利益分配方式也就存在不同的期望，如果公司在股权层面没有考虑到这种变量因素，就会导致利益失衡。假如双方在独立新媒公司的股权架构中考虑了股权的动态调整机制，也许可能不会出现双方分手的后果。

1.6 股权架构的艺术性即对人性的理解和驾驭

公司是营利性的组织，创办公司和运营公司的最终目的就是赚钱，这是创始人在股权架构搭建之初的一般目的。当然，也不排除极个别情况下创办公司是为了实现个人情怀和梦想，但离开资金和资本的支撑，估计无论什么样的情怀和梦想都只是一个梦想而已。正如西汉著名史学家、文学家司马迁在《史记》的第一百二十九章“货殖列传”所述，“天下熙熙，皆为利来；天下攘攘，皆为利往”。其实，趋利避害是人的本能，追逐利益也是人的本性，本身是没有错的，只不过，在追逐利益的过程中，是选择利人利己还是选择损人利己，这就涉及对人性的考验和道德的评判了。公司是由人和资本组合而成的社团组织，在追逐利益、实现利益的过程中，必然会涉及内部利益的平衡问题，如何把握其中的尺度，并最终实现各个参与方的利益最大化，考验创始人的智慧，也体现创始人的胸怀和格局。

1.6.1 先利他还是先利己

每一位创业者都是不轻松的，背后都有一段令人敬佩的辛酸史。创业过程中，有的甚至自绝后路，背水一战，承担着巨大的心理压力。在这种情况下，要求创业者们就先利他还是先利己做出选择，的确比正常状况下更难。成功的大企业往往会有这样的感受：企业最终是社会的，而且规模越大，承担的社会责任越多，尤其是巨无霸企业，更是如此。但是对于初创企业而言，能够生存下来比什么都重要，还承担不了什么高大上的社会责任。所以对于先利他还是先利己这个问题，不同行业、不同规模、不同成熟度的企业都有不同的标准，不同的老板和创始人也都有自己的判断。一般而言，在进行判断和选择时，下面两个因素是要考虑的：

（1）控制权的归属。无论选择哪一个顺序，都应该在一个基本的逻辑前提下做出，即老板或者主要创始人应该对公司拥有不可动摇的控制权。在此前提下，先利他或者先利己才是可控的，而不是被迫的，这对于实现创业初衷、带领公司迅速成长具有相当重要的掌控意义。

（2）价值观的判断。利己是本能的追求，也是存续和发展的本钱，完全大公无私，甚至“毫不利己、专门利人”，就成了做慈善，而不是做企业了。利他解决的是激发人的原动力的问题，通过奖金、股权等物质手段的刺激，唤起内心深处的斗志，为协同实现企业的目标而奋力前行。因此，这两个选项的价值方向是不一样的，但是，如果能够从更高的角度看，通过先成就他人而最终成就自己，形成“激励相容”效应，那就是大智慧。如何结合企业的实际情况运用这种大智慧，可能每个企业的标准是多元的，但从最终价值观角度看，通过利他而实现利己的确是很高的境界。

1.6.2 要共享还是要独享

在企业 IPO、并购重组实务中，经常提到一个词“蛋糕”，讲的是通过群策群力并共同贡献资源，实现“1+1 ＞ 2”的效果，每个参与方最终分享的成果都大于自己初始投入的一种资源优化配置状态。道理听起来很简单，做起来并不容易。创始人在设计股权架构时，拥有“蛋糕意识”是非常重要的，主要原因在于：

（1）集体的力量是强大的

企业是一个组织，靠老板一个人单打独斗是做不起来的，组织所需各种资源的集合，才能产生强大的合力，应对内部、外部环境的挑战。创始人需要根据资源的稀缺性、重要性等因素合理确定分享的股权比例，是否分、如何分，不仅仅代表着创始人对合作伙伴的价值预期，也体现了创始人成就他人、成就自己的胸怀。比如，一个估值1000万元的公司，创始人保留70%也就是700万元，而一个估值10亿元的公司，即使保留30%，价值也是3亿元。所以，一起将公司这个蛋糕做大，比在股份上斤斤计较在价值上更为重要。

（2）分享的不仅是利益，更是责任

要共享，就会有一群人跟着老板操心，一起出谋划策；而要独享，就老板一个人自己操心，独立肩负起推动整个组织的重任。这其中的差别是显而易见的。

（3）控制权归属也是一个十分重要的前提

与利他和利己的关系类似，共享和独享的价值方向也是不一样的，创始人要能够做到独享和分享的自由切换，前提也是要保障有稳定的控制权。如果控制权不稳定，不仅实现不了独享，甚至能否有效地分享也会成为问题。

1.6.3 好的股权架构不以试探人性作为代价

人性本善还是本恶？好像并没有统一的答案。创始人在设计股权架构的时候，既不能纯粹以善意为出发点，也不能纯粹以恶意为出发点。因为，商业就是商业，在商言商，当将个人情感与商业利益混在一起的时候，很容易出现个人期望与现实反馈不匹配的情况，经日积月累，进而可能进一步演化发酵，导致反目成仇、两败俱伤，这样的案例并不少见。

人是最靠不住的，会随着环境而变化的，在巨大的利益诱惑面前，真正能够做到“不忘初心”的人少之又少。一个好的股权架构，应当充分理解、尊重、满足及平衡人性的需求，而不应试图寄希望于人性假设，成为人性的试验品。因此，基于人性的考量，同时保持对规则的敬畏之心，是股权架构的设计之本，不给人性趋恶的机会，实际上也是在为所有人负责。

【案例 1-4】

“理大师”合伙人纠纷案[1]

“理大师”成立于 2014 年 12 月，通过以上门推拿为切入点，服务覆盖保健、医疗、食疗产品服务三个方面。截至 2017 年 3 月，用户数量有 30 万，且已完成三轮融资，分别是 2015 年 3 月来自创享基金的天使融资 400 万元，2015 年 12 月的 Pre-A 轮融资 1600 万元，投资人包括普华资本及一家知名药企医疗基金，以及 2016 年 3 月由清科片仔癀医疗投资基金领投的 A 轮融资 3000 万元，公司发展势头良好。

然而，公司也经历了合伙人之间的纠纷和波折。

根据媒体披露，“理大师”在完成融资 3000 万元后，联合创始人之一薛镝和 CEO 薛希鹏之间发生严重矛盾，因股权纠纷闹得不可开交。

公司 CEO 薛希鹏介绍，薛镝离职事件经过了一系列发酵，从其入职到离职共计 1 年多的时间，期间经历了相互信任、失去信任、矛盾爆发、薛镝离职等阶段。随后在“理大师”发布的内部邮件中，CEO 薛希鹏解释了薛镝被辞退的原因。薛希鹏称对薛镝的工作能力表示质疑，后者在调换岗位后亦不能完成 KPI。而薛镝本人对此并不认同，薛镝认为，其个人为公司付出了很多，例如一手组建了“理大师”市场部，在基本零费用的情况下，先后联系并出镜了包括北京电视台《健康到家》在内的 7 个电视节目，联系了包括 DoNews 视频在内的 9 个网络视频，做出了门户网站新闻和 100 余篇稿件的网络报道等。双方各自也通过媒体渠道进行澄清和说明。

1　本案例根据互联网刊载的媒体报道整理而成。

2016 年 4 月 25 日，薛希鹏正式解聘薛镝，双方在股权退出费用上的谈判也非常艰难。

【问题聚焦】

“理大师”合伙人的分手事件，至少反映了以下两个问题：

（1）信任不能代替规则

年轻的创业者经常因为“兄弟情深”而一起创业，但往往由于最初过于信任对方，导致疏忽了规则的建立和约束，当发现对方与自己最初的想象有偏差时，因没有可适用的规则，导致处理难度加大，把握不好尺度甚至可能反目成仇。这里所说的规则是多方面的，比如价值贡献的评估与确认规则、股权成熟规则、股权退出规则等。将“丑话”说在前面是对各方友谊和信任的最大保护。

（2）股权架构不能试探人性

导致“江湖式入伙、仇人式散伙”的原因可能有很多，但其中很重要的一个就是基于惯性思维，放任人性与商业的混同。谨慎来讲，这两者是有明确界限的，任何商业都有本身的商业模式，而股权架构是公司内部最重要的商业模式，在设计股权架构的时候不能无视或者不防范人性的本能可能带来的冲击。人性是设计股权架构的基本前提，前提定好后就是设计规则了，它们之间是逻辑上的先后关系，而不是相互验证的关系，否则就有可能为此付出代价。

1.7 成功的企业家一定是股权架构的设计高手

股权架构的主题是股权，股权是一个建立在规则之上的艺术品。经济学家、法学家及实务工作者为股权树立了许多规则，企业家则是运用这些规则将股权作用发挥到极致的执行者。这就好比我们在评价一幅油画作品时，一般要看它的立意、构图、表现等所表达出来的情感，再加上作品本身使用的上乘颜料，就会构成一幅优秀的作品。类比来看，股权的规则就是颜料，设计股权、运用股权的企业老板就是油画作品的艺术家。只不过，企业老板对股权处理的艺术性更多地体现在对人性及商业逻辑的理解和把握上，对股权规则的应用可以在专业人士的协助下完成。因此，作为一种特殊形态的权利，股权价值的实现既要有好的规则进行保障，又要通过企业家的艺术化手段进行价值提升，两者配合才能做出好的作品。如果企业家的胸怀和格局足够大，对股权运用的水平足够高，那么就可能会诞生卓越的企业，如京东、腾讯、阿里巴巴等。

因此，股权架构是企业的根基，是企业顶层设计中最关键的内容。它解决的是企业中两个最核心的问题：控制权、利益分配，决定了企业是否可以按照创始人的想法去发展，以及利益的共创和共享机制安排。它本身虽然不直接创造价值，但却深刻影响着利益格局的排布，并决定了企业的稳定性问题。打个形象的比方，股权架构就是一个企业的高速公路，公路修好了，汽车才可以跑得更快，并能容纳更多的车辆通行，创造更多的收费效益；但如果公路质量有问题，就会造成事故、堵车甚至交通瘫痪。所以说，股权架构对一个企业而言是极其重要的，成功的企业在股权架构方面都是相似的，即老板都投入了大量精力思考和设计股权架构，而失败的企业在股权架构方面则各有各的失败，包括规则的漏洞、对人性的把握不到位等。

第二章

股权架构的主线：控制权

2.1 控制权是公司的灵魂

2.1.1 控制权是股权架构的主旋律

关于公司控制权，《上市公司收购管理办法》第 84 条和《上市公司重大资产重组管理办法》第 13 条给出了具体界定，在下列情况下视为拥有对公司的控制权：

（1）投资者为上市公司持股 50% 以上的控股股东；

（2）投资者可以实际支配上市公司股份表决权超过 30%；

（3）投资者通过实际支配上市公司股份表决权能够决定公司董事会半数以上成员选任；

（4）投资者依其可实际支配的上市公司股份表决权足以对公司股东大会的决议产生重大影响；

（5）上市公司股权分散，董事、高级管理人员可以支配公司重大的财务和经营决策的，视为具有上市公司控制权。

上面这五种情形可以看出，控制表决权、控制董事人选、影响股东会决议、实际掌管公司运营等，都是判断公司控制权归属的标志，其中前四种控制权依赖于表决权，第五种控制权不依赖表决权，是一种事实上的控制权。对于非上市的有限公司，主要也是依据这些标志来确定控制权归属。因此，无论是上市公司还是非上市公司，控制权都是与公司息息相关的话题，它同时也是股权架构的主旋律。下文将会提到，在股权架构层面反映的控制权，是法律上最根本、最稳定的控制权，虽然不排除某些个别情况下，依靠非常规手段也能够控制公司，但往往那些方式是暂时的、不可复制的。

2.1.2 控制权的本质

控制权本质上是为了利益，这是由公司的营利法人属性决定的，它就像一个公开的魔咒，小公司、大公司、中国公司、境外公司都难逃这个话题。拥有了控制权，控制人不仅可以按照自己的设想与思路去打造这家公司，实现个人梦想，而且还可以获得超额的“控制利益”。控制权还关系到公司未来的发展战略、目标落地路径以及最终的成败，从根本上来看，控制权是公司发展的核心与灵魂。不同的是，有的企业家先知先觉，在公司设立之初以及后续融资过程中牢牢掌握着对公司的控制权，如小米的雷军；有的企业家后知后觉，等到大难临头才追悔莫及，如雷士照明的吴长江；更多的企业家，是刚开始未能充分认识到股权及其控制权的重要性，但通过后来的不断调整，重新夯实了控制权，如海底捞的张勇。近些年来，国内资本市场风起云涌的控制权争夺战，为我们上演了一场场大戏，比如国美的黄陈之争、宝能举牌万科、俏江南张兰对赌失败出局等，都是控制权方面的经典案例，其中的许多经验和教训值得我们借鉴和思考。

2.1.3 控制权涉及哪些问题

归纳起来，控制权涉及的主要问题就是“123”，即：

1个目标：为了获取利益，很少有为了情怀去争夺控制权的。

2个手段：法律上的控制、事实上的控制。法律上的控制主要通过股权架构及相关协议安排实现；除了法律上的控制以外的所有方法都是事实上的控制，比如掌握公章、营业执照、财务账册、人事安排等；从控制效果上看，法律上的控制是最根本的控制，事实上的控制只是暂时性的控制，它最终要让位于法律上的控制。

3个类型：创始人内部的控制权争夺、管理层与股东的控制权争夺、外部投资人与原大股东之间的控制权争夺。其中，创始人内部的控制权争夺在许多情况下是由公司设立之初的不合理股权架构造成的，管理层与股东的控制权争夺是在股权较为分散的情况下管理层与股东进行的博弈，而外部投资人与原大股东之间的控制权争夺则往往发生于双方对公司估值没有达成预期目标，或者对自身定位存在认识偏差，或者为了其他利益诉求而进行的较量的时候。

【案例2-1】

万科控制权之争[1]

从2015年7月开始至2017年3月结束的万科股权之争，堪称近年来控制权争夺的经典案例。综观这场股权之争，历经“宝万之争”“华万之争”“恒万之争”三个阶段，其中既包含了管理层与股东之间的控制权争夺，也有股东相互之间的较量，同时，还涉及对金融监管底线的挑战。我们先来回顾一下争夺控制权的整个过程：

（1）宝万之争

2015年7月11日，宝能系旗下的前海人寿通过在深圳证券交易所的证券交易系统集中竞价买入万科A股达到55,2727,926股，占万科A总股本的5%。

2015年7月25日，前海人寿再买入万科A股102,945,738股，同时，前海人寿的一致行动人钜盛华买入万科A股449,615,060股，两者合计占万

1 本案例根据互联网的媒体报道整理而成，并参考了华生：《万科模式——控制权之争与公司治理》，东方出版社2017年版，第101~172页。

科总股本的 5%。宝万之争正式开幕。期间，感到危机的万科管理层不断向万科大股东华润求援，希望继续增持万科或帮助引入其他战略投资者。8 月 20 日，华润通知万科，否决其定向增发引入新投资者的议案。

2015 年 8 月 26 日，宝能系继续增持万科，第一次超过华润成为第一大股东。

2015 年 8 月 31 日、9 月 1 日，华润通过少量增持万科约 0.4% 的股份，短暂重回第一大股东的位置。

2015 年 12 月 6 日，钜盛华通过多家资管计划在深交所证券交易系统集中竞价买入万科 A 股股票，交易完成后与前海人寿合计持有万科 20.008% 的权益，再次成为第一大股东。

2015 年 12 月 16 日，宝能系继续增持万科股票，持股比例达到 22.45%。

2015 年 12 月 17 日，王石首次宣战：不欢迎宝能入主。王石在内部讲话中表示："不欢迎宝能系成为第一大股东，是因为宝能系'信用不够'。万科是上市公司，一旦上市，谁是万科的股东，万科是不可能一一选择的，但谁是第一大股东，万科应当去引导，而不应该不闻不问。因为万科股权分散，我们要对中小股东负责，他们看重的是万科的制度和团队，宝能系通过大规模举债成为第一大股东，甚至将万科私有化，这可能毁掉万科最值钱的东西。"王石的这个讲话被很多人认为是用情怀挑战规则。

2015 年 12 月 18 日，宝能疑似回应王石：本集团恪守法律，尊重规则，相信市场的力量。

2015 年 12 月 28 日，保监会要求举牌的险资披露资金来源，并连发文件直指包括万能险在内的高现金价值产品及资产负债错配风险。

2016 年 7 月 7 日，宝能系增持万科至 25%。

2016 年 7 月 20 日，万科管理层反攻，分别向中国证监会及其深圳监管局、中国证券投资基金业协会、深交所提交了《关于提请查处钜盛华及其控制的相关资管计划违法违规行为的报告》，高调举报宝能系。

2016 年 7 月 21 日，保监会负责人表示，要严格审核股东资格标准，要让那些真正想做保险的人来做保险，绝不能让公司成为大股东的“提款机”。

2016 年 12 月 6 日，前海人寿被叫停万能险业务并被保监会处罚，其用于举牌 A 股上市公司的资金正是来自万能险。

2016 年 12 月 19 日，宝能系谋求退出万科，要价高达 1500 亿元。

2017 年 2 月 24 日，前海人寿领最大罚单，姚振华禁入保险行业 10 年。

（2）华万之争

2016 年 2 月底，万科团队赴香港向华润汇报工作，会上万科团队提出与深圳地铁集团业务重组的意向，为确保国资第一大股东地位，对深圳地铁集团发股票的量可能要超过宝能系的持股量，华润对此未表示不同意见。

2016 年 3 月 12 日，万科自行推进与深圳地铁集团的战略合作，双方当天签署了合作备忘录，华润明显表示不悦。

2016 年 3 月 18 日，华润正式对媒体发表意见，认为万科与深圳地铁集团签订的合作备忘录，没有经过董事会讨论通过，在程序上有问题。并称华润派驻万科的董事已经向有关监管部门反映了相应意见，要求万科依法合规经营。万科方面则回应，根据《公司法》及《公司章程》的规定，签署无法律约束力的备忘录，并不需要经过董事会审议。形成方案后，才需要经过公司董事会和股东大会的审议。

2016 年 6 月 17 日，万科董事会讨论通过深铁重组预案，华润投反对票，并质疑投票结果，“宝万之争”正式变更为“华万之争”。

2016 年 6 月 23 日、24 日，华润公开发表声明，抨击万科的内部人控制。

2016 年 6 月 27 日，万科召开了 2015 年度股东大会，华润联手宝能对 2015 年度董事会报告、2015 年度监事会报告投反对票。经表决，公司 2015

年度董事会报告、监事会报告被否决。

2016 年 6 月 27 日、28 日，深交所向华润、宝能系下发关注函和问询函，要求对其存在的一致行动人关系进行自查。宝能系和华润后来复函均否认存在一致行动关系。

2016 年 6 月 28 日，华润、宝能系的一致行动关系引发高层关注，华润被令“闭嘴”，不得与宝能一致行动，不得就万科事件随意表态，任何行动要预先征得国务院国资委同意。

2016 年 12 月 13 日，保监会发布规则，禁止保险公司与非保险一致行动人共同收购上市公司。

2017 年 1 月 13 日，万科发布公告，华润及其子公司于 1 月 12 日与深圳地铁集团签署《关于万科企业股份有限公司之股份转让协议》，将其所持万科全部股份转让给深圳地铁集团，彻底退出公司。

2017 年 1 月 25 日，华润转让万科股权完成过户登记。

（3）恒万之争

2016 年 8 月 4 日，随着万科股价逼近宝能的平仓线，宝能崩盘引发的保险资金断裂和局部金融风险开始显现，中国恒大通过其附属公司在市场上开始大规模增持万科股票达 4.68%，被认为是正式入场万科控制权风波。

2016 年 8 月 31 日，许家印牌友“大 D 会”通过二级市场交易，持股万科股票达到 8.35%。

2016 年 11 月 30 日，中国恒大通过其附属公司在市场上及通过大宗交易持续收购万科股票，累计占万科已发行股本总额的 14.07%，觊觎万科控制权。

2016 年 12 月 3 日，中国证监会主席刘士余发表演讲，痛批“野蛮人”。

2016 年 12 月 5 日，中国保监会突然发布消息，停止宝能系旗下前海人寿万能险的新业务，同时，叫停前海人寿、恒大人寿等 6 家险企的互联保险业务。

2017 年 1 月 12 日，深圳地铁集团表态，明确支持万科管理层。

2017 年 1 月 13 日，深圳地铁集团入主万科后，恒大向深圳市政府表态：不再增持万科，不做控股股东，可将股份转让给地铁集团，愿意听从深圳市委、市政府安排，坚决服从统一部署，全力支持万科。

2017 年 3 月 16 日，恒大将持有的万科股票表决权全部委托给深圳地铁集团，由地铁集团自行决定行使该等权利。

【问题聚焦】

根据截至 2018 年 3 月 31 日的公开数据，万科前十大股东中，第一大股东为深圳市地铁集团有限公司，持有 32.43 亿万科 A 股，占比 29.38%，而宝能系通过钜盛华及前海人寿合计持有 13.54%，深圳地铁集团已经坐实了第一大股东的位置。透过这场控制权争夺战，我们可以看到很多具有中国特色的问题，在当前金融监管环境下，值得深入研究。

（1）管理层和股东的角色定位

从《公司法》原理上来说，管理层由董事会聘任或解聘，董事会由股东会选举产生，因而股东会间接地控制着管理层，管理层最终是为股东服务的，这是一个一般人都知晓的常识性问题。然而，就是这样一个简单的问题，在实践中的操作却花样百出。有的企业在经过多次融资后，原始创业团队股东持股被大幅度稀释，他们虽然仍旧管理着企业，但已经失去对企业法律上的控制权。由于企业是他们创立的，对企业仍然有很深的管理情结，外部投资者有时对他们而言就如同独立第三方般的存在，这时，创业团队股东就很容易存在思维定式及观念错位，如果他们继续以最初的理想、情怀来甄别、判断股东，就可能会带来冲突。如同本案中，在宝万之争刚开始时，王石公开表示不欢迎宝能系成为第一大股东，如果纯粹从管理层角度看，略显不适，但如果从他作为小股东角度看，是有一定道理的。

（2）股权控制才是控制公司的王道

无论是宝万之争、华万之争还是恒万之争，股权都是觊觎控制权的唯一目标。通过争夺过程可以很完整地看出，万科管理层面对外部投资人对股权的收购，表现出的都是担忧、焦虑，希望能够与那些对管理层保持和谐关系的大股东合作，以延续管理风格，维护品牌价值。因为，从很大程度上来说，管理层的命运掌握在大股东手中，管理层对公司的控制，更多的是一种事实上的控制，在面对股权控制的挑战时显得十分脆弱。所以说，离开股权谈控制，基本上就是一个伪命题。

（3）跨金融市场高杠杆套利

万科控制权之争还有一个鲜明的亮点，就是用于收购股权的资金来源于多种金融杠杆工具，将中国近些年来金融领域一直存在的脱实向虚现象推向高潮。“野蛮人”“妖精”“害人精”等都披着合法的外衣，打着制度的擦边球，在资本市场上巧取豪夺，侵蚀着广大中小投资者的合法权益。这现象的存在，直接导致了本案中出现这些极端情况后，监管层和最高层痛下决心，接连出台政策重拳整治金融风险。有市场人士认为，万科这样一家高度市场化的公司股东控制权争夺，最终却依赖行政之手安排各方利益，不符合资本市场规律和规则，但也有更多声音指出，现在的行政干预是“果”，“因”则在于之前金融监管的严重缺位。

2.2 依赖股权架构的公司控制是最根本的控制

2.2.1 控制公司的方式有哪些

站在股东或投资人的角度，控制公司的方式多种多样，常见的方式如下：

（1）依靠股权进行控制，包括积极控制（拥有绝对多数或相对多数股权）和消极控制（拥有某些事项的否决权）；

（2）投票权委托；

（3）签署一致行动协议；

（4）股权代持；

（5）拥有类别股份的表决权（如 AB 股等）；

（6）设立有限合伙企业并担任 GP，控制投票权；

（7）运营控制，即虽然不是大股东，但可以通过实际影响公司的运营和管理进行控制（如控制公章、营业执照、与团队及合作伙伴建立攻守同盟等）。

这些控制方式中，前 6 项是法律上的控制，第 7 项是事实上的控制。其中，第 1 项是独立的、不依赖于任何人即可实现的控制方式；第 2 项、第 3 项、第 4 项需要签署协议才能实现；第 5 项只有在允许发行特殊类型股份的国家和地区才能适用；第 6 项对 GP 的要求高，一般由控股股东或其信任可控的人担任；第 7 项仅在特殊情况下具有控制效果，比如，控制人是公司的创始人，在经过若干轮融资之后已经失去法律上的控制权，但仍基于原始团队及合作伙伴的信任可以在事实上影响公司，不过从控制权的牢固性上看，这种方式并不可靠。

2.2.2 依赖股权架构实施的公司控制是最可靠的控制

在股权架构中取得控制权的股东，对公司的控制是最没有悬念、最稳定可靠的，主要是因为：

（1）此种控制不需要任何人的配合，依照股东的单方意思即可实现控制；

（2）此种控制可以对抗其他任何人，具有类似民法上的对世效力；

（3）此种控制只要不违背法律法规的禁止性规定，不损害其他人的合法权益，就可以实现股东的预期目标。

2.2.3 股权架构中影响控制权的几个重要数字

（1）67% 和 33%：绝对控制权

针对有限责任公司，《公司法》中规定了七种情形需要“经代表三分之二以上表决权的股东通过”才能生效，包括：增资、减资、合并、分立、解散、变更公司组织形式、修改章程等。除了这七种法定情形外，投资人之间也可以约定其他经 2/3 以上表决权通过的事项。所以，如果股东单独或者联合起来持股 67% 以上，那么就在这些事项的决策中拥有绝对的话语权，这是一种积极的控制权、绝对控制权。持股 33% 以下的股东理论上只是财务投资者了，在公司治理中已经丧失话语权。

（2）51% 和 49%：相对控制权

持股 51% 以上 67% 以下的股东，拥有的是一种相对控制权，也是积极的控制权。《公司法》中规定除了前述七种情况需要 2/3 以上通过外，其他事项一般都是过半数通过即可生效。这意味着只要股东单独或者联合起来持股 51% 以上，就可以在这些事项中拥有控制权。不过，这是一个简单的控制标准，如果公司有后续增发融资，该比例很容易被突破，这种情况下，大股东联合其他原股东保持控制权就显得很重要。在这种股权架构中，持股 49% 以下的股东虽然不能行使积极的控制权，但仍然有消极的控制权（即否决权）。

（3）34% 和 66%：消极控制权

持股 34% 的股东，虽然不能单独就公司重要事项作出决策，但是可以就某些事项进行否决，通过行使否决权而在一定程度上起到消极控制公司的效果，即所谓的“成事不足、败事有余”。持股 66% 的股东虽然不能绝对地控制公司，但仍然达到 51% 以上，可以行使相对控制权。

（4）30%：上市公司的临界控制权

根据《上市公司收购管理办法》，如果投资人可以实际支配上市公司股份的表决权超过 30%，就会被认定为拥有对上市公司的控制权，这也是拥有控制权的最低比例要求。

（5）寄生型数字：依附控制权

这类数字是不固定的，一般是指单独持股比例很小，但是一旦依附于某个股东立即可形成控制权，并且依附于哪个股东，该被依附股东就会拥有控制权。比如，在 49% ：49% ：2% 的股权架构中，持股 2% 的股东可以自由决定与哪个股东结合投票，而且一旦结合就会赋予该股东以控制权（达到51%），这种情况下公司的控制权一定程度上可以认为掌握在2%的股东手中。其他比如在57%：33%：10%的股权架构中，持股10%的股东也具有类似效果。数字结构可以有很多种组合，原理是一样的。

应当注意的是，在股权架构设计中一定要避免均衡型的持股结构（比如50%：50%、25%：25%：25%：25%等），这种结构的最大弊端在于，一旦股东之间发生矛盾，大家势均力敌，很容易导致股东会不能做出决策并形成公司僵局，给经营管理和业务发展带来重大不利影响。典型案例如真功夫。

【案例2-2】

真功夫控制权纠纷——均衡型股权架构埋下的重大隐患[1]

1990年6月18日，17岁的潘宇海开始创业，在东莞市长安镇107国道边上开办“168甜品屋”，经营甜品及快餐生意。

1994年，潘宇海的姐姐潘敏峰与姐夫蔡达标在经营五金店倒闭后一直没有正式职业，为帮助处于困境中的姐姐和姐夫，潘宇海拿出“168甜品屋”（后改为“蒸品店”）50%的股份给蔡达标、潘敏峰夫妇，让其一道参与经营。潘宇海负责全面管理、蔡达标负责前厅待客、潘敏峰负责财务和采购。

1997年，潘宇海成功研制出电脑程控一体化蒸柜，解决了中餐标准化的历史性难题，使中式快餐连锁化成为可能。在此基础上，“168蒸品店”改组成为“东莞市双种子饮食有限公司”（以下简称双种子公司），开始在东莞市快速扩张，潘宇海任双种子公司董事长、总经理、法定代表人。

2003年，双种子公司与叶茂中营销策划机构合作，对公司品牌和全国性经营战略重新定位策划，“真功夫”品牌正式确立，并于2004年开出第一家真功夫餐厅，定位于“蒸”文化，开始全国大发展。当时潘宇海占双种子股权

---

1 本案例根据互联网登载的媒体报道整理而成。

50%，蔡达标、潘敏峰夫妇占 50%，大家商定潘宇海负责企业内部管理、蔡达标负责外勤事务的分工、潘敏峰负责资金管理。

2006 年，真功夫品牌在实施走向全国的战略中需要资金，遂开始与风险投资机构接洽，并从只注重企业经营开始同时向注重宣传包装转换，为公司进行股份制改造和上市做准备。同年，真功夫进入“2005 年度中国快餐企业 20 强”，排名第六，位居本土快餐品牌第一。10 月，真功夫当选中国快餐十佳品牌企业。

2006 年 9 月，蔡达标、潘敏峰夫妇离婚，潘敏峰所持有的 25% 股权归蔡达标所有。

2007 年，公司正式引进两家知名风投：今日资本投资（香港）有限公司（以下简称今日资本）、中山市联动创业投资有限公司（以下简称中山联动），两家风险投资基金各占股 3%，公司进行重组。原双种子公司和蒸品店的所有资产及其 180 余家门店装入新成立的中外合资经营“真功夫餐饮管理有限公司”（现公司），原双种子公司保留并作为合资公司的持股公司。一直负责主外的蔡达标以方便对外交际为由，要求出任第一届合资公司董事长，由于合资公司只是过渡性安排，公司已制订 3~4 年上市计划，合资公司须提前改制为股份制公司，创始人潘宇海等股东当时没有反对，但从此为股东纠纷埋下祸根。

2007 年，真功夫重组完成后股权结构为：潘宇海与蔡达标分别持股 41.74%，双种子公司持股 10.52%；两家风投“中山联动”与“今日资本”各持股 3%。双种子公司一直由潘宇海主持工作并担任法定代表人从未变更过（潘宇海与蔡达标各持有双种子公司 50% 股份）。从个人持股情况看，潘宇海与蔡达标股份相同，但从实际控制的股权数量看，潘宇海直接控制 52.26% 股份，蔡达标只实际控制 41.74% 股份。

2007 年，真功夫成功引进风投后，对公司的经营管理提出了更为规范的要求，蔡达标借机提出了“去家族化”的口号，这本是好事情，各方股东都没有意见，但蔡却把“去家族化”作为其排挤公司其他股东和打击异己的工具。

一是对于关联交易的处理，在公司新规出来后，潘宇海发现蔡家关联交易不仅没有切断，反而不断增加，遂在董事会上明确提出应当限期清理，蔡达标表面上同意并向董事会写下书面保证，但背地里却叫其兄弟姐妹们换个“马甲”作供应商。二是关于人事问题，蔡借“去家族化”把公司与潘关系密切点的管理人员借机赶走，潘宇海认为对一些企业功臣的处理不人道，双方引起争执。

2008 年上半年，潘宇海与蔡达标开始产生隔阂，由于合资公司董事长蔡达标停开董事会，为摆脱僵局，在另一小股东今日资本的出面调停下，潘宇海作出让步，由公司出资 5000 万元独立重新创建一个新品牌（“哈大师”），董事会形成书面决议。然而，当潘宇海刚刚完成新项目后勤基地建设和开设两家门店后，在新项目还未来得及完成首期布点，蔡达标就采取了“断粮”的措施，在首期投入 1600 万元后，把持公司财务并置董事会的决议于不顾，任凭股东们如何催促也不再投入一分钱，新项目因此半途夭折。

2009 年，潘宇海发现真功夫主要供应链全部由蔡达标的兄弟姐妹控制，而公司掌控采购大权的也是其妹蔡春媚，其时公司利润严重下滑，公司经营每况愈下，财务反映经常有大额异常资金拨付。此时，蔡达标以运营资金缺乏为由要求董事会通过同意向银行贷款的决议，潘宇海对此提出要先审计看账，然后再看是否需要申请贷款。蔡达标坚决不同意查账，董事会因此不欢而散。

2008~2009 年，蔡达标以“去家族化”为名，逐步排挤潘宇海。虽然潘宇海选择了隐忍和退让，但最终还是被步步紧逼到连公司大门、公司网站都进不去的地步。潘宇海与蔡达标的矛盾由此激化。

2009~2010 年，潘宇海拿起法律武器开始维权，通过知情权诉讼开始司法审计。司法审计发现了蔡达标违法犯罪线索，司法机关于 2011 年开始对蔡达标立案侦查。

2011 年 3 月 17 日，真功夫多名涉案高管被审查，蔡达标逃跑。同年 4 月蔡达标被公安机关在厦门抓获。2013 年 12 月，蔡达标因涉嫌挪用资金、职务侵占等犯罪一案在广州市天河区人民法院迎来了一审判决：蔡达标因犯职务侵占罪，判处有期徒刑 10 年，并处没收财产人民币 100 万元；犯挪用资金罪，判处有期徒刑 6 年。数罪并罚，决定执行有期徒刑 14 年，并处没收财产人民币 100 万元。

2011 年 3 月 17 日蔡达标潜逃后，依公司法及章程规定，公司由副董事长潘宇海主持工作，后经公司董事会选举潘宇海为公司代理董事长和董事长。在真功夫风雨飘摇之际，潘宇海回到真功夫。当时的真功夫在三年浩劫期间，蔡达标在“转移公司利润、削弱公司增值能力”（引自蔡达标《脱壳计划》原文）的理念指导下，开店数量仅百余家，营业额同比几乎没有增长，经营接近亏损，发展陷于绝境中。潘宇海通过斩断利益输送链条、调整经营策略、提升经营理念等方法，带领公司排除一切非法干扰，潜心经营，逐渐走出困境，于危机中稳定了真功夫。真功夫发展重新回到正常轨道。2011 年年底，真功夫推出“中国味道计划”和五年战略规划。

2012 年，真功夫发展取得了丰硕的成果，国际化高管团队组建完成，门店建设加速扩张，企业文化全面确立，经济效益快速增长。2012 年利润超过 2008~2010 年 3 年利润总和。真功夫和潘宇海个人也获得了社会、行业所授予的多项殊荣，成为“年度中国餐饮百强企业”，总排名第十四位，再次位居中式快餐之首。

【问题聚焦】

从真功夫控制权纠纷的整个过程来看，所有问题的根源就是公司在设立之初的股权架构不合理。

双种子公司的股权结构是潘宇海持股 50%，蔡达标、潘敏峰夫妇合计持股 50%（实际由蔡达标全部控制）。这种结构是典型的平衡式架构，在各方友好合作期间，不会产生决策困难，但如果发生争议，是无法做出决策的，是导致公司僵局的典型原因。

2007 年设立的真功夫餐饮管理有限公司，股权架构为：潘宇海持股 41.74%，蔡达标持股 41.74%，双种子公司持股 10.52%，今日资本持股 3%，中山联动持股 3%。将双种子公司的股权穿透后，潘宇海和蔡达标分别可以控制真功夫 47% 的股权，可以看出，这也是一个典型的平衡式股权架构。如果不考虑其他的控制因素（表决权委托、一致行动协议等），潘宇海和蔡达标在意见分歧的情况下，如果没有今日资本和中山联动两名投资者的支持，都不能单独实现对公司的控制。蔡达标虽然已经被判刑入狱，但其股权仍然未发生变化（截至 2017 年 12 月 16 日），如果继续维持现状，可以想象将来蔡达标出狱后，双方之间可能还会就公司控制权问题进行较量。这里需要注意的是，今日资本和中山联动两名投资者虽然股权较少，但合并起来的 6% 具有特别的意义，其表决权无论跟蔡达标还是潘宇海结合，都会使被结合方拥有对真功夫的相对控制权，这个数字也就是上面说的寄生型数字，但如果这两家投资者的股权分别与潘宇海和蔡达标联合，将会出现 50 ∶ 50 的局面，公司会再次陷入僵局。蔡达标在入狱之前对真功夫拥有的是事实上的控制权，从法律上来看，双方对公司的控制力是势均力敌的。因此，在公司控制权问题上，真功夫当初设计的股权架构带来的负面影响到现在还未真正结束，如何打开这个死结，避免公司面临新的不确定性，考验着现在的掌门人潘宇海的智慧，毕竟，在法律上或者说股权架构上拥有对公司的控制，才是真正永久、稳定、根本的控制。

然而，并不是说所有的均衡性股权架构都会出现鱼死网破的悲壮结局，如果各方股东能够在利益平衡的基础上及时进行调整，重新设计稳定可控的股权架构状态，就会避免出现如同真功夫这样的结果。海底捞在设立之初，与真功夫同样是均衡型的股权架构，然而戏剧性的是，海底捞没有出现真功夫这样剧烈的内部斗争，反而凭借各股东之间的妥协和退让，获得了进一步的发展。

【案例 2-3】

海底捞——股权架构与真功夫一样差但却命运迥然[1]

1994 年，张勇和施永宏从中专技校毕业后，和李海燕（后成为施太太）、舒萍（后成为张太太）一起凑了一万元，每人各占 25% 的股份，在四川简阳开了一家只有四张桌的袖珍火锅店，这就是海底捞的第一家店。“海底捞”是四川麻将术语，指的是最后一张牌自摸，这个名字既好记，也和火锅有联系，就决定取这个名字。这个好记又有代入感的名字很快被来往顾客记住。

随着公司规模的扩大，公司管理结构早已不是最初的一人领导三个合伙人那么简单，企业管理和发展的问题越来越多也越来越复杂，企业决策过程也不断被加速。张勇很早就让自己的太太退出公司，2004 年又让施永宏的太太李海燕也退出公司。2007 年，在海底捞的生意正快速起飞的时候，张勇让跟自己平起平坐的股东、最忠诚的死党、自 14 岁起就不分你我的哥们施永宏也下岗了。

2007 年，张勇以 13 年前原始出资额的价格，从施永宏夫妇的手中购买了 18% 的股权，张勇夫妇成了海底捞 68%（超过 2/3）的绝对控股股东。

这种操作表面的原因是海底捞准备上市时，财务顾问给他们建议，公司有绝对控股股东有利于未来上市。其实，公司内外，包括张勇和施永宏自己都明白，张勇认为施永宏的管理能力已不适应海底捞的发展。

海底捞以匪夷所思的方式解决了股权结构不理想的问题，并获得了进一步的发展和壮大。截至目前，海底捞在北京、上海、西安等大陆的 57 个城市有 190 家直营餐厅，在中国台湾有 2 家直营餐厅，在国外，已有新加坡 4 家、美国洛杉矶 1 家、韩国首尔 3 家和日本东京 1 家直营餐厅。“海底捞”已经成为海内外信誉度高、品牌效应好，融会巴蜀餐饮文化“蜀地，蜀风”浓郁的优质火锅品牌。

2018 年 5 月 17 日，海底捞在港交所递交上市申请，显示 2017 年的营收总额为 106.37 亿元；2018 年 9 月 26 日，海底捞（股票代码 06862）成功

1 本案例根据互联网登载的媒体报道整理而成。

上市，市值一度轻松冲破千亿港元，超越了市值 121 亿美元的达美乐比萨，成为全球第五大餐饮企业。

【问题聚焦】

世界上没有最好的股权架构，但一定有最差的股权架构。海底捞和真功夫这种最初的架构安排是股权架构设计中应当注意尽量避免的架构形式。但是海底捞用独特的方式打破了这种不科学的股权架构，不但没有引起股东之间的恶意相向，反而取得了良好的效果，仔细分析其中原因，主要是以下三个方面：

第一，海底捞实际上从一开始就是一个有大股东的公司。虽然表面上看股权是平均的，但在公司实际管理中，张勇一直处于绝对的领导地位。公司最初的这种股权架构设计，更像是顾及情面的考虑，并没有与股东个人的价值联系在一起。随着公司的发展，股东个人对公司的贡献大小应当是衡量股权大小的核心依据，各个股东对此应当是心知肚明的，所以除了分红，施永宏在公司发言权上一直就是小股东的地位。张勇要求施永宏转让 18% 股权时，施永宏虽然心中不快，但作为合作搭档，他是认可张勇对企业的巨大贡献的，这为股权结构的顺利调整埋下了伏笔。

第二，作为朋友，张勇略显不太厚道；然而，作为公司的创始人，张勇无疑是优秀的。因为海底捞要想成为一个现代化的企业，就必须解决家族企业“天花板”的问题。否则职业经理人不可能在海底捞大有作为，事实也证明，张勇的选择对海底捞无疑是最优的。

第三，人品在合作伙伴的选择方面极其重要。海底捞股权架构的顺利调整，一方面得益于海底捞从一开始就是张勇为主、施永宏为辅，形成了张勇是核心股东的事实，另一方面也得益于施永宏的大度、豁达与忍让。股东的胸怀和格局说起来容易，但真正能够落到实处的，实属珍贵。如果股东都能够从企业的大局出发，从有利于企业未来发展的角度出发，将会给大家带来共赢的局面。所以说，股东选择合作伙伴时，不怕神一样的对手，就怕猪一样的队友。

2.2.4 操作要点提示

依赖股权架构实施的公司控制在操作时需要注意以下三点：

（1）公司设立之初就要分配好股权比例，无论是通过什么方式，一定要确立一位“掌门人”，并赋予权威和地位，从一开始就打造“单极稳定”的控制效果，这时对控制权采取的机制设计是成本最小的，效果也是最好的；

（2）公司设立之初一定要避免均衡型的股权架构设计模式，如果由于某些因素确实要体现创始人之间的平等，可以平均分配一部分股权，同时预留一部分股权作为股权池，通过设计一定的竞争考核机制用于分配给现有团队中的某位未来领导者；

（3）如果股权架构已经出现了问题，一定要及时纠偏，通过部分认购增资、存量股权转让等形式，打破这种不科学的股权架构，为公司未来顺利发展及资本运作做好准备。

2.3 通过控制公章和营业执照等实施的公司控制并不可靠

2.3.1 事实上的控制权存在一定的适用空间

当没有法律上的控制权时，就可能会给事实上的控制留下空间和余地。实践中主要存在两种事实上的控制权：

（1）创始股东兼任管理层的情况下，公司为了发展，不断地增发股份进行融资，从而导致创始股东的股份被不断稀释。当他们对公司失去了法律上的控制权时，基于习惯性的思维，仍然认为公司是自己创立的，理应由自己进行掌控。于是，通过控制公司的公章、营业执照、财务资料、业务渠道、利益同盟等方式，在事实上行使着控制权。

（2）股权非常分散的情况下，如果不存在单一大股东，各股东行使权利的成本较高时，管理层就会在事实上行使公司的控制权。这也是公司法学理论上探讨的“股东会中心主义”向“董事会中心主义”转变过程中，所存在的伴生现象。A 股上市公司中，没有法律意义上实际控制人的情况也不罕见，统计数据显示，截至 2016 年 10 月 19 日，共有 142 家 A 股公司无实际控制人，所属行业主要集中在银行及非银行金融、制造、IT 等行业。这些公司中的管理层，就会在事实上行使着对公司的实际控制权。

2.3.2 创始股东对控制权的思维定式是不可取的

从短期来看，事实上的控制权可以达到控制的效果，这种效果的实现，主要源于投资者对创始股东稳定性的顾虑而做出的暂时性妥协。但从长远来看，特别是在公司遇到重大决策事务（如引进新的投资者、公司并购或上市等）时，创始股东已经在实质上丧失了话语权，不能真正实现对公司的控制。如果不能认识到这点，创始股东对自身的定位就可能产生错觉，并因此采取一些不恰当的控制和管理行为，若因此与其他股东产生意见的不一致，就很容易产生矛盾或对抗，甚至演变为相互的攻击和争斗，给股东自身带来一些新的麻烦和风险。典型的案例就是雷士照明吴长江与投资人的纠纷，最后不仅没有保住控制权，还导致自己身陷囹圄，失去自由。

【案例 2-4】

雷士照明吴长江控制权争夺案[1]

1998 年年底，吴长江和高中同学杜刚、胡永宏共同出资 100 万元，成立了惠州雷士照明有限公司（以下简称雷士照明），其中，吴长江出资 45 万元，杜刚和胡永宏各出资 27.5 万元。从股权结构来看，吴长江持股 45% 是第一大股东，有相对控制权，但杜刚和胡永宏合计持股 55%，联合起来就可以制约吴长江。

1 本案例根据互联网登载的媒体报道整理而成。

2002 年，由于各股东之间的理念差异，导致吴长江与两位股东之间的矛盾不断升温，最终吴长江妥协，几乎是无偿地将自己的股份向杜刚和胡永宏分别转让 5.83%，于是三位股东的持股比例变成 33.4%、33.3%、33.3% 的均衡状态，三人在公司的分红、工资也完全均等。

2005 年，吴长江准备对雷士照明的销售运营进行改革，遭到杜刚、胡永宏的坚决反对，三位股东闹到了分家的地步。吴长江开出了退出雷士照明的条件：雷士照明作价 2.4 亿元，自己从企业拿走 8000 万元，股份归杜刚、胡永宏两位股东所有。大家随即达成并签署了协议。然而，3 天后，发生了戏剧性的一幕。从全国各地赶来的经销商齐聚雷士照明总部，强势介入股东分家之事，最终两百多名经销商举手表决，全票通过吴长江留下。面对此种局面，杜刚和胡永宏被迫接受按照吴长江退出的同样条件各拿 8000 万元离开雷士照明，吴长江对雷士照明实现 100% 控股，“以退为进”的策略完美收官。

2006 年 6 月，亚盛投资的毛区健丽，联合其他几位投资者向雷士照明共投入 994 万美元，获取雷士照明 30% 的股权。

2006 年 8 月，在毛区健丽的撮合下，软银赛富向雷士照明投入 2200 万美元，获取 35.71% 的股权。

2008 年 8 月，雷士照明因收购世通投资有限公司再次融资，高盛注资 3656 万美元、软银赛富注资 1000 万美元。完成对世通投资有限公司的收购后，软银赛富成为雷士照明第一大股东（30.73%），吴长江退居第二大股东（29.33%），而高盛成为第三大股东（9.39%）。此股权架构一直保持到雷士照明 IPO 之时，并为 4 年之后吴长江进入另一个股权“局中局”埋下了伏笔。风险资本的引入，使得吴长江失去了第一大股东的地位，但他此时并没有意识到失去控制权会带来什么风险。

2010 年 5 月 20 日，雷士照明登陆港交所，发行 6.94 亿股新股，发行价 2.1 港元 / 股，募资 14.57 亿港元。吴长江与风险资本的友好关系在这时达到顶点，此时的吴长江，对资本的好感仍然溢于言表，也不怕失去控制权，因为他自认为会给风险资本赚钱，风险资本在雷士照明的经营上离不开他，可以高枕无忧。

2011 年 7 月 21 日，法国施耐德电气耗资 12.75 亿港元，从软银赛富、高盛以及吴长江等六大股东手中购得 2.88 亿股股票，成为雷士照明第三大股东（9.22%）。此时，在雷士照明的股权架构中，一边是私募基金大佬作为第一大控股方，另一边是国际产业巨头作为第三大股东，此时的吴长江，似乎完全没有意识到自己的“危险处境”。

2011 年 9 月，施耐德提名李新宇出任雷士照明副总裁，分管核心业务商业照明工程及项目审批，吴长江终于开始意识到，施耐德最终的目的可能不仅仅是“投资”而已，警觉后的吴长江开始在二级市场持续增持股份，但为时已晚。经过吴长江连续 5 次共增持，吴长江合计持股 6.3 亿股，占 19.95%，重回第一大股东。但是，依然改变不了格局，因为在董事会上依然丧失了控制权：在董事会席位中，其仅有两位，软银赛富的阎焱、林和平在董事会也占据两席，高盛的许明茵占据一席，施耐德的朱海占据一席，可见，资本与创始人双方在董事会的力量对比是 4 ：2。董事会一旦被投资人控制，就意味着公司的控制权已经落到了投资人手上。

2012 年 5 月 25 日，吴长江毫无征兆地宣布辞去其一手创建的雷士照明一切职务，接替他出任董事长的则是创投界大佬软银赛富的阎焱，新任 CEO 则是来自于施耐德的张开鹏。

2012 年年底，吴长江将手中约 11.8% 的雷士照明股权转让给德豪润达，同时，德豪润达在香港联交所购入雷士照明 2.6 亿普通股，占其已发行普通股数的 8.24%。德豪润达一跃成为雷士照明的第一大股东。吴长江在转让约 11.8% 股权后，还持有约 6.7% 的股份，是雷士照明的第五大股东。吴长江还给了德豪润达不可撤销的购买权，使得德豪润达可以在任何时间以约定的价格购买吴长江手中剩余的股票。另外，德豪润达向吴长江增发，吴长江成为德豪润达的第二大股东，双方还达成了君子协定，即吴长江不干涉德豪润达的运作，德豪润达也不干涉雷士照明的日常经营。

2013 年 6 月 23 日，雷士照明公告，作为公司创始人、现任 CEO 吴长江已于 6 月 21 日的股东大会上当选执行董事。历经 1 年，吴长江终于重返雷士董事会。

2014 年 8 月 8 日，雷士照明发布公告称，罢免吴长江的 CEO 职务，任命德豪润达董事长王冬雷担任临时 CEO。随后雷士照明在香港召开临时股东大会，吴长江的董事以及附属公司的所有职务被全部罢免。

2014 年 10 月 4 日，吴长江涉嫌挪用资金逾 9 亿元、职务侵占 1370 万元，被刑拘，次年 1 月 5 日，吴长江被广东省惠州市公安局移送至惠州市人民检察院提请批准逮捕。

2016 年 12 月 22 日，惠州市中级人民法院对外公告称，因挪用资金罪、职务侵占罪，雷士照明原法定代表人、董事长吴长江被判处有期徒刑 14 年，并没收财产 50 万元，还被法院责令向重庆雷士照明有限公司退赔 370 万元。

【问题聚焦】

雷士照明的控制权争夺案剧情跌宕起伏，令人眼花缭乱，被很多人视为控制权争夺的经典案例。归纳起来，吴长江共涉及三次控制权之争：

第一次是与两个同学杜刚、胡永宏的控制权争夺，吴长江凭借漂亮的战术取得公司的全部控制权；第二次是与软银赛富、高盛的控制权争夺，吴长江败出；第三次是与德豪润达的控制权争夺，吴长江败出，并且以入狱作为结局。

分析吴长江的这三次控制权争夺过程，可以发现一个现象：只要在股权上取得了大股东地位，就会拥有对公司的绝对控制权，只要股权上不占优势，即使可以通过某些手段（如经销商的支持、原班人马的忠诚等）取得暂时性的控制，最终也不能取得控制权。所以，事实上的控制权只是在某些特定情况下有作用，特别是对那些财务投资人来说，在其不直接参与公司运营管理的情况下，这能够成为创始人谈判的筹码，但对于产业投资人而言未必有用，因为产业投资人完全可以通过资源整合，将被投资企业作为实现整体战略的一个组成部分，不受创始人的经营控制影响。这是本案的第一个焦点问题。

第二个焦点问题是，企业家的合规意识一定不能放松。在公司完全处于自己掌控时，可能会利用公司进行各种便利行为，如挪用资金、关联交易的利益输送等，但是当企业失去自己的控制时，这些曾经的方便很可能就是未来让自己锒铛入狱的佐料。根据法制日报社发布的《2016 年度中国企业家犯罪报告》，非法吸收公众存款、挪用资金、行贿等在公司经营过程中发生的犯罪类型，是目前我国企业家犯罪的高发领域，广大的企业家朋友一定要从中吸取教训，合规经营，规范运作，避免重蹈覆辙。

2.3.3 操作要点提示

如果一定要进行事实上的控制，以下三方面在实践中需要注意：

（1）识时务者为俊杰。无论是创始股东由于增发被稀释到失去控制权，还是股权分散状态下的管理层控制，摆正心态是最重要的，沉浸停留在过去的辉煌中或者利用股东监控缺失的投机心态，都会导致行为与现实的错配，引来不必要的麻烦和纠纷。

（2）合规底线不能破。创始股东或管理层在行使事实上的控制权时，需清醒地认识到这只是暂时的控制，在控制期间所遗留下的不合规甚至违法经营行为，都可能是将来对自己不利的呈堂证供。

（3）咸鱼翻身要注意防止饥不择食、引狼入室。失去法律上控制权的创始股东，在寻求重新控制的过程中，一定要有所甄别、谨慎选择，防止雪上加霜。雷士照明最后引入的控股股东，正是将吴长江送入牢狱的曾经亲密的伙伴。因此，对合作伙伴的选择的确是这类创始股东在准备逆转时需要用心考量的问题。

2.4 投票权委托对增强控制权具有叠加效应

2.4.1 投票权委托的本来面目

投票权委托是英美国家公司法中比较盛行的制度，其目的是让无法出席股东大会进行投票的股东可以委托代理人出席股东大会，由代理人向公司提交股东授权委托书，并在授权范围内就会议事项行使表决权。股东委托投票制本质上是针对上市公司的小股东专门设计的一条制度，也是一项非常有效的外部治理制度，这项制度适用的假设前提是股权的高度分散。通过委托投票，可以将小股东的投票权集中起来，从而有效地影响公司决策，对大股东、董事会、监事会和经理人进行制约。

投票权委托的公司法理论基础是股权中的表决权可以单独分离行使。从控制权角度看，对任何公司的股权控制均必须最终捆绑到表决权的控制上，否则所谓的股权控制并不具有真正的价值，或并非真正意义上的股权控制。

2.4.2 投票权委托在我们国家的新玩法

美国上市公司的第一股东持股比例很多为 5%~10%，这时任何一个股东只要征集到超过第一大股东的投票权，就会取得相对控制权，便可以按照自己的意愿来改组董事会、经理层。当年美国通用汽车的创始人杜兰在 1985 年就是这样被小股东通过委托投票权赶下台的。但在我们国家不同，中国上市公司股权远没有像美国上市公司那样分散，而且股权比例相差悬殊。在中国上市公司中，第一大股东往往持股比例较高，小股东想要通过代理投票制度争夺公司控制权难度比较大。这时委托投票制度的玩法有所改变，争夺控制权的游戏变成在几个持股较大的股东之间进行，成为大股东进一步夯实控制权或者实现其他特殊目的安排的重要途径。典型案例如天虹商场股份有限公司 IPO 申报前的投票权委托处理，以保证公司控制权的稳定可控。

在《公司法》层面，这项制度仅明确规定适用于股份有限公司，《公司法》第 106 条规定，股东可以委托代理人出席股东大会会议，代理人应当向公司提交股东授权委托书，并在授权范围内行使表决权。虽然在法条上没有明确规定有限责任公司的投票权委托制度，但从民法基本原理看，也是适用的。事实上，在许多国内有限公司中，投票权委托已经成为大股东巩固控制地位、实现"长治久安"的利器。

【案例 2-5】

天虹商场股份有限公司大股东投票权委托[1]

（1）事实背景

天虹商场股份有限公司在 2010 年 IPO 时，招股说明书中披露了公司大股东存在的投票权委托情况：

1984 年 4 月，中航技深圳公司作为天虹商场的主要出资人，为满足公司发展资金需要，响应深圳政府对外开放、吸引外资的政策导向，引进香港五龙成立中外合资企业，1997 年香港五龙将股权全部转让给五龙贸易有限公司，两者均为香港居民黄俊康实际控制。

中航技深圳公司是天虹商场发行前的第一大股东，持股 46.611%；五龙贸易有限公司是天虹商场发行前的第二大股东，持股 44.298%。天虹商场的控股股东和实际控制人为中航技深圳公司，为了保持其第一大股东的地位，中航技深圳公司和五龙贸易有限公司于 2006 年 6 月 6 日签署的《股东契约》，同时根据公司各发起人于 2007 年 2 月 6 日签署的《发起人协议》，公司的发起人股东之间做出以下特别约定：

在公司维持持续上市地位期间，及中航技深圳公司是公司单一最大股东期间，在不损害五龙贸易有限公司利益的前提下，五龙贸易有限公司不可撤销地、不设限制地及无偿地将其持有的、占公司总股本 16% 的股份的全部投票权授予中航技深圳公司行使，并确认中航技深圳公司可随其意愿自由行使该等投票权。

1 本案例根据 2010 年《天虹商场股份有限公司首发招股说明书（申报稿）》整理而成。

上述就投票权授权行使所做出的特殊约定已载入现行的公司章程，及公司上市后适用的章程文本中。未来公司成功实现公开发行股票及上市，则《发起人协议》以及公司章程中有关股东大会、董事会、监事会及经营管理机构的规定，将根据法律、法规及证券主管机构的规定在公司章程中另行作出规定。

根据上述安排，在公司本次发行后，并根据《境内证券市场转持部分国有股充实全国社会保障基金实施办法》（财企〔2009〕94 号文）实施完毕国有股转持后，中航技深圳公司和五龙贸易有限公司分别将拥有相当于公司发行后总股本 55.522% 和 22.751% 的投票权。

（2）发行人律师对投票权委托的分析意见

中航技深圳公司与五龙贸易有限公司作为外商投资的股份有限公司的股东，就投票权的授予行使作出特殊约定的行为并未违反《公司法》及原对外贸易经济合作部于 1995 年发布的《关于设立外商投资股份有限公司若干问题的暂行规定》的规定。

根据中航技深圳公司、五龙贸易有限公司分别于 2007 年 11 月 23 日出具的书面承诺，经本所适当核查，除上述已披露的中航技深圳公司、五龙贸易有限公司之间就投票权所作特别约定外，中航技深圳公司与五龙贸易有限公司之间不存在其他的有关投票权的特殊安排。

五龙贸易有限公司已经出具书面声明，确认“有关《股东契约》是本公司的真实意思表示；除上述《股东契约》及其后的《发起人协议》《公司章程》的约定外，本公司与中航技深圳、天虹商场其他股东及天虹商场管理层之间不存在其他有关天虹商场股份有限公司的未予披露的约定及安排”。

天虹商场于 2007 年变更为股份有限公司时，各发起人对中航技深圳公司、五龙贸易有限公司之间的上述特殊约定均予以同意，并签订了《发起人协议》，载入现行的公司章程，《发起人协议》和公司章程已经获得商务部的批准，在深圳市工商行政管理局办理了备案登记，因此，上述特殊约定是合法有效的，对签约各方具有法律约束力。

发行人上市后，将适用经公司2010年第一次临时股东大会通过的章程（修订稿），章程（修订稿）也规定了中航技深圳公司、五龙贸易有限公司有关投票权的特殊约定的内容。我们认为，上述章程规定也是各方在自愿的基础上达成的一种契约，将有利于天虹商场在发行上市后保持主要股东的稳定性及经营管理的持续性，不构成对天虹商场小股东合法权益的侵害，因此，亦不违反上市公司治理准则的相关要求。

（3）招商证券对投票权委托的核查意见

基于上述情况，招商证券研究认为，让渡投票权的行为不违反相关法律法规的规定，取得了其他股东及相关政府机构的认可，没有侵犯其他股东的利益，且有利于保持天虹商场自设立以来一贯的实际控制关系，提高了天虹商场发行上市后经营发展战略的稳定性，是保证天虹商场持续稳定健康发展的有效手段。

天虹商场于2010年6月1日在深圳证券交易所成功上市。

【问题聚焦】

天虹商场上市申报时大股东持有二股东16%的委托投票权，是本案例的焦点，证监会对这种特殊的股权处理方式是认可的。实践中，越来越多的公司也在采用这种方式处理股权问题，夯实了对公司的控制权。

（1）在投票权委托之前，大股东持股46.611%，二股东持股44.298%，二者合计约91%，但分开来看，无论谁都不能单独控制公司，这种结构很容易发生公司僵局，对所有股东都不利。投票权委托后，大股东持股62.611%，实现了相对控股的效果，而且也与二股东（28.298%）拉开了距离，这就形成了一个相对比较稳定的股权架构。

（2）投票权委托利用的是股权包含的众多权能中表决权的可分离性，其他的权能如收益权、查账权、优先购买权、派生诉讼权等仍然归属原股东，这种约定的委托表决对双方有约束力，同时又没有损害其他第三方股东的利益，因而是合法有效的。

（3）按照民法上的委托代理理论，代理人实施代理行为产生的效果应当归属被代理人。投票权委托中虽然也称为“委托”，但与民法上的委托不是完全相同的概念，实践操作中的委托更加类似于无偿的转让。原因在于，被委托人是按照自己的意思在行使此项权利，与自己的表决权形成合力，否则没有必要寻求被委托。只不过，由于投票权是共益权，权利行使的结果是使所有人受益，在效果上不谋而合地惠及了委托人而已。

2.4.3 操作要点提示

在进行投票权委托时，应当注意以下问题：

（1）关于投票权委托的约定要明确、具体。如本案中的约定方式就值得借鉴：不可撤销地、不设限制地及无偿地将 ××% 的股份的全部投票权授予 ×× 公司行使，并确认 ×× 公司可随其意愿自由行使该等投票权。这样就给未来行使这部分表决权留下了很好的操作空间。

（2）要对委托人转让股权进行限制。委托人将投票权委托行使的前提是合法拥有该部分投票权对应的全部股权，如果委托人将股权全部转让给他人，基于合同的相对性，新股东没有义务遵守委托人和被委托人的约定，从而会导致被委托人的初始目的落空。因此，在投票权委托协议中也要对委托人的转让股权行为进行符合法律的约定限制，比如转让数量限制、优先购买权限制等。

（3）为了进一步保证委托投票的效果，可以将双方的约定比例写入章程。由于章程是公司内效力最高的法律文件，所有股东都要遵守，这样也会进一步保证被委托人对投票权的牢牢控制。

2.5 一致行动协议是股东控制权的加强版

在中国A股资本市场上，无论是早期的德隆系，还是现在的明天系、中植系、安邦系、潮汕系，以及其他资本运作集团或产业投行，“一致行动”对于维持整个资本集团的控制权起到了至关重要的作用。“一致行动”的表现形式或明或暗、手法多端，且带有很强的隐蔽性，是增强股东控制权的重要杠杆。

2.5.1 一致行动协议的三个适用场景

（1）一般情形。针对股东会的表决事项，为了能够达成预期目的，各个一致行动人抱团一致对外，或者在未达成一致意见时，由持股比例最大的股东代表一致行动人表决意见。

（2）非上市公司引入新股东的情形。非上市公司通过增资扩股或者老股转让引入新股东后，原有大股东为了能够保持对公司的控制权，有时会要求新加入的股东与其保持一致行动。

（3）上市公司的一致行动人情形。上市公司部分股东签署一致行动人协议后，相当于在公司股东会之外又建立了一个有法律保障的“小股东会”。常见情形包括：上市公司原有股东形成一致行动铸就控制权壁垒、外部潜伏的股东为了争夺控制权或黑衣骑士举牌行为、通过马甲账户躲避信息披露形成“抽屉一致行动”关系等。针对这种日益复杂的一致行动关系可能带来的负面影响，相关监管部门甚至都开始动用“大数据”来彻查这些体外的一致行动股东关系。

2.5.2 一致行动的四个关键要素

“一致行动”一般包括四个基本点：

（1）采取“一致行动”的法律依据是协议、合作、关联方关系等合法方式；

（2）采取“一致行动”的手段是行使目标公司的表决权，各个股东拥有的表决权将合并计算；

（3）采取“一致行动”的方式是采取相同的意思表示，并且约定如果出现各方意思不一致的情况时，以某一方的意思作为共同的意思；

（4）采取“一致行动”的目的是扩大其对目标公司股份的控制比例，或者巩固其对目标公司的控制地位。因此，主导签署一致行动协议的股东不一定都是公司的控股股东，也有可能是公司的小股东。

【案例 2-6】

网宿科技股份有限公司一致行动安排[1]

网宿科技股份有限公司，始创于 2000 年 1 月，是国内领先的互联网业务平台提供商，主要向客户提供内容分发与加速、服务器托管与租用等互联网业务平台解决方案，是中国最大的 CDN 及 IDC 综合服务提供商。2009 年 10 月，网宿科技在深交所上市。

网宿科技（300017）在 2009 年 IPO 时，公开披露的文件显示，陈宝珍、刘成彦通过一致行动关系，对发行人拥有控制权。经发行人律师核查如下：

2005 年 10 月 27 日，通过股权受让的方式，陈宝珍和刘成彦分别成为发行人第一大股东和第二大股东，并持续至今；陈宝珍在 2000 年 1 月至 2007 年 5 月担任发行人监事，刘成彦自 2005 年 10 月至 2007 年 5 月担任发行人执行董事，2007 年 5 月后至今担任发行人董事长。自 2005 年 10 月 27 日起，陈宝珍和刘成彦在公司历次股东（大）会表决中均保持一致，共同控制公司，具体如下：

陈宝珍、刘成彦于 2009 年 4 月签署了《一致行动人协议》，该协议自双方签署后生效，至发行人首次公开发行股票并上市交易 36 个月届满后失效，该协议中对双方保持一致行动事宜作出如下约定：

1 本案例根据 2009 年《上海网宿科技股份有限公司首次公开发售并在创业板上市招股说明书》整理而成。

（1）在处理有关公司经营发展，且需要经公司股东大会审议批准的重大事项时应采取一致行动；

（2）采取一致行动的方式为：就有关公司经营发展的重大事项向股东大会行使提案权和在相关股东大会上行使表决权时保持充分一致；

（3）如任一方拟就有关公司经营发展的重大事项向股东大会提出议案时，须事先与另一方充分进行沟通协商，在取得一致意见后，以双方名义共同向股东大会提出提案；

（4）在公司召开股东大会审议有关公司经营发展的重大事项前须充分沟通协商，就双方行使何种表决权达成一致意见，并按照该一致意见在股东大会上对该等事项行使表决权。如果协议双方进行充分沟通协商后，对有关公司经营发展的重大事项行使何种表决权达不成一致意见，双方在股东大会上对该等重大事项共同投弃权票。

上述一致行动的约定充分保证了陈宝珍和刘成彦两人对公司行使控制权的稳定性和有效性。

陈宝珍、刘成彦于 2009 年 7 月 22 日签订了《关于上海网宿科技股份有限公司股份锁定的承诺函》，承诺：自公司股票上市之日起 36 个月内，不转让或者委托他人管理本次发行前已持有的发行人股份，也不由发行人回购该部分股份，保证了公司上市之日起 36 个月内股份的稳定性。除此之外，刘成彦还承诺：除前述锁定期外，在其任职期间每年转让直接或间接持有的发行人股份不超过其所持有发行人股份总数的 25%；离职后半年内，不转让其直接或间接持有的发行人股份。综上，本所律师认为，陈宝珍和刘成彦共同控制公司，根据《一致行动人协议》的约定，在发行人首次公开发行后 36 个月内，陈宝珍和刘成彦稳定享有对发行人的共同控制权。

【问题聚焦】

网宿科技的一致行动协议是常见的加强和稳定公司控制权的方式，其《一致行动人协议》包含了主要的关键要素，包括：适用范围、采取一致行动的手段、一致行动人意见不一致时的处理方法（弃权）等，对于稳定上市公司控制权起到了关键作用。此处关于一致行动的约定方式，对于意图强化大股东控制权的非上市的有限公司和股份公司，同样是适用的。

2.5.3 操作要点提示

在签署一致行动协议时，应当注意以下问题：

（1）“一致行动”的积极事项约定要明确。如股东会召集权、投票权、提案权的行使，董事、监事候选人的委派，指示双方委派的董事在董事会会议上的表决等，在这些积极性的事项范围上，约定越细，可操作性越强。

（2）“一致行动”的消极事项约定要明确。遵循的原则也是约定的措施越细则操作性越强，控制力越牢固。常见的约定方式比如：全体一致行动人不得向其他第三方转让股份、各方持有的股份不得进行委托投票和代持、任何一个一致行动人不得与其他第三人签署内容相同或相似的协议、一致行动协议的所有条款不得解除和撤销等，这些都是很有力地约束一致行动的条款。

（3）一致行动协议需要尽早规划签署。一致行动协议只是增强控制权的表现形式，根据目前的公司上市监管趋势，不仅关注申报材料前签署的一致行动协议，也关注签署协议之前一致行动的实际情况，以及公司上市之后一定时期的一致行动情况，以此协助判断公司控制权的稳定性和连续性。因此，有上市打算的公司，至少在报告期之前就要考虑控制权的稳固措施，如单一比例控制性相对不强的，需要尽早考虑通过一致行动协议来加强控制权。

2.6 股权代持是上市前增强控制权的可行方式

曾经有一段时间，股权代持是不受法律保护的，但是自 2011 年最高人民法院《关于适用〈中华人民共和国公司法〉若干问题的规定（三）》出台后，股权代持有了明确的法律依据。

2.6.1 股权代持在非上市公司的适用没有限制

股权代持的原因多种多样，比如有特殊身份的人（公务员、国企干部、军人、承担竞业限制义务的人等）、避免公司之间形式上的关联性、股东人数过多、规避法律的强制性规定等，实际出资人基于信任关系将其出资形成的股权交给代持人持有。现在，股权代持也在很多情况下用于大股东保持公司控制权的场景，如公司实施股权激励时，为了让员工享受到实际收益，但又不想让员工拥有该部分股权的表决权时，大股东可以将这些股权直接代持或者委托可控的人代持。在非上市公司尤其是有限公司中，股权代持是非常灵活的，适用的场景也非常多元化，只要双方协商一致，不违背法律的禁止性规定，在适用上是没有限制的。如果股东有意增强控制权，利用股权代持方式是一种可行的选择。

不过应当注意的是，股权代持存在一定的风险：

（1）实际股东的风险：按照最高人民法院司法解释，名义股东将登记于其名下的股权转让、质押或者以其他方式处分时，如果处分行为符合善意取得的条件，实际股东将不能再行使股东权利，但可以要求名义股东赔偿损失。

（2）名义股东的风险：当实际股东未履行出资义务时，若债权人追索，则名义股东需要在承诺的出资范围内承担补缴出资的义务，而不能以其不是实际投资人为由拒绝承担责任。

（3）实际出资人难以确立股东身份的风险：虽然司法解释肯定了股权代持协议的效力，但是投资权益并不等同于股东权益，投资权益只能向名义股东（代持人）主张，而不能直接向公司主张，存在一定的局限性。根据公司法解释，必须经过公司半数以上股东同意，实际出资人方可向法院请求公司变更股东、签发出资证明书、记载于股东名册、记载于公司章程并办理公司登记机关登记。

（4）税务风险：当未来条件成熟，双方之间解除关系时，需要进行股权转让。此时，税务问题随之而来。从形式上看，双方之间进行的就是普通股权转让，税务机构一般不认可是为了解除代持关系进行还原操作，可能会要求按照公允价值计算缴纳所得税。

2.6.2 股权代持在公司准备上市前必须清理

境内企业在主板、中小板、创业板、新三板以及科创板上市时，股权代持问题均是审核部门关注的重点，构成上市审核的法律障碍。签署股权代持协议后，将会给被代持股份的权属以及被代持股份对应股东权利的行使带来不确定性，从而不符合《首发管理办法》《股转系统业务规则》《基本标准指引（试行）》《科创板股票上市规则》等规范性文件的相关要求。

监管机构对股权代持问题的审核关注点主要包括以下：

（1）历史沿革中历次股权代持形成的真实原因及合理性，代持关系是否真实。

（2）规范委托持股的过程是否真实、合法、有效，是否存在纠纷或潜在纠纷。

（3）目前公司股权权属是否清晰。

清理代持问题，解决难点在于对其形成原因、演变及解除过程（真实性、合法性、彻底性）的确认，确保不存在因此而发生的潜在纠纷。基于此，对股权代持进行核查及清理时可以从以下三个方面进行：

（1）摸清代持原因。详细披露股权代持发生的原因、股权代持形成和变动的过程以及股权代持确认的依据等。通过与名义股东和实际股东的面谈、对公司其他股东、董事、高级管理人员的访谈，详细了解股权代持的具体情况，比如股权代持发生的原因、是否签署过股权代持协议、股权对应出资额的缴付情况、所代持股权的变动情况、公司历史上的分红情况等。要合法有效地将股权代持还原，就必须把股权代持的来龙去脉了解清楚，这是解决代持问题的基础。

（2）提出解决方案。股权代持清理的基本方式都是股权转让，即名义股东将所代持的股权无对价转让给实际股东或实际股东拟要转让的受让人，或者由实际股东将股权转让给名义股东或有关联的第三方，或者将股权转让给无关第三方等。除股权转让协议和工商变更外，还需要股权转让各方就股权代持的相关事宜予以再次书面确认，以避免日后发生股权纠纷。有的案例中由公司针对其设立以来的股权变动、委托持股关系演变等事项，由现全部股东和退出的原股东签署《访谈记录》，并确认对所持公司股权形成及变动情况无异议，这种方法也是可以的，在效果上更加彻底。如科大国创（300520）采取的就是此种方法。

关于科创板上市的股权代持问题，常见于掌握核心技术的外籍人员通过境内主体代持股权的情形。根据科创板的审核标准和要求，发行人的股东所持股份应当权属清晰，发行人律师应重点关注该类外籍技术人员及其关联方的持股情况，从资金来源、决策表决、劳动关系等方面就是否存在股权代持进行核查。若确实存在股权代持，应当建议发行人及时进行清理，采用技术合作、技术奖励等其他合法、合理的方式，在实现该类外籍人员的利益的同时，确保发行人股东所持股份权属清晰。

（3）由律师发表明确的意见。经过核查后，由律师确认股权代持的合法性，并就股权代持形成、变动和解除的合法性、有效性给出明确的结论性意见。根据《合同法》以及最高人民法院《关于适用〈中华人民共和国公司法〉若干问题的规定（三）》的相关规定，如代持各方就股权代持的形成、变动及解除的意见均为真实意思表示且不存在《合同法》第52条关于合同无效的情形的，代持行为即为合法有效。

【案例 2-7】

北京拂尘龙科技发展股份有限公司股权代持安排[1]

北京拂尘龙科技发展有限公司（831426），实际控制人：王晋，孙亚新。公司的主营业务包括中央空调风道清洗服务、隧道除尘服务、特种清洗设备的研发和销售，其中风道清洗服务，作用范围一般包括城市大型楼宇建筑的中央空调通风系统以及地铁列车中央空调通风系统，作业方式主要是运用清洗设备开展清洗清洁，以及运用消毒杀菌设备喷洒杀菌试剂。产品服务有较大的市场空间。

股转系统在审核后发函给公司，关于公司股权代持提出以下问题：

2008 年 2 月，公司增资至 1818 万元，王晋应缴股款 229.303 万元（对应比例 12.61%）通过其妻乔建瑶代付，王晋的直接持股比例为 9.48%，通过其妻代持比例为 12.61%；2008 年 7 月，乔建瑶将其代持股份无偿转让给王晋，王晋直接持股比例恢复为 22.09%。请公司补充说明并披露王晋通过其妻代持公司股权的原因以及是否履行相应的决策程序。孙亚新、王继武持有的部分股权，系代王晋、曹玉兰、苏严持有；2014 年 1 月，王晋、曹玉兰、孙亚新、苏严、王继武等人通过转让股权解除代持关系。请公司补充说明并披露孙亚新、王继武代王晋、曹玉兰、苏严持有公司股权的原因。请主办券商及律师对前述股权代持及股权代持解除的合理性、真实性、合法合规性、是否存在股权纠纷、是否符合“股权明晰，股票发行和转让行为合法合规”的挂牌条件进行核查并发表明确意见。

某律所经过调查核实之后，发表了法律意见，具体内容如下：

（1）王晋通过其妻代持公司股权的原因以及是否履行相应的决策程序

根据本所律师会同海通证券对王晋及其妻乔建瑶的访谈，王晋通过其妻代

1　本案例根据互联网文章整理而成，载 http：//www.sohu.com/a/127811863_439739，最后访问日期：2018 年 8 月 15 日。

持公司股权的原因是：因王晋增资用资金来源为夫妻共同共有的家庭资金，经与其妻乔建瑶协商，王晋以乔建瑶的名义参与了本次增资，形成王晋与乔建瑶之间的股权代持关系；后王晋考虑恢复其在有限公司工商登记的第一大股东地位，2008 年 7 月，王晋与乔建瑶以股权转让的方式解除双方股权代持关系。

就此事项，王晋与乔建瑶就双方代持关系出具了《股权代持情况说明》，书面确认：出资款由王晋实际支付，乔建瑶仅为在工商登记注册的名义股东，在王晋的授权下行使各项股东权利；双方之间的股权代持关系已于 2008 年 7 月解除，并完成了工商变更登记，双方不存在股权纠纷。

（2）孙亚新、王继武代王晋、曹玉兰、苏严持有公司股权的原因

2010 年 12 月 28 日，有限公司召开股东会，同意股东孙宏伟将其持有的全部 520.82 万元货币出资额转让给孙亚新；免去孙宏伟的执行董事和法定代表人职务，并选举王晋担任执行董事和法定代表人。

同日，孙宏伟与孙亚新签署《出资转让协议书》，将其持有的 520.82 万元货币出资额转让给孙亚新。此次股权转让价格为 1 元 / 出资额。

孙亚新代持原因：根据本所律师会同海通证券对孙亚新、王晋、曹玉兰、苏严的访谈，孙亚新代王晋、曹玉兰、苏严持有公司股权行为的形成和解除原因为：2010 年 12 月，就孙宏伟转让其持有有限公司全部股权并退出公司一事，由公司股东孙亚新代表公司其他股东与原公司股东孙宏伟进行股权转让的协商洽谈并达成一致意见，由孙亚新受让孙宏伟持有的有限公司全部股权，双方并签署股权转让协议。

由于孙亚新个人资金有限，无法向孙宏伟支付全部股权转让价款，孙亚新经与王晋、曹玉兰、苏严协商，由王晋、曹玉兰、苏严与孙亚新共同出资以孙亚新名义受让孙宏伟持有的有限公司全部股权（王晋、曹玉兰、孙亚新、苏严分别出资 1，527，728.85 元、1，527，728.85 元、1，527，728.85 元、625，013.46 元），因此王晋、曹玉兰、苏严与孙亚新之间形成股权代持关系；

2014 年 1 月，为规范公司股权架构，还原真实股权结构，王晋、曹玉兰、苏严与孙亚新协商，以股权转让的形式解除了相应的股权代持关系。

王继武代持原因：根据本所律师会同海通证券对孙亚新、王晋、曹玉兰、苏严、王继武的访谈，王继武代王晋、曹玉兰、苏严持有公司股权行为的形成和解除原因为：2010 年 12 月，孙宏伟转让其持有有限公司全部股权并退出公司时，王继武亦与孙亚新、王晋、曹玉兰、苏严协商并达成一致意见，决定将其持有的有限公司全部股权（17.232 万元出资额）转让给孙亚新、王晋、曹玉兰、苏严。

考虑到王继武当时担任公司销售总监，为保证公司开展业务的延续性和便利性，决定王继武仍登记为公司股东，由其代孙亚新、王晋、曹玉兰、苏严持有有限公司的股权，因此该笔股权转让未再办理工商变更登记手续；同时，该次股权转让价款 17.232 万元，已由孙亚新名义支付给王继武；2014 年 1 月，为规范公司股权结构，还原真实股权结构，王继武与孙亚新、王晋、曹玉兰、苏严之间解除了股权代持关系，王继武并根据孙亚新、王晋、曹玉兰、苏严的授意，将股权转让给汪世俊。

就上述事项，王晋、曹玉兰、孙亚新、苏严、王继武出具《历史股权代持情况说明》，书面确认：自 2010 年 12 月至 2014 年 1 月，孙亚新仅为王晋、曹玉兰、苏严分别对应 1,527,728.85 元、1,527,728.85 元、625,013.46 元出资额的在工商登记注册的名义股东，其在王晋、曹玉兰、苏严的授权下，行使三人对应出资额的各项股东权利，孙亚新本人表决权限于其所持有公司的 533.28 万元出资额（对应出资比例 29.33%）。

王继武仅为王晋、曹玉兰、孙亚新、苏严分别对应 50,546.88 元、50,546.88 元、50,546.88 元、20,679.37 元出资额的名义股东，其在王晋、曹玉兰、孙亚新、苏严的授权下，行使四人对应出资额的各项股东权利，王继武本人无表决权；各方的股权代持关系已于 2014 年 1 月解除，并完成了工商变更登记，各方不存在股权纠纷。

（3）股权代持及股权代持解除的合理性、真实性、合法合规性、是否存在股权纠纷、是否符合“股权明晰，股票发行和转让行为合法合规”的挂牌条件

根据本所律师会同海通证券对上述相关当事人的访谈，查阅相关转款凭证，本所律师认为，上述各方代持关系的形成、变动以及最终的解除，均系各方真实的意思表示，合理、真实。

上述代持行为不存在《合同法》第 52 条规定的欺诈、胁迫及损害国家、社会公共利益或者第三人利益等情形，也不存在任何非法目的，股权代持及其解除行为合法、合规。

上述代持关系现均已解除，代持各方对股权代持的形成、解除和目前不存在股权纠纷均已确认，符合《业务规则》中“股权明晰，股票发行和转让行为合法合规”的挂牌条件。

2014 年 12 月 5 日，该公司顺利挂牌。

【问题聚焦】

股权代持的形成原因多种多样，本案例中主要是由于资金问题、管理问题而在历史上形成股权代持。在实际认定代持效力时，只要不存在欺诈、胁迫及损害国家、社会公共利益或者第三人利益等情形，也不存在任何非法目的，股权代持就是合法有效的。

如果公司要上市或挂牌，股权代持就必须彻底清理。清理的基本方式就是股权转让和还原，确保过程合法、合规，由各相关当事方确认股权目前不存在争议。确认的方式也是多种多样，可以采用本人书面承诺、中介机构制作《访谈记录》并由本人签字、将确认文书进行公证等，核心目的是达到对目前股权状态清晰、无争议的认可。

2.6.3 操作要点提示

在签署股权代持协议时，应当注意以下问题：

（1）恰当选择主体，依法实施股权代持，避免股权代持协议的无效（遵守《合同法》第52条的规定）。主要包括两方面：第一，主体不合规导致的无效，如政府官员、国企领导干部等特殊身份人员；第二，内容不合规导致的无效，如外资为规避市场准入而实施的股权代持等。

（2）明确委托事项的权利行使规则。如果可行的话，尽量将股权中各项权能的行使规则都做详细的、可操作的约定，如表决权的行使与限制、股权收益转交的方式、股权转让的无条件配合等，以降低股权代持期间的权利行使成本。

（3）重点设计违约责任条款。股权代持协议在本质上是一份契约，实际股东受到的是契约保护，与直接持股时的权利状态是有差别的，对实际股东而言意味着更大的违约风险。因此，在代持协议中需要约定明确的违约责任，以防范由于各种主客观因素导致的风险。

（4）公司代个人持股时，相比个人代个人持股稍显复杂，主要差别体现在税收环节。个人作为代持人时，只缴纳一次个人所得税；公司作为代持人时，如果未来只分红，税收效果与个人作为代持人是一样的：公司分红免税，分配给被代持人时缴纳个人所得税；如果未来转让股份，则要视转让价格而产生不同的税务负担：平价转让时无所得税问题，溢价转让时公司要缴纳企业所得税，分配给被代持人时还要缴纳个人所得税。因此，实践操作中应当根据需要确定不同类型的代持人，避免产生过多的纳税义务。

2.7 类别股份的表决权具有杠杆效应

类别股是相对普通股而言的一种股份类别，普通股是传统的、完整具备股权全部权能的股份（“同股同权”），而类别股是指股东权利在某些方面有所扩张或限制的股份类型（“同股不同权”），这些股份因认购时间和价格不同、认购者身份各异、交易场所有别，而在流通性、价格、权利及义务上有所区别。类别股份的发行需要所属地国家或地区的法律明确许可，否则不得发行。

2.7.1 类别股份包括哪些类别

关于类别股的种类，各个国家基于不同的立法政策考量有不同规定。比如，美国特拉华州《公司法》中，就允许公司创设各种类型的普通股和优先股，同时允许公司创设没有优先分配权的无表决权股。日本《公司法》规定得更为全面，列举了 9 种不同的类别股：附盈余分配请求权、附剩余财产的分配请求权、附在股东大会上可行使表决权的事项、有关股份转让受限制股份、附取得请求权股份、附取得条款股份、附全部取得条款股份、附拒绝权股份、附选举董事或者监事权利股份等。公司应该设置哪些类别的股份，应该由公司根据自己的融资需求以及公司治理利益的衡量而定。

在股权所包含的 30 余项具体权能中，最核心的其实就是两种：收益权、表决权。实践中常用的类别股划分为两类：第一类是在股东分红或剩余财产分配方面有特殊安排的股份，常见的是优先股、劣后股、普通股；第二类是在股东表决权方面有特殊安排的股份，常见的是双层普通股：A 类普通股（每股享有 1 票表决权），B 类普通股（每股享有多票表决权）。

许多在美国上市的中国公司都有 AB 股制度设计，表决权比例大多集中在 10~20 倍之间，现摘取其中知名的几个公司列举如下（表 2–1）：

表 2–1 在美上市部分中国公司的表决权比例

序号	公司	IPO 时间	表决权比例
1	360 Finance, Inc.（360 金融）	2018 年 12 月 14 日	1 ：20
2	Tencent Music Entertainment Group（腾讯音乐）	2018 年 12 月 11 日	1 ：15
3	Pintec Technology Holdings Limited（品钛科技）	2018 年 10 月 24 日	1 ：15
4	Niu Technologies（小牛电动）	2018 年 10 月 18 日	1 ：4

续表

序号	公司	IPO 时间	表决权比例
5	Qutoutiao Inc.（趣头条）	2018 年 9 月 13 日	1 ：10
6	Pinduoduo Inc.（拼多多）	2018 年 7 月 25 日	1 ：10
7	iQIYI, Inc.（爱奇艺）	2018 年 3 月 28 日	1 ：10
8	Sogou（搜狗）	2017 年 11 月 8 日	1 ：10
9	Qudian（趣店）	2017 年 10 月 17 日	1 ：10
10	JD.com（京东）	2014 年 5 月 22 日	1 ：20

需要注意的是，国内资本市场目前已经开始实行同股不同权的制度安排，并根据国内法律环境做了一些限制。例如，依据 2019 年 3 月 1 日《上海证券交易所科创板股票上市规则》规定，每份特别表决权股份的表决权数量应当相同，且不得超过每份普通股份的表决权数量的 10 倍；特别表决权股份不得在二级市场进行交易，但可以按照有关规定进行转让等。4 月 1 日，上交所公布的新受理的一批拟上市企业名单中，出现首家“同股不同权”的科创板企业：优刻得科技股份有限公司，也是云计算领域中第一家冲击科创板的企业。未来，同股不同权在公司治理及企业运营方面的实践效果，尚有待进一步观察。

2.7.2 类别股份对增强控制权的作用

在股权投资领域，投资人与创始股东的需求经常是多元化的，有的投资人是为了进行产业投资或特殊目的投资，因此对公司的控制权、表决权比较在乎，有的投资人单纯就是为了获利，不太关心表决权的归属，而创始人股东则无一例外地都会关注控制权的问题。这种现实的市场需求反映了投资人和创始人在对待公司控制权上各自不同的利益诉求。类别股份增强控制权的方式主要是利用同股不同表决权，达到持股较少的股东拥有较多的表决权，从而控制公司股东会的一些重要表决事项。

2017 年，香港资本市场进行了 20 年来最重大的一次市场改革，香港联交所于 2017 年 12 月 15 日宣布，将在主板上市规则中新增两个章节，首次允许“不同投票权架构”的公司来香港进行上市，但是要求这种公司必须满足一定的条件。根据最新修订的香港上市规则及指引函 93-18，准备设立类别股份的公司需要向联交所证明公司乃合资格（eligible）及适合（suitable）以该架构上市。从合格性角度，上市时市值至少为 400 亿港元或上市时市值至少为 100 亿港元，及经审计的最近一个会计年度收益至少为 10 亿港元；从适合性角度，公司需要具备以下特点：公司是创新产业公司（具有新科技、新理念、新业务模式等）、公司业务成功（有高增长的业务记录）、外界认可等。

【案例 2-8】

京东的类别股份制度

根据美国证监会网站披露[1]，京东 2017 年提交的 20-F 文件显示，截至 2017 年 2 月 28 日，京东的主要股东结构如下：

（1）腾讯控股有限公司通过注册在英属维尔京群岛的 Huang River Investment Limited 持有京东 498，850，435 股 A 类普通股，收益权占比 18%，投票权占比 4.2%；是京东第一大股东。

（2）刘强东通过注册在英属维尔京群岛的 Max Smart Limited 持有京东 27，937，566 股 A 类普通股，421，507，423 股 B 类普通股，合计持股 449,444,989 股，收益权占比 16.2%，投票权占比 71.5%；是京东第二大股东。

（3）高瓴资本通过注册在开曼群岛的 Hillhouse Capital Management 持有京东 245，217，184 股 A 类普通股，收益权占比 8.9%，投票权占比 2.1%；是京东第三大股东。

（4）注册在英属维尔京群岛的 Fortune Rising Holdings Limited 持有京东 55，141，700 股 B 类普通股，收益权占比 2%，投票权占比 9.3%。该

1 详细内容可参见美国 SEC 网站：https：//www.sec.gov/Archives/edgar/data/1549802/000110465916111984/a16-3659_120f.htm#Item7_MajorShareholdersandRelate_052648，最后访问日期：2018 年 8 月 15 日。

公司的唯一股东和董事是刘强东，是专门为了实施股权激励而设立。

【问题聚焦】

刘强东对京东的控制权，主要是通过类别股制度实现的：

第一，按照京东公开披露的 20-F 文件，公司股份分为 A 类普通股和 B 类普通股，其中 A 类普通股每股享有 1 票表决权，B 类普通股每股享有 20 票表决权。公司向投资人发行的股份都是 A 类普通股，但刘强东拥有的却是 B 类普通股。通过这种方式，虽然持股比例只有 16.2%，但投票权却达到 71.5%，极大地增强了对公司的控制力。

第二，京东为了实施股权激励，专门设立了一个持股平台，该持股平台不仅也持有 B 类普通股，而且由刘强东完全掌控。如此一来，该部分股份的表决权加上刘强东通过 Max Smart Limited 持有的表决权，总计对京东的表决权达到了 80.9%，刘强东已经彻底掌控了这家公司，投资者对京东完全没有掌控力。

投资人的表决权虽然不占优势，但他们享有的投资收益的权利则完全按照股权数量比例计算，从财务收益的角度而言投资人不受任何影响，这也是类别股制度的魅力所在。

2.7.3 操作要点提示

采用类别股制度增强对公司的控制权时，需要注意以下两个问题：

（1）这种制度需要有注册地或上市地国家的法律明确许可才能使用。如在美国，《公司法》鼓励使用不同类型的股份满足投资人及公司的多种需求，国内许多在美国上市的互联网公司都使用了这种制度满足控制权的需求。如果没有法律的明确许可，则使用类别股份增强控制权的方法就不能使用。

（2）不同类别股份的每股表决权差别越大，对增强控制权的效果越好。

类别股份之间的差异需要公司创始人股东与投资人进行博弈之后才能确定。

2.8 有限合伙企业持股对增强控制权具有放大效应

2.8.1 有限合伙企业持股有利有弊

无论是新设立公司时股权架构的设计，还是公司增资时的持股主体安排，有限合伙持股是目前比较流行的一种形式。这种方式相比自然人直接持股或者用公司形式持股的特点在于：

（1）股东管理具有便利性。有限合伙企业设置两种类型的合伙人：GP、LP。GP 日常管理合伙事务并做出决策，LP 在出资完成后通常不参与合伙企业的管理。通过有限合伙持股的人数较多，且经常变动的情况下，可以由 GP 直接在合伙企业内部调整 LP 的变动份额即可，避免了在公司层面来回调整股权的各种烦琐手续，极大地便利了对股东的管理。

（2）税收成本居中。国内持股主要是通过三种主体进行：个人、有限公司、有限合伙（少数情况下也有金融资管产品持股）。这三种持股形式中，不考虑税务筹划的情况下，有限公司税负最高，有限合伙次之，个人税负最低。有限公司的股权转让合计税负 43.39%，分红税负 20%；有限合伙的股权转让合计税负为 10.37%~38.67%（按个体工商户税率）或 24.52%（部分税收优惠地区），分红税负为 20%；个人股权转让税负为 20% 或 17%（核定征收），分红税负为上市股票解禁前 10%，解禁后 5%。但如果税收筹划合理，通过有限公司持股方式的实际税负可能低于有限合伙，且在实际操作中，公司的纳税时间一般延后，而合伙企业的纳税时间较早。

（3）具有增强控制权的天然优势。由于有限合伙企业的事务都是由 GP 负责决策及执行，且 GP 对外代表合伙企业，因此 GP 对有限合伙具有很强的控制力。如果公司的实际控制人或者大股东担任有限合伙企业的 GP，则可以较少的资金投入，起到控制较多股权的目的。这种优势在有限公司中想要实现的话，则必须借助其他的手段，如投票权委托协议、类别股份制度、实际控制等，但在有限合伙中，这种控制是法律直接赋予的权力，是可以天然实现的。

2.8.2　通过有限合伙持股的控制权放大效应

在成立一家有限合伙企业时，考虑到 GP 对合伙企业的控制权，除了 GP 出资部分对应的份额，由 LP 出资形成的全部份额，可以被视为控制权的放大部分。并且，LP 的份额越大，放大效果越明显。比如 2015 年绿地集团借壳金丰投资时，就用一系列有限合伙企业，实现了公司创始人张玉良及绿地集团管理层的股权控制。

【案例 2-9】

绿地集团借壳上市金丰投资时的有限合伙企业持股设计[1]

【交易背景】

上海金丰投资股份有限公司（600606）（以下简称金丰投资）是上海市国资委实际控制的一家上市公司，主要从事新型建材、楼宇设备的研发和销售。

绿地控股集团有限公司（以下简称绿地集团）是中国第一家跻身《财富》500 强的以房地产为主业的综合性企业集团，是上海市混合所有制的特大型企业集团。

2015 年，金丰投资以其全部资产和负债与上海地产集团持有的绿地集团股份进行资产置换，同时，金丰投资向绿地集团全体股东以非公开发行 A 股股票的方式，购买其持有的绿地集团全部股权。交易完成后，绿地集团成为上市

1　本案例根据互联网多篇文章整理而成，载 https：//www.sohu.com/a/z11221892_329730；http://www.360doc.com/content/16/1016/19/943329_598915172.shtml，最后访问日期：2018 年 8 月 15 日。

公司金丰投资的全资子公司，从而实现间接上市。

在整个交易方案中，绿地集团历史上存在职工持股会持股，人员数量众多（982人），持股数额较大，占绿地集团全部股权的29.09%。为了解决职工持股会不得在拟上市主体持股的法律障碍，公司通过设立一系列有限合伙企业解决了这个问题。具体方案如下：

（1）成立管理公司：经股东会同意，设立上海格林兰投资管理有限公司（以下简称格林兰投资），注册资本10万元人民币，股东为包括董事长张玉良在内的43名管理层成员；其中，张玉良出资3.028万元，其他42人每人出资0.166万元。

（2）成立小合伙企业：格林兰投资作为GP，职工持股会全体成员作为LP，共同成立32家有限合伙企业（每家不超过49人），即上海格林兰壹投资管理中心（有限合伙）、上海格林兰贰投资管理中心（有限合伙）、上海格林兰叁拾贰投资管理中心（有限合伙）等；其中，GP出资0.1万元，全部LP共出资3759.74万元。

（3）成立大合伙企业：格林兰投资作为GP，上述32家小合伙企业作为LP，共同出资设立一家有限合伙企业上海格林兰投资企业（有限合伙）（以下简称“上海格林兰”）；其中，GP出资6.8万元，LP出资3759.74万元。

（4）大合伙企业上海格林兰吸收合并职工持股会，承继其全部资产、债权债务及其他一切权利义务。

（5）大小合伙企业及其全体合伙人共同委托格林兰投资及其投资管理委员会全权代表制定并参与上市计划，及完成其他相关工作。

上述方案实施完毕后，上海格林兰持有绿地集团29.09%的股份，并在“资产置换+定向增发”方案实施完毕后持有上市公司28.79%的股份，是上市公司的单一最大股东（不考虑国有股的合并计算）。

2015年4月23日，金丰投资发布公告，公司“资产置换+定向增发”

的重大资产重组方案，获得中国证监会审批通过。

【问题聚焦】

绿地集团的有限合伙持股方式，虽然直接原因是为了解决职工持股会持股的法律障碍，但其作为一种放大控制权的方法，有许多值得借鉴应用的地方。

（1）从成立管理公司“格林兰投资”，到成立最终的持股主体“上海格林兰”，以张玉良为主的管理层股东，总计用了 20 万元人民币，但实际控制的出资份额为 3766.55 万元，对应上市公司 28.79% 的股份，并成为上市公司的单一最大股东。如果不考虑管理层的历史贡献，纯粹从法律角度看，这种控制效果可谓是四两拨千斤。

（2）作为工会持股的另一个典型代表华为公司，与绿地集团的职工持股会很类似。工商资料显示，截至 2017 年 12 月 31 日，华为投资控股有限公司的股权结构为：任正非 1.01%，工会委员会 98.99%。华为投资控股有限公司又 100% 持股华为技术有限公司。从客观上讲，由于华为的员工数量实在太多，已经无法像绿地集团一样通过有限合伙形式进行股权架构的改造。工会委员会虽然不能采取有限合伙形式，但任正非通过实际控制工会委员会，客观上也实现了控制的效果。

（3）嵌套式的有限合伙企业持股，可以层层放大控制权。嵌套的层级越多，持股数额越大，放大效果越明显。不过应当注意的是，根据最新监管要求，即使一些采取有限合伙形式的基金完成了基金备案，在申报上市材料时仍可能被要求穿透计算合伙人数量。因此，法律规定的 200 人股东人数上限仍然要严格遵守。

（4）某些不适合作为持股主体的组织，也可以通过有限合伙这种形式持股，典型的如契约型基金。按照目前的监管要求，契约型基金与信托计划、资产管理计划等产品（俗称“三类股东”），不能直接作为持股主体参与公司的 IPO

或重大重组，但采用嵌套方式通过投资有限合伙企业进行间接持股的，实践中已经有成功的案例。如 2017 年 3 月 24 日过会的准备在创业板 IPO 的杭州长川科技股份有限公司，不过这是在 IPO 提速的特殊背景下出现的个案。按照最新的监管要求，新申报的拟 IPO 企业，其“三类股东”不得存在分级、杠杆、嵌套等结构化设计。

2.8.3 操作要点提示

采用有限合伙形式增强对公司的控制权时，需要注意以下三个问题：

（1）选择合适的地点设立有限合伙企业。国内许多地区为了吸引资本、增强金融活力，针对股权投资类型的合伙企业出台了一些税收优惠政策，如宁波梅山保税区、上海自贸区、新疆阿拉山口市、青岛莱西金融小镇等，这些地区都有不同力度的税收返还政策，在设立有限合伙企业作为持股平台时，可以从中择优选择。

（2）注意控制合伙人的数量。采用有限合伙企业持股，许多情况下是为了对员工实施股权激励，如果公司未来有上市打算，要注意控制人数不要超标。按照法律规定，每家有限合伙企业人数不得超过 50 人，在公开发行上市前公司股东人数不得超过 200 人，因此合伙企业的人数要进行控制，避免将来构成上市障碍。

（3）注意控制合伙人的类型。如果合伙人是自然人，应注意达到合规标准，如政府官员、国企管理人员等不要持有合伙企业份额；如果合伙人不是自然人，应注意尽量避免契约型基金、信托计划、资管计划等金融产品持有合伙份额，避免因监管政策导向的变动给公司将来资本运作带来风险。

2.9 良好的公司治理可助力公司基业常青

前面八个专题的讨论，已经展示了控制权对于公司的重要性，以及如何有效获取或增强公司的控制权。其实，控制权问题正是公司治理要讨论的核心问题之一。股东或投资人之所以不遗余力地争取控制权，本质上都是为了能够在公司治理中取得一席之地，使公司能够按照自己的设想实现规划的目标。因此，可以说，解决好了控制权问题，也就在很大程度上为解决公司治理问题奠定了基础。

2.9.1 公司治理为什么会成为问题

公司治理不是一个新话题，也没有最优的标准。自 20 世纪 70 年代后期至 80 年代早期，美国拉开有关公司治理问题讨论的序幕后，理论和实务上仍然在争论不休的探索过程之中。其实，从股东或投资者角度看，公司治理最关注的问题就是如何授权和管理经营层，并实现股东利益的最大化。公司治理最初作为一个问题被提出来，并成为现代公司的焦点与核心，主要原因是两个方面：第一，股权架构的分散化；第二，股东所有权与管理层经营权的分离。这两个原因之间也具有因果关系，股权架构的分散化又进一步加剧了所有权和经营权的分离。

在公司创办初期，股权相对集中于少数几个股东，随着公司规模的扩大，需要不断向投资者进行私募或向社会公众投资者进行公募，以筹集公司发展所需要的资金，由此导致股权被逐步稀释。根据统计数据，中国公司的创始股东在 IPO 之前持有 20%~30% 的股份是比较常见的现象，如京东的刘强东 IPO 前持股 23.7%，腾讯马化腾持股 14.43% 等。在美国，公众公司的股权架构更加分散，最大股东持股比例多在 5% 以下，虽然近 20 年来机构持股得到快速发展，但仍然是比较分散的。

股权的分散化给公司经营带来了一系列影响：

（1）公司的决策成本提高。我国《公司法》对上市公司要求出席股东大会的股东表决权达到一定比例即可通过决策，并且近年来通过网络表决等方式也给中小股东提供了参与表决的机会，一定程度上降低了决策成本；但是在非上市公司中，为了能够在股东会层面就待决策事项达成一致，股东之间需要进行很多沟通和协调，如果公司章程就决策事项的表决机制约定不完善，将会大大增加决策的复杂性。

（2）股东对经营层的监督逐渐弱化。尤其是在小股东数量众多、地域分布较广的情况下更是如此。小股东投机心理较强，搭便车现象明显，缺乏对公司决策和公司高层管理人员进行监督的积极性和内在动力，“用脚投票”的成本收益比行使监督管理权来得更加直接有效。

（3）所有权和控制权出现了分离。股东完成出资后不再拥有出资财产的所有权，这些用作出资的财产（如现金、土地、设备等）实际掌控在管理层手中，在股东不兼任管理职务的情况下，公司将由股东控制变为管理层控制，并且随着股权分散程度的增强，股东参与公司事务的积极性也会下降。

（4）以管理层为主的内部人控制成为股权分散化、所有权和控制权分离的自然结果。这种状态下，如果管理层未能勤勉尽责，公司、股东及债权人、员工等利益相关者都处于同样的地位，随时面临被管理层采取的机会主义行为所掠夺和控制的风险。

所以，从上面分析可以看出：公司发展需要公司融资，公司融资导致股权分散，股权分散导致内部人控制，内部人控制又进一步凸显公司治理的重要性。因此，公司治理最初的任务是围绕着控制和监督经理人员的行为以便保护股东利益而展开的。但是，包括我们国家在内的许多亚洲国家公司治理，由于历史文化因素决定的股权结构不像美国等西方国家那么分散，而是相对比较集中，所以，我们现在面临的公司治理问题，更多的是在股权集中状态下，如何防止大股东利用控制权不当地侵害小股东的利益，以寻求大股东和小股东之间的利益平衡。

2.9.2 公司治理解决的是什么问题

无论是高度分散化的股权架构，还是相对集中的股权架构，给各方带来不利影响的事项往往是股东失去控制或者股东过度控制所导致的公司决策不科学造成的。因此，公司治理要解决的核心问题可以归纳为以下两方面：

（1）公司治理要解决股东和管理层之间的激励和约束问题

这个问题是公司治理的关键，产生原因是两个：双方目标不一致、双方信息不对称。股东追求的是资本增值和收益最大化，管理层追求的是高工资、高奖金，获取较高的社会地位和荣誉，有更多的闲暇时间。并且，在信息披露方面，管理层出于自身利益的考虑，会进行选择性披露甚至虚假披露，误导股东。典型的事件如 2001 年美国安然事件、2002 年美国世通事件等。

（2）公司治理要解决大股东不公正对待小股东的问题

大股东尤其是控股股东利用其控制权，依据“资本多数决”的原则，可以决定公司的许多重要事项，如并购重组、对外担保等，大股东可以获得超过其持股比例的“控制利益”。在对公司的控制权大于其分红权的情况下，大股东获取“控制利益”的代价就越小，“黑”小股东的动机就越强烈。

2.9.3 公司治理如何解决这些问题

资本雇佣人才的时代正在渐行渐远，人才雇佣资本的时代正在缓缓到来。传统的公司治理主要依靠监督和权力制衡来解决上述治理问题，随着经济发展模式的变化，共创、共享、共担的理念在解决这些问题时应当发挥更大的作用。基于此，激励和约束管理层将是未来打开公司治理症结的关键点。在激励方面，应更多采用股权激励、知识激励、声誉激励等方式，使管理层与股东的利益趋于一致；在约束方面，通过公司章程、合同约定、激励中体现约束等方式，实现管理层权利与义务的对等，防止激励过度、约束不足带来新的舞弊问题。

解决大股东“黑”小股东的公司治理问题，核心是在控制权方面做文章。控制权是公司治理的主线，控制的目的在于利益，解决了控制和被控制问题，才能在大股东和小股东之间找到相对公允的平衡点。控制权的配置是股权架构设计的主要任务，整个股权架构的设计就是围绕着控制权及其利益分配展开的，因此，在这个意义上可以认为，股权架构设计是公司治理的重要基础，很大程度上影响了公司治理的成效。

2.9.4 未来公司治理的趋势是什么

数字化时代的到来，颠覆了许多实体行业的管理模式，"平台化+生态化"组织将会逐步取代"流程型+管控型"组织，如海尔正在推行的"人单合一"模式就是目前非常有益的探索，并已经取得了很好的成效。作为公司治理载体的组织正在趋向于无边界化，相应地，公司治理的边界也必将随之进行变化，基于信任、合作、充满弹性的网络化治理将获得更大的发展和应用。传统公司治理侧重于纵向进行权力的分割与制衡，网络化治理更倾向于横向关系的协同和互动。所以，从趋势来看，未来公司治理也将随着组织形态的变化，在控制和分享方面出现新的治理手段。

未来已来，在这个充满颠覆、拥抱变化的互联网时代，作为老生常谈的公司治理话题，应当跟上变化的节奏，在充分认识公司治理的必要性并合理运用已有治理手段的基础上，设计出恰当的股权架构，保持和增强公司控制权的各种方法和工具，灵活满足新型组织形态的需要，最大化地激发人才和资本的组合效应，才能持续保持公司的活力和战斗力，使公司在激烈的竞争中立于不败之地。

第三章

股权架构的扩展：核心应用规则

3.1 持股主体选择是股权架构设计的起点

3.1.1 自然人作为持股主体

自然人持股是一种最普遍的持股形式，这种持股方式有利有弊，灵活性强，在各种类型的企业中得到广泛应用。

（1）自然人具备什么条件才能持股

现行《公司法》并没有对自然人应该具备怎样的条件才能持股做出要求，实践中存在一定的争议，争议点主要在于：行为能力欠缺者能否通过原始取得或继受取得成为公司股东。一般认为，完全民事行为能力的自然人具有股东资格，行为能力欠缺的人（包括限制民事行为能力人和无民事行为能力人）股东资格应当视情况而定。

①原始取得股权

对于原始取得股权成为股东的情况，行为能力欠缺者能否作为公司的发起人，实践中具有较大争议。从境外立法情况来看，日本、韩国以明确的立法规定允许该行为能力欠缺者具备公司发起人资格，德国的立法也明确允许，但是，同时要求必须通过代理方式行使股东权利，即有限制的允许；美国、中国台湾地区规定禁止行为能力欠缺者作为公司发起人。

我国法律未作明确规定。从公司设立行为的性质角度分析，公司设立是一种市场准入行为，对公司的投资在本质上属于合同行为。限制民事行为能力人投资设立公司的行为，根据《合同法》第47条规定，该合同行为的效力待定。当一个限制民事行为能力人拟和他人共同签署公司章程为设立公司时，若他人明知，则可采用事先取得法定代理人同意的方式以明确合同行为的效力。若他人不知且公司章程已签署，则可采取事后追认的方式明确合同行为的效力。

对于无民事行为能力人投资设立公司的行为，《合同法》没有相关规定，应适用《民法总则》第六章相关规定，即该合同行为无效。

②继受取得股权

对于行为能力欠缺者通过继承或受赠制度拟取得公司股权的行为，应适用《民法总则》《关于贯彻执行民法通则若干问题的意见》以及《合同法》的规定：无民事行为能力人、限制民事行为能力人接受奖励、赠与、报酬，他人不得以行为人无民事行为能力、限制民事行为能力为由，主张上述行为无效。该等行为属于行为能力欠缺者的获利性质，为有效行为。

③未成年人是否可以成为股东

关于未成年子女的持股资格，目前已有法院判例及持股实践确认了其合法性。例如，2007年北京银行上市时的"娃娃股东"事件，根据该银行公告，截至2007年北京银行IPO前，84名娃娃股东中有67名是信用社股东直接转为北京银行的股东，2004年增资扩股时形成股东15人（其中1人包含在67人中，增资扩股时增持），接受家庭成员赠与及继承产生的股东3人。鉴于股东的主要义务是履行出资义务，《公司法》及《证券法》均未禁止未成年人成为公司股东，因而，未成年人是可以成为公司股东的。

（2）哪些自然人不适合持股

①国家公务员。《公务员法》第53条第14款规定："公务员必须遵守纪律，

不得从事或者参与营利性活动，在企业或者其他营利性组织中兼任职务。”因此，国家公务员是不可以投资公司成为股东的。

②参公管理的人员。依照各省市编办认定的行政事务执行机构和参照党的机关、工青妇机关、市委组织部认定的参照公务员管理的民主党派机关、社会团体机关公务员管理的机关人员不得设立公司。

③党政机关干部和职工。根据《关于严禁党政机关和党政干部经商、办企业的决定》以及《关于进一步制止党政机关和党政干部经商、办企业的规定》，国家机关法人的干部和职工，除中央书记处、国务院特殊批准的以外，一律不准经商、办企业。因此，国家机关法人的干部和职工不得投资公司成为股东。

④省（自治区、直辖市）、地（市）党委、政府主要领导及其配偶、子女。根据中央纪委《关于“不准在领导干部管辖的业务范围内个人从事可能与公共利益发生冲突的经商办企业活动”的解释》（中纪发〔2000〕4号）、《关于省、地两级党委、政府主要领导配偶、子女个人经商办企业的具体规定（试行）》（中纪发〔2001〕2号），上述人员不准在领导干部管辖的业务范围内投资兴办可能与公共利益发生冲突的企业，如房地产开发、广告代理、娱乐业等，不得成为这类企业的股东。

⑤县以上党和国家机关退（离）休干部。《中共中央办公厅、国务院办公厅关于县以上党和国家机关退（离）休干部经商办企业问题的若干规定》明确禁止县级以上党和国家机关的退（离）休干部兴办商业性企业。因此，县级以上党和国家机关的退（离）休干部是不可以投资公司成为股东的。

⑥县以上工会、妇联、共青团、文联以及各种协会、学会等群众组织的退休干部不得设立公司。《中共中央办公厅、国务院办公厅关于县以上党和国家机关退（离）休干部经商办企业问题的若干规定》明确规定，有关禁止县级以上党和国家机关的退（离）休干部，不得兴办商业性企业的规定，适用于县级以上工会、妇联、共青团、文联以及各种协会、学会等群众组织的退休干部。因此，县以上工会、妇联、共青团、文联以及各种协会、学会等群众组织的退

休干部不可以投资成为公司的股东。

⑦国有企业领导。《国有企业领导人员廉洁从业若干规定》（中办发〔2009〕26号）第5条第1款规定："国有企业领导人员应当忠实履行职责。不得有利用职权谋取私利以及损害本企业利益的下列行为：个人从事营利性经营活动和有偿中介活动，或者在本企业的同类经营企业、关联企业和与本企业有业务关系的企业投资入股。"因此，国有企业领导人员在特定企业范围内不可以投资成为股东。

⑧国有企业领导的配偶、子女及其他特定关系人。《国有企业领导人员廉洁从业若干规定》（中办发〔2009〕26号）第6条第1款规定："本人的配偶、子女及其他特定关系人，在本企业的关联企业、与本企业有业务关系的企业投资入股。"因此，上述人员在特定企业范围内不可以投资成为股东。

⑨现役军人。根据《中国人民解放军内务条令（试行）》第105条规定，军人不得经商，不得从事本职以外的其他职业和传销、有偿中介活动，不得参与以营利为目的的文艺演出、商业广告、企业形象代言和教学活动，不得利用工作时间和办公设备从事证券交易、购买彩票，不得擅自提供军人肖像用于制作商品。据此，军人不得成为公司的股东。

⑩特殊情况下的境内自然人。根据国家发改委及商务部不时更新的《外商投资产业指导目录》《商务部关于外国投资者并购境内企业的规定》《中华人民共和国中外合资企业法》等的规定，中国自然人不得成为新设中外合资企业的股东。但是，在中外合资企业成立后，通过股权转让、继承、认购增资等方式可以成为中外合资企业股东；并且，外资并购中，原境内公司中国自然人股东在原公司享有股东地位1年以上，经批准，也可以继续作为变更后所设外商投资企业的中方投资者。

（3）自然人持股的优势

①股权控制力强

个人直接持有的股权，具有类似于所有权的效果，尤其是其中的自益权，它的行使不需要其他人的协助，只要是合法股东就可以依照自己的意志行使这种权利，股东对个人股权具有极强的控制力。

②直接税负成本低

个人直接持股的情况下，虽然进行税务筹划的空间小，但从直接纳税成本来看，也有一定优势：

首先，分红所得税。个人分红后需缴纳 20% 的个人所得税。根据《个人所得税法》第 3 条第 5 款，特许权使用费所得，利息、股息、红利所得，财产租赁所得，财产转让所得，偶然所得和其他所得，适用比例税率，税率为 20%。

根据财政部、国家税务总局《关于实施上市公司股息红利差别化个人所得税政策有关问题的通知》（财税〔2012〕85 号），区分两种情况缴纳个人所得税：

非限售股：个人从公开发行和转让市场取得的上市公司股票，持股期限在 1 个月以内（含 1 个月）的，其股息红利所得全额计入应纳税所得额；持股期限在 1 个月以上至 1 年（含 1 年）的，暂减按 50% 计入应纳税所得额；持股期限超过 1 年的，暂减按 25% 计入应纳税所得额。

限售股：对个人持有的上市公司限售股，解禁后取得的股息红利，按照本通知规定计算纳税，持股时间自解禁日起计算；解禁前取得的股息红利继续暂减按 50% 计入应纳税所得额，适用 20% 的税率计征个人所得税。

其次，资本利得税。在个人股东转让股权后退出公司过程中，根据《股权转让所得个人所得税管理办法（试行）》规定，个人转让股权，以股权转让收入减除股权原值和合理费用后的余额为应纳税所得额，按“财产转让所得”缴纳个人所得税，税率为 20%。

根据财政部、国家税务总局、证监会联合发布的《关于个人转让上市公司限售股所得征收个人所得税有关问题的通知》（财税〔2009〕167 号），自 2010 年 1 月 1 日起，针对 IPO 形成的限售股，在上市首日至解禁期间内，由所持有的股票及孳生产生的送、转股，按照“财产转让所得”，适用20%的比例税率征收个人所得税；其中，应纳税所得额＝限售股转让收入－（限售股原值＋合理税费）。如果纳税人未能提供完整、真实的限售股原值凭证的，不能准确计算限售股原值的，主管税务机关一律按限售股转让收入的15%核定限售股原值及合理税费。其税率计算为：20%×（1–15%）=17%。

（4）自然人持股的弊端

①风险不能隔离

如果公司从事的是特殊行业，或者由于出资瑕疵、外部债权人追索等问题，导致公司承担了某些责任时，公司的股东可能会突破有限责任的限制，被穿透要求承担责任。但如果个人通过设立持股公司，再间接持有公司股权，效果上就会有一定程度的改善。

②股权调整的成本高

股东投资取得股权后，一般不能要求退股，仅在满足《公司法》第74条、第142条规定的退股条件时，才能请求公司回购股权。因此，如果公司没有上市，则股份的流通性没有上市公司那么强，一般的有限公司股东要求退股是很难的。如此一来，无论股东主动还是被动退股，除非各方合作愉快，否则都面临法定条件限制、内部配合障碍等问题，给公司股权的调整增加了成本。但是如果股东通过持股公司间接持股，则股东的调整只需要在持股公司层面进行，不会影响下一层级的公司，这对于下一层级公司的股权稳定性、资本运作等有重要影响。

③股权控制力没有放大效应

个人持股时，能够掌控的就是直接持有的股权，除非通过个人代持其他人的股权、表决权委托或者一致行动协议等约定的方式，才能额外增强个人的股权控制力。而从实际效果看，这些增强控制权的方式只是契约的约定，存在一定的违约风险，控制力并不十分牢固。相比而言，在公司持股、有限合伙持股等持股平台模式下，股东或普通合伙人通过掌控公司或有限合伙企业，可以自然地控制其他股东或合伙人的权益份额所对应的股权，从而起到“四两拨千斤”的效果。因此，在股权控制力的放大方面，自然人直接持股的放大效应并不理想。

④不能享受某些特定的税收优惠

在资本运作时，如果以自然人股东作为主体进行并购重组，交易双方无法符合财政部、国家税务总局《关于企业重组业务企业所得税处理若干问题的通知》（财税〔2009〕59 号）规定的“特殊性税务处理”的要求，不能享受递延纳税的优惠待遇；加之国家税务总局《关于企业重组业务企业所得税征收管理若干问题的公告》（2015 年第 48 号）明确了企业重组“当事各方中的自然人应按个人所得税的相关规定进行税务处理”，而并购重组的金额又十分庞大，导致交易税负成本巨大；从整体来看，由于现有公司承载基本运营功能，个人股东直接持股不利于公司横向、纵向的扩张，也无法进行避税的安排。

⑤对员工长期持股约束不足

目前国内普遍存在公司上市后，直接持股的员工股东一待限售股解禁即抛售的情况，一些高管甚至为了规避 1 年内转让股份不得超过年初所持股份 25% 的约束，在公司上市后不久即辞职，辞职半年后出售全部股份套现。这违背了公司通过员工持股将公司与员工的长远利益捆绑在一起、留住人才的初衷，也造成股权分散，不便于后期管理。

3.1.2 法人作为持股主体

（1）法人持股只在某些特定情况下受到限制

法人持股具有广泛的适用性，在一般情况下不受限制，持股范围相比自然人更加宽泛。但在一些具有特殊监管要求的行业，法人若要持股则须满足特定的条件。比如，根据《非金融机构支付服务管理办法》（人民银行令〔2010〕第 2 号）第 10 条，持股 10% 以上的主要出资人应当满足下列条件：为依法设立的有限公司或者股份公司；截至申请日连续为金融机构提供信息处理支持服务 2 年以上，或连续为电子商务活动提供信息处理支持服务 2 年以上；截至申请日连续盈利 2 年以上；最近 3 年内未因利用支付业务实施违法犯罪活动或为违法犯罪活动办理支付业务等受过处罚。凡是不具备这些条件的法人，不得成为公司主要出资人。

（2）法人持股的优势

①便于进行股权控制

在自然人直接持股的情况下，若要对某个事项进行表决，则必须要直接征得自然人股东的同意。在人数较多的情况下，由于股权分散，这样操作是有一定难度的。在重大事项中哪怕有一个小股东不同意签字，也会拖缓整个实操过程，使得进程放缓，需要先解决完他们的诉求才能继续。再比如开股东会，要聚齐所有的自然人股东有时候非常困难，拿到每个人的亲笔签字更是麻烦。

而采用公司法人持股的方式，可以在很大程度上避免上述麻烦，有利于增强股权的控制力。公司对外投资表决时，除了公司法规定的 7 种法定情形需要 2/3 以上股东通过，以及公司章程另有规定的需要 2/3 以上股东通过的情况外，普通事项只要过半数通过即可生效。因此，公司中持不同意见的股东在经内部表决通过后，不同意见已经被过滤，公司法人对外表达的意见是少数服从多数的意见，异议股东不会对公司法人持股的公司决策带来任何影响。

②便于进行股权调整

如前所述，股东投资取得股权后，一般不能要求退股，仅在满足《公司法》第 74 条、第 142 条规定的退股条件时，才能请求公司回购股权。当公司出现需要进行股权调整的需求，而自然人股东又不配合时，或者依据法律法规规定不得在一定期限内调整时，往往会给调整工作带来很大障碍。

采用法人持股可以避免这种障碍。由于调整持股法人的股权比较方便，因而会极大地增强对股权公司进行股权调整的便利性。比如，股份公司发起人持有的股权在1年内不可以转让，如果将可能进行调整的股东纳入持股公司而不是被持股公司的话，可以在持股公司内对其股份进行调整，从而间接达到调整股权结构的目的。这种方式在上市前和上市后都可以实现。尤其是针对股权激励的管理层对象，如果把他放在被持股公司内进行调整，既要考虑被调整的对象是否同意，还要考虑调整的价格，且控股股东没有优先购买权。若是放在持股公司内调整，则受到的约束就会少一些。

③分红再投资的所得税税收优势

自然人直接持股时，从公司分取的红利，都要根据税法的规定及时缴纳个人所得税。而公司法人持股的，根据《企业所得税法》第26条第2项规定，符合条件的居民企业之间的股息、红利等权益性投资收益，为免税收入，无须缴纳企业所得税。对于有再投资需求的人来说，通过法人持股可以暂时节省大量的分红所得税。

④重组税收优势

公司法人持股在进行公司资产重组时，满足特定条件的，可以适用递延纳税的特殊税务处理。根据财政部、国家税务总局《关于企业重组业务企业所得税处理若干问题的通知》（财税〔2009〕59号）规定，同时满足下列条件的，可以进行特殊税务处理：

首先，具有合理的商业目的，且不以减少、免除或者推迟缴纳税款为主要目的。

其次，被收购、合并或分立部分的资产或股权比例不低于标的企业股权或资产的50%。

再次，企业重组后的连续12个月内不改变重组资产原来的实质性经营活动。

复次，重组交易对价中涉及股权支付金额不低于总支付金额的85%。

最后，企业重组中取得股权支付的原主要股东，在重组后连续12个月内，不得转让所取得的股权。

（3）法人持股的弊端

①股权转让自由度差

通过法人持股时，对自然人而言的主要弊端就是股权处置不自由，股权可控性稍差。通过这种方式持股时，自然人如果想要对其间接持股的被持股公司进行收益变现，必须要通过持股公司同步转让股权，持股公司若不同意将其持有的股权进行变现的，自然人只能选择将其在持股公司的股权进行转让；但是如果在持股公司的股权也无法转让或由持股公司回购，则自然人股东的本金收益是无法实现的。在这种持股方式下，自然人的股权处置自由度比较差。

②股权转让所得税高

公司取得股权转让收入后，按 25% 的税率缴纳企业所得税；公司向自然人股东分红时，自然人股东按 20% 的税率缴纳个人所得税。因此，在不考虑税收优惠和税收筹划的前提下，自然人通过公司转让股权最终承担的税率为 1-（1-25%）×（1-20%）=40%，这在所有类型持股主体中，税负成本是最高的。实践中，公司可以通过一些成本费用降低应纳税所得额，降低实际税负。但如果涉及的股权转让金额较大时，大幅降低实际税负的难度也是很大的。

3.1.3 有限合伙作为持股主体

（1）有限合伙持股的应用场景

以有限合伙作为持股主体，主要应用于两个场景：员工股权激励、私募股权投资。

①员工股权激励

2009 年 11 月 28 日，《证券登记结算管理办法》修订，合伙企业作为上市公司股东再无技术障碍。2011 年 7 月 19 日，江西博雅生物制药股份有限公司 IPO 通过中国证监会审核，其以“盛阳投资”（有限合伙企业，注册于厦门市思明区）作为高管持股平台的操作方式得到了证监会的认可。从此，以有限合伙企业作为高管持股平台有先例可循。目前，新三板公司的股权激励计划中，约 70% 都采用了有限合伙作持股平台的做法。

②私募股权投资

所谓私募股权投资，一般是指从事非上市公司股权投资以及上市公司定向增发等业务的投资形式（Private Equity，PE）。目前我国的私募股权投资机构（PE）已有很多，包括阳光私募股权基金等，私募股权基金的数量仍在迅速增加。现在国内 PE 机构主要采用的组织形式有三种：公司制、有限合伙制、契约制，从操作的便利性及综合税负成本等方面考虑，有限合伙制是绝大多数 PE 采用的组织形式。

（2）有限合伙的持股优势

①能够放大控制权

正如前文第二章第 2.8 部分所述，通过有限合伙持股对增强公司的控制权具有放大效应，原理在于，GP 具有执行合伙事务的权利，其对合伙企业的控制权，除了 GP 自身出资部分对应的份额之外，由 LP 出资形成的全部份额，也被 GP 所控制，该等份额可以被视为控制权的放大部分。如果公司的实际控制人或者大股东担任有限合伙企业的 GP，则可以较少的资金投入，起到控制较多股权的目的。

②高效率地决策

以公司型持股平台为例，其完整的治理结构包含股东会、董事会和监事会等，按照《公司法》的规定，召开会议必须一一通知到位，随着《公司法解释（四）》的出台，对股东会决议的规范性也提出了更高的要求。如果公司做出任何决议都要逐一通知员工股东，并在相关会议决议上一一签字，将耗费大量的管理成本。而选择有限合伙就避开了这一问题，精简的治理结构使合伙企业的决策非常迅速，内部沟通成本、管理成本也会大幅度降低，从而能够促使公司轻装上阵、高效决策，更加精准地把握商机，取得竞争优势。

③避免双重征税

如前所述，有限公司作为持股平台的情况下，对自然人股东而言的双重所得税负担比较重。而合伙企业则不同，它不作为独立的纳税主体，仅在向合伙人分配转让所得或红利时，一次性由合伙人缴纳所得税（即美国税务实践中针对LLC或LLP等企业组织形式征税时遵循的“On a Pass-Through Basis”原则）。一些地方政府为鼓励本地区合伙企业，在税收方面还会有一些让利政策，可以进一步降低税负。有的地方（如上海市）规定，在合伙企业转让限售股时，对不执行合伙事务的有限合伙人，按“财产转让所得”征收20%的个人所得税，对执行合伙事务的个人合伙人，则比照“个体工商户的生产经营所得”，按5%至35%的累进税率征收个人所得税。部分地方（如北京市、新疆维吾尔自治区、青岛市）对股权投资类合伙企业自然人合伙人统一按20%的税率征收个人所得税。

不过需要注意的是，按照最近国税总局的认定口径，统一按20%的税率征收个人所得税的做法被认为违反了相关规定，需要按照个体工商户的累进税率征收个人所得税。更严重的是，有限合伙形式的基金过去历年的税收也需按新标准追缴。所以，在采用有限合伙形式进行持股时，需要注意最新的税收变化影响。

④降低管理成本

基于有限合伙企业设立门槛低、自由灵活的特点，其管理结构相较于公司型的企业来讲也非常简便，在实现高效决策的同时，也大大减轻了公司对持股平台的管理成本，从而使持股具有更好的便捷性。

⑤便于资本运作

通过有限合伙进行间接持股，不仅可以实现对员工的动态管理，而且无须直接在母公司层面体现，这就完美地规避了上市前因员工流动而引起的公司层面股权结构的调整。同时，也减去了复杂的审批程序，更好地进行投资、融资等方面的资本运作，在公司上市、并购等资本运作形式中有广泛的应用。

（3）有限合伙的持股弊端

有限合伙持股整体上优势很大，弊端很少，公司实践中被广泛应用于实施员工股权激励和进行私募股权投资，是比较受欢迎的一种持股形式。如果一定要寻找这种持股方式的弊端，可能主要是两个方面：

①股权转让自由度差

与通过有限公司持股的弊端类似，通过有限合伙持股时，对自然人而言的主要弊端就是股权处置不自由，股权可控性稍差。无论是分配股权投资收益，还是进行股权转让套现退出，均需通过执行合伙事务的 GP 实施，不能直接在股权公司层面操作；对合伙人而言，其间接持有的股权在处置自由度方面受到限制。当然，站在 GP 角度而言，这恰恰就是一个优势。

②税收优惠有一定的合规风险

考虑到目前国内合伙企业的相关法律法规仍不健全，不同地区关于“先分后税”的解释、纳税时点等方面存在区别，国税总局不认可地方政府出台的股权投资类合伙企业合伙人 20% 所得税的政策，目前已经要求按“个体工商户的生产经营所得”实施 5% ~35% 的累进税率进行规范，因此地方股权投资合伙企业的税收政策面临规范调整的风险。

【案例 3-1】

有限合伙持股的经典之作——蚂蚁金服[1]

蚂蚁金服主要由浙江蚂蚁小微金融服务集团股份有限公司负责开发和运营，包含支付宝在内的我们所熟悉的蚂蚁财富、网商银行、芝麻信用等品牌都属于蚂蚁金服旗下品牌。在利用有限合伙作为持股平台进行股权设计方面，蚂蚁金服堪称典范。通过有限合伙的控制权放大效应，蚂蚁金服实现了对旗下公司的绝对控制，网上甚至有人测算，马云仅花了 3010 万元就控制了这家估值 3900 亿元的巨无霸公司。根据截至 2018 年 3 月 6 日全国工商信用信息系统的数据，蚂蚁金服的股权结构图如下（见图 3-1）：

1 本案例根据互联网资料整理而成。

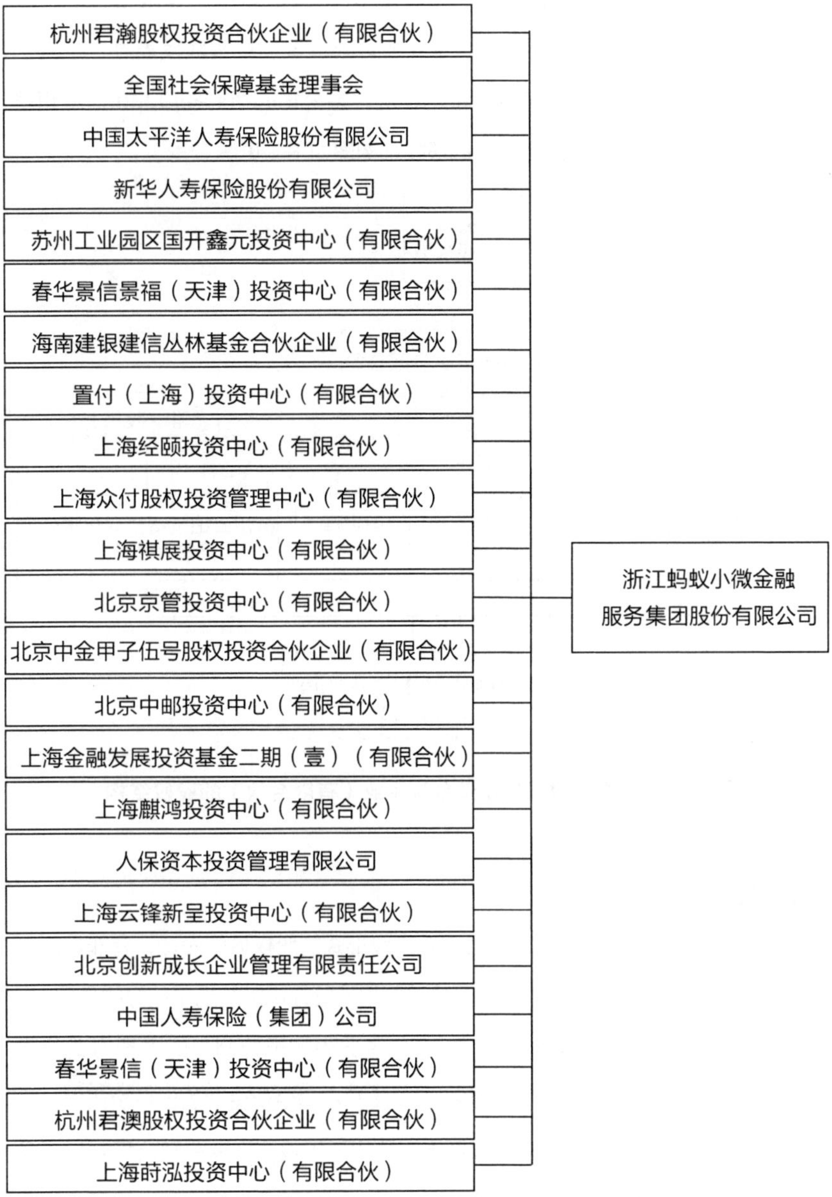

图 3-1　蚂蚁金服股权结构

在蚂蚁金服的全部23家股东中，有17家股东采用了有限合伙的持股形式，其中杭州君瀚股权投资合伙企业（有限合伙）持股数额最高，达到了86.74%，超过了“67%”的绝对控制标准，是公司的绝对控股股东。杭州君瀚股权投资合伙企业（有限合伙）的股权结构图如下（见图3-2）：

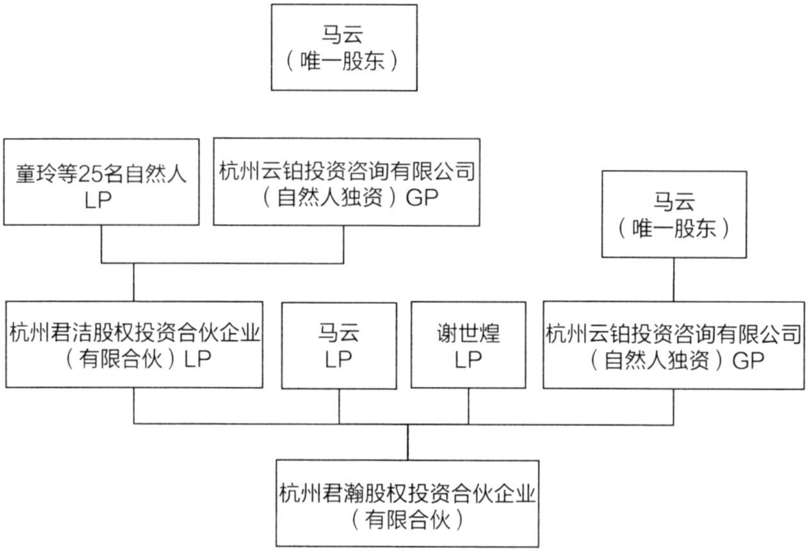

图3-2　杭州君瀚股权投资合伙企业（有限合伙）的股权结构

【问题聚焦】

蚂蚁金服这种以有限合伙作为主要持股形式的股权架构设计，有非常明显的优势，对于保证实际控制人对公司的控制权及管理风险起到了很好的作用。

（1）实现控制权的成本较低。合伙企业中实现控制权的主要方式就是GP（普通合伙人）对合伙事务的执行，即使GP对合伙企业的出资份额很小，也不影响控制权。从上面结构可以看出，杭州云铂投资咨询有限公司对杭州君瀚股权投资合伙企业有两个层次的控制：第一层是直接控制，即杭州云铂投资咨询有限公司作为杭州君瀚股权投资合伙企业的GP，行使着控制权；第二层是间接控制，即杭州云铂投资咨询有限公司作为杭州君洁股权投资合伙企业的GP，对作为LP的杭州君洁股权投资合伙企业行使着控制权，从而在杭州君瀚股权投资合伙企业的LP中发挥影响力。

（2）实际控制人的风险隔离。GP之所以在法理上能够以较小的出资比例实现对合伙企业的控制，关键就在于GP对于合伙企业的全部债务承担无限连带责任。因此，为了隔离风险，马云并未以自然人身份直接进入杭州君瀚股权投资合伙企业、杭州君洁股权投资合伙企业担任GP，而只是在杭州君瀚股权投资合伙企业层面担任了LP（只承担有限责任）。通过成立一人有限公司杭州云铂投资咨询有限公司，并以该公司作为普通合伙人，就可以有效隔离马云作为实际控制人的法律风险。这样一来，即使杭州云铂投资咨询有限公司对合伙企业承担了无限连带责任，也不会波及马云的个人财产。根据工商数据显示，杭州云铂投资咨询有限公司注册资本为1010万元，也就是说，马云承担的个人责任是以1010万元为限度的，除非有证据证明该一人公司的财产与股东的财产发生了混同，才可以“刺破公司法人面纱”，而使其股东与公司共同承担无限责任。不过，从更谨慎的角度，如果杭州云铂投资咨询有限公司有两名以上的股东，这个风险就会更小，因为在多名股东的情况下，比只有一名股东时证明公司和股东之间财产混同的难度更大些。

（3）便于对被激励对象的管理。将被激励对象放在有限合伙企业中作为LP，会有多方面的好处。首先，便于意见统一，有限合伙企业作为股东的，其意见主要是由GP做出，LP一般情况下不能参与合伙事务的管理，否则可能会突破有限责任的限制；其次，便于人员变动的控制，如果被激励对象直接在企业层面持股，每发生一次变动，都要进行工商变更，不仅手续烦琐，而且可能会遇到意想不到的障碍。如果作为LP间接持股，则只在合伙企业层面就可进行变更，手续简单操作效率高；最后，合伙企业单层纳税，对被激励对象而言持股的税收成本与直接持股是一样的，激励效果不受影响。

另外，需要注意：作为LP承担有限责任的前提条件仅限于法律列举的情形，在这些情形范围内实施与合伙事务相关的行为不会导致承担无限责任，该项规则也被称为“安全港规则”。根据《合伙企业法》第68条规定，有限合伙人不执行合伙事务，不得对外代表有限合伙企业。有限合伙人的下列行为，不视为执行合伙事务：

➢ 参与决定普通合伙人入伙、退伙；

➢ 对企业的经营管理提出建议；

➢ 参与选择承办有限合伙企业审计业务的会计师事务所；

➢ 获取经审计的有限合伙企业财务会计报告；

➢ 对涉及自身利益的情况，查阅有限合伙企业财务会计账簿等财务资料；

➢ 在有限合伙企业中的利益受到侵害时，向有责任的合伙人主张权利或者提起诉讼；

➢ 执行事务合伙人怠于行使权利时，督促其行使权利或者为了本企业的利益以自己的名义提起诉讼；

➢ 依法为本企业提供担保。

如果有限合伙人违反上述规则执行了其他企业合伙事务，按照《合伙企业法》第76条规定，“第三人有理由相信有限合伙人为普通合伙人并与其交易的，该有限合伙人对该笔交易承担与普通合伙人同样的责任。有限合伙人未经授权以有限合伙企业名义与他人进行交易，给有限合伙企业或者其他合伙人造成损失的，该有限合伙人应当承担赔偿责任。”因此，在实务中，应当高度关注并防止LP承担无限连带责任的这些情况。

3.1.4 金融产品作为持股主体

（1）金融产品持股的主要形态——“三类股东”

所谓“三类股东”是指：契约型私募基金、资产管理计划（主要指基金子公司和券商资管计划）、信托计划。长期以来，“三类股东”一直是困扰公司 IPO 和新三板挂牌的疑难问题，争论焦点主要围绕持股的主体资格、代持、股权清晰性、利益输送等问题展开。

①契约型私募基金

根据《证券投资基金法》《私募投资基金监督管理暂行办法》《信托法》《证券法》及其他相关规定，私募基金可以采取的组织形式是：公司制、合伙制、契约制，其中契约制是比较特殊的一种投资主体形式。契约型私募基金即信托式私募基金，属于代理投资制度的基本范畴。基金管理人、基金托管人和基金份额持有人之间根据信托契约确立相互之间的权利和义务关系，并通过发行收益凭证来募集资金。

设立契约型私募基金不设行政审批，但设立后应到证券投资基金业协会备案，接受监管。需要注意的是，契约型私募基金并非独立的商事主体，目前暂无专设的基金账户供其使用，对外投资时，可按《信托法》的规定，由基金管理人以受托人的身份对外代投代持。比如，渤海产业投资基金投资天津银行、成都银行等项目时，即是以管理公司名义代投代持。

②资产管理计划

资管计划也称资管产品，是指获得监管机构批准的公募基金子公司、证券公司、保险公司、银行等，向特定客户募集资金或者接受特定客户财产委托担任资产管理人，由托管机构担任资产托管人，为资产委托人的利益，运用委托财产进行投资的一种标准化金融产品。目前市场上常见的资管业务主要包括：基金子公司资管、券商资管、保险资管，以及银行资管等。

基金子公司资管：2012 年 9 月 26 日，证监会公布《基金管理公司特定客户资产管理业务试点办法》，10 月 31 日发布《证券投资基金管理公司子公司管理暂行规定》，自此，向基金管理公司全面放开资管业务。此后一年半的时间，基金资管行业发展迅速。截至 2013 年年底，基金子公司已成立 62 家，资产管理业务规模也很快突破万亿元。这种资管的优势是：小额充足，

300 万元以下的小额 200 个，在操作模式上与信托最接近；且由于让利于投资者，产品收益高于信托，在募集速度和投资者喜好程度上更胜信托。劣势是：基金子公司成立时间较短，自身资本实力不如信托；通过降低费用提高产品收益，压缩自身利益扩张发展的模式不可持续；运作尚不够成熟，产品需要精挑细选。

券商资管：2012 年 10 月 18 日，证监会公布《证券公司客户资产管理业务管理办法》及配套的《证券公司集合资产管理业务实施细则》和《证券公司定向资产管理业务实施细则》，证券公司因此拥有了金融投资全牌照，能够开展信托公司能做的大部分业务。券商资管一经放开，便迅速发力。这种资管的优势是：小额充足，300 万元以下的小额 200 个；营业部网点多，在客户资源、营销能力和投资证券市场等方面具有先天优势，和银行、基金、信托、保险等机构长期合作建立了良好的管道。劣势是：大部分为操作简单、缺少技术含量的通道业务，主要依赖银行管道，难以形成持续竞争力。

保险资管：2012 年 10 月 22 日，保监会发布《关于保险资金投资有关金融产品的通知》《基础设施债权投资计划管理暂行规定》；2013 年 2 月 17 日，发布《关于保险资产管理公司开展资产管理产品业务试点有关问题的通知》后，保险资产管理的业务范围得以拓宽。保监会数据显示，截至 2013 年 12 月，我国保险资产管理规模 6833 亿元。这种资管的优势是：保险资管因其行业特殊性，拥有先发的资金优势；风险较低，安全性高。劣势是：因对资金安全性有更高的要求，保险资管过于保守、弱势，产品收益相对偏低。数据显示，2013 年保险行业的投资收益率为 5.04%，市场可查询的主要几款保险资管产品的收益率大多处于 2%~3%。

银行资管：2013 年 9 月末，银监会批准了国内 11 家商业银行开展理财资产管理业务试点，宣告银行理财正式进入资管时代。截至 2013 年年底，试点银行均完成理财直接融资工具申报，总规模超过 100 亿元。这种资管的优势是：客户基础好，具有平台优势，资金实力强。劣势是：资管能力不强，需要一个积累和发展的过程；鉴于银行的国民地位，银行资管对产品的安全性要更为谨慎，投资策略较保守，产品收益不高；收手续费和业绩提成。

③信托计划

信托计划又称集合资金信托计划，是指由信托公司担任受托人，按照委托人意愿，为受益人的利益，将两个以上委托人交付的资金进行集中管理、运用或处分的资金信托业务活动。

从本质上讲，信托计划属于大资管的范畴，但信托计划又有不同于资管计划的下列特点：

第一，监管部门不同，信托计划由银监会监管，资产计划分别由证监会、保监会和银监会监管。

第二，信托计划募集结束，款项交至托管银行即可成立；资管计划募集完毕后，需进行验资，验资完毕方可成立。

第三，未来资产管理计划份额可通过交易所向其他投资者转让；信托份额转让需双方同时去信托公司办理。

第四，对于100万~300万元以下的个人投资者，每个信托计划只有50个，资管计划可以有200个。

第五，资管计划为市场新兴产品，为做好品牌目前收取的通道费用较信托计划低，因此相对信托产品而言，让渡给投资者的收益较信托计划高。

第六，规模不同，信托公司自20世纪80年代既已存在，经过数轮增资目前注册资本在10亿元左右。资产管理公司自2012年年底至2013年年初陆续获得业务牌照，资产管理公司注册资金在2000万~5000万元。

（2）“三类股东”持股存在的主要问题

持股主体不清晰是“三类股东”存在的主要问题。“三类股东”均系基于契约关系而设立，但“三类股东”仍非独立法人，无法独立承担民事责任，在工商登记时它们也不被视为民事主体，无法直接登记为非上市公司的股东。实践中“三类股东”对非上市公司投资的方式通常是由金融产品的管理人签署投资协议，并约定由其管理的具体金融产品履行出资义务，在工商登记的股东名称则为管理人名称，从而导致企业的名义投资者与实际投资者存在差异。

不过，根据全国中小企业股份转让系统的相关规定，明确了资产管理计划、契约型私募基金持有拟新三板挂牌公司股权的合法性，并进一步明确资产管理计划、契约型私募基金在新三板挂牌审查时无须还原至实际股东，且在实践操作中该等资产管理计划、契约型私募基金所持有的拟新三板挂牌公司股份可直接登记为产品名称。

无论“三类股东”是否可以直接登记为公司股东，从持股本质来看，在法律关系上均属于股份代持。多年以来，股份代持始终是IPO审核的红线，监管部门认为股份代持是造成股权不清晰的根源之一，因此申报IPO的企业必须要对此进行清理，否则不得申报。部分“三类股东”背后的出资人众多，较难实现穿透式监管，容易出现股份代持、利益输送等问题，难以满足“发行人的股权清晰”等要求。2015年11月开始IPO排队的海容冷链，在上交所的审核名单中一度跟在三星新材和艾艾精工之后，如今这两家公司成功登陆A股，而海容冷链却因带有敏感的“三类股东”问题（国寿安保基金—银河证券—国寿安保—国保新三板2号资产管理计划持有海容冷链2.33%的股份），IPO审查停滞不前。海容冷链IPO遭到监管部门的冷处理，与公司股东中存在的“三类股东”有很大关系。

（3）最新破局——“三类股东”的合规化处理

2018年1月12日，证监会就“三类股东”问题明确了审核口径，支持企业在IPO前吸引正规的符合条件的“三类股东”等机构的投资，而市场上不合格、不规范的投资主体将面临更全面的清理。监管新政为企业在IPO之前的融资交易留下了足够的空间。证监会目前审核口径如下：

①“三类股东”不能作为公司实际控制人

根据《证券法》《公司法》和IPO相关规章的基本要求，为保证拟上市公司的稳定性，控股股东、实际控制人第一大股东不得为“三类股东”。

②“三类股东”不能存在杠杆、分级、嵌套

目前，相关部门对资管业务正在进行规范，“三类股东”如果存在杠杆融资、优先劣后分级、嵌套等结构化设计，则不符合监管新规的要求，应提出切实可行的整改规范方案并予以披露。

③对“三类股东”要层层穿透，避免利益输送

为从源头上防范利益输送行为，证监会要求存在“三类股东”情形的发行人，提出符合监管要求的整改措施，并对“三类股东”作出穿透式披露，强化投资者信息的透明度。在穿透环节，证监会要求核查“三类股东”各层的权益人，与拟 IPO 企业的控股股东、实际控制人、董监高及相关人员的近亲属、中介机构及项目组人员等，是否存在直接或间接关联关系或收益关系。

④明确“三类股东”的存续期以及续期的安排

为确保符合现行持股锁定、减持规则的要求，发行人必须明确“三类股东”的存续期、续期安排，以便于判断股权后续的稳定性。

2019 年 3 月 24 日，上海证券交易所发布《上海证券交易所科创板股票发行上市审核问答（二）》，对于发行人在全国股份转让系统挂牌期间形成契约性基金、信托计划、资产管理计划等“三类股东”的，对于相关信息的核查和披露作出了以下要求：

第一，核查确认公司控股股东、实际控制人、第一大股东不属于“三类股东”。

第二，中介机构应核查确认发行人的“三类股东”依法设立并有效存续，已纳入国家金融监管部门有效监管，并已按照规定履行审批、备案或报告程序，其管理人也已依法注册登记。

第三，发行人应根据《关于规范金融机构资产管理业务的指导意见》（银发〔2018〕106 号）披露“三类股东”相关过渡期安排，以及相关事项对发行人持续经营的影响。中介机构应当对前述事项核查并发表明确意见。

第四，发行人应当按照要求对“三类股东”进行信息披露。保荐机构及律师应对控股股东、实际控制人，董事、监事、高级管理人员及其近亲属，本次发行的中介机构及其签字人员是否直接或间接在“三类股东”中持有权益进行核查并发表明确意见。

第五，中介机构应核查确认“三类股东”已作出合理安排，可确保符合现行锁定期和减持规则要求。

在科创板注册制的新规之下，“三类股东”的审核政策明显放宽，许多原本带有“三类股东”的企业也顺利过会。如西部超导(831628)，在接受科创板上市委的多轮问询中，西部超导并没有像此前上会发审委的拟IPO公司那样，对三类股东进行穿透核查，而且在第二轮问询中，没有再被问及三类股东的问题。这对携带“三类股东”闯关科创板的新三板企业来说，无疑是积极信号。

（4）对引进“三类股东”的建议

需要注意的是，尽管监管部门就“三类股东”做出了上述表态，但是从实践操作角度，除了为满足公司特殊需求（比如实施员工股权激励）而定制的“三类股东”，其他情况下公司在引入外部纯粹的“三类股东”时应当要慎之又慎，原因有三个：

第一，“三类股东”背后出资人众多时，穿透式监管说起来容易，真正做起来难度可想而知，可能会在时间、成本等方面带来压力。

第二，在需要清理“三类股东”时，不排除个别“三类股东”坐地起价，趁机提高退出条件，从而增加公司的IPO成本。更有甚者，专门有机构以“三类股东”身份小额买入，然后敲诈企业或企业老板高价回购。

第三，如果确实要引进“三类股东”，则要确保人数合规、募集和备案程序合法，不出现硬伤，防止出现无法补救的情况。

【案例 3-2】

存在三类股东的部分 IPO 过会企业[1]

（1）海辰药业

海辰药业于2016年12月2日成功过会，于2017年1月12日创业板上市。海辰药业的股东中间接包括 4 个资管计划：“招商财富—毅达创赢 1 号专项资产管理计划”、“招商财富—毅达创赢 2 号专项资产管理计划”“招商财富—毅达创赢 3 号专项资产管理计划”“招商财富—毅达创赢 4 号专项资产管理计划”。上述 4 个资管计划的委托人共计 4 个自然人。

证监会并未针对海辰药业资管计划持股是否股权清晰提出反馈意见。对于直接持股的有限合伙基金，证监会较关注“股东是否突击入股、与拟 IPO 企业及其控股股东、实际控制人、董监高及其他核心人员之间是否存在关联关系、关联交易、利益输送以及追溯至最终出资人核查国有股东认定”等问题。经穿透有限合伙基金股权结构核查上述问题时，信息披露追溯至资管计划的最终出资人。

（2）碳元科技

2017 年 3 月 8 日，碳元科技过会并于 2017 年 3 月 20 日 A 股上市。碳元科技的股东中，招商财务资产管理有限公司管理下的 2 个专项资产管理计划认购金石泽汇的合伙份额，金石泽汇认购君睿投资的合伙份额，通过君睿投资间接持有碳元科技的股份。

涉及穿透核查资管计划的反馈意见：在碳元科技案例中，证监会明确要求说明发行人目前股权结构中是否存在委托持股或信托持股、股东的适格性、股权是否清晰稳定。信息披露追溯至资管计划的最终出资人。

1　本部分案例主要根据下述网站的资料整理而成：https://www.sohu.com/a/228831990_481798，最后访问日期：2018 年 8 月 15 日。

（3）常熟汽饰

2016 年 12 月 27 日过会并在 A 股上市，在常熟汽饰的股东中，招商财富资产管理有限公司管理下的 2 个专项资产管理计划认购金石泽汇的合伙份额，金石泽汇认购中信资本的合伙份额，最终间接持有常熟汽饰的股份。

涉及穿透核查资管计划的反馈意见：在常熟汽饰案例中，证监会并未针对资管计划持股是否股权清晰提出反馈意见。证监会要求说明发行人的自然人股东和法人股东的终极股东等是否存在不符合上市公司股东资格要求的情况，是否存在代持和委托持股情况。常熟汽饰未对有限合伙股东的终极股东持股情况作出核查，未进一步披露资管计划持股情况。同时，证监会较关注“新增股东详细情况及其与拟 IPO 企业及其控股股东、实际控制人、董监高及其他人员（如中介机构及其签字人员）之间是否存在关联关系、委托持股、信托持股、利益安排”等问题，直接持股的有限合伙基金一般为新增股东，在穿透其股权结构核查上述问题时，存在信息披露追溯至资管计划的最终出资人的可能性。

（4）长川科技

长川科技于 2017 年 3 月 30 日取得中国证监会核准其首次公开发行股票的批复，经查阅长川科技的《招股说明书》，不难发现长川科技的股权机构存在大量“三类股东”，不仅其股东之一的浙江天堂硅谷合丰创业投资有限公司（以下简称天堂硅谷合丰）的股东出资来源于契约型私募基金，而且天堂硅谷合丰的股东向上穿透的投资人中还含有大量的“三类股东”，包括资管计划、契约型基金、信托计划。

其中，浙江天堂硅谷资产管理集团有限公司对浙江天堂硅谷盈丰股权投资合伙企业（有限合伙）的出资来源自契约型私募基金，该基金已于中国基金业协会备案，其名称为天堂硅谷—盈丰资产管理计划，基金编号为 S39124，基金管理人为浙江天堂硅谷资产管理集团有限公司。根据天堂硅谷合丰提供的资料，该基金的投资人共有 16 人，其筹集资金主要用于投入浙江天堂硅谷盈丰股权投资合伙企业（有限合伙），以受让杭州高科技创业投资管理有限公司、科学技术部科技型中小企业技术创新基金管理中心所持天堂硅谷合丰出资额。

【问题聚焦】

上述案例可以看出，目前已过会的海辰药业、碳元科技、常熟汽饰、长川科技所含的“三类股东”均属于间接持有拟上市公司股权，认购资产管理计划后再通过有限合伙制基金投资拟 IPO 企业，各自都带有一定的特殊性，可参考意义不大。2017 年 12 月 7 日，文灿股份（832154.OC）成为第一家带着“三类股东”预披露更新的新三板企业。2018 年 3 月 13 日，新三板公司文灿股份（832154）IPO 获证监会发审委通过，成为首家携带“三类股东”成功闯关 IPO 的新三板公司。笔者认为，“三类股东”如要获得监管部门认可，下面几项要素是必备的：

（1）“三类股东”对拟上市公司的持股比例不大，不是公司的控股股东、实际控制人；

（2）“三类股东”不存在杠杆、分级、嵌套等结构化设计，是单层持股主体；

（3）拟上市公司在招股说明书中需要对“三类股东”详细披露至最终委托人，穿透彻底，不存在利益输送的情形，不超过法定人数限制；

（4）“三类股东”的存续期以及续期的安排明确，不影响股权清晰及股权结构的稳定性；

（5）“三类股东”的投资范围符合基金合同、资管合同的规定且设立合法合规，已完成产品备案手续；

（6）“三类股东”与拟上市公司的控股股东、实际控制人、董监高不存在关联关系。

3.2 持股主体的股权比例分配要保证控制权的稳定

关于控制权问题，本书已经在第二章进行了详细论述。这里要强调的是，各种类型的持股主体在分配股权时，应当始终围绕有利于稳定控制权的价值目标，在持股主体之间具体设计与分配股权。控制权规则应当是在分配股权比例阶段始终牢记的一项规则。

3.2.1 绝对要避免均衡化的股权比例

初创企业在分配股权比例时，如果各股东实力相当，或者碍于情面，则容易倾向于平均分配股权比例，这是股权安排的大忌，一旦股东之间的合作出现信任问题，极易引发矛盾，甚至冲突。实践中发生的控制权争夺案例，有相当一部分是股权比例相近造成的。因此，股权比例分配的首要规则就是要规避均衡化的股权设计。

3.2.2 在公司设立之初就要形成清晰的控制局面

控制权不仅仅意味着主动权，还意味着股东对自身的角色定位以及公平问题的认识。取得控制权的股东，对公司担负更多的责任和义务，愿意花费更多的时间和精力投入到公司的经营管理中。没有控制权的股东，搭便车的心理会比较常见，自然也不会花费像控股股东那样多的心血到公司中去，这种看似简单的道理对维持公司控制权的稳定是非常重要的。因为，如果股权比例均衡，各股东对自己的投入和回报会随着时间的推移，心理上发生微妙的变化，投入精力的多少是很难量化衡量的，但收益分配标准事先已经确定，对于怎样匹配才是公平的，各股东都有自己的看法。所以，随着创业激情的淡化，公平性问题凸显，而这一问题在控制权单一、明确的股权结构安排下是不明显的。因此，公司在设立之初，无论通过何种形式和手段，都要形成鲜明的控制局面，这对于维持公司的稳定，保证股东之间的和谐非常重要。

3.2.3 保持股权控制的稳定性是极其重要的

公司控制权有明确归属后，保持其稳定是很重要的。一般而言，控制权的变更，意味着公司治理结构的调整、管理层的变化以及业务战略和管理方式等多方面的调整。如果不是出于外部并购、引进投资者等资本运作的客观需求，控制权的变更有时候会带来很多的负面效果，比如，派系之争、利益之争等，会对公司的发展带来影响。因此，公司控制权的稳定，有利于公司按照既定的战略方向布局业务、运营管理、达成目标。建议控股股东可以参照本书第二章列示的各种加强控制权的方式强化控制权。

3.3 股权架构的奥秘：控制权与现金流权的分离

3.3.1 控制权为何总是不低于现金流权

现金流权指的是最终控制人参与企业现金流分配的权利，实质上即股东的分红权。按照 Lucian Bebchuk（1999）的计算方法，终极现金流权等于控制链条中各个层级的现金流权比例的乘积之和，而终极控制股东对公司的终极控制权等于控制链条中各个层级的现金流权比例的最小值。

最终控制人对公司拥有的控制权，往往大于或至少等于现金流权。在单层持股的情况下，最终控制人即直接控股的股东，其拥有的控制权等于现金流权，比如 A 对 B 公司持股 51%，那么 A 的现金流权和控制权比例都是 51%。在多层持股的情况下，最终控制人的控制权与现金流权发生分离。比如 A 对 B 公司持股 60%，B 公司对 C 公司持股 50%，C 公司对 D 公司持股 40%，那么，A 对 D 公司的控制权为 40%，而现金流权为：60% × 50% × 40%=12%。随着控制链条的增加和层级的进一步复杂，控制权和现金流权的分离度会继续加大。这是因为，现金流权的计算方法中，每增加一个控制链条层级，就要增加一个不大于 100% 的持股比例系数，就会进一步稀释现金流权的比例，这样层层叠加的后果，就是最终数据越来越偏离控制权的比例。两者之间的差额，可以视为最终控制人直接从公司取得的控制利益，并且，偏离度越大，最终控制人从公司获取控制利益的动机就越强烈。股权架构设计的核心之一，就是在保证现金流权的前提下，最大化地获取控制权，并保持其稳定性。

3.3.2　控制权与现金流权的分离工具之一：金字塔股权架构

金字塔股权架构是一种形象的说法，是指一个集团公司的股权架构像金字塔一样，呈现为多层级、多链条的集团控制结构。此结构一般可分为三层：最顶层是实际控制人；中间层是持股公司，其作用主要是放大控制权；最下层是实体公司，用于承载公司实际业务。金字塔股权架构的层级越多，控制链条就越长，实际控制人的现金流权与控制权的偏离度就越高。

（1）金字塔结构是一种高效的融资工具

位于顶端的实际控制人通过层层控股，以有限的出资就能在每条控制链上使得控制权和现金流权进行分离，在集团的每个决策点上都可以实现控制，从而达到以最少的资金控制尽量多的资源的目的。金字塔的层级越多，放大的倍数就越大，我国已有很多企业通过复杂的金字塔结构，以几亿元或几十亿元的资金，控制着数百亿元的资金。这是一种以小博大、四两拨千斤的高效融资方式。

不过应当注意的是，这种结构虽然具有低成本带来的控制便利性，实践中利用金字塔股权架构进行的融资的企业并不多,更多的是利用这种控制关系，通过非正当的关联交易、资产置换等形式进行利润转移，掏空公司，以达到满足最终实际控制人的个人私利之目的。

（2）金字塔结构的类型

金字塔形的股权结构依据不同的标准可以划分为以下四个类型：

①双层控制结构。是指在顶层实际控制人与最下层实体公司中间间隔了

一层持股公司的股权结构形式，这是最简单的一种金字塔结构。如图 3–3 所示：

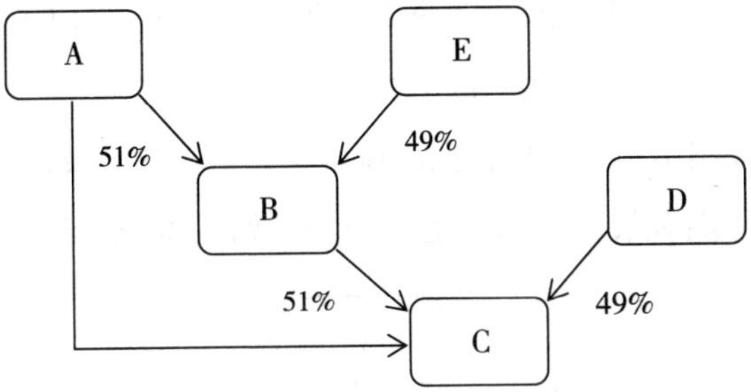

图 3–3 双层控制结构股权结构

A 是实际控制人，持有 B 公司 51% 股份，又通过 B 公司持有 C 公司 51% 股份，实现对 C 公司的实际控制。假如 B 公司和 C 公司的注册资金均为 100 万元，则 A 只出资 51 万元，就控制了外部投资者 E 和 D 的资金 98 万元（49+49）。A 最终对 C 的控制权为 51%，现金流权为 26%（51%×51%）。

②多层控制结构。是指在顶层实际控制人与最下层实体公司中间间隔了两层及以上持股公司的股权结构形式。如图 3–4 所示：

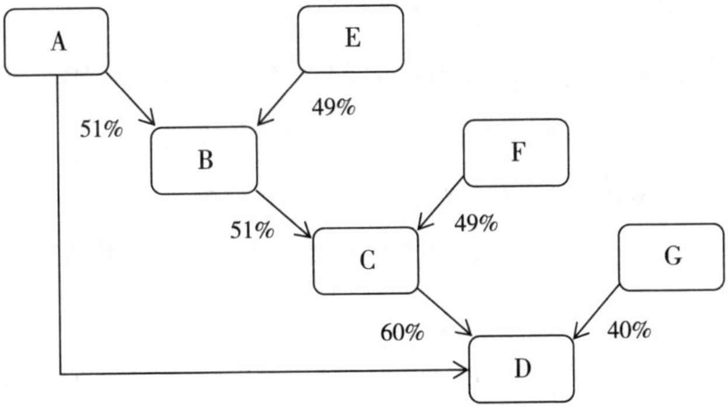

图 3–4 多层控制结构股权结构

假设 B 公司、C 公司、D 公司的注册资金均为 100 万元，则 A 只出资 51 万元，就控制了外部投资者 E、F、G 的资金 138 万元（49+49+40）。A 最终对 D 的控制权为 51%，现金流权为 15.6%（51%×51%×60%）。

③单链条控制结构。是指在控制体系中，通过一条线进行层层持股，只有一条控制路径，这也是一种比较简单的金字塔结构。如前述的双层控制结构和多层控制结构的示意图均为单链条控制结构。

④多链条控制结构。是指在控制体系中，通过两条及以上的条线对实体业务公司进行层层持股，拥有多条控制路径。如图 3-5 所示：

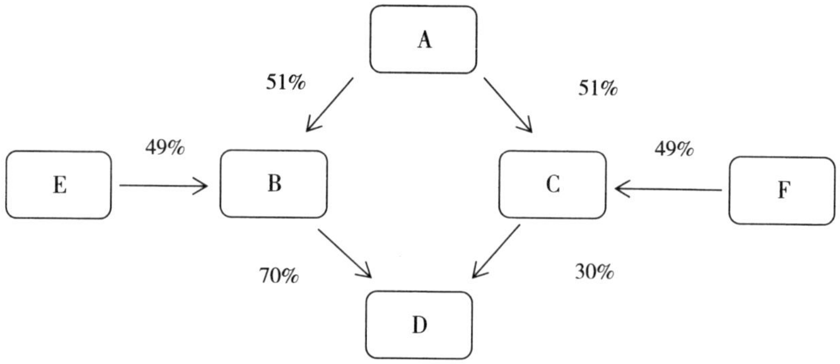

图 3-5　多链条控制结构股权结构

A 通过 A-B-D 和 A-C-D 两条线实现了对 D 公司的控制，A 对 D 的控制权是这两条控制线中最小持股比例之和，即 81%（51%+30%），A 对 D 的现金流权是这两条线现金流权的总额，即 51%（51%×70%+51%×30%）。

（3）金字塔结构中控制权和现金流权的计算方式

金字塔股权架构嵌套的层级越多，链条数量越大，则控制权和现金流权分离的程度就越大。通过上述各自类型的金字塔结构可以看出，这两种权利的计算方式如下：

①多层级金字塔股权架构：控制权等于各层级中最小的持股比例，现金流权等于各层级持股比例的乘积。

②多链条金字塔股权架构：控制权等于各链条中最小持股比例之和，现金流权等于各链条现金流权之和。

③计算控制权和现金流权分离度的方法：控制权除以现金流权。

【案例 3-3】

鸿仪系的金字塔式股权架构[1]

鸿仪投资依靠其在 ST 张家界上起死回生的手段一夜成名，并在国光瓷业、上海凌云、安塑股份、湘酒鬼等上市公司的股权上频频出手，转眼间拥有数家上市公司，构筑起一个复杂而庞大的“鸿仪系”。

鸿仪系是一个集医药、材料、金融等行业于一体的庞大产业集团，在迅速扩张的过程中，对资金需求量非常庞大，而上市公司无疑是最方便的融资途径。在这种资金饥渴的状态下，鸿仪系开始控制一家又一家的上市公司。通过搭建金字塔式股权架构，鸿仪系创始人以较小的资金代价掌握了对上市公司的绝对控制权。买壳上市成功后，又通过资产置换、关联交易和担保等方式，将嘉瑞新材、国光瓷业和张家界 3 家上市公司掏空，其没有取得绝对控制权的酒鬼酒也受到剥夺。

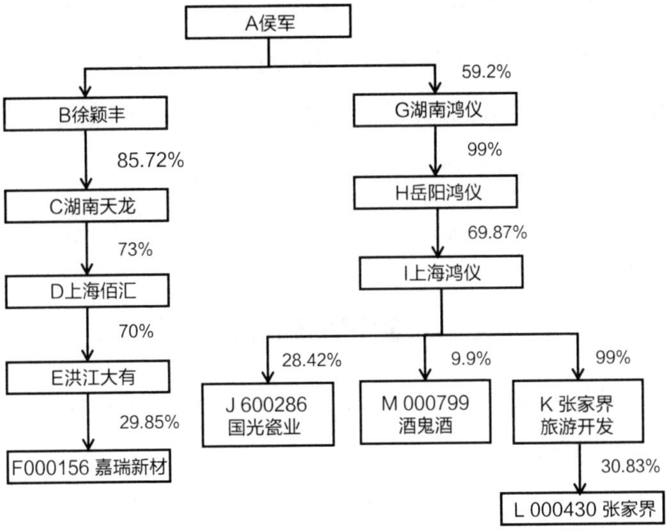

图 3-6 鸿仪投资股权结构

1 案例摘选自马永斌：《公司治理之道——控制权争夺与股权激励》，清华大学出版社 2013 年版，第 58 页。

【问题聚焦】

从上述股权架构（见图 3-6）可以看出，法律上的实际控制人侯军通过 3 个链条的多层控制结构实现对嘉瑞新材、国光瓷业、张家界的实际控制。其中：

链条一：侯军在 A-B-C-D-E-F 的控制权为 29.85%，现金流权为 13.08%（85.72% × 73% × 70% × 29.85%），控制权是现金流权的 2.28 倍。

链条二：侯军在 A-G-H-I-J 的控制权为 28.42%，现金流权为 11.6%，（59.2% × 99% × 69.87% × 28.42%），控制权是现金流权的 2.45 倍。

链条三：侯军在 A-G-H-I-K-L 的控制权为 30.83%，现金流权为 12.49%（59.2% × 99% × 69.87% × 9.9 × 30.83%），控制权是现金流权的 2.47 倍。

从上面 3 个链条的控制权与现金流权对比可以发现，链条越长、层级越多，杠杆作用就越明显，实际控制人同等条件下取得控制权所花费的成本就越低，相应地，可能发生的实际控制人侵占上市公司利益的动机就越强烈。监管部门之所以不遗余力地保护中小股东权益，其中很重要的原因就在于此。当然，这只是少数人的行为，依法合规经营的大股东、实际控制人不会去凭借这种优势剥夺其他中小股东的合法权益。

【案例 3-4】

小肥羊的金字塔式股权架构[1]

小肥羊在发展过程中，也采用了金字塔式股权结构增强实际控制人对公司的控制权。其过程如下：

2001 年 7 月，创始人张钢持有 60% 的股份，联合创始人陈洪凯持有 40% 的股份。

1 案例来源：https://wenku.baidu.com/view/46cef10df78a6529647d533e.html，最后访问日期：2018 年 8 月 15 日。

2002 年 12 月，张钢找来呼和浩特的区域加盟商李旭东，以他在该地的小肥羊加盟店置换出资入股小肥羊，也即由李旭东的“加盟店”变为“直营店”，李旭东因此获得 13%的股权。但李旭东的股权是有条件的，在股东会行使表决权时，要和张钢的意见一致，即相当于一致行动人。

2005 年 12 月，小肥羊的股东总数已经多达 49 位。张钢等人的股权进一步被稀释，张钢占股 25.04%，陈洪凯占股 15.06%，李旭东占股 11.81%。从绝对值来说，两位创始人的股权合计仅有 40.1%，已经失去绝对控股权，但是加上李旭东的“一致行动投票权”，他们依然还拥有 51.91%的绝对控股权。

2006 年 7 月，为了吸引投资人，公司不断稀释股份。股份稀释之后的张钢、陈洪凯，实际持股比例仅有 26.88%，但他们依然间接地实现了对企业的“绝对控股”。首先，在 BVI 注册了 2 间离岸公司柏瑟维（Possible Way）及彼琳意（Billion Year），分别持有公司股权。柏瑟维占股小肥羊 61.28%，因而拥有绝对控股权；在柏瑟维内部，张钢、陈洪凯再加“被动投资者”李旭东的股权，合计拥有 58.26%股权，绝对控股了“柏瑟维”。张钢、陈洪凯通过绝对控股“柏瑟维”，进而实现了对小肥羊的绝对控股。

2008 年 6 月，经过 IPO，小肥羊原股东的股权被进一步稀释，上市后的股权如图 3-7 所示。张钢、陈洪凯所持有的股权进一步稀释至 22.31%［（25.5%+18.36%）×50.86%］，但是他们所控制的柏瑟维依然拥有对上市公司 50.86% 的绝对控股权。

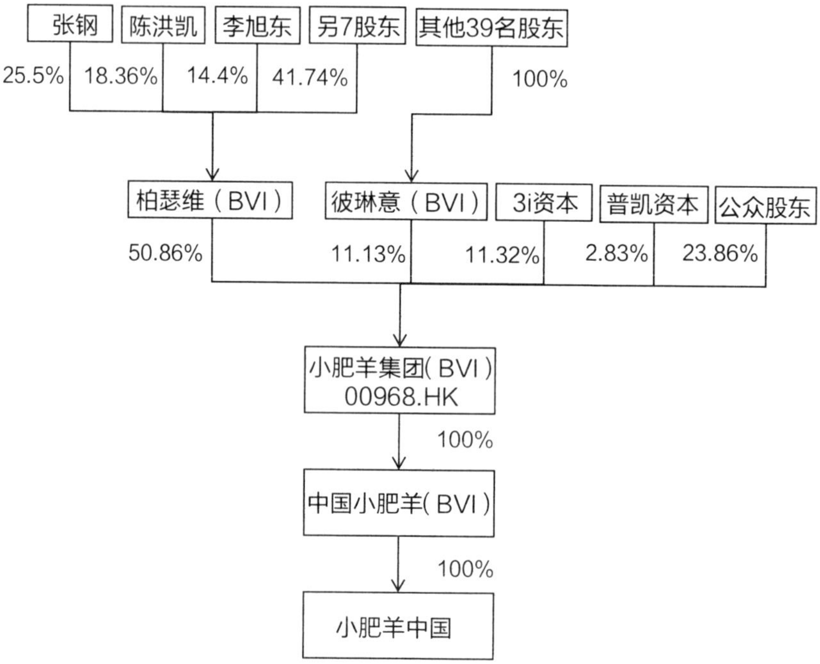

图 3-7 小肥羊上市后的股权结构

【问题聚焦】

上述股权架构可以看出，张钢、陈洪凯、李旭东三人合计对小肥羊中国的控制权为50.86%，现金流权为29.63%(58.26%×50.86%×100%×100%)，控制权是现金流权的1.72倍。通过设立中间持股公司进行层层持股，创始人股东以半数的资本控制了最终经营实体，客观上放大了对公司的控制权。

3.3.3 控制权与现金流权的分离工具之二：交叉持股架构

交叉持股又称为相互持股，是指法人股东互相进行投资，交叉持有对方股份的情况。在我们国家目前法律环境下，除了证券类企业[1]外，其他行业的交叉持股是没有明确的法律限制的，这就给很多企业集团用较小现金流权获得较大控制权留下了巨大的空间。这种持股形式比较复杂，在公司整合中被经常使用。

（1）交叉持股的类型

根据持股形式的不同，可以归纳为五种类型：

①单一型交叉持股

这是一种最简单的交叉持股结构，只存在于2家公司之间。如图3–8所示，A公司对B公司持股，同时B公司又对A公司投资并持有其股权。这种持股结构是交叉持股最基本的类型，其他类型交叉持股结构都由此演变而来。

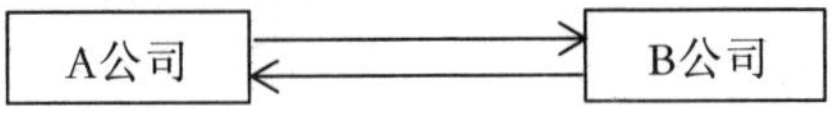

图3–8 单一型交叉持股结构

②环状型交叉持股

其是指各个企业相互依次持股，彼此之间形成一个闭环的持股体系。如图3–9所示，AB公司之间、BC公司之间、CD公司之间、DA公司之间相互持股，彼此成为对方股东，形成一个复杂的股权体系。

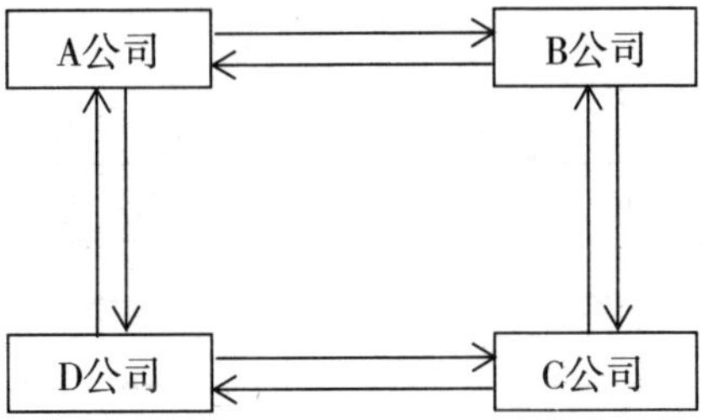

图3–9 环状型交叉持股结构

1 《证券公司设立子公司试行规定》第10条规定，子公司不得直接或者间接持有其控股股东、受同一证券公司控股的其他子公司的股权或股份，或者以其他方式向其控股股东、受同一证券公司控股的其他子公司投资。

③网状型交叉持股

其是指所有参与交叉持股的企业，全部都与其他企业产生交叉持股关系。如图 3-10 所示，A、B、C、D 四家公司，每 1 家均与其他 3 家公司有持股和被持股的关系，这是一种非常复杂的交叉持股结构。

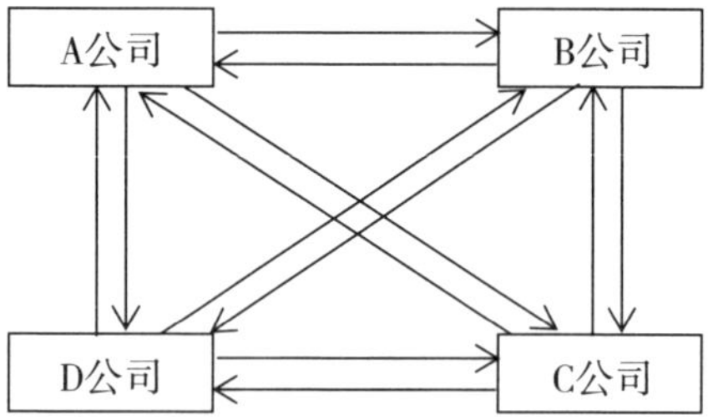

图 3-10　网状型交叉持股结构

④放射型交叉持股

其是指以一家公司为核心，由该公司分别与其他公司形成交叉持股的关系，但其他公司相互之间不交叉持股。如图 3-11 所示。

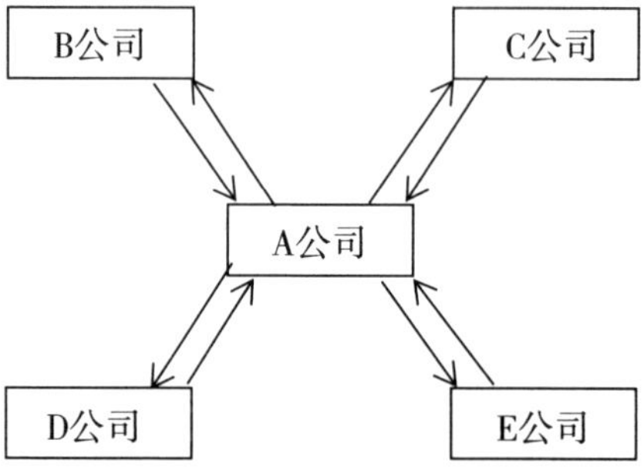

图 3-11　放射型交叉持股结构

⑤混合型交叉持股

其是指整个持股结构中，包含了上述两种以上交叉持股的形式，如图 3-12 所示。

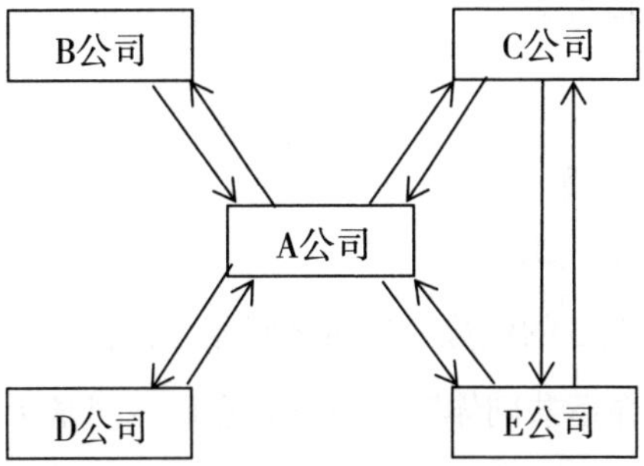

图 3–12 混合型交叉持股结构

在这五种类型的交叉持股结构中，单一型交叉持股、环状型交叉持股、网状型交叉持股结构中不存在核心公司，各公司彼此之间没有主次关系。放射型交叉持股、混合型交叉持股的结构中存在核心公司 A，在股权体系中居于核心地位，一般用于集团母子公司之间相互持股。

（2）交叉持股对控制权的放大效应

在投入同样资金的情况下，通过交叉持股可以实现对控制权的放大，同时削弱其他投资者的控制权。比如，A 公司计划和其他投资者共同投资成立 B 公司，可以采用两种方案：

方案一：不采用交叉持股结构，A 公司向 B 公司投资 1000 万元，其他投资者向 B 公司投资 2000 万元，投资完成后，B 公司的注册资本为 3000 万元，A 公司对 B 公司持股 33.3%。

方案二：采用交叉持股结构，A 公司向 B 公司投资 3000 万元，其他投资者向 B 公司的投资不变，仍是 2000 万元。然后，B 公司向 A 公司投资 2000 万元，A 公司实际支付的投资款为 1000 万元，与方案一相同。投资完成后，B 公司注册资本为 5000 万元，A 公司对 B 公司持股 60%。

显然，在上面两个方案中，A 公司的投资款相同，但持股比例却不同，在方案二中已经实现控股。同时，由于采用了交叉持股结构，A 公司的现金流权相比方案一也得到了放大，而实际支付的成本则完全相同，这完全是交叉持股带来的放大效应。此种方式下，A公司的控制权与事实上应当享有的现金流权也是不匹配的。

（3）交叉持股的优势

①有利于对抗敌意收购

这是交叉持股最明显的优势。公司之间相互依存、相互渗透、相互制约，在一定程度上结成“命运共同体”，而且，它们之间基于一定的协议或契约建立起来的互信，能够防止股份的自由流动。因此，当相互持股公司遇有他人恶意收购时，相互持股的股东就可以发出收购邀约，与敌意收购者竞争，或者不配合恶意收购方的购买行动，从而使收购的成本与风险增加，让收购者望而生畏，不敢轻易采取吞并目标公司的行动。

日本绝大部分企业集团都是通过采用交叉持股形式而形成的，其主要原因就是为了达到防止恶意并购、提高协同效应的目的。

②有利于分散风险

公司相互持股发展到一定程度就会在参股公司之间形成以股权为纽带的利益集团和战略同盟关系，可以放大成功机会并分散风险，单个公司的经营风险在企业集团中因被转移、分散而大大降低。如果相互持股的公司间具有上下游关系，则有利于保证原材料的稳定供应、顺畅销售管道、合作技术研发等，易于形成规模经济效益，交易成本随之降低，保证了企业的稳定发展，增强了企业的市场竞争力。

③有利于提升公司竞争力

公司相互持股可为经营者树立企业长期发展的经营理念提供基本的保障。由于公司之间多是基于特定的战略目标而进行互相持股，因此公司间会相互抑制分红要求，进而减轻分红压力，增加公司留存资金，使大规模的固定资本投资和技术革新成为可能。当公司长期战略目标十分明确时，会把更多的盈利用来充实资本和公积金，整体上提高企业产品的竞争力。

④便于公司融资

相互持股的公司之间，因其具备关联关系，在资金筹措和内部资金融通方面具有更多的便利性。尤其是集团母子公司之间，在资金拆借、相互担保等方面可以有低成本的协同效应。同时，交叉控股后，上市公司就可以规避自己买自己股票的限制，甚至可以掩盖炒作自己股票的事实。比如，先成立一个专门从事投资的子公司，然后用这个子公司来买自己的公司的股票，维持住高股价之后，子公司再把买的母公司的股票质押给银行，用于部分或全部解决操盘的资金缺口。当然，这种方式的合规性是有问题的。

（4）交叉持股的弊端及其防范

①虚增公司注册资本

资本真实是现代公司法的基本原则，如果公司之间出现相互持股现象，则会导致公司资本的空洞化。例如，A、B 两家公司注册资本额均为 2000 万元，现在 A、B 两家公司分别出资 1000 万元向对方公司增资，此时，两家公司的账面上就有 1000 万元的新增资本，但实际上两家公司的实收资本并无任何实质的增加，其所增资本纯系公司原有资本在两家公司的账目上来回转移所致。显然，公司之间的这种转投资行为与公司法的资本真实原则是相冲突的。

②成为实际控制人损害其他股东利益的工具

无论是哪种形式的交叉持股，实际控制人都是以较少的资金代价取得了较大的控制权，在实质上分离了控制权和现金流权，真正出资的股东虽然付出了很多成本，却有可能得不到公司的控制权，这对于其他股东是不公平的。

③诱发内幕交易和关联交易

虽然，公司以相互持股的方式介入股市，可以维持股价稳定。但是，该行为若被不当利用，则会导致人为的不法操纵股票价格，妨碍市场公平交易秩序。在相互持股结构中，各公司之间有着外人所不及的信息优势，这也很容易诱发证券市场的内幕交易。另外，公司之间一旦形成相互持股关系，一般不会轻易地转让股份，这样将影响证券市场的流通性。在相互持股状态下，证券市场所具有的转移公司控制权的功能将难以发挥，从而不能驱赶效率低下、不负责任的管理者，难以做到从外部改善公司治理结构的效能。公司相互持股还和关联交易有着天然的联系，公司之间相互持股使关联交易的控制规则不能够得到有效实施。

除了上面所列的三个问题以外，不正当的交叉持股还会带来诸如行业垄断、经理人内部控制、股权结构不清晰、股市泡沫等许多负面效应，在实践中值得关注和防范。如果公司要准备上市，一般都需要通过股权转让或者定向减资等方式，对存在的交叉持股现象予以清理。

正是由于交叉持股的许多负面问题，许多国家的《公司法》禁止公司相互之间高比例交叉持股。法国对于交叉持股的限制是最严格的，其《公司法》规定，当一家公司持有另外一家公司10%以上的股份，后者就不能再持有前者的股份。德国、英国、日本、中国台湾地区等国家和地区只限制母子公司之间的交叉持股。以下是各个国家（地区）对母子公司之间交叉持股规定的比较：德国原则上禁止，例外允许50%持股比例，并且附加其他非持股标准无表决权；日本原则上禁止，例外允许50%持股比例无表决权；韩国原则上禁止，例外允许40%持股比例无表决权；美国不禁止以实质控制为标准无表决权；英国原则上禁止，例外允许50%持股比例和其他非持股标准无表决权。

在我国，20世纪90年代的时候，一些地方性法规如《深圳市股份有限公司暂行规定》《海南经济特区股份有限公司暂行规定》和国家体改委发布的《股份有限公司规范意见》就曾经对交叉持股做出限制。但是，1993年颁布实施的旧《公司法》和2006年修订的新《公司法》对交叉持股没有任何限制，而自从1993年《公司法》生效后，前面几个法规就失效了。因此，对于交叉持股在我国的限制目前基本上是空白的。只有证监会在2007年颁布实施的《证券公司设立子公司试行规定》第10条的规定限制了交叉持股，子公司不得直接或者间接持有其控股股东、受同一证券公司控股的其他子公司的股权或股份，或者以其他方式向其控股股东、受同一证券公司控股的其他子公司投资。这种现状意味着，除了证券类企业之外，其他行业的交叉持股是没有明确法律限制的，只要不存在其他法律瑕疵，可以被认定为合法的投资关系。这给很多企业集团利用交叉持股结构，以较小的现金流取得较大的控制权留下很大空间。

（5）交叉持股的会计处理

按照2015年7月1日起施行的《企业会计准则第33号——合并财务报表》第30条的规定，子公司持有母公司的长期股权投资，应当视为企业集团的库存股，作为所有者权益的减项，在合并资产负债表中所有者权益项目下以"减：库存股"项目列示。子公司相互之间持有的长期股权投资，应当比照母公司对子公司的股权投资的抵销方法，将长期股权投资与其对应的子公司所有者权益中所享有的份额相互抵销。母子公司间交叉持股的会计处理应采用库存股法，而子公司相互之间交叉持股的会计处理应采用交互分配法。

库存股法采用母公司理论，其不承认子公司对母公司的投资行为，认为子公司持有母公司股权的行为就相当于母公司通过控制子公司来替自己实施股权回购，因而，子公司持有的母公司股权就应作为库存股进行会计处理。同时，相应地也就不考虑子公司及子公司少数股东对母公司利润的分享。

【案例3-5】

常林股份（600710）与苏美达集团、国机财务、国机资本的交叉持股案[1]

2016年，常林股份（600710）实施"重大资产置换及发行股份购买资产并募集配套资金"的关联交易事项，该事项实施完成后，其股权结构为（见图3-13）：

1 案例来源：https://www.sohu.com/a/128162145_618578，最后访问日期：2018年8月15日。

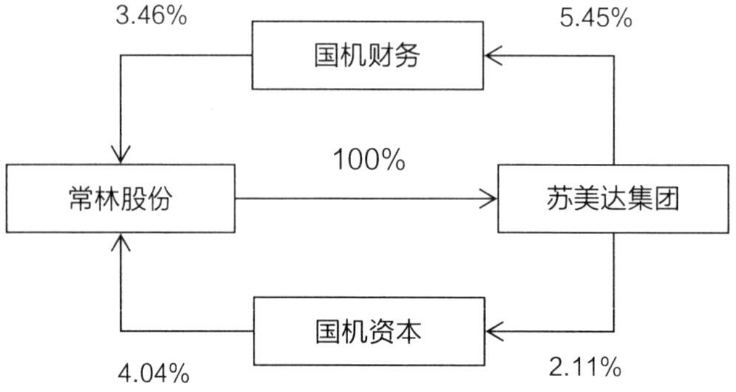

图 3-13 常林股份股权结构

2016 年 7 月、9 月，针对证监会的反馈意见涉及的交叉持股问题，常林股份从以下两方面进行了说明：

（1）持股比例较低，不能对公司经营决策产生重大影响

苏美达集团持有国机财务 5.45% 股权，是国机财务并列第 7 名股东，苏美达集团 5.45% 股权与第一大股东国机集团 20.36% 股权有较大差距。苏美达集团持有国机资本 2.11% 股权，是国机资本并列第 11 名股东，苏美达集团 2.11% 股权与第一大股东国机集团 33.75% 股权有较大差距。苏美达集团对国机财务和国机资本持股比例较低，不能对国机财务和国机资本的经营决策产生重大影响。

国机财务持有常林股份 3.46% 股权，国机资本持有常林股份 4.04% 股权，对常林股份股东大会所做决议的影响均较小，不能对上市公司的经营决策产生重大影响。

（2）通过转让股权清理交叉持股

苏美达集团承诺：将于交易发行的股份登记至国机集团和江苏农垦名下之日后 36 个月内，办理完成将所持国机财务及国机资本的股权转让给第三方的股权转让手续。

【案例 3-6】

风帆股份（600482）与武汉船机、中船投资的交叉持股案[1]

2016 年，风帆股份（600482）实施“发行股份及支付现金购买资产并募集配套资金”的关联交易事项，该事项实施完成后，其股权结构为（见图 3-14）：

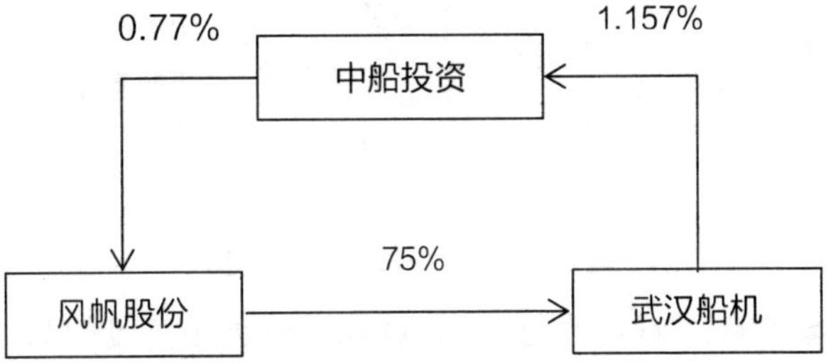

图 3-14 风帆股份股权结构

2016 年 3 月，针对证监会反馈意见涉及的交叉持股问题，风帆股份从以下三方面进行了说明：

（1）持股比例较低，对公司决策影响较小

本次重组完成后，武汉船机持有中船投资 1.157% 股权，对中船投资股东会所做决议的影响较小；中船投资持有风帆股份股份比例为 0.77%，对风帆股份股东大会所做决议的影响较小。

（2）委托第三方行使影响较小的股份表决权

为避免交叉持股事项对风帆股份的公司治理造成不利影响，中船投资承诺自重组完成后至武汉船机将所持中船投资股权转让至第三方前，中船投资将所持风帆股份股票的表决权委托给中船重工集团行使。

（3）通过股权转让清理交叉持股

武汉船机将于重组完成后 12 个月内办理完成将所持中船投资 1.157% 股权转让给第三方的股权转让手续。

1 案例来源：http://www.sohu.com/a/128162145_618578，最后访问日期：2018 年 8 月 15 日。

【案例 3-7】

亚威股份（002559）与平衡基金的交叉持股案[1]

2015 年，亚威股份（002559）实施“发行股份及支付现金购买资产并募集配套资金”的关联交易事项，该事项实施完成后，其股权结构为（见图 3-15）：

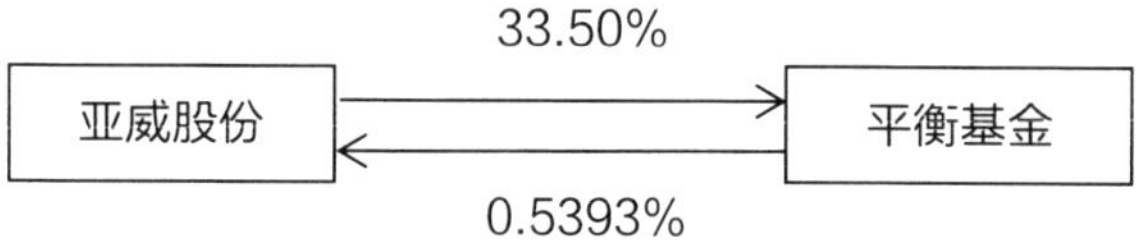

图 3-15　亚威股份股权结构

2015 年 6 月，针对证监会的反馈意见涉及的交叉持股问题，亚威股份从以下两方面进行了说明：

（1）持股比例较小且承诺放弃股份表决权，不能对经营决策施加影响

本次交易前亚威股份已建立起完善的公司治理结构，建立健全了三会制度。交易完成后，平衡基金将持有亚威股份约 0.5393% 的股份，股份比例很小。鉴于平衡基金持有亚威股份的比例比较小且其承诺放弃了股份表决权，平衡基金对于亚威股份的经营决策将不能施加影响。

（2）通过股份减持清理交叉持股

平衡基金出具《承诺书》，承诺：放弃所持亚威股份的表决权；交易完成后不增持；因本次交易取得的股份，将在锁定期限届满后 1 年内减持完毕。

【问题聚焦】

通过上面三个案例可以看出，交叉持股的股权结构在涉及资本运作时，监管部门还是从严把握监控标准，防止产生利益输送及影响公司治理。在解决交叉持股问题时，总体的合规化解决思路就是两个：

1　案例来源：https://www.sohu.com/a/128162145_618578，最后访问日期：2018 年 8 月 15 日。

（1）需要保证公司治理的科学性，不能因为交叉持股而使虚增的表决权对公司治理产生不公正的影响。在向监管部门解释时，主要思路就是不产生这种不公正的影响，比如持股比例小、不行使或委托第三方行使表决权等。

（2）需要对交叉持股进行最终清理，以彻底解决监管上的顾虑。虽然现行法律法规对除证券类公司外的交叉持股没有做出禁止性规定，但如果表明这种清理的决心和态度，则可以在很大程度上获得监管部门的认同。当然，如果公司不进行资本运作，交叉持股是不受监管的。

3.4 股权的进入机制：宁缺毋滥

在股权架构的设计中，确定了持股主体后，如何向持股主体分配股权是一个非常关键的环节。现行公司法律体系下，只要在身份上成为公司股东，就会与公司产生深度绑定的关系：站在股东角度看，除非满足《公司法》规定的回购条件，以及老股东愿意进行收购，否则一个股东要想退出公司是很难的；站在公司角度看，在一般情况下，除非股东愿意向公司或其他人出售自己的股权，否则股东持有的股权是不能被强制收回的。当然，这种情况指的主要是非上市公司，上市公司股东在无禁售义务的情况下可以在二级市场出售自己的股票，不存在上述限制。这样一来，对非上市公司而言，在决定哪些人可以成为公司股东、对公司持股比例如何确定等问题上，就应当特别慎重，否则，就可能会出现“小股东绑架大公司”的极端情况，虽然这一情况在资本多数决的原则下也可能不会影响公司做出决策，但如果持股比例够大、人数够多，还是会对公司造成一定影响的。

鉴此，本部分内容将主要聚焦于创业伙伴、公司员工、外部投资人等不同类型的人成为公司股东时应当注意的问题，以及对这些人股比释放的一般规则。并且，本书还将在后面专门设立三章内容对此进行讨论，这也是股权规则落地的核心板块。

3.4.1 慎重选择创业伙伴

初创公司在设立之初，主要创始人都面临着如何选择合作伙伴或者联合创始人的问题。这个阶段的公司如同一张白纸，是股权结构规划和设计的关键阶段，如果考虑不周，可能会给以后的经营管理、资本运作等造成严重的影响，甚至是不可逆转的障碍。在选择创业伙伴时，以下因素应当被重视：

（1）哪些人可以成为创业伙伴

一般来说，能够为公司带来资本和资源的人可以共同创业。资本对公司而言是内部资源，主要指两种形式：现金资本和人力资本，现代公司的诞生正是基于这两项资本的有机结合和组织运作；资源对公司而言是外部资源，主要是指能够为公司的存续和发展带来贡献的各项行政审批渠道、业务拓展渠道、资金融通渠道、媒体公关与危机处理渠道等公司不可掌控的资源。在当下的互联网时代，更加突出强调人的价值贡献对公司的作用，过去传统观念中强调的资金为王的做法，已经逐步开始淡化。不同形式的资本和资源拥有者，都可以成为初创公司的股东合作伙伴，并可以将其资本和资源量化为公司股份，当然，这种量化还需要配合其他一些技术手段进行确定，其中最主要的就是价值评估与考核机制。《公司法》认定的传统的出资形式，如现金、实物等，有明确的估值方法，但对于其他类型的价值贡献没有可借鉴意义。在实务操作中，更多的还是依靠各方的自主协商来确定，这也是“智本时代”人才价值贡献衡量的新常态。

（2）合作伙伴的全方位考察是极其重要的

不是拥有资金和资源的人都适合成为合作伙伴，在合作之前进行详细的全面考察是非常重要的。[1] 在选择合作伙伴时，下面因素是要被认真考虑的：

①彼此充分了解，有很强的信任关系；

②彼此宽容大度，不斤斤计较；

③拥有契约精神，诚实守信；

④有共同的价值观；

⑤有敬业奉献精神；

⑥有一定专业背景；

⑦有一定渠道资源；

⑧能坚定支持对方；

⑨能够持之以恒，有“钉钉子”精神。

（3）做好合作伙伴的预期管理

初创公司面临的核心问题往往是搭班子、建队伍、开展业务，快速实现盈利，所有人的创业激情基本都覆盖在业务上。这本没错，但是股权好比一个蛋糕，所有人并不清楚这个蛋糕未来会多大，等到将来蛋糕做大后再分配时，往往容易产生各自的投入及回报预期与初始股权比例的错位，因而很容易发生矛盾。“能共苦但不能同甘”的现象在很多情况下都是由于预期管理出现了问题，而这一问题恰恰是在创业初期就要花费时间和精力妥善解决的。

预期管理的内容包括：

①创业团队分配的股权，不是基于短期投机，而是长期参与；

②创业团队的早期出资，只是解决项目的早期启动资金，并非股权的最终真实价值；

③创业团队持股的主要价值在于长期努力、持续参与和价值贡献等。

因此，公司控制权的归属和核心利益的分配，在公司刚创立时，就要彻

1　比如，当年雷军在创办小米时，为了找到一个适合做合伙人的硬件工程师，打了 90 多个电话。他认为，“很多人都说，找合伙人太难了，但我觉得很简单，找不到合伙人是因为你花的时间不够”。真格基金创始人徐小平在某次演讲中也着重强调了选择合伙人的重要性，他表示，合伙人的重要性超过了商业模式和行业选择，比你是否处于风口上更重要。

底在规则层面予以解决，而不是靠拍脑袋决策如何分配。简单来说，实际上解决的就是两个问题：谁说了算、赚了钱怎么分。只要规则是公正的、被大家共同认可的，结果就不应被质疑。具体规则本书将在第四章详细讨论。

（4）股权的释放需要控制好节奏

确定好合作伙伴后，接下来就是怎样分配股权。一家公司创立后，在发展的各个阶段都是需要钱的，通过增资方式引入新股东是经常使用的方法。每次增资的实施，都会对原有股东的股权进行稀释，除非原股东也同比例跟投。因此，主要创始人要想牢牢把握公司的控制权，就需要控制好释放股权的比例，为公司后续的各轮融资预留好空间。

在具体分配上，要保证公司上市的时候无论是创始人还是公司的实际控制人，股权比例不能低于 30%~40%，稀释之后不宜低于 30%。否则，很难被认为是实际控制人。如果有一些创业者的股份比例低于 30%，其往往是结合使用了一致行动协议、委托投票权、有限合伙持股、AB 股制度等扩大控制权的工具，能够保证过半数的董事由创始人实际控制，从而在实际上能够对公司拥有控制权。

例如，下面的公司实际控制人持股比例都不高，但不影响他们控制庞大的企业，并按照既定目标和规划发展成为行业内的标杆。（见图 3–16）。

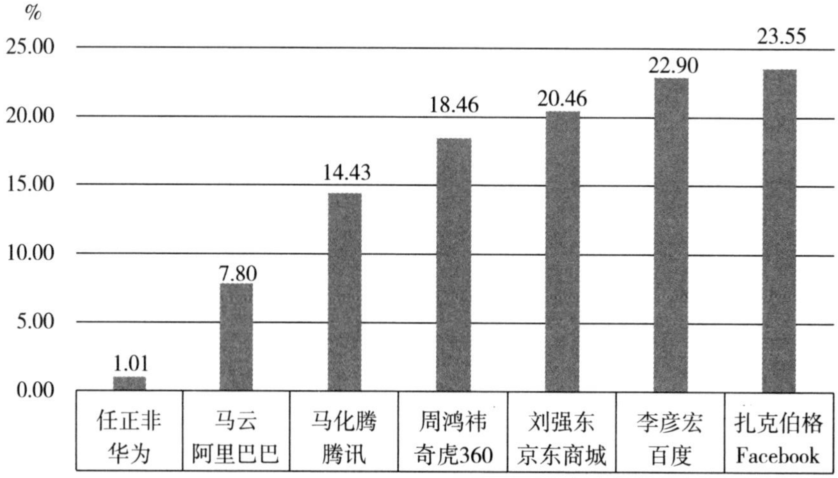

图 3–16 华为等公司实际控制人持股比例

3.4.2 慎重实施股权激励

人们常说，当今这个时代，人才是各企业最宝贵的资产，企业之间的竞争归根结底就是人才的竞争。笔者认为，这个观点只说对了一半，说的只是结果状态。其实，对人才的培养和保留模式才是企业最根本的核心竞争力，拥有一套行之有效的适合本企业特点的人才培养及保留模式，即使原本不那么优秀的人在这套模式下也会成为人才，并进而为企业带来价值，这才是企业最值钱的东西。

关于如何培养及保留人才，人力资源管理专家会给出许多方法和工具，比如奖金、福利、职级、荣誉、知识进修、股权激励等短期和中长期激励措施等，每种方法都各有各的优点，也各有各的缺点。近年来，股权激励被越来越多的企业重视和使用，尤其是互联网公司、高科技公司等。不可否认，股权激励在留住人才、聚集人才、维持企业的长期战略、提高团队凝聚力和战斗力等方面，的确有其他激励手段不可替代的作用。但是，股权激励自身的一些特点也决定了这种方式不可随便使用，在操作过程中要慎之又慎，否则不仅没有起到激励效果，反而可能带来很多麻烦。企业在实施股权激励时，要想真正促使激励对象的行为长期化，使激励对象“像老板一样思考和工作”，就必须要慎重考虑以下几方面的问题：

（1）股权激励不是股权福利

股权是稀缺性资源，股权的释放一定要突出稀缺性的概念，才会使员工觉得不是普惠品。如果将股权激励搞成全员持股，就会使股权激励沦为股权福利，大大降低股权的激励效果。所以，在实施股权激励时，激励对象的范围确定应当倾向于对公司有较大贡献、对公司忠诚度高、有较大的成长潜力、未来能够与公司长期共同成长的关键员工、核心骨干及高管人员。

另外，根据《公司法》《证券法》及其他相关法律法规，国内未上市的股份有限公司人数不得突破 200 人，否则构成非公开发行，是违法行为。这意味着在实施股权激励时，接受激励的员工数量不得突破 200 人上限，如果是未改制的普通有限公司，人数则不能突破 50 人。

（2）股权激励要结合企业自身的特点量力而行

①要考虑公司所处的行业

不是每一家公司都适合搞股权激励。股权激励的核心基础之一，就是员工的人力资本贡献通过正常的工资、奖金等方式已经不能准确反映其价值，需要通过股权这种长期激励的形式予以补充确认。比如，从事基础制造业的企业与从事互联网高科技的企业，对员工人力资本的贡献度要求肯定是不一样的，制造业的公司员工，只需要按照操作规程准确完成工作任务即可，员工的智力资本投入并不十分明显；而互联网高科技企业，对员工的智力投入依赖度比较高，单纯的现金资本不能够独立创造出公司的产品和业绩，这就需要通过长期激励的形式对员工的价值贡献予以认可。

②要考虑公司所处的发展阶段

公司所处的发展阶段不同，对实施股权激励的依赖度也不同，初创期的公司风险较大，前景不明朗，迫切需要用股权形式绑定核心人员；成长期的公司可以通过多种形式完成对员工的认可和激励；而成熟期的公司，由于各自机制、制度都比较成熟健全，运营自成体系，对股权激励的需求相比初创期、成长期的公司就更低。

③要考虑采用何种股权激励工具

股权激励的模式非常多，比如期权模式、虚拟股票模式、业绩股票模式、限制性股票模式、股票增值权模式等，具体采用哪种激励模式，需要认真分析企业自身的特点后确定。有些时候，如果激励模式选用错误，可能导致出现这样的情况：员工自认为干得不错，但是获得股份之后一算，还没有竞争对手给得多，于是心生不平索性选择辞职。所以，在制订股权激励计划时，一定要考虑市场中人力资本价值及竞争对手的状况，在不同阶段使用不同的激励模式，以免使股权激励沦为“错误的金手铐”。

（3）股权激励的成本并不低

股权激励从会计专业角度来说是企业向员工支付薪酬，必然会按照一定的方式占成本费用，尤其是在被确认为股份支付的情况下，还会影响企业的当期利润。对于准备上市的公司来说，股权激励有时候也是一笔不小的费用，比如一家拟上市企业，由于历史上发放的股权数量很多且成本较低，而且每次发放的股权价格与其近期的外部融资价格相差巨大，导致被审计师确认存在巨额的股份支付费用，需要从当期利润中进行冲减。会计调整之后，导致公司利润出现了负数，给公司上市造成了巨大障碍。

所以，股权激励其实是一笔不小的开支，决策者在实施股权激励之前，应当事先做好测算，以便对以后的影响有充分的预期。

（4）股权激励需要约束机制的配合

有些创业公司为了稳定团队，在授予员工激励股权之后，没有建立相应的约束机制。这不但起不到激励的作用，反而催生了一批“懒人”，影响了公司的士气。并且，在很多情况下公司管理层往往既是激励计划的制订者和实施者，同时又是受益者，如果不加以约束，激励对象有可能为了自身利益操纵财务指标和股价，或者为了达成考核条件而实施风险更大的投资活动等，从而损害公司及股东的利益。因此，在股权激励实施的过程中，行权条件的确定至关重要，需要确定具体的考核指标、考核方法，对公司的业绩考核和对激励对象的绩效考核要紧密结合实施。另外，行权条件的确定也要合理。如果门槛过高，使激励对象觉得遥不可及，可能打击其积极性；如果门槛过低，激励对象无须努力即可轻松获得高额利益，股权激励就沦为一种套现工具，也会损害股东利益。

3.4.3 慎重引入投资者

企业从创立开始，只要在持续不断地发展，就一直是缺钱的，无论规模做得有多大。当然，也不排除有个别企业，完全靠自身积累滚动式发展，但这种完全不依赖融资和财务杠杆的企业是极少的。企业在考虑股权融资引进投资者时，需要清楚地定义自己的真正需求是什么，单纯的资金还是资源？如何融资才能做到“锦上添花”而不是“引狼入室”？

（1）怎样选择投资者

随着中国经济的持续发展，目前民间资本无论是从数量上还是从结构上，相比前些年都有很大的改变，好的项目不缺投资人。面对各种类型的投资者，优秀的创业公司在选择时应当注意以下几个方面：

①要防止饥不择食

初创阶段的公司往往都是缺钱的，但这不意味着公司对什么类型的钱都可以接受。企业家真正需要的是可以变成真正意义上合伙人的投资者，也就是说这些投资者可以为公司贡献大量的非资产价值，以及可以从根本上对公司的战略目标及其落地带来贡献。所以，寻求一个合适的投资者远远比寻求资金重要得多。在确定和投资人合作之前，企业家需要了解投资人手中掌握的资源是否与公司的期望和目标相一致，千万不能盲目地确定投资人。

②要仔细地审查投资者

投资者经常会按照自己的套路对被投资项目进行各种尽职调查，包括法律尽职调查、财务尽职调查、业务尽职调查等，以判断项目是否值得投资，或者以何种条件投资。同样道理，创业公司也要对投资人进行类似的尽职调查，原因在于，投资人可以扶持创业公司，严重的也可以毁掉创业公司。所以不要被一个慷慨的投资蒙蔽了双眼，最终只得到一个破烂不堪的合作关系和一堆烂摊子。不要害怕对投资人进行审查，在一个投资项目中，无论是哪方处于强势地位，知己知彼、不卑不亢在任何时候都是创业公司不能忘记的原则。

③怎样审查投资者

审查投资者是否跟创业公司相匹配的方法有很多，下面几个是比较重要的：

第一，投资者的基本信息。比如，投资项目偏好，资金来源管道，是否可以确保以后的追加投资，在行业内是否有一定的声誉和网络关系，公司的组织形式和决策机制是否高效科学，比较成功的案例和主要业绩，是否有助于企业上市、吸引机构投资者，协助提升企业品牌的能力等。

第二，投资者是否真的了解公司的产品和技术。优秀的投资者会符合沃伦·巴菲特提出的“能力圈”理论——投资人会深入并充分了解某个领域，作为自己的筹码之一。如果投资者可以准确描述公司的产品功能和背后包含的知识，同时也会提出很多精妙的问题，这说明投资者已经在用心研究公司，而不是在投机。

第三，投资者是否真的相信公司的团队。大多数天使投资人都认为，创业公司的管理团队是他们考虑是否进行投资的重要因素，但是，如果投资者对创业团队严防死守，当贼一样提防，生怕投资款付之东流，那么，建议尽早地远离这样的投资者。没有了信任基础，创业团队的激情和能力也会被束缚，这是不利于公司发展的。

第四，投资者所拥有的资源是否靠谱。为了做项目，很多投资人都是满嘴跑火车，上天下地无所不能，但是到了落地环节就原形毕露。建议留一些时间对投资者描述的重要资源进行多个渠道的印证，不偏听偏信，用怀疑的眼光进行审视，就会减少由于事前疏忽大意而造成的事后处理麻烦。

第五，投资者的投资主体形式。解决了其他疑问后，就要看看投资者以何种投资主体进入创业公司。按照本章第一节的讨论，投资者可以采用自然人、公司、有限合伙和金融产品作为投资主体，对创业公司进行投资。其中，尤其要注意准备采用金融产品的形式进行投资时，按照目前的监管政策，未来要对金融产品进行穿透式披露，可能会对公司有一定影响，在接受这种投资主体形式之前要进行仔细论证，防止产生后患。

（2）什么时候引入投资者

关于引入投资者的时机，每家公司情况不一样，不能一概而论。有的公司在初创时就有投资者参与，有的公司直到 IPO 时还没有外部投资者。一般来说，公司引入投资者的时机要考虑以下因素：

①解决资金、资源“瓶颈”的需要。如果初创公司面临资金的“瓶颈”，或者急需某些管道资源的支持，而又无法通过自身努力获取时，公司可以考虑进行外部融资，引进投资者。

②拓展新的业务版图。如果公司想在现有业务之外拓展不相关的新业务，而自身又没有积累时，可以考虑引入投资者共同合作拓展。

③改善公司治理结构。在公司申报 IPO 材料前，如果股权结构比较集中，无外部投资者，出于优化公司治理结构的考虑，也可以考虑引入投资者。

当然，公司还有其他一些因素会影响投资者的引入。无论是何种因素，一定要使引入的投资人是必要的，且能够为公司带来某些方面的增长，否则，可能会损害公司的发展。比如，当年俏江南引入的鼎晖投资，在事后看来并不是必要的，据张兰描述，俏江南所释放的股权与鼎晖投资给俏江南带来的回报并不相称，事后来看，这笔投资也为张兰被投资者步步为营赶出俏江南埋下了伏笔。

（3）引入投资者时需要把握的核心底线

创业公司引入投资者时，需要关注以下底线：

①控制权底线。无论引入何种类型的投资者，创业团队应始终牢牢掌握公司控制权，关注保留控制权的几个关键数字，如 67%、51%、34% 等；若失去控制权，实际上就等于公司被收购，而不是简单地引入投资者了。

②对赌底线。投资界的惯例是与被投资公司的股东约定对赌条款，并在约定条件被触发时，调整双方的股权比例或者进行现金补偿。创业股东在与投资者约定对赌条款时，一定要评估好对赌事件的发生概率和自身的负担能力，特别是同时约定了强制随售权条款时，要对可能发生的一系列后果有充分的预见。

③回购底线。在与投资者就若干回购触发事件约定了回购义务时，创业股东应当注意控制好回购的成本以及责任范围，底线是创业股东个人资产不得被连带用于担保履行回购义务，一般做法是以其所持有的创业公司股份为限承

担责任，超出回购能力部分不再回购。

【案例 3-8】

俏江南融资失败案[1]

俏江南案件的始末如下：

1992 年年初，张兰在北京东四大街租下一间 102 平方米的粮店，并改造成了“阿兰餐厅”。

2000 年 4 月，张兰投资 6000 万元进军中高端餐饮业。在北京国贸的高档写字楼里，第一家以川剧变脸脸谱为 Logo 的“俏江南”餐厅正式开张。

2006 年，张兰创建了兰会所（LAN Club），紧接着俏江南又中标了北京奥运唯一中餐服务商，在奥运期间负责为 8 个竞赛场馆提供餐饮服务。

2008 年 7 月，兰 · 上海正式创建，目标直指 2010 年上海世博会商机。之后，俏江南旗下 4 家分店成功进驻世博会场馆，分别是两家俏江南餐厅，一家蒸 steam，以及一家兰咖啡。

2008 年全球金融危机爆发，成为餐饮业与资本结合的分水岭。资本为规避周期性行业的波动，开始成规模地投资餐饮业。2008 年下半年，鼎晖以等值于 2 亿元人民币的美元，换取了俏江南 10.53% 的股权。据此计算，俏江南的投后估值约为 19 亿元。

2011 年 3 月，俏江南向中国证监会提交了于 A 股上市的申请。

2012 年 1 月 30 日，中国证监会例行披露的 IPO 申请终止审查名单中，俏江南赫然在列。

2012 年 4 月，来自瑞银证券的消息称，俏江南将于第二季度赴港 IPO，融资规模预计为 3 亿 ~4 亿美元。但此后大半年，再无关于俏江南赴港上市进展的消息。

1　本案例根据多处互联网资料整理而成。

2012 年 12 月“中央八项规定”出台，受此影响，奢侈品、高档酒店、高端消费等皆受影响，这对定位于中高端餐饮的俏江南造成了沉重打击。

2012 年 12 月初，俏江南赴港 IPO 通过聆讯。在此之前，俏江南在投行的带领下拜会了香港市场的各路机构投资者，但在市场寒流面前，潜在投资人显然不可能给出高估值，投资人愿意出的价格与张兰的预期相差过于悬殊。张兰决定等待更好的股票发行时间窗口。

俏江南 IPO 失败，导致其连环触发了向鼎晖融资时签署的“股份回购条款”及“领售权条款”。2014 年 4 月，鼎辉领衔出售俏江南股权给 CVC，CVC 以 3 亿美元获得 82.7% 的股权，剩余股权，张兰持股 13.8%，员工持股 3.5%。

2015 年 3 月 6 日，香港法院根据 CVC 旗下的甜蜜生活美食有限公司申请，发出资产冻结命令的决定书，冻结包括张兰、俏江南发展有限公司以及一家名为 GRAND LANHOLDINGSGROUP 的英属维京群岛公司的相关资产。

2015 年，迫于银团贷款的压力，CVC 将俏江南股权全部转让给香港保华有限公司，张兰也跟随失去了自己在俏江南的少数股权。

2015 年 6 月，香港保华有限公司向俏江南集团董事会委派代表。7 月 14 日，CVC 的委派代表和张兰不再担任俏江南董事会成员，且不再处理或参与俏江南的任何事务。至此，张兰已彻底失去对俏江南的控制。

【问题聚焦】

资本是一把“双刃剑”，掌控有度可以使企业如虎添翼，稍有不慎便可能对企业造成巨大伤害。俏江南引入的投资者，不仅未能帮助企业快速发展，反而因为对赌条款的执行，彻底改变了企业，也对创始人造成了巨大影响，不禁让人扼腕叹息。综观俏江南引入鼎晖资本的关键要素，造成张兰失去控制权的主要是以下条款：

（1）上市承诺条款。俏江南与鼎晖签署的投资协议中对赌条款为：“如果非鼎晖方面原因，造成俏江南无法在 2012 年年底之前上市，鼎晖有权以回购方式退出俏江南。”该条款是 PE 股权投资时比较常见的以公司上市作为对赌条件的约定，目的是使双方对未来的资金成本及退出有明确的预期。如果公司创始团队股东对上市预期存在不确定性，或者行业受政策、环境影响比较大，导致可控性较差的，目标公司股东出具此种承诺可能会带来很大的压力。俏江南事实上正是因为无力回购鼎晖的股份，才如多米诺骨牌一样导致了后续一系列被动局面的出现。

（2）领售权条款。领售权即领衔出售公司股权之权利，按照标准条款，如果多数 A 类优先股股东同意出售或者清算公司，则其余的股东都应该同意此交易，并且以相同的价格和条件出售他们的股份。在俏江南案例中，A 类优先股股东只有鼎晖一家，因此只要其决定出售公司股权，张兰作为大股东必须无条件跟随出售。并且，鼎晖只要能找到愿意收购俏江南的资本方，鼎晖就能顺利套现自己的投资，张兰也得跟着被迫出售股权，CVC 就是在这种情况下入股俏江南的。假如 CVC 的收购价格足以覆盖鼎晖当初的投资本金及期间收益，则其未必要求张兰跟着卖股权，但如果不能覆盖，张兰也必须随售股权。CVC 最终以 3 亿美元的价格收购了俏江南 82.7% 的股权。由此可以推测，除了鼎晖出售的 10.53%，其余约 72% 的股权即为张兰所出售。

（3）清算优先权条款。根据投资条款约定，只要鼎晖和张兰二者合计出售俏江南股权的比例超过 50%，则可以视作是清算事件。一旦清算事件发生，鼎晖则可以启动“清算优先权条款”：A 系列优先股股东（投资人）有权优先于普通股股东（创业股东）每股获得初始购买价格 2 倍的回报。假如张兰和鼎晖一并出售俏江南股权，所收到的股权对价款中，要优先保证鼎晖初始投资额 2 倍的回报，如有多余才能分给张兰，如果没有多余则张兰不能参与分配。也就是说，最终无论出现任何情况，鼎辉均可以收回初始投入及预期回报。

3.5 股权的退出机制：未雨绸缪

3.5.1 事先制定退出机制可以降低股权纠纷概率

公司实践中因股权产生的纠纷，绝大多数集中在股权转让和股权退出环节，仔细分析这些纠纷的原因，许多纠纷与事先就股权退出约定不清或者根本无约定有关。由于股权是一项私权，《公司法》及相关法规对股权的退出仅做了有限度的一些规定，未满足这些规定所列条件的，股权不可以被强制退出，股东也无权要求强制退出。

为了降低股权退出过程中的协商成本，事先就股权如何退出进行约定是非常必要的，原因有三个：

（1）股东初期合作时，彼此之间存在信任关系基础，在此前提下，就未来股权退出进行约定相对比较容易达成一致。

（2）事先约定的股权退出机制，各方都有明确预期，一旦约定的条件成就时，可以迅速按照约定方式对股权进行处理，可有效减少沟通成本，也可以避免股权纠纷的发生，提高解决问题的效率。

（3）即使出现违约事件，未按照事先约定的方法执行，只要约定的处理方式合法合规，这样的纠纷诉至法院时，也比较容易解决，不存在过于复杂的举证质证等证明环节，权利义务关系相对比较清晰，法院作出裁决也很容易。

3.5.2 明确约定股权的退出方式

股东类型不同，将来从公司退出方式也不同。一般来说，可以分为三类：

（1）联合创始人。根据公司的不同情况，可以采用的方法包括分批授予、分批成熟等，如果公司不希望离开公司的联合创始人也对公司持股，则可以约定离职时联合创始人的回售义务，其持有的股权可以由其他创业股东收购，也可以由公司回购。

（2）员工。为了降低持股员工离职后对股份的管理难度，以及将有限的股权用于激励在职员工，总体解决思路是：员工在岗是持股的前提，若不在岗股份应当被收回。基于此，公司可以与员工在授予股权时约定：员工离职时其持有的股权由公司或大股东以某个价格收回（如届时的净资产价格、最近一次的融资价格等），员工应当给予配合等。若涉及期权激励的，员工离职时对已经成熟的期权应当行权，如果不在一定期限内行权，则可以约定期权自动作废。

（3）财务或战略投资人。这种情况的退出方式是多元化的，包括公司IPO、并购、第三方收购、公司回购等。对于大多数投资人而言，其退出方式一般要求都是低风险的。实践中，不少通过出售退出的案例，都是IPO策略失败或遭遇障碍后实施的。比如，约定公司在投资款项到位后一定时期内，要实现IPO或并购，如果公司不能在约定期限内实现此目标，则公司要按照事先约定的利率将投资本金及利息返还投资人；并且，如果公司无力完成投资款本息的返还义务，则原有股东应当对此承担连带责任。或者，直接约定如果公司不能在约定期限内完成IPO或并购重组的，由原股东进行回购等。摩根士丹利投资集团出售南孚电池、ChinaRen被出售给搜狐、eLong被出售给Mail.com等案例都属于IPO遭遇障碍后实施的被动退出。

【案例3-9】

南孚电池投资者退出案[1]

1988年，福建南平电池厂与香港华润集团百孚有限公司（以下简称百孚公司）、中国出口商品基地建设福建分公司（以下简称基地福建公司）、福建兴业银行联姻，成立了我国电池行业第一家合资企业——福建南平南孚电池有限公司。百孚公司其实是当时中国出口商品基地建设总公司设立在香港的子公司，合资后拥有南孚电池25%的股份，基地福建公司持股20%，兴业银行持股15%，而南平电池厂则以全部资产投入，占40%股份。1998年兴业银行

1 案例来源：http://www.360doc.com/content/14/1226/13/5644831_435904288.shtml，最后访问日期：2018年8月15日。

因监管要求将所持股份转让给大丰电器。

1990 年夏，南孚引进的首条日本富士 LR6 碱性锌锰电池生产线正式投产。此后几年间，南孚的硬设备逐渐完善，管理走上专业化，规模不断扩大，开始领跑国内电池行业，并逐渐树立起了南孚的品牌地位。到 1998 年前后，南孚固定资产已经高达 4 亿元。

1999 年，经南平市政府撮合，中国国际金融有限公司（以下简称中金公司）联合摩根士丹利、荷兰国家投资银行、新加坡政府投资公司，加上南平电池厂、基地福建公司等几个中方股东，在香港组建中国电池有限公司，总股本 1 万股。其中，新加坡政府投资公司投入 1000 万美元，摩根投入 400 万美元，荷兰国家投资银行与中金公司总共投入 100 多万美元，4 家股东占中国电池合计 49% 股份，中方股东以持有的南孚电池部分股权作为出资，占中国电池 51% 股份。通过对南孚注资及受让大丰电器所持 5.75% 股份，中国电池共获得了南孚电池 69% 的股份。

2000 年，百孚公司在香港炒金亏损了几千万美元，为了偿还债务，将其持有的中国电池 20% 的股份转让给基地总公司的另外一个子公司，并将其余的 8.25% 股份卖给摩根士丹利。2001 年，基地总公司的子公司将其持有的 20% 中国电池股份，以 7800 万美元的价格转让给了富邦控股集团，之后摩根士丹利以 1500 万美元的价格从富邦控股集团手中买到了这些股份。

摩根士丹利的初始退出策略为 IPO 退出。这也是当初在香港注册中国电池有限公司的原因。根据香港交易所的上市规则，企业上市前的 3 个会计年度内管理层应维持不变，企业上市前一个会计年度内持股结构维持不变。由于控股股东由中方变更为摩根士丹利，中国电池的管理层可能因此发生了变动，如果想要在香港上市则需要等待较长时间。上市计划搁浅后，南平地方政府也将原南平电池厂持有的中国电池股权以 1000 万美元的价格转让给外资股东。

2003 年 8 月，摩根士丹利、鼎晖投资（前中金公司直接投资部）、新加坡政府投资等投资者将其所持有的中国电池 100% 股份整体出售给美国吉列公司，作价 1 亿美元，项目收益约为 2.38 倍。中国电池公司大约拥有南孚电池 72% 的股权。另外，28% 的股权分别由南平国投、中国出口商品基地总公司、大丰电器公司持有。吉列公司也是美国电池生产商金霸王的控股股东。

【问题聚焦】

本案例中，摩根士丹利投资团的投资转让行为当时受到了中国媒体的强烈谴责，因为南孚电池作为一个民族品牌被出售给了外资竞争对手吉列，导致了一个优秀民族品牌的流失。从商业角度来看，案例反映出了以下问题：

（1）南孚电池最早的策略是以红筹结构在香港上市，并非为了出售。如果百孚公司没有出售股权导致公司股权结构和管理层发生变更，以南孚电池的盈利能力在香港上市应该不成问题，需要的是以时间换取空间，但投资者没有耐心进行等待。

（2）投资的本质是赚钱，这就意味着投资者一定会在某个时机选择退出，而打造品牌、服务百姓、为国争光等家国情怀和梦想是企业家的事情，不能指望投资者会一路同行。本案中，如果中国电池在香港 IPO 成功，给投资者带来的回报可能会大大超过通过出售获得的 2.38 倍收益，摩根士丹利作为国际一流的投行对此更是清楚，但尽管如此他们仍然没有选择通过这种方式陪企业多走一程，因此更加简洁地印证了投资者的成本概念和逐利本质。站在各自角度看，这没有错，只是对企业家而言，在引进投资者时，要清楚地知道自己的需求是什么，并对投资者有充分的预期。

3.5.3 通过技术手段确保退出机制的可行性

（1）约定担保责任：可以在投资合同或股东协议中约定，投资人的退出由原股东承担连带担保责任（即俗称的“对赌义务”），此处应当注意，根据 2019 年 11 月 8 日《全国法院民商事审判工作会议纪要》（以下简称《九民纪要》）

的规定，对赌义务可以由投资方与目标公司的股东或者实际控制人“对赌”、投资方与目标公司“对赌”、投资方与目标公司的股东及目标公司“对赌”，对赌义务是否能够得到法院认可，其核心关注的是对赌合同的有效性，以及是否遵循了公司法规定的禁止抽逃出资、减资程序等要求。

（2）约定高额违约责任：可以在各方约定的操作步骤之外，约定不履约时违约方的高额违约责任，以此提高潜在诉讼的可执行性，从而可以在事先强化对义务方的约束力。

不过，从实现终极投资价值及各方共赢的角度看，真正提升公司股权的流动性（如实现上市）、让股东盈利后退出才是退出的王道。通过约定上述高额违约责任及担保责任，虽然也可以在一定程度上起到约束作用，但现实情况可能是，到了让创始股东承担这些责任时，公司可能价值已经严重下降，或者创始股东根本无力承担这些责任。对投资人而言，“赢了官司输了钱”，投资人的权益还是没有保障。

【案例 3-10】

周吉伦诉中联资产评估有限公司股份收购请求权纠纷案[1]

中联资产评估有限公司于 1999 年设立，原告周吉伦系被告中联资产评估有限公司股东之一，设立时原告出资 21.54 万元，占被告注册资本的 10.77%。之后，原告于 2005 年 12 月 31 日从被告处离职。2008 年 3 月 19 日，原告向被告发函，要求被告回购其本人持有的 10.77% 的股权。公司章程中第 9 条也规定原告有权选择要求被告回购原告持有的股权，后经多次协商均未能就回购价格达成一致，且自原告离职后被告也未向原告分配过利润。于是，原告向法院起诉，要求被告按照 2007 年 12 月 31 日的净资产值与原告所持股权比例乘积折算的价格回购原告持有的全部股权。

1　案例来源：北大法宝，（2008）西民初字第 6146 号民事判决书。

法院经审理后认为，我国《公司法》规定有限公司不得回购自身股权，股东请求公司回购股权必须符合下列三种情形之一：（1）公司连续5年盈利，符合法定分配利润条件而连续五年不向股东分配利润；（2）公司合并、分立、转让主要财产；（3）公司章程规定的营业期限届满或其他解散事由出现，股东会决议修改章程使公司存续。原告要求被告回购其股权均不符合上述情形，其诉讼请求无事实与法律依据，法院不予支持。依照《公司法》第35条、第74条的规定，判决驳回原告周吉伦的诉讼请求。

【问题聚焦】

（1）有限责任公司可以回购自身股份

我国《公司法》第142条就股份有限公司的股权回购，先规定了“公司不得收购本公司股份”的原则，随后采用但书方式规定了包括异议股东回购等在内的例外情形。对于该规定是否适用于有限责任公司，存在两种观点：一种观点认为，第142条所规定的“公司不得收购本公司股份”作为一项原则性规定，同样也适用于有限责任公司；第二种观点认为，有限责任公司应当“准用”第142条第1款中的“公司不得收购本公司股份”这一规定。显然本案中，法院采取的是第一种观点，即有限责任公司除了第74条规定的情形外，不得回购自身股份。但是，如果股东与公司之间就股权回购达成一致，并且顺利履行的，该回购行为应当有效。回购完成后，公司可以将被回购的股权作为库存股并由大股东或指定的人代持，用作以后的股权激励，或者直接就回购的股权做一次减资处理亦可。

（2）公司章程中可以规定由公司回购股权

公司章程是规定公司组织及行为的基本规则的重要文件，订立公司章程是股东的共同行为。基于有限责任公司的人合性特征，股东间的相互信任和股东人员的稳定性对公司至关重要，股东的加入与退出均建立在公司全体股东相互信任的基础上。如按照公司章程规定回购股权，回购的股权将处于待转让的状态或由公司依照法定程序进行减资，本质上看，这与股东抽逃出资是两个不同的概念。因此，如果公司与股东之间就回购事宜不存在异议，那么依照公司章程的规定进行操作应当是可以的。

（3）有限公司股东退出的稳妥做法

本案中，股东之间虽然在公司章程中约定了公司回购，但最后没有得到法院的支持，这从一个侧面也说明了公司作为回购主体虽然不直接违法，但在实际操作中不排除不能实施的风险。最高人民法院 2012 年在审理“苏州工业园区海富投资有限公司诉甘肃世恒有色资源再利用有限公司、香港迪亚有限公司、陆波增资协议纠纷案”中也明确指出，投资者与目标公司本身之间的补偿条款如果使投资者可以取得相对固定的收益，则该收益会脱离目标公司的经营业绩，直接或间接地损害公司利益和公司债权人利益，故应认定无效；但目标公司股东对投资者的补偿承诺不违反法律法规的禁止性规定，是有效的。故此，在公司实践中，保障有限公司股东退出的最稳妥做法，是在股东协议中明确约定，未来股东拟退出公司时，按照一定的条件由公司回购，同时由大股东 / 控股股东对此承担连带责任，以此来提高股东约定的可执行性。

3.6 股权架构需要动态调整

实践中经常有这样的情况，合作之初确定的股权架构，与经过一定时间之后复盘的价值贡献不一致，包括承诺的资源没有按照预期到位、工作表现没有达到绩效指标、公司没有完成盈利预测等。这时候，如果不依据实际情况解决公平性的问题，则可能会对公司后续发展带来影响。但是，股权结构又是最敏感的利益安排，操作不合理或者过于频繁又有可能造成股东之间的矛盾甚至纠纷。

3.6.1 股权架构动态调整的原因

（1）解决设计之初的“拍脑袋”问题

股权架构设计是公司最根本的顶层设计，是关系所有股东、投资人的最核心的利益安排，其设计的科学与否、公平与否对一个公司的稳定、健康发展具有非常重大的意义。然而，现实中经常出现的问题是，在股权结构设计之初，有很多信息是不确定的、不对称的，主要靠“拍脑袋”确定各自的股权比例。而公司的变化发展又是一个常态，按照最初想法设计的股权架构随着时间的推移，可能会出现股东付出与回报不对等的问题。如果此问题无解，久而久之可能会带来相互之间的隔阂甚至纠纷。无论是价值被低估的一方还是被高估的一方，要打破这种“既得利益格局”，面临的挑战都是不小的。若相互之间都大度忍让，可能相对容易解决，如海底捞张勇对施永宏的股权调整，就是在风平浪静中完成的；若相互之间各不相让，问题就会比较麻烦，如真功夫潘宇海和蔡达标的股权之争，最后以蔡达标入狱 14 年作为结局。

（2）解决未来的价值判断问题

股权是一项面向未来的权利，其价值大小取决于各个股东对公司的价值贡献、员工的绩效表现、公司自身的业绩表现等多重因素，这些事项在股权架构设计之初是难以判断的，主要表现为：

①对于初始投资价值不易衡量的出资形式，如承诺的关系资源、营销管道等，只有在经过时间验证之后，才能判断其价值。

②对于授予员工的激励股权，除了对过去工作的认可外，还有一个重要的使命就是希望获得激励股权的人未来能够发挥作用、带来价值，这个也是需要花费时间对其绩效表现进行观察的。

③对于采用基于未来收益的估值方法确定投资价格的公司，如果未来期限内没有实现盈利预测的数字，则说明公司价值高估了，投资价格应当被调减；如果超出了盈利预测，则说明公司价值低估了，投资价格应当被调增。而这些信息在事先是无法准确界定的，只能靠后期调整来实现对各方而言的公允性。

（3）股权调整本质上是一种纠偏机制

基于上述，股权架构的动态调整在本质上是一种纠偏机制，纠正的是股权未来价值和设计股权架构当时的价值之间的差值，并使之相匹配。这个纠偏的机制即投融资领域中的“估值调整机制”（Valuation Adjustment Mechanism，VAM），其主要作用在于纠正偏差、实现公平。

3.6.2 股权架构动态调整的方法

股权架构的调整，意味着要重新分配利益结构，一定会改变一部分人的利益。股权动态调整的路径一般是四种：公司增资、公司减资、公司回购、存量转让。为了防止发生纠纷，实现股权调整的目的，笔者认为应当遵循这样的顺序：预先沟通—制定规则—事后沟通—执行规则。

（1）预先沟通

针对不同类型的股东或投资人，沟通方法也不同。对初创团队股东及员工股东，在沟通过程中，最好能够确定一个公信力比较强、对全局有把控力的人作为主导协调方，比如控股股东、创始元老等，以保障沟通工作的顺利实施。对于外部投资人股东，可能就会主要依赖中介机构、公司内部总协调人等进行沟通，这个也是投资过程的必备环节。沟通的内容就是针对未来的退出设置一系列标准、条件、计算公式等，在满足这些标准和条件时都一律严格执行，将所有丑话都说在前面，且说得越充分越好。

（2）制定规则

要加强规则的可执行性，就必须充分关注程序上和实体上的公正性。

①程序上要透明公正。相关调整标准需要经过股东会的讨论，并在审议批准后做出决议。涉及股权激励发放股权的，调整标准建议再由工会或职工代表会讨论通过。讨论确定的核心内容将来可以直接写入相关的《股权转让协议》《期权协议》等类似股权档中。

②实体上要周全到位。对初创团队股东及员工等内部人，可以考虑采用“成熟条款”进行动态调整。“成熟”一词源于英文的“vesting”，也可以翻译为“兑

现”或者“释放”。其一般要求是，新取得股权的股东，所持股权在约定时间内逐步“成熟”，已成熟部分的股权可以行使股东权利，未成熟部分如果出现股东离职等约定条件，可以由公司无偿收回。常见的成熟条件设置如下：

第一，按照工作时间设置成熟条件。在分期成熟模型下，可以按照公司的实际需求来确定股权成熟的条件，最常见的设置形式为时间，即可以在一定时间内平均设置成熟速度。如约定的成熟期为 4 年，每年成熟 25%；也可以约定在一定时间内加速或减速实现股权成熟，如约定成熟期为 4 年，第一年成熟 10%，第二年成熟 20%，第三年成熟 30%，第四年成熟 40% 等，减速的情况则相反。

第二，按照项目进度设置成熟条件。一些处于初创阶段的公司或者按照项目制经营的公司，项目进度是实际控制人或投资人最关心的问题，因此可以按照项目的进展速度设置成熟条件。比如，针对公司的技术开发人员可以设置这样的成熟条件，当其完成产品的设计工作可成熟 10% 的股权，完成产品的研发并制作出样品时可成熟 20%，当产品上市后可成熟 30%，最后产品在质保期内无召回或验证缺陷问题的可成熟最后的 40% 等。

第三，按照融资进度设置成熟条件。如果公司对融资有较高的要求时，也可以按照完成融资的进度设置成熟条件。比如，当公司完成 A 轮融资时可成熟 40%，完成 B 轮融资时可成熟 30%，完成 C 轮融资时再成熟剩余的 30%。如果融资的轮数事先不能确定，也可以参考融资额度来设置成熟条件。比如，融资 1000 万元可成熟 40%，融资 3000 万元可成熟 30%，融资 5000 万元可成熟剩余的 30% 等。此外，还可以参照公司的估值或者融资价格作为成熟条件，公司可根据自身情况确定合适的标准。

第四，按照项目业绩设置成熟条件。这是限制性股票最常用的方法，非常简单、直观。即事先确定持股人的业绩目标，当根据考核规则达成此目标时，股权可以一次性或者分期兑现。

上面规则主要适用于内部股东，如果跟外部投资人约定时，标准更加多元化，通常是设定业绩指标，如果公司没有完成此指标，则需要按照事先确定的公式进行股权补偿或者现金补偿，如果超额完成指标，则要进行股权奖励或者现金奖励。

（3）事后沟通

当各方约定的触发股权调整的条件或标准实现后，就应按照规则执行。对于外部投资人来说，严格执行双方的股东协议或载有类似内容的协议即可，只要双方都遵守契约精神，股权调整工作会相对比较容易。难点在于内部创始团队股东以及员工的股权调整，这类调整即使事先有明确规则，在执行之前最好也进行比对沟通和交流，消除情绪上的波动，争取使各方相对满意，避免处理得过于生涩。原因在于，这种类型的股权在很多情况下带有激励性质或信任性质，处理不慎将会损害相关股权持有人的积极性、忠诚度等，严重的甚至还会带来团队动荡。虽然规则是各方一致达成的，但在具体落地执行之前再与相关股权持有人进行事后沟通，不仅体现了尊重，更是对契约精神的强化，有利于获取被调整股权持有人对规则执行效果的内心认可。

（4）执行规则

执行过程中要注意相关文件手续的完备性与合规性。需要进行股权调整的，依据规则确定的结果按股权转让的相关程序严格执行，避免遗留瑕疵。比如，合法做出的股东会决议、合规签署的股权转让协议、股东就放弃股权的无异议函、确认函等，确保程序及内容没有瑕疵。

3.6.3 动态调整股权架构时应当注意的问题

股权的动态调整是谨慎的事情，实施过程中如果忽视相关要点就有可能引发纠纷，甚至给公司带来不利影响。调整过程中应当注意以下几点：

（1）要高度关注控制权的变化

股权调整意味着各相关方股权比例的变化，如果变化较大就可能会导致控制权发生变更。对于创始团队股东和员工持股的调整而言，在调整过程中应始终密切关注控制权的几个临界点（见本书第二章相关描述），防止由于调整股权而导致控制权发生变化，不仅对未来的公司上市有直接影响，还会对经营管理的稳定性带来变量。对于外部投资人的股权调整而言，在事先协商股权调整方式及比例时，就应密切关注可能导致公司控制权发生变化的临界点，并做好相应的预案，防止根据协议条款真正调整股权比例时，公司创始股东才恍然大悟悔不当初。

（2）要避免频繁地调整股权

股权设计是公司最顶层的设计，牵一发而动全身，频繁地调整股权不仅不利于公司发展的稳定性，操作不当还容易给公司增加不必要的内耗。更重要的是，频繁调整股权容易增加股东的不安全感，降低股权在股东心中的价值认同，不利于全体股东的利益绑定。在技术操作上，对于可能涉及人员数量较多的股权激励而言,尽可能地通过有限合伙或有限公司等持股平台进行间接持股，将会大大降低股权管理的难度，减少公司股权变更手续的复杂度。

（3）要始终将公平性作为出发点

股权架构之所以需要动态调整，本质上也是因为公平性的考虑。公司作为一个营利性质的法人，按照西方公司法学理论，是法律上的“拟制人”，也是各种不同类型的“契约结合体”，契约的基本原则之一就是“公平”。解决好公平性问题,是股权动态调整过程的出发点,也是终点。具体到各类股东而言，就是创始股东的价值贡献与所得股权相对等，员工获得的激励股权与其绩效贡献相对等，外部投资人获得的股权与其投资资本的价值相对等。所有导致不对等的因素，站在公平性角度都应当是被调整的对象，最终实现价值的对等交换。

3.7 股权架构落地的载体

股权架构设计的本质是通过一系列约定实现稳定控制权、平衡各方利益的活动，那么股权架构落地的载体是怎样实现的呢？目前主流做法是，通过股东之间的协议以及公司章程来实现。这两种形式各有侧重点，效力范围也略有不同。

3.7.1 股东协议

（1）股东协议的应用场景

股东协议是目前使用最普遍的股权设计载体，因其自身具有的灵活性而在投融资领域被广泛使用。

①满足股东的个性化需求

在公司股东人数较多，各自的利益诉求比较复杂，且难以达成共识的情况下，如果公司对外融资引进投资者，在签署正式的《增资协议》或者《增资暨股权转让协议》等法律文件时，其中的某些条款可能不适合让所有股东都知道，这种情况下，为了能够完成融资，公司大股东或融资中占主导地位的股东，除了在上述正式法律文件之外，可能还希望签署带有补充性质的《股东协议》，以求达成一些特殊的目的。

②突破工商登记手续的限制

《公司法》《公司注册资本登记管理规定》明确允许的出资形式是有限的，包括货币、实物、知识产权、土地使用权、股权、债权等，对于劳务、信用、自然人姓名、商誉、特许经营权等是不可用作出资的。而这些形式的资产及其他资产有时候又有很大价值，因此，为了突破这种限制，各合作伙伴或创业股东之间会通过《股东协议》约定并认可这些不在法律法规允许范围内出资的形式，同时，为了满足工商登记部门对注册资本的实际缴付要求，可能会以某种形式进行变通，比如，采用这些特殊出资形式的股东，由其中某位股东（通常是大股东）代为履行出资的实缴义务，两者之间形成借贷关系，在公司分红时再以分红款偿还债务等。实践中，有的地方工商行政管理部门出于谨慎管理的考虑，对债权或者股权形式缴付的出资也不予办理工商登记手续，这种情况下，也可以考虑采用上面的处理方式进行变通。

③保障协议有效性的需要

公司进行对外投融资时，一般都涉及公司估值调整的约定机制，即“对赌条款”。按照法院目前审理对赌纠纷的裁判思路和趋势，“对赌条款”若体现在《股东协议》中，则约束的对象是各方股东，这种约定是有效的；但是如果“对赌条款”写入《增资协议》，将公司作为约束对象，由公司履行有关业绩补偿、股权回购等义务的，一般会被认定无效。因此，投资人为了保障投资利益的需要在签订相关投资协议时，应当与融资公司的股东签订《股东协议》以明确相关“对赌条款”，保障协议的有效性。

（2）股东协议的效力范围

股东协议属于无名合同，因此在权利义务的设置上具有相当的灵活性和自主性，这也是股东协议的一个巨大优势。这种协议不需要在工商局进行备案，也不需要进行行政审批，如果协议未附有生效条件或期限，股东签订后即可生效。基于合同的相对性原理，此协议只能约束签署协议的主体，未签署协议的股东以及后续进入的新股东及公司，均不受该协议的约束。当然，股东协议的内容不得违背法律法规的强制性规定，不得存在《合同法》第 52 条规定的无效情形，否则也没有约束力。

（3）股东协议可以解决哪些问题

①可以作为公司章程和交易协议的补充

新《公司法》虽然赋予了公司章程较大的自主灵活约定空间，但是在实际操作中情况可能经常发生改变，每变一次就需要进行股东会讨论且必须 2/3 以上表决权才能通过，还要进行工商备案，有的地方工商行政管理部门对有特殊约定的章程还不给与备案，这样一来的操作成本就比较高。交易协议不便约定的问题在前面也有描述，因此，股东协议为了弥补这些不便和不足，可以就许多个性化的需求进行约定。

比如，至少可以就下面问题进行约定：

- 各股东用作出资的形式及其作价；
- 股东借款及其偿还方式；
- 表决权的委托；
- 类似于类别股份制度的表决权分配；

➢ 对公司能够提供的资源；

➢ 股权的预留和代持；

➢ 股权的回购及价格；

➢ 股份对赌及补偿机制。

②解决《公司法》的刚性治理问题

受制于有限公司的人合性特征，股东入股公司之后要想退出公司是很难的，上市公司中小股东的“用脚投票”权利对有限公司股东而言是个奢望。所以，尽管有股东派生诉讼等手段可以保障中小股东利益，但并不能解决在出现公司僵局、大股东主导控制但却并不违法等情况下中小股东的利益诉求问题，比如优先购买权及利润分配等。因此，基于这些事项的复杂性及隐秘性，依靠传统的公司治理载体——公司章程并不能发挥多大作用，但股东协议对此就会有一些灵活性。

《公司法》及公司章程可以有效地对公司治理事项做出事先安排，而对于事中及事后出现的公司治理问题由于三会会议的程序性要求，以及工商管理部门的硬性操作而显得灵活性不足，有时候甚至不能完全反映股东之间的真实诉求安排。但是股东协议具有的灵活机动特点，可以就一些治理问题做出便利的约定。例如，表决权的特殊安排、董事选任制度、薪酬事项、管理层的选任与监督事项等，股东协议可以将股东的意志和个性化意图反映到股东会、董事会、监事会、管理层等各个主体的权限之中，使这些主体能围绕股东的价值追求而保持与股东的一致性。

3.7.2 公司章程

（1）公司章程的尴尬现状

公司章程是股权架构设计的另一重要载体。如果说股东协议解决的是股权架构设计中的个性问题，那么公司章程解决的主要是股权架构设计中的共性问题。因为《公司法》对公司章程的内容及其法律效力、变更程序等都有明确的规定，所以在制定、修改公司章程的时间和程序上没有股东协议那么灵活。实践中公司章程的尴尬表现在两个方面：

①公司对公司章程重要性的认识不足

公司章程需要去工商行政管理部门进行备案，虽然《公司法》及其司法解释有多处规定公司章程可以另行约定其他内容，如有限公司的分红权比例、表决权比例、董事会和监事会的职权等，但很多公司对公司章程的重要性认识不足，导致没有花费足够的时间精力去研究和设计自己的公司章程。实际上，公司章程对于保持大股东的控制权具有无可比拟的优势，比如，股东就变更公司章程事项进行表决时，《公司法》规定 2/3 以上表决权同意即可通过表决，即使有部分股东不同意修改事项也不会影响表决结果，这相当于赋予了大股东一个杠杆效应。如果像股东协议那样，需要经协议各方一致同意才能实现某些变更事项的，则不利于大股东实现对某些事项的控制。

②工商备案的僵化

《公司法》虽然赋予公司章程在许多问题上可以由股东自行约定的空间，但是在实践中执行的效果并不理想。很多情况下，有的地方工商行政管理部门不接受公司股东自行约定的公司章程，而是要求公司使用工商行政部门统一拟定的格式文本，这导致股东之间的一些特殊约定无法在公司章程中体现出来。因此，为了克服这种工商备案的僵化处理方式，满足股东的个性化需求，笔者建议，如果公司设计了自己的公司章程，就先尽最大努力与工商行政管理部门沟通，争取完成备案，如果实在无法完成备案的，可以有两种处理方式：第一，先备案工商行政部门提供的格式文本，然后再提交经股东会通过的章程修正案或者完整版的公司章程；第二，向法院提起行政诉讼，请求法院判令工商行政管理部门对其符合《公司法》要求的公司章程进行备案。两个方法比较而言，首选第一种方式，毕竟公司的直接诉求是解决问题，诉讼的时间成本及人力、物力要求都是不经济的。

（2）公司章程的效力范围

先来看一下经典的公司章程定义：[1]公司章程是股东制定的对公司、股东、公司经营管理人员具有约束力的调整公司内部组织关系和经营行为的自治规则。所以，“公司自治规则”是公司章程的根本属性，在此意义上，公司章程被称为“公司宪章”是恰当的，其对公司的意义犹如宪法对一个国家的意义，公司章程的效力应当得到足够的重视。

章程效力主要包括两个方面：

第一，时间效力。公司设立时的首份公司章程，相当于公司设立协议，可以适用《合同法》的一般规则，即签字盖章时生效，工商备案登记不影响章程的效力。发起设立公司的初始股东自公司章程生效时即受其约束。涉及即将成立的公司、即将履职的董监高以及未来加入公司的新股东的章程内容，则在公司经工商设立登记完毕后，对其开始生效并产生约束力。公司成立后修改的公司章程，在符合法定的修改条件之后即开始生效。

第二，对人效力。对公司的效力：包括对内部组织和活动的约束力以及对公司自身行为的约束力，尤其是其经营范围的规定。

对股东的效力：公司章程作为股东的自治规则，与股东协议有明显的不同。除了股东应当受其约束以外，公司章程的效力还有扩张性，对后加入的股东也有约束力。在公司成立之后，无论以何种方式取得股东身份，都是以承认公司章程作为前提的，即加入公司的行为本身就意味着承认公司章程。

（3）公司章程的自治空间

《公司法》给了股东足够的自治空间，表现为尊重股东通过公司章程贯彻自治原则。在进行股权架构设计时，可以充分利用这些自治空间满足股东的一部分特殊需求。《公司法》及其司法解释共计有 8 大类 35 处直接授权公司章程作出约定的条款，具体如下：

1　赵旭东主编：《公司法学》（第 4 版），高等教育出版社 2015 年版，第 122 页。

①公司登记类

第 12 条第 1 款：公司的经营范围由公司章程规定，并依法登记。

第 13 条：公司法定代表人依照公司章程的规定，由董事长、执行董事或者经理担任，并依法登记。

②对外担保类

第 16 条第 1 款：公司向其他企业投资或者为他人提供担保，依照公司章程的规定，由董事会或者股东会、股东大会决议；公司章程对投资或者担保的总额及单项投资或者担保的数额有限额规定的，不得超过规定的限额。（有限公司）

第 104 条：本法和公司章程规定公司转让、受让重大资产或者对外提供担保等事项必须经股东大会作出决议的，董事会应当及时召集股东大会会议，由股东大会就上述事项进行表决。（股份公司）

③出资缴纳义务

第 28 条：股东应当按期足额缴纳公司章程中规定的各自所认缴的出资额。（有限公司）

第 83 条第 1 款：以发起设立方式设立股份有限公司的，发起人应当书面认足公司章程规定其认购的股份，并按照公司章程规定缴纳出资。（股份公司）

第 93 条第 1 款：股份有限公司成立后，发起人未按照公司章程的规定缴足出资的，应当补缴；其他发起人承担连带责任。

④分红及优先认购权

第 34 条：股东按照实缴的出资比例分取红利；公司新增资本时，股东有权优先按照实缴的出资比例认缴出资。但是，全体股东约定不按照出资比例分取红利或者不按照出资比例优先认缴出资的除外。（有限公司）

第 166 条第 4 款：公司弥补亏损和提取公积金后所余税后利润，有限责任公司依照本法第 34 条的规定分配；股份有限公司按照股东持有的股份比例分配，但股份有限公司章程规定不按持股比例分配的除外。（股份公司）

《公司法解释（三）》第 16 条：股东未履行或者未全面履行出资义务或者抽逃出资，公司根据公司章程或者股东会决议对其利润分配请求权、新股优先认购权、剩余财产分配请求权等股东权利作出相应的合理限制，该股东请求认定该限制无效的，人民法院不予支持。（合理限制）

⑤表决权

第 42 条：股东会会议由股东按照出资比例行使表决权；但是，公司章程另有规定的除外。（有限公司）

第 105 条第 1 款：股东大会选举董事、监事，可以依照公司章程的规定或者股东大会的决议，实行累积投票制。（股份公司）

⑥人员、职权、会议

第 37 条：股东会行使下列职权：（十一）公司章程规定的其他职权。

第 39 条：股东会会议分为定期会议和临时会议。定期会议应当依照公司章程的规定按时召开。

第 41 条第 1 款：召开股东会会议，应当于会议召开 15 日前通知全体股东；但是，公司章程另有规定或者全体股东另有约定的除外。

第 43 条第 1 款：股东会的议事方式和表决程序，除本法有规定的外，由公司章程规定。

第 44 条第 3 款：董事会设董事长 1 人，可以设副董事长。董事长、副董事长的产生办法由公司章程规定。

第 45 条第 1 款：董事任期由公司章程规定，但每届任期不得超过 3 年。

第 46 条：董事会对股东会负责，行使下列职权：（十一）公司章程规定的其他职权。

第 48 条第 1 款：董事会的议事方式和表决程序，除本法有规定的外，由公司章程规定。

第 49 条第 2 款：公司章程对经理职权另有规定的，从其规定。

第 50 条：股东人数较少或者规模较小的有限责任公司，可以设 1 名执行董事，不设董事会。执行董事可以兼任公司经理。执行董事的职权由公司章程规定。

第 51 条第 2 款：监事会应当包括股东代表和适当比例的公司职工代表，其中职工代表的比例不得低于 1/3，具体比例由公司章程规定。

第 53 条：监事会、不设监事会的公司的监事行使下列职权：（七）公司章程规定的其他职权。

第 55 条第 2 款：监事会的议事方式和表决程序，除本法有规定的外，由公司章程规定。

第 70 条第 1 款：国有独资公司监事会成员不得少于 5 人，其中职工代表的比例不得低于 1/3，具体比例由公司章程规定。

第 100 条：股东大会应当每年召开 1 次年会。有下列情形之一的，应当在 2 个月内召开临时股东大会：（六）公司章程规定的其他情形。

第 119 条第 2 款：监事会的议事方式和表决程序，除本法有规定的外，由公司章程规定。

第 216 条第 1 项：高级管理人员，是指公司的经理、副经理、财务负责人，上市公司董事会秘书和公司章程规定的其他人员。

⑦股权变动

第 71 条第 4 款：公司章程对股权转让另有规定的，从其规定。（有限公司）

第 75 条：自然人股东死亡后，其合法继承人可以继承股东资格；但是，公司章程另有规定的除外。（有限公司）

第 141 条第 2 款：公司章程可以对公司董事、监事、高级管理人员转让其所持有的本公司股份作出其他限制性规定。（股份公司）

⑧其他类

第 165 条第 1 款：有限责任公司应当依照公司章程规定的期限将财务会计报告送交各股东。

第 169 条第 1 款：公司聘用、解聘承办公司审计业务的会计师事务所，依照公司章程的规定，由股东会、股东大会或者董事会决定。

第 180 条：公司因下列原因解散：（一）公司章程规定的营业期限届满或者公司章程规定的其他解散事由出现。

3.7.3 其他载体

根据上面的讨论，公司章程是股权架构设计的必备载体，公司的设立及变更都离不开公司章程，它除了满足法定要求之外，还解决了一部分的股东个性需求；股东协议也是股权架构设计的重要载体，但不是每个公司都需要这种文件形式来协助确定股权架构，它解决的都是股东的个性化需求。除了这两种载体形式以外，股东还可以根据公司现状及股东之间的关系，选择其他载体形式协助股权架构设计的落地，常见的形式包括：

（1）表决权委托协议；

（2）一致行动协议；

（3）股权代持协议；

（4）持股路径安排，包括：设立持股平台（通常为有限合伙企业或有限公司）、搭建金字塔式持股结构、进行交叉持股安排等。

当然，上述协议形式有时是独立的，有时又部分嵌入到股东协议之中，具体采用哪种形式取决于公司治理的需求及股东之间的默契。关于持股路径安排，更多体现的是一种股权结构化设计，虽然不是明确具体的载体形式，但从广义角度看，也是承接股权架构落地的抽象操作安排。公司在设计股权架构时，具体采用哪种方式落地，需要结合公司自身需求、功能要求等灵活使用。

第四章

初创公司的股权架构设计

4.1 搭班子：怎样选择合伙人

4.1.1 选择合伙人比商业模式更重要

商业模式是靠人执行的，再好的商业模式，如果执行人不给力，最终的效果也会打折扣。许多投资人的共识是，合伙人的重要性超过了商业模式和行业选择，比是否处于风口上更重要。因为：

（1）初创企业最重要的要素一是资金，二是合伙人，合伙人是利用资金来推动、开拓公司业务的主角，如果合伙人选择不当，将会使公司业务受到影响，即使行业选择正确、商业模式优秀，不能带来有价值的业务就不能算是成功。

（2）企业存在的目的是赚钱，在创业初期需要全体合伙人同舟共济、患难与共，为的就是将来公司产生红利时，大家能够有所回报。若合伙人选择不当，在分配收益时出现“能共苦不能同甘”的情况，可能就会给企业带来影响。

（3）股权架构是企业存续的根基，合伙人是这个根基的主体，若合伙人出问题，将会导致股权架构不稳甚至纠纷，未来付出的纠正代价可能是很大的，有时甚至是无法挽救的，给公司的治理及资本运营带来障碍，甚至有可能会因此贻误公司的发展良机。

基于上述，可以认为，选择合伙人是最重要的商业模式要素，选择到合适的合伙人等于成功了一半。相反，如果没有找到合适的合伙人，则越努力距离成功就越远。投资行业内有个说法，即“投资＝投人＝投股权结构”，可见“人”是投资时最看重的因素，而由“人”主导构成的“股权结构”则是投资行为落地的核心规则。

4.1.2 评价合伙人的十一个维度

（1）了解他的品性

首先是观察合伙人的品德，诸如是否诚信、忠诚、有契约精神等，品德有缺陷的人一般不适合当合伙人；其次留意他的性格，包容、温顺、积极向上等都是有利合作的性格，如果合伙人性格多变、脾气暴躁、朝三暮四等，一般不是理想的合伙人。

（2）了解他的能力

能力是一个综合概念，合伙人的能力评价主要聚焦于与创业企业所匹配的能力，如前场的营销能力、渠道能力，中场的风控能力，后场的业务支持能力（人力、财务、法务、媒体公关、品牌管理等）等，凡是一个企业正常运营所需的方方面面的能力，都要对候选合伙人进行预先评价，做到因地制宜、人岗匹配。

（3）了解他的责任心

建议关注两个方面：对工作的责任心、对家庭的责任心。工作上兢兢业业、勤勤恳恳，做事不马虎、果断、执行力强、有责任担当的，往往是优秀的合伙人。在家庭责任方面，如果一个人对家庭不够关心，甚至不负责任，或者道德方面有问题，那么即使其个人能力很强，在考虑是否适合做合伙人时，也要相对慎重。因为，他连最亲近的人都可以如此对待，那么在对待合伙人的时候，没有什么是不可能发生的。

（4）了解他的成长经历

一个人在成长过程中，受到环境的影响往往是很大的，除去先天因素之外，个人经历对于一个人性格的塑造会有很大影响。虽然不能说优越的成长环境比艰苦的成长环境下培养的人更加优秀，但至少要关注那些可能导致性格扭曲的极端情况。另外，对于过往经历中有前科的人，也不能一概而论地评定好坏，要具体分析导致前科的具体原因，以便做出客观判断。

（5）了解他对事业的看法

做事情有三个境界：工作、职业、事业，依次是递增的。在确定合伙人之前需要了解他是处于哪个阶段，若单纯为了打工赚钱，或者小富即安，那么做的就是一份工作，顶多是职业性强的专家型人才，可能不适合做合伙人。而那些创业成功的企业家，大多数都是怀着一个梦想，为了某种目标而赋予自己使命感，并且近乎疯狂地执着、坚持，才最终成就一番事业，如华为的任正非、特斯拉的马斯克、苹果的乔布斯等。“一根筋”的人符合创业合伙人的特质。

（6）了解他的爱好

爱好代表着一个人的品位，正能量的、健康向上的爱好能够从侧面印证他是阳光的人，也能够感染与他共事的人。相反，如果经常酗酒、赌博，或者有其他不良嗜好，就要慎重考虑其是否适合做合伙人。

（7）了解他的自控力

自控力即自我控制的能力，指一个人对自身的冲动、感情、欲望等需求，在面对一些事物、突发事件、金钱权利等一系列诱惑时，能够进行自我控制的能力。通常的判断逻辑是，能够进行良好的自我管理和控制的人，一般也能够管理好自己的工作，处理好周围的关系，能够进行高效的协同与合作。这些要素也是优秀合作伙伴应当具备的基本素质。

（8）了解他的文化涵养

龙应台在《所谓文化，就是有所坚持》一文中也提到，文化其实体现在一个人如何对待他人、对待自己、如何对待自己所处的自然环境之中，需懂得尊重自己——不苟且、懂得尊重别人——不霸道、懂得尊重自然——不掠夺，在潜移默化中形成自己的价值观。所以，在选择合伙人时，可以借鉴龙应台对文化的理解，对“文化涵养”做广义的解释，它不等于读书的多少，而更加侧重的是举手投足之间表现出来的律己、包容以及协同合作的姿态。相反，如果凡事斤斤计较，对人严苛、对己宽松，不愿意与人分享等，这些都是不利于作为合伙人进行长久共事的。

（9）了解他是否可以在创业道路上有定力

创业这条路是孤独的，创始人有很多常人无法理解的辛酸史，创业过程中可能会有被人误解、不支持、冷嘲热讽，甚至面临来自精神上的压力、来自资金和业务上的压力等很多方面的影响，这些问题只有咬牙坚持才能挺过去。如果一遇到困难就打退堂鼓、有畏难情绪，不仅不利于解决困难，可能还会感染身边的人，让原本就困顿的状态更加举步维艰。所以说，创业成功的企业家，都有一颗坚强的心脏，让他在无论面对何种困难时都永不言弃。创始人要寻找的合作伙伴，也要具备这样的素质，才能在创业过程中互相勉励、互相帮扶，坚持到底。

（10）了解他的协同力

“一个篱笆三个桩，一个好汉三人帮”，创业不是一个人的战斗，团队协作才会有更大的能量。在评价合伙人时，也要根据创业企业的需求重点考察他与其他人的协同能力、配合能力。比如，单纯的技术开发跟负责对外联络公关的合伙人，在协同力上的要求肯定是不一样的。当然，无论是什么样的事务，负责人的沟通力、协同力越强，就会在实际工作中越明显地提升效率，降低内耗。

（11）了解他的时间

做出决定之前，还要判断一下合伙人是否有充足的时间共同投入创业。如上所述，创业不是坦途，需要全体创业团队成员经过长期的努力、倾情投入才有可能获得回报。对于在时间上不能保证的人来说，他对创业项目的投入就会有影响，创始人需要判断一下这种影响能否通过其他方式来弥补。否则，不能保证时间投入的人，需要慎重考虑可否做合伙人。

上面讨论的 11 个标准，每一项在评价合伙人时都很重要。如果一定要选择哪些标准是最需要优先考虑的，那么应该是 4 个：品性、责任心、能力、协同力，这四个方面都符合要求的，大致上可以考虑作为相对合格的合伙人。

4.1.3 区别对待特殊类型的合伙人

上一节讨论的 11 个标准是对全职投入的人作为合伙人时，需要考量的评价因素。一家创业公司在成立之初，股权结构中可能既有创始人，也有顾问、早期员工及投资人等，除了创始人以外的持股人，可能也会在资源方面对公司做出很大贡献。根据这部分人在创业企业中的作用，我们不妨称为特殊类型的合伙人，这些人跟全职合伙人是有区别的，在引入这些合伙人时也需要慎重考虑。因为，从法律角度看，引进他们很容易，但如果合作不愉快要请他们离开，而事先对相关安排考虑又不周全的，可能就会产生问题。

（1）顾问

创业初期，企业拥有的资源就是股权，而面临的困难却是多方面的，为了能够让公司顺利起步并得到进一步的发展，通常会考虑借助各方面的资源。如果顾问只是单纯地提供资源渠道，打通人脉关系，并不全情投入创业过程的话，则要区分这种资源渠道对创业企业的影响力，决定如何对顾问进行利益安排，以及判断是否适合做合伙人。评估影响力可以分为两个层次：

①如果资源渠道对创业企业而言有决定性的作用，决定着创业企业能否开张，那么合伙人身份问题、股份问题、待遇问题就完全取决于双方的协商，没有什么价值评估模型在这种情况下是适用的；毕竟，公司如果不开张，合伙人身份及股权也就没有价值。

②如果资源渠道对创业企业而言只是具有增量性的作用，企业的生死存亡并不取决于这些资源的话，建议在给顾问许诺股权时要慎重。主要原因是，这些资源能否为企业带来价值及带来多大价值具有不确定性，并且在股权架构

上也需要为公司后续融资的股权稀释预留空间，提前过多地许诺股权可能会在后续融资稀释时对控制权的变动有影响。所以，如果不是必须给股权，也可以考虑以计提工资的形式给予许诺，将来在某个时点（比如A轮融资时）可以按照约定的价格转换为公司股权；或者也可以由双方协商一个条件，在实现资源价值时由创始大股东转让一定比例的股份给顾问作为回报，并约定违约金条款，防止对方反悔。

当然，很多情况下，资源渠道对于公司的作用到底是决定性的还是增量性的，可能也不太容易区分，这时候，更多的是由创始合伙人结合公司实际情况做出判断。一个基本常识是，只有全体同仁共同努力使公司成功了股权才会有价值，否则都是水中月、镜中花。

（2）创业者的爱人

关于创业者的爱人是否适合当合伙人，并没有统一的答案。一般来说，爱人是一种非常特殊的合伙人，他/她经过婚姻的选择，彼此相当了解和熟悉，双方之间的信任成本最低，法律上都有规定夫妻之间可以不经书面授权而对日常家事相互有代理权，足见这是一种高度密切的契约关系。然而，如果合伙做企业，需要考量的因素就远远不是日常家事这么简单的关系了，各种财务问题、业务问题、人事问题、对外公关问题等会让双方之间在很多方面面临新的考验。

例如，中国的互联网企业中，有不少带有浪漫的爱情故事。阿里巴巴的马云，最开始也是和妻子张瑛一起开始创业的；京东商城的刘强东，连名字都是刘强东从自己和前女友的名字中各取一字组成的。但是这些企业在发展壮大后，其中一方往往就会因为各种原因而退出。不过，夫妻创业也有比翼双飞的典范，如当当网的李国庆和俞渝。1999年11月当当网刚成立时，李国庆担任CEO，俞渝出任董事长，一个主管内部战略，一个负责对外事宜，两个人共同占有当当网近半股份，这样的分工与合作，从当当网成立后很长时间内没有任何改变。当当网虽然三番五次被资本看上，但纠结许久，当当网却一直维持着这样“夫妻店”式的模式，这在中国互联网企业里，也不多见。俞渝的严谨保守和李国庆的随性肆意，两个人完全的默契和平等，让当当熬过了漫长的岁月，也在新的变化前心力交瘁。无论是李国庆还是俞渝，都不止一次在公众面前表露，如果再来一次，再也不要和爱人一起创业。2018 年 3 月 9 日海航发布收购当当网公告的前三天，李国庆在朋友圈发布了耐人寻味的文字："所谓的婚姻就是……有时候很爱他……有时候想一枪崩了他……大多时候是在买枪的路上遇到了他爱吃的菜……买了菜却忘记了买枪……回家过几天想想还得买枪……"

（3）兼职人员

创业过程中，由于成本控制因素、人才储备短缺等多方面的原因，可能需要一些技术大咖、专业牛人等对企业极具价值而企业又无力支付雇佣成本的人，作为兼职人员为公司提供服务支持。这种类型的人员，可能会在短期内为企业集中提供一些支持，但无法长期全情投入到创业公司，与其他创业人员共同承担创业风险。因此，考虑这种类型的人做合伙人时，需要慎之又慎。处理的方法可以分为两种：

①当下可以为公司带来价值，未来不确定是否可以加盟公司的，不适合向其释放股权做合伙人，给予工资报酬将是一个简单可行的选择。

②当下可以为公司带来价值，未来确定可以加盟公司的，可以向其释放股权做合伙人，释放股权的比例可以由双方协商。稳妥起见，在确定加盟公司之前，可以向其支付工资，在实际加盟公司时按照双方约定的价格将工资转为公司股权；同时，如果工资还不足以反映其价值的，还可以考虑授予公司期权，并按照双方约定的时间、价格行权。

（4）天使投资人

天使投资是一种参与性投资，也被称为增值型投资。投资后，天使投资人往往积极参与被投企业战略决策和战略设计，为被投企业提供咨询服务，帮助被投企业招聘管理人员，协助公关，设计退出渠道和组织企业退出等。然而，不同的天使投资人对于投资后管理的态度不同，一些天使投资人会积极参与投资后管理，而另一些天使投资人则不然。所以创始人在最初选择天使投资人时，应当从长远角度明确自己的需求，是只解决资金问题还是侧重长线价值投资人的引入，并据此匹配合适的天使投资人类型。从股权架构上来看，投资人只要完成投资，就会成为法律意义上的合作伙伴，并享有《公司法》及公司章程赋予的各项权利，创始股东就要做好与之长期共事的准备。如果投资人的风格类型与创始股东团队有很大的磨合成本，也会给公司后续的发展带来新的问题。所以，对于是否选择天使投资人以及选择何种类型的天使投资人，应当结合创业公司的需求做出预先判断。

（5）早期普通员工

跟随创始股东多年的员工，在创始股东重新创业后，有可能跟随共同发展。这类员工经过多年的磨合与交流，基本上忠诚度都比较高，配合起来都很默契，但是员工跟合伙人还是有区别的，要确定是否将其作为合伙人时至少需要考虑以下因素：

①如果员工能力比较强，也总体符合上面说的 11 条标准，可以考虑将其作为合伙人。

②如果员工某一方面能力较强，其他方面欠缺，作为合伙人还有一定成长空间的，可以考虑与其他员工一样授予期权激励，不过在数量上要有所区别。

③如果员工能力还达不到合伙人的水平，生硬地将其拉到合伙人位子上，对他而言也是一种伤害，过早地透支了他的能力，反而不利于成长。

4.2 建队伍：打造所向披靡的钢铁战队

4.2.1 选择合适的合伙机制

（1）合伙机制的类型

合伙人团队成员选定后，合伙机制的确立将是接下来的一项重要工作。

常见的合伙人机制分类情况如下：

①商业合伙

这种机制侧重于项目合作，一般股权集中、业务集中，可以没有实物投资，适用于绝大多数的创业团队。其优点是商业性强，规则清晰，适合早期创业。缺点是过于看重利益，行为往往具有短期效应。

②事业合伙

这种机制侧重于行业应用，一般股权相对分散，业务决策更加民主。其优点是执行力强，有很强的环境适应性。缺点是对个人视野和格局要求较高，存在个人能力“瓶颈”。代表企业如新东方、万科等。

③价值合伙

这种机制侧重于产业应用，一般股权更加均衡，业务决策也更加具有理性。其优点是生命力强，有战略预见性。不足是对产业认识、战略、运营和文化管理的要求比较高。代表企业如阿里巴巴、复兴、小米等。

这三种类型的合伙机制，代表的也是企业在不同发展阶段的演进模式，相互之间在本质上没有严格的区分，核心要素都是强调团队和个人在企业发展中的重要性，只是在不同的发展阶段其侧重点不同而已。

（2）初创企业的合伙机制需要关注的核心问题

对于大多数创业企业来说，采用商业合伙模式时，要充分关注的问题如下:

①要有明确的规则

当今企业之间的竞争，核心就是制度的竞争、机制的竞争。初创公司往往面临资金、人力、市场等各种现实问题，企业也很容易将精力集中在处理这些问题上面，而对本身的制度建设重视程度不足。笔者认为，企业的制度建设是与发展需求密切匹配的，也可以认为是企业在某一个特定时期对已有做法的固化以及适度超前的预期要求。因此，制度是企业个性化定制的产品，一套好的制度能够将企业带入良性循环的状态。但是在企业创立初期，不建议制定过于复杂的制度，但核心规则一定要具备。就股东角度而言，核心的规则主要包括：合理设置股权比例、合理确定分红规则、合理确定管辖事项、确定合理的退出机制等。

②要分工明确且优势互补

在强调工匠精神、专业分工高度细致的今天，每个人都不可能是万金油。创始人确定的合伙人需要结合优势能力明确各自的分工，在做好自己工作的同时，有效地协同配合其他合伙人的工作，以形成分工明确、优势互补、密切协作的合作模式。比如，马云虽然不是技术专家，但他能够以其独特的领袖气质、富有远见的战略决策和企业布局，充分挖掘他的17位追随者中不同的专业技能，实现他们之间的优势互补，从而使得团队能够快速发展壮大。

③每个合伙人都能独当一面

在创业团队中，每个合伙人都有不同的角色定位：公司的实际控制人、某一板块的负责人、团队文化的传承者等，优秀的合伙机制能够使每个合伙人都能在自己最擅长的方面发挥最大的作用，能够“人尽其才、物尽其用”。创业初期往往因经费预算等因素导致人手紧张，一个人可能同时做多人的工作，这个过程应当是过渡性的，长远来看每个合伙人要能够把自己分工负责的事情高效完成，虽不一定尽善尽美，但一定要能够满足创业公司的阶段性需求。

【案例4-1】

阿里巴巴合伙人制度[1]

下面是阿里巴巴合伙制度的完整版本介绍：

（1）简介

自1999年公司创始人于马云处第一次聚会以来，阿里巴巴的创始人和管理层一直践行合伙人精神。2010年7月，构建了合伙人机制，并将其命名为

1　载http://www.360doc.com/content/17/0527/02/43572527_657598899.shtml，最后访问日期：2018年8月15日。

湖畔合伙人，以纪念合作开始之地——湖畔花园社区。这一合伙人机制即为阿里巴巴合伙人制度。

阿里巴巴目前共有 32 名合伙人，其中 24 名来自阿里巴巴管理层，7 名来自蚂蚁金服管理层，1 名来自菜鸟网络管理层。阿里巴巴合伙人的人数不是固定的，可能会因新合伙人加入，现任合伙人退休或合伙人因故退出而出现人数上的变动。

阿里巴巴合伙人的结构能够通过每年加入新合伙人来实现动态更新。与试图将投票权集中在少部分创始人手中的双重股权结构不同，阿里巴巴合伙人制度体现了大多数管理层合伙人的共同愿景。

在阿里巴巴合伙人制度下，全体合伙人按“一人一票”的方式享有投票权。

合伙人制度的运作受到《合伙人协议》的约束，并须遵循公司运营中以及以下列明的原则、规定和程序：

（2）合伙人的提名和选举

阿里巴巴合伙人每年都会选出新合伙人，由现有合伙人通过提名程序向合伙人委员会推选候选人。合伙人委员会审查进行并决定是否将被提名候选人提交全体合伙人进行选举。新合伙人的加入需要得到不低于 75% 的合伙人同意。

候选人需具备以下条件方可进入选举程序：

第一，品格优秀、诚信正直；

第二，在阿里巴巴集团、阿里巴巴旗下企业或重要关联公司（如蚂蚁金服）连续工作超过 5 年；

第三，曾对阿里巴巴集团的发展有积极贡献；

第四，是高度认可阿里巴巴的使命、愿景和价值观并愿意为之努力的“企业文化传承者”。

为使合伙人与股东利益保持一致，要求每位合伙人在其担任合伙人期间都需持有一定数量的公司股权。一般而言，由于候选合伙人的条件之一是需要在阿里巴巴或其关联公司工作超过 5 年，此类候选人在成为合伙人之时通常已经从公司的股权激励中取得了一定数量的股权。

（3）合伙人责任

合伙人的主要责任是发扬与践行阿里巴巴的使命、愿景和价值观。

（4）合伙人委员会

合伙人委员会由至少 5 名合伙人组成，目前委员会成员为马云、蔡崇信、彭蕾、张勇、井贤栋。合伙人委员会负责合伙人的选举工作。合伙人委员会成员每期任职 3 年，可连选连任。合伙人委员会成员的选举每 3 年进行一次，由合伙人委员会进行候选人提名，该提名人数应当与委会员成员人数相等，并额外提名 3 名候选人。每位合伙人投票选出与合伙人委员会人数相同的候选人，除了获得投票数最少的 3 名候选人之外，其他候选人均当选为合伙人委员会成员。

（5）董事提名和任命的权利

依照公司章程的规定，阿里巴巴合伙人享有提名董事的排他性权利，也有权在特定情形下任命过半数的董事会成员。

阿里巴巴合伙人提名的董事候选人需在年度股东大会中获得过半数股东投票方可当选。如果阿里巴巴合伙人提名的董事未获选或者获选之后退出董事会，阿里巴巴合伙人有权指定一名临时董事，该临时董事有权行使董事职权直到下一次年度股东大会召开。在下一次年度股东大会中，被指定的临时董事或董事候选人的代替人（非初始候选人）将代表初始候选人在本届任期剩余期限中进行选举。

如阿里巴巴合伙人所提名和任命的董事人数低于半数，例如阿里巴巴合伙人所提名的董事停止任职，或阿里巴巴合伙人未行使提名权和任命权等情形发生，阿里巴巴合伙人有权另行任命其他董事（无须其他股东同意），以保证由其提名或任命的董事人数达到过半数。

阿里巴巴合伙人提名董事，由合伙人委员会推选候选人，经全体合伙人投票选举，获得过半数投票的候选人当选。阿里巴巴合伙人提名的董事候选人可以是阿里巴巴合伙人的成员，也可以是其他的符合资格的非阿里巴巴合伙成员人选。

阿里巴巴合伙人需遵循《合伙人协议》的相关规定行使对过半数董事的提名权和任命权，该《合伙人协议》于 2014 年 9 月阿里巴巴上市时生效且允许修订。任何对《合伙人协议》中有关合伙人宗旨或阿里巴巴行使董事提名权和任命权相关条款的修订，都应得到多数非候选人或被任命人的独立董事的同意，独立董事的任职应符合《纽约证券交易所上市公司手册》第 303A 条的规定。公司章程中也规定了阿里巴巴合伙人的提名权及提名程序，依据公司章程，阿里巴巴合伙人提名权以及公司章程中相应条款的变更，需要得到股东大会 95% 的股东投票支持方可实施，股东本人或通过代理人投票均可。

目前董事会共有成员 11 名，其中 5 人为阿里巴巴合伙人提名的候选人。根据规定，如由阿里巴巴合伙人所提名和任命的董事人数少于半数，例如阿里巴巴合伙人所提名的董事停止任职，或阿里巴巴合伙人未行使提名权或任命权等情形发生，阿里巴巴合伙人有权自行任命其他董事（无须股东同意），以保证由其提名或指定的董事人数过半数。所以，阿里巴巴合伙人有权另行提名或任命 2 名董事，将董事人数增至 13 人。阿里巴巴与软银、雅虎之间的《投票协议》约定，只要软银持有的阿里巴巴股权不低于我们发行股票总额的 15%，就会在年度股东大会上行使投票权支持阿里巴巴合伙人提名的候选人。因此，只要软银和雅虎持有阿里巴巴的大量股票，则可预期阿里巴巴合伙人提名的董事候选人在所有选举董事的会议中都能过半数当选。

（6）现有合伙人

见表 4-1 为现有 32 名阿里巴巴合伙人的姓名和相关信息，排名以加入时间为序。

表 4–1　32 名阿里巴巴合伙人姓名和相关信息

序号	姓名	性别	加入时间	职务
1	马　云	男	1999 年	执行主席
2	蔡崇信	男	1999 年	执行副主席
3	金建杭	男	1999 年	集团总裁
4	彭　蕾	女	1999 年	蚂蚁金服主席
5	吴泳铭	男	1999 年	阿里健康总裁
6	蒋　芳	女	1999 年	首席人才官
7	戴　珊	女	1999 年	首席客户服务官
8	蔡景现	男	2000 年	首席工程师
9	方永新	男	2000 年	人力资源部总监
10	彭翼捷	女	2000 年	蚂蚁金服国际事业部总裁
11	童文红	女	2000 年	菜鸟网络首席执行官
12	吴敏芝	女	2000 年	批发交易市场总裁
13	孙利军	男	2002 年	农村淘宝事业部总经理
14	倪行军	男	2003 年	蚂蚁金服首席工程师
15	王　帅	男	2003 年	高级副总裁
16	张建锋	男	2004 年	首席技术官
17	张　宇	女	2004 年	企业发展部副总裁
18	程　立	男	2005 年	蚂蚁金服首席技术官
19	胡晓明	男	2005 年	阿里云总裁
20	邵晓峰	男	2005 年	高级副总裁
21	俞思瑛	女	2005 年	中国区法律顾问
22	赵　颖	女	2005 年	蚂蚁金服副总裁
23	刘振飞	男	2006 年	首席风险官
24	曾　鸣	男	2006 年	执行副总裁
25	樊路远	男	2007 年	蚂蚁金服支付事业群总裁
26	井贤栋	男	2007 年	蚂蚁金服首席执行官

27	Timothy A.STEINERT	男	2007 年	总法律顾问
28	武 卫	女	2007 年	首席财务官
29	张 勇	男	2007 年	首席执行官
30	王 坚	男	2008 年	技术委员会主席
31	郑俊芳	女	2010 年	首席平台治理官、副首席财务官
32	俞永福	男	2014 年	移动事业群总裁

（7）合伙人退出与免职

合伙人可以随时退出。除了永久合伙人之外的合伙人应于年满 60 岁时或雇佣合同终止时退休。永久合伙人可以一直拥有合伙人资格直至本人自愿退出、死亡、失去行为能力或被免职。永久合伙人的人数为 2~3 名，马云和蔡崇信为初始永久合伙人。永久合伙人的人选由将要退出的合伙人或在任的合伙人指定。永久合伙人在内的所有合伙人，均可因违反《合伙协议》中约定的合伙人标准而被正式召集的合伙人会议过半数合伙人投票免职，该免职原因包括未能积极践行我们的使命、愿景和价值观；欺诈；严重不当行为或重大过失。永久合伙人亦应按照下述规定持有公司股权：合伙人因满足年龄和服务要求而退休的，可以被合伙人委员会指定为荣誉合伙人。荣誉合伙人不得行使合伙人权利，但有权获得年度奖金池的延期分配份额作为退休补偿金。永久合伙人如果不再担任公司职务，即便其仍为合伙人，也无权获得年度奖金池的奖金分配。但如果其为荣誉合伙人，则可以获得年度奖金池的延期分配份额。

（8）限制性规定

根据公司章程，公司如果出现重大变更，如控股变化、合并或出售等情形，合伙人和其他普通股股东将取得相同对价。此外，公司章程规定了阿里巴巴合伙人对董事的提名权不得转让，亦不得委托代理人或其他第三方行使，但阿里巴巴合伙人可以选择不行使全部权利。如前文所述，任何对《合伙人协议》中有关合伙人宗旨或阿里巴巴行使董事提名权和任命权的修订，都应得到多数非候选人或被任命人的独立董事的同意，该独立董事的任职应符合《纽约证券交易所上市公司手册》第303A条的规定。

（9）阿里巴巴合伙人协议的修订

根据《合伙人协议》的规定，除普通合伙人对特定管理性规定的修订，《合伙人协议》的修订，需全体合伙人2/3以上参会并获得参会人数2/3以上的同意方可通过。此外，对阿里巴巴合伙人宗旨或董事提名权的修订需获得半数以上的非候选人或被任命人的独立董事同意。

（10）阿里巴巴合伙人持股规定

阿里巴巴合伙人可以以个人或其公司名义直接或间接持有公司股权。公司与全体合伙人都签订了股权保留协议。股权保留协议约定合伙人自成为合伙人起3年内持股数量不得低于其成为合伙人时所持股权的60%（包括未成熟股权、潜在成熟股权和未授予的奖励），其中27名合伙人自2014年1月1日起算，3名合伙人自2014年8月26日起算，4名合伙人自2015年12月8日起算。3年期限结束后，合伙人在任职合伙人期间的持股数量不得低于其前3年作为合伙人所持有股权的40%（包括未授予股权、潜在授予股权和未授予的奖励）。股权保留协议如果约定持股例外情形，需得到多数独立董事的同意。

【问题聚焦】

阿里巴巴的合伙人制度非常特殊，不是初创企业的合伙人制度，它产生于阿里巴巴已经经营得非常成功的背景之下，不过，这一项制度反映出的理念和方法很值得初创企业学习。

（1）合伙人制度的初衷

马云等创始人的理念是仿效高盛和麦肯锡的模式，将管理层分为3个梯度以推进公司运作：新进人员负责具体执行，中层负责战略管理，创始人主要关注人才选拔和企业发展方向。根据该梯度设计及对应职责，必须存在一种机制以确保创始人和管理层被赋予相应的公司控制力，这就是阿里巴巴合伙人机制产生的最初动因。

（2）合伙人制度解决的问题

阿里巴巴合伙人制度最直接的作用是强化并巩固了创始人及管理层对公司的控制。创始人及管理层的持股数量已随着阿里的持续融资及上市被逐步稀释，招股书显示，软银为阿里的最大股东，持有 7.97 亿股，持股比例为 34.4%，其中 4.66 亿股为软银直接持有，1500 万股由软银下属的 SBBM Corporation 持有，3.16 亿股由软银下属的 SB China Holdings Pte Ltd. 持有。第二大股东为雅虎，持股 5.24 亿股，占比 22.6%。在上述两大股东之后才是马云，持股数量为 2.06 亿股，占比 8.9%；蔡崇信持股 8350 万股，占比 3.6%；阿里 CEO 陆兆禧、COO 张勇等高管持股比例均未超过 1%。从股份分布比例上看，阿里创始人及管理层所持股份合计不超过 13.5%，远不及雅虎所持有的股份数额，更不能与软银相提并论，仅凭借持股难以对公司继续实施控制，因此通过公司架构设计以获取超过其股份比例的控制权则至关重要。合伙人制度的设计正是在控制权方面解决了这个问题。

4.2.2 组建高效的创业团队

确定了合伙人并搭建了合伙机制后，接下来就是如何使新团队高效地运作，迅速实现目标。在互联网跨界融合多个行业的现状下，速度就是生命，时间意味着商机，团队越快速地对市场做出反映，及时调整适应新的打法，对创业企业的存活、取得成功就越重要。一个高效优秀的团队至少在下面 8 个方面表现出色：

（1）目标一致

共同的目标是维系团队成员的基础条件，是各个合伙人与创业企业利益相连的关键纽带。优秀团队的建立主要是基于成员在追求特定目标上的能力，但大家基于共同目标而奋斗时，才会对彼此的优势予以认可，对彼此的缺点相互包容，凝聚力也因此而生。当个体的成长与团队的命运密切相关、荣辱与共时，所有成员才会对团队产生归属感。

（2）勇于担当

团队成员的责任意识决定着团队绩效。每个成员都必须保持高度责任心。创始人要明确传达团队目标，并分清责任目标，更要以身作则。如果一个团队中人人都敢于担当，必定会实现高效率。

（3）充满激情和自信

激情和自信是个人成功的根本，也决定着团队的成败。创始人不能只追求结果而忽视成员激情的培养。团队气氛营造和士气的激发是创始人日常工作中非常重要的任务。

（4）保持诚实与正直

人人相互理解和信任，则务必建立在诚实和正直之上，这是团队成员之间达成高度协同的基础。如果正直和诚实被摒弃，所有的人都言行不一，成员之间无法相互信赖，这样的团队结局可想而知。诚实与正直也是为人处世之根本，谁丢掉根本，谁就无法立足于社会。

（5）保持积极沟通

很多团队沟通不顺畅，导致内部争斗不休，最终与市场机遇擦肩而过。团队失败的所有原因几乎都与沟通有关。高绩效团队始终能够积极主动地表达和耐心细致倾听。如果没有有效沟通，任何目标都将成为纸上谈兵。

（6）不轻易放弃

意志力往往是战胜对手和穿越挫折的最终能量，是团队成员最优秀的品质。如果一支团队因缺乏杰出的意志力而选择放弃，就无法坚持到最后的目标达成。成功总是属于那些坚持到底的团队和个人。

（7）相互尊重

尊重是合作的前提和基础，是团队协同性的保证，更是成员之间沟通顺畅的原则。

（8）团结互助

在团队其他成员遇到阻力和陷入困境之时，任何一个人都应该主动伸出友爱援助之手，这种品格会形成一种独特的气质成为高效团队最明显的特征。

4.2.3 避免合伙人不欢而散

俗话说“买卖好做、伙计难搁”，创业过程中难免会因为理念、价值观等方面的差异，导致合伙人分道扬镳，这是很正常的事情，虽然经过初期的筛选和考察找到了合作伙伴，但只有经过近距离的磨合才能确认各方是否真的一起创业。说严重点，可能在创业初期合伙人每天共处的时间比自己的家人更长，如果彼此之间合作不愉快，将会是很大的折磨。但如果真的出现合伙人离开创业团队的情况，至少也要保证好合好散，不出现“朋友式合伙、仇人式散伙”的局面。要实现这样的理想状态，下面几个方面需要注意：

（1）从熟人圈子找合伙人

信任和尊重对合作伙伴来说非常重要，所以，创业者寻找合伙人时首先考虑的就是与自己关系比较熟、相互知根知底的人，比如自己的家人、同学、朋友、同事等，这个群体的人员相对比较容易快速进入合作状态，而不用过多花费时间进行了解与磨合。如当年 Google 的创始人拉里·佩奇（Lawrence Edward Page）和谢尔盖·布林（Sergey Brin）就是斯坦福大学计算机系的研究生同学，Facebook 的扎克伯格（Mark Elliot Zuckerberg）、萨维林（Eduardo Saverin）和莫斯科维茨（Dustin Moskovitz）也都是哈佛大学的同学。

（2）丑话说在前面

俗话说“先小人、后君子”。在谈合作之前先将利益安排、责任承担等问题说清楚，然后再讲情谊，可以避免很多事后难以开口的问题。“说丑话”的核心是明确规则，哪怕暂时是口头的也可以，主要目的就是防止因为过于看重情义，而忽略了一些基本的商业规则，只有各方都恪守规则约定，才能走得更加长远。实践中，可能会发生即使有规则约定，还是会事后翻盘的情况。这种情况下，就需要配合其他的方法进行解决了，比如由跟双方都熟悉的人从中斡旋，进行调解处理等，尽量不通过法院判决或仲裁裁决的方式处理，毕竟“买卖不成仁义在”，到了通过司法程序解决的地步时，可能以后连朋友也做不成了。更何况，初创企业需要大量的时间精力解决生存和发展问题，旷日持久的诉讼程序将会耗费企业很大的时间成本、人力成本等，不利于企业发展。

（3）要在商言商

对初创企业来说，分清友情和合作之间的关系非常重要。企业是一个营利性质的组织，设立目的就是为了赚钱，而不是单纯地为了讲情怀。因此，这种性质的组织形式决定了企业是由一系列商业规则安排集合而成的，如果将过多的情谊成分与商业规则混合，将会导致两者的边界都变得模糊，有时候甚至难以分清，这对商业逻辑是一个很大的挑战。创始人与合伙人之间无论是基于什么样的关系走到一起，彼此之间的初始关系只是一个基础，在此基础上，应当建立明确的商业规则，对自身角色、权利义务关系等要有清晰的定位，能够书面化的尽量要书面记载，最终要形成内部的规章、制度、协议。这样，就可以减少后面彼此之间的揣测、琢磨，减少内耗，将主要精力都放在拓展业务、公司发展上。实践中，有很多创业者没有做好这些准备工作，有的是因为觉得对方是朋友，不方便开口说；有的是没有认真对待，只是走了一个过场；有的是因为不够专业，制定的协议也没有多大作用。在这些情况下，一旦今后企业发展过程中产生分歧又没有妥善处理，则可能带来不好的后果。

（4）多换位思考

创业初期的企业，一般都会面临一些压力，创始人和合伙人一方面要处理业务问题，另一方面还要解决公司的供血问题。由于公司的前景不明朗，合作伙伴之间更加需要通过相互帮扶、相互鼓励、换位思考等方式加强信心。在这个特殊时期，合作伙伴的心理一般比较敏感，会更加在意别人对自己的态度，也会更加期望其他人都努力向前，最好是“5+2”“白＋黑”地努力奋斗。如果团队中有人掉链子，或者经常过于自我，日积月累就可能会给后面产生纠纷埋下隐患。

比如，凤凰科技 2014 年 11 月 17 日在《西少爷拆伙：又一个创业公司的股权悲剧》中描述，曾经的明星创业企业“西少爷肉夹馍”在 2014 年合伙人纠纷时，就存在彼此之间认为的付出与回报不对等问题。在合伙人罗高景看来，宋鑫没有工作成果是争吵的直接原因。“2013 年 5 月我、孟兵和宋鑫创业做科技公司时，我和孟兵几乎每天都熬夜通宵写代码、赶方案，但宋鑫却经常熬夜看小说、打游戏，基本上是我们俩养着他一个人。”这一说法虽然不被宋鑫认可，但不可否认的是，合伙人之间在工作付出的计算方面产生了分歧。如果 3 个合伙人都多一些换位思考，相应做些改变，可能结局会不一样。

（5）依据规则解决问题

创始人与合作伙伴在创业过程中，难免会对一些问题发生意见上的分歧和矛盾。这本是正常的，也是磨合过程所必需的，但问题毕竟还要解决。如不及时解决，一方面是类似的问题还会出现，另一方面经过日积月累后，原本只是一些小问题，最后可能会连串发酵成为难以解决的大问题。其实，解决这些问题的最好办法，就是明确原则与底线，双方达成一致后，以后再遇到类似问题时，就按照规矩来办。需要注意的是，初创企业不需要烦琐的制度，能够“管用”就行，随着企业的逐步发展，规则可以同步完善起来。否则，刚开始就参照一流企业制定大堆的制度，不仅可能得不到执行，而且连已经确立的简单规则也会被冲淡，起不到应有的效果。因此，初创企业制度和规则的制定应当与企业的发展速度相匹配，可以有适度的超前，但不可过于超前。只要规则本身制定的没有问题，就要保持对规则的敬畏，这也是为了发生问题时，各方都有章可循或者有原则可循，保证相对公正地处理问题，巩固和保障合作关系。

4.3 分股权：股权架构设计的五个核心

初创企业分股权时主要解决的是两个问题：一是如何利用合理的股权结构保证创始人对公司的控制力；二是通过股权分配帮助公司获取更多资源，包括找到有实力的合伙人和投资人。初期的股权架构不建议设计得太复杂，否则会影响效率、扰乱军心。在如何分配股权上，没有“一刀切”的答案，主要是结合初创公司自身的情况，再根据一些规则方法，最终实现“公平、简单、简洁”，这样分配的股权，企业的顶层架构才会稳定，公司才具备成功的基础。

4.3.1 依据价值贡献分股权

（1）将创始人的贡献进行估值

首先，需要对创始人对公司带来的各种贡献进行估值，然后以市场价值为参考依据，计算得出每种贡献的独立估值以及总估值，进而可以算出每位创始人及其合作伙伴的持股比例。例如，创始人在创业初期，其工资按照市场行情应当定为每月 5 万元，但因公司刚刚创立，现金流比较紧张，于是每个月只拿 5000 元，剩余的每月 45000 元视为公司对创始人的债务，这些债务就相当于该创始人对公司的贡献。在计算股权比例的时候，这 45000 元 / 月的贡献应当被考虑在内。

（2）各种要素的估值

在估值时需要注意，能够量化的要素就予以量化，以体现公平；不能量化的要素，可以适度放宽标准，宜粗不宜细。

①现金

现金的价值最明确，无须按照复杂的方法进行评估。我们常说万事开头难，公司在创立初期的起步是很艰难的，对现金的需求非常迫切，现金在这个阶段的作用极其关键。随着公司的进一步发展，公司的融资能力越来越强，如果项目前景良好，对资金的选择也就有了主动权，这个阶段现金的重要性会有所下降。因此，创业初期的现金投入应当给予超出其实际金额的价值评估，后续其价值一般是递减的。

②非货币资产

主要包括：实物资产，知识产权或专用技术、土地使用权等无形资产，对这些非货币资产，评估师可以依据专门的评估规则做出价值评估。创业合伙人对此也应该有一些自己的非专业判断，评判这些实物资产是否公司经营所必须，如果超出了创业公司的经营需要，资产的价值就不应被考虑。例如，公司仅需 500 平方米的办公面积，而某位合伙人提供了 2000 平方米的办公室作为出资，虽然使用起来是宽敞一些，但是资产闲置不仅会造成浪费，也会影响该合伙人在初创公司的股权比例。

③人力资本

人力资本作为对公司的出资形式，目前还没有得到《公司法》的认可。但在实践中，尤其是创业投资领域，已经对这种形式的出资给予了承认。创始人在引进天使投资或 A 轮投资时，投资人出大比例资金却占小比例股权，创始人出小比例资金却占大比例股权，已经成为一种常态。比如，小米公司刚设立时，货币资本出资 1000 万美元，而人力资本出资的估值约为 2500 万美元。

采用人力资本作为出资形式也面临一些法律上的问题，《公司法》上的资本一般是指注册资本，是由公司章程确定并载明的、在公司登记管理机关登记的、由股东出资构成的财产总额，除了特殊管制的行业外，这一资本既可以是认缴资本，可以是实缴资本。这样一来，人力资本因为无法按照《公司法》的要求进行估值和缴纳，所以在实际操作时需要变通考虑其他的方法。一般通过两个方法实现：

第一，公司设立时不要以人力资本出资，法律形式上体现的仍然是货币或可评估、可转让的非货币出资形式，以满足《公司法》的缴纳要求，但是在出资比例上要考虑人力资本因素的贡献，适当地由其他非人力资本出资的人多出部分资金。《公司法》目前虽然允许约定出资比例，但是在工商登记时，部分地区仍然难以对出资和持股比例不一致的情况进行登记。这种情况下，形式上可以按照工商部门的要求进行登记，但在实质上可以由各股东另行通过补充协议约定各自的实际权益比例，只要约定内容没有违法，补充协议就是有效的。

第二，在公司增资引入投资人时，对公司进行高估值，估值中包含人力资本的贡献因素，然后高溢价释放股权，以此包含实现对人力资本价值的认可。这是目前运用比较多的、间接承认人力资本出资价值的做法。

人力资本怎样估值呢？传统方法是采用成本法，即从人力资本形成角度将人力资本投资的各项成本直接加总算得人力资本的价值量。需要注意的是，采用成本法需要两个假定条件：一是人力资本的实际价值与其投资成本高度相关；二是企业的工资、福利等人力资本投资反映了市场供求状况。成本法只是对人力资本价值的一种衡量方式，人力资本投资额的大小与人力资本创造能力可能产生的实际价值之间是有出入的，投资额大并不一定说明实际形成的人力资本价值也大；反之，投资额小并不一定说明实际形成的人力资本价值就小。

不过，在创业投资投资模式下，按照传统方法衡量计算出的人力资本价值，并不能真正完全反映其对创业企业的价值贡献。传统成本法对人力资本进行估值的局限性是仅从对人力资源补偿的角度考虑的，人力资源更重要的是其未来能够创造的收益价值，在评估中必须将这个因素考虑进去才能比较真实地贴近创业企业对人力资资本价值贡献的确定。实际操作中，关于人力资本价值确定的方法，更多的是“拍脑袋”，由各方协商确定。其实，协商也应该有标准，不是简单粗放协商，否则也容易因考虑不周导致后面各方在价值理解上产生不一致。操作中可以考虑下面两个因素进行协商：

首先，对赌模式。人力资本在产出价值之前，事先无法准确衡量其价值，可以参考风险投资的思路，由各方先商定人力资本价值，然后确定一个期间并设置一些考核标准和条件，如果满足了就予以认可，不满足就按照各方约定进行调减。

其次，公司有近期融资的，参照融资估值确定人力资本价值，并在公司后续引进人才时作为参考并适用。

④关系资源

公司设立时或者设立后在发展的过程中，在资质审批、公司融资、产品销售等方面可能会用到一些人际关系，通过这些特殊关系来取得业务资质、资金以及打开销售渠道等，如果有的合伙人有这样的资源，也是能够为公司带来价值的。对于这些特殊类型的价值贡献，如何评价其价值呢？可以考虑采用下面方法：

第一，按照价值产出进行评估。比如，合伙人利用自己的人际关系为公司产品打开了销路，公司按照制度规定应当给予一定的提成，这些应付未付的提成就可以视为合伙人对公司的贡献。

第二，按照应付成本进行评估。比如，合伙人利用关系为公司完成了融资目标，正常情况下公司应当按照市场行情给予佣金，这些应付未付的佣金就可以视为合伙人对公司的贡献。

第三，结合考虑应付成本和价值产出进行评估。有些情况下，合伙人利用关系为公司完成某个重要的资质审批，对其价值贡献就不能完全按照价值产出进行评估，因为公司取得资质后还要进行一系列的投入才能产出产品；同时，也不能完全按照应付成本进行评估，因为这种关系资源可能不是一种完全市场化的渠道。这时，就可以在应付成本的基础上，适度参照价值产出进行价值评估，以公允反映其价值贡献并维护好后续关系。

⑤其他

对于创业企业初期由合伙人投入的其他无形贡献，比如工作时间、创意等，能够进行量化评估的就进行量化评估，不能量化的，就只能讲情怀和梦想了。合作伙伴彼此之间的包容、谅解和担当是创业企业的必备文化，因为有些东西的确不能讲得太清楚。有限公司之所以强调人合性，说的也是信任度在团队合作中的重要性，没有了这个基础，合作很难进行下去。

4.3.2 股权比例的确定与调整

（1）依据各种投入要素计算各自股比

合伙人投入公司的上述各项要素经过估值确定后，计算股权比例就有了明确的依据。每个合伙人投入的要素可能不是单一的，计算之前需要将各种要素的价值相加，再与全部要素价值比较，然后得出计算结果。为了股比分配的公平性，可以采用“三步法”确定最终股比。即：

第一步：依据初始出资要素确定每人的出资价值；

第二步：考虑特殊的价值贡献要素进行增值调整；

第三步：求和计算各自比例。

举例如下：

创业公司A由甲乙丙3个股东共同出资设立，其中甲现金出资100万元，担任公司CEO，是主要创意的贡献者，主导公司的创立，全职创业；乙提供办公场地（作价50万元，市场租金2万元/月），担任公司副总裁，全职创业；丙提供办公设备（作价30万元），担任公司副总裁，兼职创业。A公司主要作为互联网电商平台拟从事高端快消品的线上销售，初期急需资金开发软件及洽谈合作方。在确定各位股东的股权比例时可以按照以下方法：

第一步：确定初始出资价值。甲出资现金100万元，乙实物出资50万元，丙实物出资30万元，公司总计资产180万元，可以暂计为180万份额出资。

第二步：贡献价值要素调整。甲：现金要素增加50万元出资额（因为公司初期对现金的需求极为迫切，又没有其他融资渠道，甲的现金出资重要性极高，可以说如果没有启动资金公司根本无法设立）、创意要素增加30万份出资额、岗位要素增加10万份出资额、全职创业要素增加10万份出资额，总计增加100万份出资额；乙：岗位要素增加5万份出资额、全职创业要素增加10万份出资额，总计增加15万份出资额；丙：岗位要素增加5万份出资额、兼职创业要素增加5万份出资额，总计增加10万份出资额。

第三步：求和计算价值总额：甲200万份出资额，乙65万份出资额，丙

40 万份出资额，总计 305 万份出资额。最终可以计算得出每个人的股权比例：甲占 65.6%，乙占 21.3%，丙占 13.1%。

对于上面的计算过程有两点需要说明：

①这三步计算的逻辑是，单纯按照货币或实物出资不能完全准确地反映每个人对创业企业的贡献，所以，股权比例应当将调整因素考虑在内；实践中绝大多数公司是直接按照实际出资的价值确定股权比例，这种做法有利有弊，合伙人之间后期产生争议时相当一部分原因是认为自己的投入与回报不成比例，上面介绍的这种方法就是试图避免这种问题的出现。

②如果单纯按照货币或实物出资计算股比，甲占 55.6%，乙占 27.8%，丙占 16.6%，相比调整后的股比，甲增加了 10%，乙减少了 6.5%，丙减少了 3.5%。这些增减的数字变化在工商登记环节可以这样处理：甲按实际出资 100 万元除以约定占比 65.6%，计算出公司注册资本总额为 152.4 万元，减去甲出资后剩余的 52.4 万元由乙、丙按照股比分别溢价出资，即乙出资 50 万元中的 32.5 万元进注册资本，剩余的 17.5 万元进资本公积，同理丙出资 30 万元中的 19.9 万元进注册资本，剩余的 10.1 万元进资本公积。

（2）股权比例的动态调整

动态调整股权比例是按价值贡献分配股权的核心，两者是配套使用的。创始人及其合作伙伴对公司的出资要素，有些是一次性完成的，如现金、实物等，有些是动态进行的，如工作时间投入、岗位价值贡献等，如果这些动态的投入没有按照预期到位，那么就需要对股权比例进行调整。笔者认为调整时需要在 3 个方面做到位。

①明确投入规则

对于需要持续投入的价值要素，虽然事先已经约定了估值占比，但要明确采用类似“积分制”的原理，对这些价值投入进行持续统计，在约定的周期届满后确认总计价值。这种方法可以让合作伙伴事先就已经预知价值投入要素的算法，而不至于感到仓促和意外。

②定期复盘

在投入完成后的一定期限，可以组织各合作伙伴进行复盘确认，确保大家对价值的计算没有异议，从而彻底夯实出资的约定比例。

③控制节奏

对于持续统计的周期，可以根据价值要素的形式及创业公司的实际需求进行约定，一般不宜过于频繁，按季度或年度都可。定期复盘的周期也不可过长，应及时做出确认。另外，考虑到公司股权架构的稳定性，尤其是公司需要进行融资时，一定要结束这种对股权比例的调整，否则可能会影响投资人对公司股权架构清晰性以及团队稳定性的判断，不利于融资。

4.3.3 期权池的预留

初创的公司，除了创始人及其合伙伙伴持有股权外，在设立时如果有天使投资人参与，或者在设立后不久有投资人参与投资，还会涉及设立期权池的问题。

（1）为何设立期权池

员工持股计划（Employee Stock Ownership Plan，ESOP）是指通过让员工（包括创始人自己、高管及普通员工等）持有本公司股票和期权而使其获得激励的一种长期绩效奖励计划，俗称“期权池”。设立期权池一般出于以下目的：

①留住核心员工

核心员工对公司的贡献往往比较大，正常薪酬可能不足以反映其价值贡献。而且，这些核心员工由于具备很强的业务能力、专业能力，也会受到来自同行业竞争对手、猎头公司的青睐。为了挖掘人才，他们经常会给出比原来高的报酬，如果报酬高出现任公司许多，这些核心员工可能就会动摇。因此，为了使辛苦培养出来的核心员工不至于流失，ESOP 是一个很好的方法。这种工具的使用，一方面体现了对员工的价值认可，另一方面也会增强员工对公司的粘性，增加其跳槽成本，从而有利于人员的稳定。另外，通过这种方式也可以弥补核心成员在公司初期的创业风险，给员工以归属感，使员工与公司的利益保持一致，解决长期激励问题。

②吸引未来的员工

初创公司的现金流一般不充沛，在底薪不增加的情况下，通过发行期权可以增加公司招聘的竞争力，以便公司在给不出高额薪水的情况下能够吸引到高级人才。国内流行的做法（比如阿里巴巴）是达到一定级别的人，在入职时给予一定数量的期权，每年或者每两年兑现一部分，比如 2011 年入职阿里巴巴的 P7，入职大概会给到 5000 股阿里巴巴集团股，每两年可以兑现一半，兑现后可交易（有很多限制，但交易时要按照规定交税）。

③简化流程

公司股份的变动会涉及许多法律上的程序和文件，诸如召开股东会就增资或转股做出决议、修改公司章程、办理工商变更登记等。因此，每变动一次股权都会带来很多时间成本、人力成本。通过设立期权池，可以将需要用作激励员工的股权提前预留出来，在实际需要向员工授予期权并因员工行权而最终引起股东结构变化时，不需要再进行上面的繁琐程序，只需要按照董事会事先批准的股权激励方案具体实施即可，将大大地简化流程。

④降低股份稀释风险

从风险投资（Venture Capital， VC）角度看，设立期权池可以降低其股份被稀释的风险。如 VC 进入 A 轮融资时，创业公司不设期权池，或者期权池太小，B 轮融资时新的投资者要求设立期权池，此时 A 轮的 VC 已经成为创业公司的股东，也要按持股比例奉献股份，显然是对 A 轮 VC 股份的稀释。如果 A 轮做得足够大，未分配的期权将作为 B 轮的期权池，A 轮投资后 VC 持有的股份就可以相比未设立期权池情况下，降低股份稀释风险。从实质上来看，VC 这是在用创业股东及其合伙人的钱来降低自己的风险。

（2）期权池一般多大

期权池的股份比例一般是 10%~20%，也有超过 20% 的，这个要结合公司的实际融资情况确定。通常情况下，如果预留超过 20%，创始团队不易接受，预留低于 10%，今后吸纳高级人才又可能会遇到麻烦。VC 一般会要求创业公司根据投资完成后的一定比例确定期权池，但别忘了，这个期权池要在 VC 投资前完成。也就是说，用的是投资完成前阶段的钱，达到投资完成后的比例。假如以投资完成后公司的 20% 股权作为期权池，实际创业公司的股东要奉献出投资完成前公司 20% 以上的股权才能达到此效果。

举例如下：

创业公司 A 注册资本 1000 万元，有甲、乙、丙 3 名股东，分别持股 50%、30%、20%。现拟引入投资者丁，丁以投资完成后 5000 万的估值投资 1000 万，占股比 20%，但是要求公司按照投后 5000 万估值设立期权池，占股比 10%，期权池采用增资方式设立。经计算可以得出，增资完成后公司总计注册资本 1428.57 万元（原注册资本 1000 万 + 期权池增资 + 丁增资），其中丁缴纳的注册资本为 285.71 万元，期权池需要在丁增资前完成设立（可以零实缴，在期权行权时再实际缴纳注册资本），需要缴纳增资 142.86 万元。可以看出，期权池设立后丁增资进入之前，期权池占公司的股比为 12.5%［142.86/（1000+142.86）］，大于丁增资完成后的 10%。即创业公司的原股东甲、乙、丙 3 方需要实际贡献 12.5% 的股份比例才能达到丁投资完成后 10% 的期权池设立要求，多出部分的 2.5% 也都是由原股东贡献的。

（3）设立期权池的方式

设立期权池的常见做法有两种：

①原股东无偿出让

这种方式下，由原有创始股东及合伙人按照各自持股比例进行同比例出让，汇集形成期权池。新设立的期权池可以由某一位股东暂时代持，或者另行新设一个或几个有限合伙企业直接持有，待将来实施股权激励方案时，再具体量化到被激励对象的名下。

这种方式的优点是操作简便，直接签署股权转让协议即可完成；缺点是会丧失税基优势，尤其是当时已经完成出资的合伙人，在未来出售股权时，该部分用作设立期权池的股权成本无法计入总体税基。如果稀释的股份数额较小，整体影响倒也不大，但是的确有一部分投资人会比较在意这种影响。

②增资设立

这种方式下，根据事先测算好的股权比例，直接对创业公司进行增资设立。增资价格的确定有多个标准，可以是：A. 注册资本 1 元的价格；B. 增资时的每股净资产价格；C. 两者折中的价格等。从公司未来 IPO 的角度，采用 B 确定的价格会比较好看，但相应地激励效果会比 AC 稍微差点，因为未来被激励对象支付的成本会稍高。如果公司有近期融资产生的可比市场价格，上面这 3 种方式确定的价格将来都有可能涉及股份支付费用的确认，并因此会影响当期损益。尽管如此，通过增资方式设立期权池是很多 VC 比较钟情的方法。

（4）设立期权池应当注意的问题

①关于期权池的设立时间

一般是第一轮融资的时候设立，早了没意义，晚了没诚意。不过，实践中也有在创业公司股权架构搭建时就预留期权池的情况，这一般是基于投资人（如有）的要求或者全体股东的共同决策。

②关于公司整体出售时期权池的处理

如果创业公司 A 轮融资后，不进行 B 轮就直接卖掉，这些期权池的股份怎么办？通常做法是，由原股东按比例分掉。因为从本质上说，这些股份本来也是原股东利益的出让，未进行股份稀释的 VC 一般不可以参与分这笔钱。

③关于设立期权池的清醒认识

期权池虽然有很多好处，但操作中注意有时候也被一些 VC 用作压价的工具，他们更多还是从风险的角度来出发，而非要真的帮助企业规范管理，当然也有一些 VC 还是从价值成长角度帮助企业的。

关于期权池的管理，本书将在第五章专门进行讨论，这里列示的只是在初创公司设立时以及设立初期对股权架构的主要影响。

4.3.4 股权要设约束机制

（1）股权成熟制度

在第三章“3.6.2 股权架构动态调整的方法”部分描述了成熟制度的大致内容，这里要讨论的是具体执行股权成熟制度的方法。

①适用范围

人员范围：股权成熟制度适用于所有以人力资本换取股权的人员，包括但不限于核心创始人、联合创始人、骨干员工、普通员工等。

公司范围：在中国公司法框架下，股权成熟制度只适用于有限责任公司，不适用于上市公司，尤其是主板、中小板、创业板市场，禁止适用股权成熟制度。即使是有限责任公司，也是以公司上市作为“分水岭”，在申报上市材料之前必须将股权确定明确的持有人，不得再有待定状态，否则易造成股权不清晰，违反上市监管规则。

②核心理念

股权成熟制度的核心，是根据人力资本逐渐投入的特征，相应地分期兑现，通常时间为 3 年、4 年或 5 年，其中以 4 年成熟的居多；如果股权持有人中途离职，对其所持有的已成熟股权没有约定回购规则，未成熟股权也没有约定放弃规则，那么势必造成每次出现离职人员离开公司，就会带走公司部分股权，这将导致继续留下来的其他创业者与投资人为离职股东打工的情形出现，既有失公允，也不利于实现创业者与公司利益的长期绑定；同时，受限于期权池的总量减少，新进入的关键人员也拿不到足够的股权激励，对公司也不利。

③双控分配法

可以采用“控制授予进度、控制成熟进度”的双控分配法对期权进行管理，通过由此产生的叠加效应和延续效应，将股权持有人与公司紧密绑定在一起，并实现对各方的公平性。

举例如下：

创业公司 A 对联合创始人 B 准备授予期权，双方约定，A 对 B 分两期授予期权，每期授予 10% 的期权，分四年成熟完毕，每年成熟 25%，并且每一期的期权在满 2 年后才进入成熟期可以实际兑现；第 2 期的期权在第 1 期授予后的第三年授予。这样一来，B 在公司工作满 7 年才可以拿到全部股权，对于一个创业公司来说，7 年足以在市场上站稳脚跟。在这 7 年中，如果 B 满 1 年离开公司，将没有股权，满 4 年离开公司，可以得到 10% 的股权，满 5 年离开公司，可以得到 15% 的股权，这样就可以在第一年和第四年这两个容易动摇的时期将 B 稳住，起到绑定作用。见图 4–1：

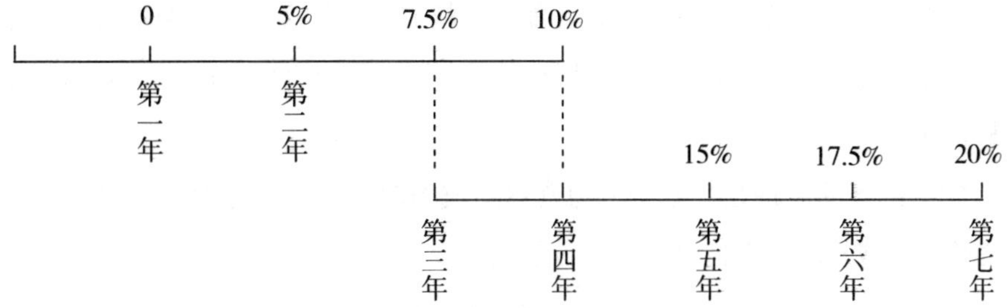

图 4–1　双控分配法操作

如果为了进一步加强人员的稳定，也可以考虑使期权在成熟期内加速成熟，越接近成熟期的最后，成熟比例越大。

④离职人员的期权管理

主要操作要点有三个：

第一，离职时持有的期权不可以内部交易、自行卖给其他人，只能与公司协商处理，防止内部流通后产生诸多负面影响；

第二，离职时已经成熟的期权，可以由公司按照公允价值减去行权成本后的余额，支付给离职员工，以体现对离职员工在职期间贡献的认可和尊重；

第三，离职时尚未成熟的期权，由公司无偿收回，因为这部分期权本来员工也没有付出人力资本对价，不应该享有期权。建议在给员工授予期权时，可以在期权协议中写清楚如果期权未成熟时员工离职的，自动触发无偿回售条件，公司及员工对此都予以认可。从而降低后期的操作成本。

（2）股权锁定制度

这种制度原本是指公司在一定期限内(如IPO之前),未经投资人书面同意,创业者不得向任何人转让其以人力资本出资获得的公司股权。在股权未成熟阶段，创业者的股权是被自然锁定的，而这一制度是在股权成熟基础上，进一步要求创业者的股权在成熟后的一定期限内不得转让。

相应地，为了加强对人力资本出资形成的股权的约束，也可以在创始人与合作伙伴及其他类型的持有人之间制定股权锁定制度。具体的锁定条件设置可以依据企业实际情况自主约定，比如在股权成熟之日起满一定期限之前、公司第n轮融资之前、公司估值达到 × 万元之前、公司IPO之前等，不得进行股权转让。

锁定制度的原理是：基于人力资本形成的股权，因没有物力资本投入，在溢价融资成功时，会使这些股权价值大幅度上升，若允许随时转让套现，一方面会引发投机情绪和道德风险，不利于创业公司的稳定，另一方面对投资人也不公平，因为他们往往都是高溢价进入的，接受溢价的前提中已经包含了对人力资本的认可。

（3）竞业禁止制度

这里所讲的“竞业禁止”与《劳动合同法》中所称的“竞业限制”是不同的概念。此处的“竞业禁止”是基于股权关系产生的，且不向承担此义务的股东支付经济补偿；而“竞业限制”是基于劳动关系产生的，且要向承担此业务的劳动者支付经济补偿。

为了保护公司的人力资本价值，可以要求创业股东及其合作伙伴在企业任职及离开后的一段时间内，不能到与公司有竞争关系的其他用人单位任职，或者参与和公司有竞争关系的企业。这种约定的背后原理是：股东持有股权的条件是以人力资本作为出资，这些人的人力资本已经随着出资动作的完成，而成为公司财产的一部分，如果允许股东继续向其他企业出资，不仅对其他股东、投资人是不公平的，而且也会损害创业公司的利益。

4.3.5 股权架构设计的实质：搭建股东权利结构体系

归纳起来，股权架构有两个主题，一个是控制，另一个是利益。所以，它不是简单地指公司章程中列明的出资人及其持股比例明细，而是在此基础上，在公司治理层面通过设定股东会和董事会的控制范围、表决权和分红权的约定、控制权的扩张和限制等事项，一方面保障股东权益，另一方面建立稳定的控制权，并在这两方面通过一系列规则建立起一套股东权利结构的体系。这也是全部股权架构设计工作的核心。

（1）股东会和董事会的控制

这是公司治理的核心。控制了股东会，就控制了董事会，控制了董事会，就控制了公司的日常运营。股权架构设计时很大一部分精力是围绕“两会”设计相关规则的。关于“两会”的权限范围，《公司法》第 37 条和第 46 条对有限公司股东会和董事会的权利范围做了列举式规定，在每个条文的最后一项都做了授权式规定“公司章程规定的其他职权”。这表明，只要不违背《公司法》及其他法律法规的禁止性规定，章程可以自由对股东会和董事会的权限范围做出规定，只要股东表决同意即可。创业公司可以根据自身实际情况进行个性化定制，比如：股东会批准的事项范围、关于自主定向分红的约定、关于董事会对特定金额投资事项的审批权等。因此，在设计股权架构时，对“两会”的权利范围进行详细规定是一项很核心的工作内容。

（2）表决权和分红权的约定

现行《公司法》框架下，股东最核心的两项权利即表决权和分红权，这两项权利可以由股东自行约定比例，与股东的实际持股比例可以不一致。各股东之间应尊重彼此的选择，只要达成一致并写入公司章程或者《股东协议》等法律文件后，就应当遵照执行。

（3）控制权的扩张和限制

根据股权比例确定的控制权是一个固定的数字，通常情况下，股东为了达成某些特殊目的，会对控制权进行限制或扩张。本书第二章、第三章已经列举了扩大控制权的若干主要方式，此处重述如下：

①投票权委托；

②一致行动协议；

③股权代持；

④通过有限合伙持股；

⑤搭建金字塔式股权架构；

⑥相互交叉持股；

⑦发行类别股份（AB 股）。

这七种加强控制权的方式可以单独或组合使用，都是在股权比例具体数字的基础上结合使用的。前三种依赖协议约定进行落地，后四种是通过实操进行具体执行。

【案例 4-2】

Facebook 两个创始人之间的战争[1]

2003 年，哈佛大学二年级的学生马克 · 扎克伯格向自己的巴西籍同学爱德华多 · 萨维林募得 15000 美元的投资，用于网站 TheFacebook.com 的建设。资金到位后，TheFacebook.com 网站于 2004 年 2 月开放访问。网站的问世立刻在哈佛引起了轰动，外校的学生也纷纷呼吁把网站扩张到他们学校。

2004 年 4 月，扎克伯格、萨维林和另一个哈佛的大二学生达斯汀 · 莫斯科维茨在佛罗里达州建立了 Facebook 公司。TheFacebook.com 面世后的第 6 个月，扎克伯格和莫斯科维茨一同搬到加州的帕洛阿尔托市（Palo Alto，California），在那里租了房子一起运营 TheFacebook.com。萨维林则去了纽约，在雷曼兄弟实习。扎克伯格在离开之前给萨维林交代了 3 件事：筹建公司、获得融资、建立商业模式。事后看来，二人是从这时候开始慢慢分道扬镳的。

1　本案例根据互联网登载的多处资料整理而成。

由于 TheFacebook.com 的快速扩张，公司需要大量的钱进行运营。扎克伯格随后做出了一个决定，决定放弃学业全心全意运营公司。为了获得融资，他要把 Facebook 按照特拉华州（Delaware）的法律进行重组。但股东之间的合作问题这时开始出现，萨维林对此事很不配合，需要他做出决定或者签字的时候都极其困难。并且萨维林公然利用 Facebook 为自己的业务打广告，这更加激化了双方之间的矛盾。

于是，扎克伯格开始筹划将萨维林逐出公司，但萨维林是公司大股东兼联合创始人之一，将他踢出公司并不容易。经过与投资人及合作伙伴协商，扎克伯格决定用非常规手段解决股东退出问题：绕过萨维林的签名来为 TheFacebook.com 进行融资，先在特拉华州重组一个新公司，然后收购前 Facebook 公司（4 月成立的佛罗里达有限公司），给除萨维林之外的所有人派送新股，以稀释萨维林的股份，达到剥夺他决策权的目的。

2004 年 7 月 29 日，TheFacebook.com 在特拉华州被重组，重组后的公司合并了前 Facebook 公司。在前 Facebook 公司中，扎克伯格占 65% 股份，萨维林占 30%，莫斯科维茨占 5%。

2004 年 9 月 29 日，投资人彼得 · 泰尔（Peter Thiel）以 500000 美元的价格收购了新公司 9% 的股份后，新 Facebook 的股份结构是扎克伯格持股 40%，萨维林持股 24%，莫斯科维茨持股 16%，彼得持股 9%，剩余股份留给将来的雇员。

2004 年 10 月 31 日，萨维林签署协议。协议申明，他将无理由获得 300 万的普通股股份。但作为交换，他同意放弃所有的知识产权到新公司旗下，且同意将自己的投票权交给扎克伯格全权处理。

2005 年 1 月 7 日，扎克伯格要求重组的 Facebook 发行 900 万普通股新股，其中 330 万股归自己所有，肖恩 · 帕克（Sean Parker）及达斯汀 · 莫斯科维茨各得 200 万股，此举将萨维林的股份削减到了不到 10%。至此，扎克伯格大获全胜，萨维林出局。

2005 年 4 月，萨维林收到 Facebook 给他寄来的一封信，让他在公司的第二轮融资中签署一些文件，他才猛然地发现自己的股份已经被戏剧性地稀释得几乎什么都没有了。15 天后，萨维林向 Facebook 表示将发起诉讼，要夺回自己莫名其妙失去的东西。之后，双方开始在法庭上互相攻击。Facebook 方控诉萨维林 10 月签署的股权购买协议无效，而萨维林控诉扎克伯格动用公款。萨维林又找来与扎克伯格因版权问题纠缠不清的温科吾斯兄弟（Cameron Winklevoss & Tyler Winklevoss），让他们加入自己的反击阵营。

就在双方陷入胶着状态之际，Facebook 与萨维林达成了和解协议。根据协议，Facebook 官方承认萨维林联合创始人的身份，并网站上公示，而萨维林同意从此对媒体闭上自己的嘴巴。不过，萨维林在和扎克伯格的股权争斗中也获得了一大笔的财富，他什么也没做就把当初的 1.5 万美元变成了现在价值超过 40 亿美元的股票。

【问题聚焦】

Facebook 两名创始人之间的斗争至少反映出以下问题：

（1）要慎重选择合作伙伴。创业之初，由于资金的匮乏，创始人有可能会病急乱投医，甚至饥不择食，过于简单地寻求资金可能会导致对合作伙伴的选择不慎，为以后的争议埋下隐患。因此，多角度、全方位地对合作伙伴、投资人进行考察是非常必要的。

（2）股权要有调整机制。创业合作伙伴之间对股权的约定，除了现金出资、技术出资以外，还有精力的投入、运营事务的支持等。在股权架构设计中要明确股权调整的机制，制定详细可行的规则，并在出现约定的情形时，直接执行规则对股权进行调整。否则，可能就要多方想办法进行调整，像本案中扎克伯格另起炉灶新设公司对原公司进行重组，也是无奈之举。

（3）股权争斗的最好结局就是和解。只要公司还在，业务没有受到影响，股权的价值就有上升的可能，大家最终还是受益的。如果一定要为此拼个你死我活，双方各不让步，不仅无益于解决问题，甚至可能把公司搞垮，到时候，公司的股权可能就没有什么价值了。

4.4 谈散伙：提前安排好合伙人的退出机制

受到磨合期多种因素的影响，创业公司合伙人退出是很正常的。为了避免在退出环节产生纠纷，如果事先约定好退出情形、退出方式、退出价格等，可以有效降低各方发生矛盾的概率，也有利于公司的稳定发展。

4.4.1 从公司离开后一般不应持股

一般情况下，有限责任公司及其他股东不能强行要求离职的股东退股，除非股东因违反《公司法》被除名以及因其他事项导致股权被强制执行，股东应否持股跟是否在职没有必然的关联。不过，考虑到创业公司有自己的特殊性，从公司离职后的股东继续持股可能会造成一些其他问题，对公司不利，因而一般会由各方自主约定退股的有关事项。

（1）需要退出的股权一般与人力资本出资有关

人力资本出资后形成的股权，往往都带有特殊的人身依附性，股权的价值很大程度上取决于人力的贡献。晚清时期曾经红极一时的山西票号，其股份制度中的“顶身股”即承认人力股的存在，人在股在，离开后即应退还。这种理念现在依然适用，主要原因就是考虑到这种非货币及实物形式的财产，只有人员在岗期间才能起到价值贡献的作用，如果离开公司，岗位更换为其他人，可能情况就会完全不同。

（2）创业公司的弹药是有限的

初期的创业公司，因为兑现不了太丰厚的货币报酬，股权就是招揽人才的硬通货。但股权数量是有限的，离职人员的股权若不退还，股权总池子就会减少，将来可用于员工激励的股权就会减少，不利于人才的聚集。同时，由于股权仍然归属离职人员名下，感觉上好像其他在职的股东仍在为他打工，对于创始人而言可能会有一种难以解开的情结。

（3）退出时应保证公平合理

无论在感觉上怎么认为，离职人员持有的股权都是自己价值贡献的对价，是对曾经付出劳动的认可。如果各方商定同意退出股权，则应当要保证这些股权至少能够按照退出时点的公允价值予以兑现。公允价值可以参照公司最近一次的对外融资价格，或者参照公司最近一期经审计的每股净资产价格确定。当然，也可以根据实际情况由各方协商在公允价值的基础上，以一定的溢价或者折价退出，具体价格主要取决于离职人员的历史贡献以及公司的支付能力和支付意愿等多种因素。

从公平角度，离职人员虽然不能享有离职之后的股权增值成果，但至少也要保证离职之前的贡献能够得到肯定。当然，可能会有人有疑问，是否通过货币方式投资获取的股权就可以一直持有？其实，这与付出何种资本换取股权没有很直接的关系，更多考虑是离职人员持有的股权是一种附条件的股权，这个条件就是在公司工作，如果离开公司，这个条件就消灭了，就不可以继续持股，完全是双方约定的结果。只不过，离职人员通过人力资本方式换取的股权，可以更容易理解这种条件的连贯性，如果他以货币或法律认可的其他方式出资，同样也可以约定离职后不再持股，道理是一样的。

离职人员的股权退出不是一个简单的商业行为，不仅仅关系到双方的经济利益，也会对在职的其他股东起到示范作用。说严重点，对公司的契约精神和企业文化也会有潜移默化的影响。所以，妥善处理离职人员的股权退出是非常重要的。

4.4.2 股权退出的适用场景

（1）除名退出

这种情形的退出主要是指股东有主观过错的情况下，发生特定事件时，股东被公司除名。比如双方可以约定，股东发生如下情形之一的，公司有权自行取消其股东身份，无偿收回其股权，并不再发放当年红利，如给公司造成损失的，须另行向公司进行赔偿：

①工作未满 × 年主动辞职，导致公司业务受到严重影响的；

②未经公司董事会（或股东会）批准，擅自转让、质押、信托或以其他任何方式处分其持有的股权；

③严重违反公司规章制度的；

④严重失职，营私舞弊，给公司造成重大损害的；

⑤未经公司董事会（或股东会）批准，自营、与他人合营或为他人经营与公司业务相同或相似的业务的；

⑥被依法追究刑事责任的；

⑦根据《绩效考核管理规定》的考核，考核年度内累计 3 次月度考核为岗位不合格或者连续 2 个月度考核为岗位不合格；

⑧股东存在其他严重损害公司利益和名誉的行为。

（2）自然退出

这种情形的退出主要是指股东本身没有主观过错的情况下，发生特定事件时，股东自然退出公司。比如双方可以约定，股东发生如下情形之一的，公司有权以原认购价格回购其持有的股权，并不再发放其当年度的红利：

①股东丧失劳动能力的；

②股东死亡、被宣告死亡或被宣告失踪的；

③股东达到法定退休年龄；

④作为股东的法人或者其他组织依法被吊销营业执照、责令关闭、撤销，或者宣告破产；

⑤股东不能胜任所聘工作岗位或拒绝服从公司工作安排，经公司董事会批准取消其股东资格的；

⑥由于不可抗力或突发事件，致使劳动合同在法律或事实上已经无法继续履行，或合同的根本目的已无法实现；

⑦其他非因股东过错而终止劳动合同的。

（3）附期限退出

这种情形的退出主要是指股东本身没有主观过错的前提下，约定的服务期限届满时，股东应当按照约定退出公司。比如双方可以约定，股东持有股权满 10 年后主动辞职、当然退出或者退休的，公司回购其持有的股权，回购价格按现价回购等。

（4）附条件退出

这种情形的退出主要是指股东本身没有主观过错的前提下，约定的条件成就时，股东应当按照约定退出公司。比如，公司完成 A 轮融资后股东提出从公司离职，或者公司销售额做到 5 亿 / 年后从公司离职等。当这些条件满足时，公司应当按照事先约定的退出方式和条件与股东一起办理退出手续。

4.4.3 股权退出方式与价格

（1）公司回购

所有离职人员退出的股权，由公司统一回购，回购完成后被回购的股权做两种处理：第一，进入公司期权池留作以后的股权激励；第二，由公司办理减资、注销登记。相比较而言，第一种方法操作简单成本低，第二种方法程序复杂成本较高，一般采用第一种方法的比较多。

公司回购时，回购价格的确定比较灵活，可以采用的价格有：

①初始出资金额加持股期间按照一定利率计算的利息；

②初始出资金额加一定数额的未分配利润；

③退出时公司的每股净资产价格；

④公司最近一次（已完成或将进行）的对外股权融资价格；

⑤采用③或④确定的价格的一定比例的折扣；

⑥采用③或④确定的价格的一定比例的溢价。

（2）股权转让

离职人员的股权可以转让给两类人：①在职股东；②公司确定的意向受让方，一般是公司的其他重要人员。通常情况下，由公司的大股东受让是比较常见的。在大股东受让后，根据大股东意愿也可以将这部分股权用作股权激励，暂时由大股东代持，待确定好被激励对象后按照激励计划进行操作。

关于股权转让的价格，可以参照上述公司回购的价格标准，由转让方和受让方自主约定。价格确定后，支付方式也可以由双方自行商量。

4.4.4 股权退出应当注意的问题

（1）做好股东对股权价值的预期管理

股权退出时，最难谈判的往往是价格。站在公司角度，可能认为离职股东提出的价格是狮子大开口，偏离公平价值；站在股东角度，认为辛辛苦苦为公司打拼这么多年，付出了青春和努力，自己提的要求并不过分，看起来似乎双方都有道理。其实，解决这个问题的关键，除了“解铃还须系铃人”的老板亲自权衡利益得失以外，更重要的是要有规则意识。这里所讲的规则，就是在公司日常管理中，老板或其他创业股东要客观地对待股权价值，不能根据自己的喜好，为了激发大家的工作热情和想象力，夸大股权的价值，甚至对标行业内知名企业的股权。适合跟持股人透露的信息就是财务报表中列示的股东权益数字，以及最近一次的对外股权融资价格，这些都是客观的数字，子虚乌有的、没有谈判落地的股权价格，不可以随便对股东承诺。否则，只会增加潜在的股权退出谈判难度。

（2）事先签署完备的股权退出条款

由于股东离职受多方面因素的影响，在离职的时候谈退出条款比在授予股权时谈股权条款将会困难许多。所以，在授予股权之初就应当将未来的退出情形、退出方式、退出价格、违约责任等退出条款约定清楚，并写入正式生效的《期权授予协议》、附生效条件的《股权转让协议》等法律文件。将来生效条件具备时，各方可以直接执行协议条款，无须再花费时间成本具体协商这些退出的条件。

（3）股权的退出管理不能遗留后患

股权退出工作一定要彻底，不能留下可能造成股权争议、导致股权不清晰的隐患。防止给公司以后的资本运作，包括 IPO、重组上市等留下难以用时间消化解决的硬伤。要做到不留后患，以下几项应当注意：

①签署完整的股权退出法律文件，条款清晰，约定明确，可行执行强。尤其是其中的违约责任条款，不能只是泛泛约定，而是要约定明确的计算方法或者具体数额，以便在发生争议时可以迅速确定责任。

②对股权退出款项支付要留存明确的证据，保证股权退出的完整闭环。

③工商登记手续及时完成，防止出现实际股东与登记股东不一致的情况，给后续工作造成麻烦。

④做到仁至义尽，买卖不成仁义还在，良好的合作氛围仍然可能为以后的潜在合作打好基础，好合好散对双方都是共赢的。

【案例 4-3】

8848 的退出失败教训[1]

1999 年 5 月，王峻涛策划的 8848 电子商务网正式发布，主要经营 B2C（商户对消费者）业务，其商业模式事实上是拷贝自美国亚马逊（Amazon.com）。当时 8848 还只是连邦软件的电子商务部门。8848 成立之后，迅速成为中国电子商务领域的领导者。但由于当时的电子支付和配送服务并不成熟，

1　载 http://www.news.pedaily.cn/201305/20130514348475_all.shtml，最后访问日期：2018 年 8 月 16 日。

电子商务仅仅只是一个概念性业务，距离真正盈利还有很大距离。

1996 年 6 月，8848 从连邦软件独立，成为连邦软件占股 80% 的子公司。随后 IDG 等机构出资 200 万美元，成为 8848 的股东。而由于引进外资，8848 作为中外合资企业的股权结构也变得异常复杂。

2000 年年初，北京连邦多次向中国证监会咨询上市政策。随后 8848 的控股机构进行重组，8848 及其投资者先后设立了 7 家境外公司，以满足证监会的结构要求。但 2000 年 3 月纳斯达克指数转头向下，网络泡沫破裂。虽然 2000 年 7 月，8848 获得中国证监会的境外上市批文，但此时上市时机已经错过。

2000 年 12 月，8848 开始尝试业务转型，将业务分拆为 B2B 和 B2C 两个部分。虽然在王峻涛的带领下，B2C 业务月销售额一度达到 800 多万元，但 8848 仍然未能实现盈利。2001 年 8 月，创始人王峻涛离职，8848 成为中国互联网领域的历史。

【问题聚焦】

如果没有电子支付和物流配送的支持，电子商务只是一个不能落地的空中楼阁。因此，8848 的商业模式在创业当时虽然具有很大的前瞻性，但生不逢时，仍然只是一个概念性的业务。但这并非 8848 失败的根本原因，新浪、网易和搜狐等 3 家门户网站上市时的商业模式比 8848 更加离谱，它们的经营策略就是花费巨资在电视和平面媒体上打广告，以吸引客户在它们的网站上打广告。

8848 失败的根本原因是，投资者在组建这家公司的时候，没有设计好企业的战略发展方向以及资本退出的渠道。由于投资者众多且意见不一，8848 在选择上市地的时候花费了大量时间，在境内、我国香港特区、美国上市之间摇摆不定。随后，又由于证监会的政策掣肘，8848 在内部股权架构重组方面又浪费了大量时间。等到一切就绪时，网络泡沫已经破裂，投资者错失了上市退出的机会。而同一时期的中国电子商务公司易趣网和卓越网相继出售给美国

eBay 和亚马逊，实现了退出。如果当时 8848 的投资者能够事先设计好退出渠道安排，无论是 IPO 还是出售给第三方，或许都可以帮助 8848 度过互联网的寒冬，8848 也可能会改写今天互联网领域 BATJ 巨头们的市场格局。

第五章

股权激励的股权架构设计

5.1 股权激励能够解决什么问题

5.1.1 融智：引进及留住人才

物质资本与人力资本的结合构成了现代公司发展的核心基石。长期以来，融资被企业管理者们熟知，融智却略显陌生。从资本角度看，公司的发展不仅需要融资，更需要融智，股权激励解决的就是融智问题。承认人力资本的价值贡献是融智的基本前提，与货币财产及可以用货币估价且可以依法转让的非货币财产不同，对于非货币形式的人力资本，由于其价值评估、占有和转移、与《公司法》的原则冲突等问题没有得到解决，因而一直没有在立法层面得到认可。不过，这并不妨碍实际操作中自由约定人力资本的价值。温州和上海浦东分别在 2006 年和 2008 年就已经初步试点，进行人力资本出资的规范化运作。自 2017 年 1 月 1 日起，广东自贸区横琴片区出台全国首部人力资源出资办法，鼓励企业家、创业者、管理人才、营销人才、技术人才以自身知识、技能、经验等出资入股。可见，人力资本对公司的价值贡献已经逐步得到实践及监管层的认可。随着经济水平的提升和人才观念的转变，股权激励对于优秀人才的挽留和吸引作用，将会越来越广泛地适用在公司实践中。

5.1.2 助力公司业绩提升

股权激励解决了公司关键人才的“原动力”问题，完成了从“为老板打工”到“为自己打工”的观念转变，能够从根本上进一步激发这些关键人才的工作积极性和主动性。反映到绩效上，就是可以直接带来个人绩效和公司绩效的提升。这是股权激励机制的设计初衷，也是股权激励机制的巧妙之处。虽然没有确切的统计数据表明股权激励和公司业绩提升之间的量化对应关系，但不可否认的是，这种激励机制的实施，的确从客观上加强了公司和员工之间的关联，至于这种关联可以在多大程度上提升公司的绩效，则取决于股权激励方案的具体设计过程中，是否兼顾了公平公正原则，是否最大化地满足了人性的需求。

从 2005 年《上市公司股权激励管理办法（试行）》发布，至 2016 年《上市公司股权激励管理办法》实施前，实行股权激励的上市公司数量逐年持续增长，推出股权激励计划的上市公司总共有 808 家，涉及股权激励计划达 1110 个，其中有 229 家公司推出两个或两个以上的股权激励计划，对科技型、创新型公司的推动比较明显，对提升公司业绩发挥作用显著。

5.1.3 完善公司治理结构

中国的企业，尤其是家族传承的民营企业，大多数在股权结构上表现出较强的股权集中度。如果公司有资本运作的打算，尤其是国内上市或者境外上市，股权过于集中会被投资者认为公司治理的规范性有待提升，尽管实际上不一定有负面作用，但这种安排的确会留给投资者合理怀疑的空间。实施股权激励后，在股权架构层面引进多元化的股东，能够一定程度上起到优化公司治理结构的作用，至少从法律形式上看起来是规范的，尽管实际上这些股权可能仍然处于创始股东的控制之下。

【案例 5–1】

近代山西票号的股俸制度[1]

明清两代商业组织中，大量存在资本与劳动（经营能力）之间的合作。《金瓶梅词话》中也记载了劳资双方合作的例子，其起因为西门庆出本银派伙计韩道国去苏杭贩回一批绸缎，于是他决定与乔大户合伙经营，“令乔大户那边，收拾房子卸货，修盖土库局面，择日开张举事……当下就和甘伙计批立了合同，就立（应）伯爵作保。譬如得利 10 分为率，西门庆 5 分，乔大户 3 分，其余韩道国、甘出身与崔本 3 分平分……”小说中的人物、地点未必真实存在，因小说是社会现状的客观反映，其透析出的制度性信息应该是比较可靠的。

清代以后，这种合作关系进一步完善，主要表现为资本和劳动的股份化，在山西票号商人中形成了“股俸制”，出资者获得“银股”，出力者获得“身股”，从而资本与劳动力分别转变为银股和身股。银股即财东的投资，每股数额不定，有 1 千、几千甚至 1 万两的区分；身股又称顶生意、人力股，由掌柜及出众伙计集合而成。掌柜一般可顶 1 分（或称 1 俸，即 1 股），也有超过 1 股的；出众伙计所顶股份依照自己的劳绩酌定，少则一二厘，多则八九厘，且有每逢账期（五年或者三四年不等）递增股份的惯例，但多至 1 股为限。

为了充分调动经营者的积极性，许多山西票号采取了人力股自然增长的机制。该机制一方面是源于制度层面的积累，另一方面也反映出了山西票号资本家的宽广胸襟。制度层面的积累，在于每逢账期递增身股的惯性，当然，受惠者只是那些表现优异的从业人员，积年累月，人力股数与日俱增，而银股数大多不变，到了一定年份人力股自然会超过银股。人力股不出银或出少量银，却要参与票号的分红，在人力股低于银股时人们尚可理解，但在人力股超过银股后，尤其是所开红利数额巨大时，一般人就难以接受了。票号资本家正是看出了其中的奥妙，通过实施“人力股”，使这种类型的持股人将票号视为自家生意，

---

1 案例摘选自李永福：《山西票号研究》，中华工商联合出版社 2007 年版，第 203~236 页。

责任心也就大增。从趋利角度分析，分红所得远高于工资收入，未取得身股的人员积极性也能够被极大地调动起来。从表面上来看，票号资本家让渡了一半以上的利益，实际上，其分红额不但没有减少，反而急速增长，原因在于票号业绩的大幅度飙升，其动力来源正是全体从业人员尤其是获得了人力股的人员的共同努力。以大德通票号为例，3 个账期人力股变化情况如表 5-1 所示：

表 5-1　大德通票号 3 个账期人力股变化情况

年代	顶身股数		顶身股变化情况								
	股数	占银股 %	人数	贺献玺	梁濠	王振铎	高云仪	郝荃	赵调元	王宗禹	高钰
1889 年	9.7	48.5	23	—	—	0.5	—	0.3	0.2	—	0.3
1908 年	23.95	119.75	57	0.3	0.3	0.7	0.5	1	0.4	0.85	1
1925 年	15.3	87.42	43	0.7	0.75	—	1	1	0.75	1	1

除了上述人力股 / 顶身股以外，“故身股”也是一个激励员工的好办法。所谓“故身股”是指票号中的伙计去世后，资本家视他们贡献的大小以及所持顶身股的多少，在一定年份内，给予其家属继续享受其在世时的待遇。赠与“故身股”的年限根据个人情况不同而有所区别，大德通票号《光绪三十年合账众东添规五条》规定：号伙故 1 厘至 3 厘者以 3 年清结，4 厘至 5 厘者以 4 年清结，6 厘至 7 厘者以 5 年清结，8 厘至 9 厘者以 6 年清结，1 俸者 7 年清结。“故身股”的设立，对于号友而言既是一种慰藉，又是无言的激励，在世时的既得利益还可以延及后人，其中的人情味不言而喻；同时，在潜移默化间又能够增强票号的凝聚力，某种程度上体现了票号业的“人本精神”。

【问题聚焦】

山西票号的股俸制度非常典型地体现了人力资本的价值贡献在股份层面的应用。掌柜和伙计虽无资本，但依靠自身的劳动力投入，也可以参与票号的分红。

银股股东对票号的债务及亏损承担无限连带责任，顶身股股东不承担票号的债务及亏损责任，拥有的是纯粹的“分红股”，但他们的名字与银股股东一样被记入“万金账”，即现代意义上的股东名册。如果顶身股股东离职或身故便丧失股东地位，且不得转让和继承。

票号的顶身股制度有些类似于现代意义上的“虚拟股权”，所不同的是，持股人是登记在册的股东。通过实施这种制度，把掌柜、伙计的利益和票号东家的利益紧密地捆绑在一起，极大地激发和调动了他们的积极性，这种有效的激励和约束机制，推动了票号稳定持续的发展，使晋商称雄商界数百年，由“货通天下”发展到了“汇通天下”，造就了中国历史上的商业奇迹。

5.2 实施股权激励的工具

5.2.1 虚拟股权

虚拟股权不是真正的股权，是指公司授予激励对象的一种具有股权某些特征的虚拟化的股权（对股份公司而言可称为“虚拟股票”，为了描述方便，此处统称为“虚拟股权”）。持有这种股权的人，不在股东名册上登记，不是法律意义上的公司股东，并且在离开公司时自动失效。

（1）虚拟股权与真正股权的比较（见表5-2）

表5-2 虚拟股权与真正股权比较

项目	真正股权	虚拟股权
出资义务	有	一般没有，无偿发放
是否在股东名册登记	是	否
表决权	有	无
知情权	有	无

续表

项目	真正股权	虚拟股权
分红权	有	有
股份增值权	有	可以有
转让权	有	一般没有
对公司控制权的影响	有	无
离职处理	原则上继续持有	收回

（2）虚拟股权的优势

①员工无须出资：一般由公司无偿赠送或奖励，持股员工可以充分感受到企业对自身价值的认可，产生巨大的荣誉感，获得精神和物质上的双重激励，激励效果很明显。

②操作手续简便：只要被激励员工和公司签署一个内部协议即可，无须公司增发股份或者其他股东转让老股，无须监管部门审批，也不用在工商部门进行股东变更登记，股权发放和收回操作手续十分简单。

③控制结构稳定：虚拟股权的持股人拥有的只是分红权，而不享有普通股东的表决权，不影响公司的股东结构和股本总额，因此也不影响创始股东对企业的控制权。

（3）虚拟股权的缺陷

①激励效果可能不足：虚拟股权只给了激励对象“利”，却没有给“名”，对于重视“名”的员工来说，可能会对激励的效果带来影响。

②过于重视短期利益：在这种模式下，激励对象可能因考虑分红而不重视甚至故意忽视企业资本的积累，过于关注短期利益。

③公司现金压力较大：采用这种模式时，激励对象的分红意愿强烈，公司需要支出大量的现金，如果公司现金流量不充裕，将会带来一定的财务压力。

（4）虚拟股权的适用范围

虚拟股权的适用范围比较广泛，一般在高科技企业中应用较多，非上市的普通有限责任公司可以使用。对于上市公司的股权激励，根据 2016 年 8 月 13 日施行的《上市公司股权激励管理办法》，采用限制性股票、股票期权进行股权激励。

【案例 5-2】

北京精冶源新材料股份有限公司虚拟股权激励方案[1]

2015 年 5 月，新三板上市公司北京精冶源新材料股份有限公司发布了一份虚拟股权激励方案。方案显示，此次激励计划采取虚拟股票模式，由公司无偿授予激励对象一定比例的分红权，授予对象包括公司中高层管理人员、业务骨干以及对公司有卓越贡献的新老员工等；计划有效期限为 3 年，从 2015 年到 2017 年，有效期满后，公司根据实际情况决定是否继续授予；公司根据激励对象所处职位确定股权级别及其对应的基准职位股数，根据个人能力系数和本司工龄系数确定计划初始授予数量，根据年终绩效考核结果确定当年最终授予虚拟股权的数量；本次激励计划所授予的股权共分为 4 个级别，基准股数区间为 1 万 ~2.5 万股，授予年度分红权激励基金的基准指标是公司年度净利润增长率达到 20%。

5.2.2 股票期权

股票期权是目前国际上使用最为广泛、最为经典的股权激励模式。它是指企业所有者授予激励对象（如高管人员、技术骨干等）购买本公司股票的选择权，具有这种选择权的人，可以在规定的期限届满时（锁定期），以事先约定好的价格（行权价）从公司购买一定数量的股票（此过程称为行权），也可以放弃购买股票的权利，但股票期权本身不能转让。

股票期权在行权时间和数量上有限制，且激励对象需要自行为行权支付资金，当股票交易价格大于行权价格时，激励对象可以通过套现获利。股票期

1 案例来源：2015 年 5 月 6 日公告《北京精冶源新材料股份有限公司虚拟股权激励方案》。

权的行使会增加公司的所有者权益，因为持有者购买的流通股未对外发行，是直接从公司购买而非从二级市场购买。

（1）股票期权的优势

①利益捆绑：股票期权将经营者的利益与公司的长期利益捆绑在一起，股权的增值和企业资产的增值、企业效益紧密相连，促使激励对象更加关注企业的长远发展和长期利益。

②方式灵活：激励对象获得的是一种选择权，不是义务，在具备行权条件的情况下，可以选择行权，也可以选择不行权，实现自身利益的最大化。

③力度较大：股票期权根据二级市场股票价格的波动实现收益，在公司股票表现强劲的情况下可以给激励对象带来巨额收益，激励力度比较大。

④降低成本：股票期权是公司赋予激励对象的一种选择权，是在不确定的市场中实现收益，企业没有为此支出任何现金成本，有利于企业以较小的激励代价吸引和留住人才。

⑤更有保障：股票期权锁定了期权持有人的风险，在未达到预期的情况下，持有人可以选择不行权从而没有任何经济损失，对持有人而言更有保障。

（2）股票期权的缺陷

①影响股本结构：激励对象行权后会分散公司股权，影响现有股东的利益和股权结构，在数量过多的情况下还会进一步影响公司控制权。

②可能导致短期行为：由于股票期权的收益取决于股票在二级市场价格的高低，当股价大涨时，可能促使经营者片面追求短期利益，忽略公司的长期发展战略，从而会影响公司的业绩。

③有一定风险：影响资本市场的因素很多，相应地，公司股票价格也会持续波动，当期权持有人行权后股票卖出之前，如果股票价格下跌至行权价格以下，持有人将承担损失风险。

（3）适用范围及注意事项

股票期权适用于成长性良好、具备发展潜力、人力资本依附性比较强的企业。这种激励方式是《上市公司股权激励管理办法》认可的两种激励方法之一，在上市公司中应用广泛。在拟上市公司中尤其是互联网企业、高科技企业中应用也比较多。

采取股票期权激励模式时，应当注意以下事项：

①不可内部流通。期权持有人获取的是一种资格，与期权授予方——公司之间存在唯一的对应关系，期权激励体现的是对特定人员的认可。如果允许期权行权之前在内部流通和转让，将会造成被激励对象的错位，并且可能因为期权行权后股票价格的波动，使受让方支付的受让对价和行权对价因低于股票价格而蒙受损失，从而可能造成纠纷。

②人员离职时的补偿。期权持有人如果在行权之前离开公司，对于其持有的已经成熟的期权，是否需要给予补偿？一般认为，期权代表了公司对持有人价值贡献的认可，是对持有人已经体现出的价值的确认，如果由于种种原因导致持有人无法将期权行权转换为公司股票的，应当对持有人进行一定的补偿。此种补偿体现的是对历史贡献的确认，对持有人是公平的。实践中，也有公司规定离职时在一定期限内行权（比如 1 个月或 3 个月），否则期权作废。这种做法也无不当，但会造成持有人对期权价值的低估，认为只要不兑换成公司股票就毫无价值，对在职人员期权激励的效果可能会下降。

【案例 5-3】

苏宁电器股票期权计划[1]

2007 年，苏宁电器实施了股票期权激励计划，该计划草案的要点如下：

（1）授予期权的数量和对象

公司拟授予激励对象 2200 万份股票期权，占激励计划公告日公司股本总额的 3.05%，分多次授予：第一次授予的期权数量为 1851 万份，主要授予

1　案例来源：2007 年 1 月 29 日公告《苏宁电器股份有限公司股票期权激励计划》。

34 名公司高管人员；剩余 349 万份股票期权，授予董事长提名的骨干人员和特殊贡献人员。

（2）行权价格

首次授予的期权行权价格为公告前一日收盘价 66.6 元，行权额度上限为获授股票期权总额的 20%。

（3）行权条件

苏宁电器 2006 年度的净利润较 2005 年度的增长率达到或超过 80%，且 2006 年年度的每股收益不低于 0.9 元；2007 年度的净利润较 2006 年度的增长率达到或超过 50%，且 2007 年度的每股收益不低于 1.35 元；2008 年度的净利润较 2007 年度的增长率达到或超过 30%，且 2008 年度的每股收益不低于 1.75 元。具体行权条件如表 5-3 所示：

表 5-3　行权条件

阶段	首个行权日	行权期始	行权期止	行权额度	行权条件
第一个行权期	T	T+12	T+30	获股票总数的 20%	2006 年净利润增值 ≥ 80%，且每股收益 ≥ 0.9 元
第二个行权期	T	T+30	T+45	获股票总数的 40%	2007 年净利润增值 ≥ 50%，且每股收益 ≥ 1.35 元
第三个行权期	T	T+45	T+60	获股票总数的 40%	2008 年净利润增值 ≥ 30%，且每股收益 ≥ 1.75 元

按照激励计划，苏宁电器共拿出 2200 万股（占股本总额的 3.05%，不到可行使股权激励的 1/3）用来激励管理团队，行权价格为 66.6 元，以 2007 年 1 月 29 日收盘价为基准；授权对象包括苏宁部长级以上管理人员、连锁店店长以及部分重要部门负责人；所有股票期权分 3 期进行行权，行权条件为公司连续 3 年业绩同比增长幅度分别达到 80%、50%、30%。

苏宁电器上市以后发展势头迅猛、业绩增长迅速，是中小板成长最快、市值最高的绩优股之一。因此，股票期权对他们来说是比较合理的激励模式，激励力度非常大，体现出来的激励效果也非常好。

5.2.3 限制性股票

限制性股票是指公司按照预先确定的条件（无偿或低价）事先授予激励对象一定数量的公司股票，激励对象只有在预先确定的条件成熟后，才可以真正享有被授予的股票并通过出售从中获益；如果预先确定的条件没有达成，公司有权将授予的股票收回。这种激励方式在非上市公司中适用时，也可以称为限制性股权。

限制性股票持有人的收益主要来源于两方面：第一，持股期间的分红；第二，股票转让的增值所得。

（1）哪些方面体现限制

限制性股票的限制主要体现在两个方面：取得条件、出售条件。

①取得条件。国外大多数公司是将一定的股份数量无偿或者收取象征性费用后授予激励对象，而在中国《上市公司股权激励管理办法》中，明确规定了限制性股票要规定激励对象获授股票的业绩条件，这就意味着在设计方案时对获得条件的设计只能是局限于该上市公司的相关财务数据及指标。

②出售条件。公司可以根据不同需求设定出售股票的市价条件、禁售期限、业绩条件等。一般来说，这些条件是限制性股票的重点。只有满足出售条件后，限制性股票持有人才可以出售套现。

（2）优势与缺陷

①优势：一次性授予的模式激励效果明显直接，有助于激励对象集中精力专注于公司的长期战略，努力完成业绩考核目标；获得股票后激励对象将承受价格升降的风险，有利于公司和激励对象的长期利益绑定。

②缺陷：激励对象实际拥有股票，与普通股股东一样享有所有权，公司对激励对象的约束困难。

（3）适用范围及注意事项

限制性股票这种激励方式，主要适用于成长性好、业绩比较稳定、股票市场价格波动不大并且现金流充足、有分红偏好的公司。

在采用限制性股票进行激励时应当注意以下事项：

①非上市的有限公司采用此种模式实施激励的，准确称谓应当是“限制性股权”。如果采用有偿授予的方式，且员工实际也已经交付了股权价款，但公司没有将股权登记到个人名下的，实质上应当将股权价款理解为取得未来股权的定金，员工取得的不是真正意义上的限制性股权。

②限制性股票从本质上说是员工从企业以不同形式取得的折扣收益或者补贴，属于员工因受雇而取得的工资、薪金所得，因此员工应在实际认购股票时，按照《个人所得税法》及其实施条例等有关规定计算缴纳个人所得税。

【案例 5-4】

九阳股份限制性股票激励计划[1]

2014 年 6 月，九阳股份发布了“2014 年限制性股票激励计划（草案）”，主要内容如下：

（1）基本操作模式

九阳股份以定向发行新股的方式向激励对象授予 729 万股限制性股票，授予数量占本股权激励计划提交股东大会审议前九阳股份股本总额的 0.96%；当解锁条件达成时，激励对象可按本计划的规定分批申请获授限制性股票的解锁；限制性股票解锁后，可依法自由流通。

1 案例来源：2014 年 6 月 6 日公告《九阳股份有限公司 2014 年限制性股票激励计划（草案）》。

（2）有效期

本计划有效期 48 个月，在授予日的 12 个月后分 3 期解锁，解锁期为 36 个月。

在授予日的 12 个月内，激励对象根据本计划获授的限制性股票予以锁定，不得转让。

授予日 12 个月后的 36 个月为解锁期。在解锁期内，若达到本计划规定的解锁条件，激励对象可在授予日的 12 个月后、24 个月后和 36 个月后分 3 期申请解锁，每期解锁的限制性股票数量分别为本次授予限制性股票总数的 40%、30% 和 30%。

在解锁期内，激励对象可在董事会确认当期达到解锁条件后，在董事会确定的解锁窗口期内对相应比例的限制性股票申请解锁，当期未申请解锁的部分不再解锁并由公司回购注销；若解锁期内任何一期未达到解锁条件，则当期可申请解锁的限制性股票不得解锁，并由公司回购后注销。

（3）激励对象范围

公司部分董事、高级管理人员以及经营骨干。

（4）授予价格

公司授予激励对象每一股限制性股票的价格为 4.42 元。

（5）授予条件

只有在同时满足下列条件时，激励对象才可以获授限制性股票；若未能同时满足下列条件，本股权激励计划自然终止。

①九阳股份未发生如下任一情形：

第一，最近 1 个会计年度的财务会计报告被注册会计师出具否定意见或者无法表示意见的审计报告；

第二，最近 1 年内因重大违法违规行为被中国证监会予以行政处罚；

第三，中国证监会认定不能实施股权激励计划的其他情形。

②激励对象未发生如下任一情形：

第一，最近 3 年内被证券交易所公开谴责或被宣布为不适当人选；

第二，最近 3 年内因重大违法违规行为被中国证监会予以行政处罚；

第三，具有《公司法》规定的不得担任公司董事、监事、高级管理人员情形的。

③根据“九阳股份有限公司 2014 年限制性股票激励计划实施考核办法”，激励对象上一年度绩效考核合格。

（6）解锁安排及考核条件

本计划授予激励对象的限制性股票分 3 期解锁，在解锁期内满足本计划的解锁条件的，激励对象可以申请股票解锁并上市流通。解锁安排及公司业绩考核条件如表 5-4 所示：

表 5-4　解锁安排及公司业绩考核条件

解锁批次	解锁时间	公司业绩考核条件	解锁比例
第一批	授予日 +12 个月后的首个交易日起，至授予日 +24 个月内的最后 1 个交易日止	以 2013 年度为基准，2014 年销售额增长率不低于 10%，2014 年净利润不低于 6%	40%
第二批	授予日 +24 个月后的首个交易日起，至授予日 +36 个月内的最后 1 个交易日止	以 2013 年度为基准，2015 年销售额复合增长率不低于 10%，2015 年净利润较 2014 年增长率不低于 8%	30%
第三批	授予日 +36 个月后的首个交易日起，至授予日 +48 个月内的最后 1 个交易日止	以 2013 年度为基准，2016 年销售额复合增长率不低于 10%，2016 年净利润较 2015 年增长率不低于 10%	30%

在实施该激励计划后，九阳股份 2014 年净利润比上年增长 13.26%，营业收入增长 11.56%；2015 年净利润比 2014 年增长 16.62%，营业收入增长 18.78%。由此可见，该公司选择此种股权激励模式无疑是很成功的。

5.2.4 员工持股计划（ESOP）

员工持股计划是指通过向员工配发本公司股票和期权而使其享有相应的管理权，成为公司股东，并因此获得长期激励的一种绩效奖励制度。在实践中，员工持股计划往往是由企业内部员工出资认购本公司的部分股票，并委托员工持股会管理运作，员工持股会代表持股员工进入董事会参与表决，并行使分红权。

员工持股计划属于长期激励的一种，兴起于50年代的美国，其特点是通过全员持股的方式强化员工的主人翁精神。近年来，这种模式在A股上市公司中应用广泛。东财Choice数据显示，自2014年至2017年年底，沪深两市共有515个员工持股计划实施完毕，涉及413家上市公司。

（1）ESOP的类型

按照实施ESOP的资金来源是否加入杠杆，可以将ESOP分为两种类型：

①非杠杆型ESOP。此类型ESOP的特点是：公司每年向该计划提供股票或用于购买股票的现金，职工不需做任何支出；由员工持股信托基金会持有员工的股票，并定期向员工通报股票数额及其价值；当员工退休或因故离开公司时，将根据一定年限的要求相应取得股票或现金。

②杠杆型ESOP。这种类型主要是利用信贷杠杆来实现的，一般是员工筹集部分资金，再通过银行或资管产品募集剩余部分，共同持有ESOP份额。目前A股上市公司实施的员工持股计划，除了公募基金、券商资管计划，基本上是通过信托、银行操作的，一般都是银行推荐高净值客户买信托计划。

（2）优势与缺陷

①优势：丰富了员工的收入来源，有利于调动员工的积极性，提高生产效率；企业内部员工出资认购本公司的部分股权，如果再添加杠杆，可以有助于公司的资本积累，相当于一种筹资手段。

②缺陷：员工认购股份需要支付现金或者承担贷款，加之在一定期限内不能转让、交易，激励效果有限；因市场波动引发股价下跌时，员工要承担收

益损失的风险。

（3）适用范围及注意事项

这种模式适用于业务比较成熟的公司，目前在我国上市公司中应用较多。适用这种模式需要注意以下事项：

①国内许多互联网公司为了进行海外上市，在境外搭建的上市主体层面也往往设置 ESOP 进行持股，如果海外上市不成功，需要将股权架构按镜像原则落回境内进行资本运作时，应注意 ESOP 内的员工数量再加上其他投资者总数不得超过 200 人，否则将会违反《公司法》和《证券法》的规定构成非公开发行，如超过 200 人则要事先通过回购方式降低人员数量。

②通过与信托公司、银行合作，对持股 ESOP 的信托计划按照优先级、劣后级分级，是国内上市公司员工持股计划的通用做法。资管新政出台后，不少上市公司的员工计划将会受到影响。根据 2018 年 3 月 28 日通过的《关于规范金融机构资产管理业务的指导意见》，持股 ESOP 的信托计划属于投资于单一投资标的且投资比例超过 50% 的私募产品，产品内不能存在优先和劣后分级。如此一来，认购信托计划的资金方将会降低认购积极性，从而可能影响杠杆型 ESOP 的发行和认购。在新规实施后需要寻求其他合适的资金方设立杠杆型 ESOP。

【案例 5-5】

浙江跃岭股份有限公司员工持股计划[1]

2018 年 1 月，浙江跃岭股份有限公司发布了第一期员工持股计划，主要内容如下：

（1）参与对象及确定标准

本员工持股计划的参与对象为：公司董事（不含独立董事）、监事、高级管理人员；公司及其下属子公司任职的管理人员、业务和技术骨干；经董事会

1 案例来源：2018 年 1 月 2 日公告《浙江跃岭股份有限公司第一期员工持股计划（草案）》。

认定的其他员工。

（2）认购原则及认购情况

本员工持股计划资金总额不超过 1300 万元，以“份”作为认购单位，每份份额为 1 元，份额上限为 1300 万份。单个员工起始认购份额为 1 万份（认购金额为 1 万元），超过 1 万份的，以 1 万份的整数倍认购。本员工持股计划持有人具体持有份额数以员工最后确认缴纳的份数为准。

本计划的参与对象为公司员工，其中：董事、监事和高级管理人员共计 8 人，认购总份额预计不超过 345 万份，占本员工持股计划总份额比例的 26.54%；其他员工预计不超过 143 人，认购总份额不超过 955 万份，占本员工持股计划总份额比例的 73.46%。

（3）资金来源和股票来源

①资金来源：本员工持股计划的资金来源为员工的合法薪酬和通过法律、行政法规允许的其他方式取得的自筹资金。不存在公司向员工提供财务资助或为其贷款提供担保的情形。

②股票来源：员工持股计划设立后将委托具备资产管理资质的专业机构设立集合资金信托计划，并由其进行管理。本集合信托计划委托金额上限为 3900 万元，份额上限分为 3900 万份，按照不超过 2 ∶ 1 的比例设立优先级份额和劣后级份额，优先级份额和劣后级份额的资产将合并运作。本员工持股计划筹集资金全额认购信托计划的劣后级份额。

公司发起人股东为本集合信托计划中优先级份额的本金和预期收益、劣后级份额的本金承担差额补足义务，为本集合信托计划承担补仓义务。虽然公司发起人股东承诺承担上述差额补足义务及补仓义务，但不构成对公司股价及股价未来趋势的承诺。

股东大会通过本员工持股计划后 6 个月内，将以大宗交易或集中竞价交易等法律法规许可的方式在二级市场上购买并持有公司股票。

（4）存续期限及锁定期限

①存续期限：本员工持股计划的存续期为不超过 24 个月，自股东大会审议通过本员工持股计划草案之日起计算。本员工持股计划在存续期届满前，经管理委员会同意和公司董事会审议通过后，存续期限可以延长。当集合信托计划名下的资产全部变现后，本员工持股计划可提前终止。

②锁定期限：集合信托计划通过二级市场购买、大宗交易等法律法规许可的方式所获标的股票的锁定期为 12 个月，自公司公告最后一笔标的股票买入过户至信托计划名下之日起计算。

（5）管理模式

本员工持股计划的内部管理权力机构为持有人会议；本员工持股计划设管理委员会，监督本员工持股计划的日常管理，代表持有人行使股东权利或者授权管理机构行使股东权利；公司董事会负责拟定和修改本草案，并在股东大会授权范围内办理本员工持股计划的其他相关事宜；本员工持股计划将委托专业机构管理。该管理机构根据中国证监会等监管机构发布的资产管理业务相关规则以及本员工持股计划相关规定的约定管理本员工持股计划，并维护本员工持股计划的合法权益，确保本计划的财产安全。公司授权董事会代表本员工持股计划与其签订相关资产管理协议及有关法律文件。

5.2.5 股票增值权

股票增值权是指上市公司授予激励对象在未来一定时期和约定条件下，获得规定数量的股票价格上升所带来的收益的权利。这是一种虚拟的股权激励工具，激励标的仅仅是公司支付的行权日二级市场股价和激励对象行权价格之间的差价，激励对象不能获得企业的股票。

（1）优势和缺陷

①优势：由于激励对象不获得股票的所有权，因此操作条件宽松、容易

获得股东会审核通过；行权期一般超过任期，可以规避激励对象的短期行为；激励对象一般无须支付现金，容易激发员工的信心。

②缺陷：公司现金支付压力较大；股价与激励对象的业绩关联不大，激励效果有限；当股价下跌时，可能起不到激励作用。

（2）适用范围

这种模式的适用范围一般限于现金流稳定、充裕且股价稳定的公司。

【案例 5-6】

中科创达软件股份有限公司股票增值权激励计划[1]

2016 年 1 月，中科创达软件股份有限公司公布了《股票增值权激励计划》，主要内容如下：

（1）激励模式

本计划采用的激励工具股票增值权是一种虚拟的股票，是公司给予计划参与人的一种权利，不实际买卖股票，仅通过模拟股票市场价格变化的方式，在规定时段内，获得由公司支付的行权日市场价格与行权价格之间的差额。

（2）激励对象

本计划的激励对象范围为：受政策限制无法纳入限制性股票激励计划的公司员工，即公司境外（含港澳台地区）业务和技术骨干，合计 12 人。本计划授予的激励对象不包括公司的独立董事、监事，也不包括持股 5% 以上的主要股东或实际控制人及其配偶和直系近亲属。

（3）激励额度分配

激励对象获授的股票增值权分配情况如表 5-5 所示：

1 案例来源：2016 年 1 月 7 日公告《中科创达软件股份有限公司股票增值权激励计划（草案）》。

表 5-5　激励对象获授的股票增值权分配情况

激励对象	获授股票增值权的数量（万份）	占本计划公告日公司股本总额的比例
公司外籍员工共 12 人	28.30	0.2830%

（4）激励期限

本期计划授予的股票增值权的行权等待期为 1 年，自股票增值权授权日起至该日的第一个周年日止。等待期满后的 3 年为行权期，其中第一批计划可行权的股票增值权占该期所授予股票增值权总量的 30%，第二批计划可行权的股票增值权占该期所授予股票增值权总量的 30%，第三批计划可行权的股票增值权占该期所授予股票增值权总量的 40%。实际行权情况应依据等待期和行权期规定的行权条件和考核结果，根据考核安排分批行权。

（5）股票来源

股票增值权计划不涉及实际股票，以中科创达股票作为虚拟股票标的。

（6）资金来源

对于股票增值权，由中科创达直接兑付行权日中科创达股票市场价格与行权价格的差额。

（7）行权价格

股票增值权行权价格依据《中科创达软件股份有限公司限制性股票激励计划（草案）》公告前 20 个交易日公司股票交易均价（前 20 个交易日股票交易总额 / 前 20 个交易日股票交易总量）的 50% 确定。

（8）行权条件

①根据公司薪酬与绩效考核相关管理办法，激励对象上一年度绩效考核合格。

②本计划有效期为自股票增值权授权日起 4 年。本计划授予的股票增值权自本期激励计划授权日起满 12 个月后，激励对象应在未来 36 个月内分 3 期行

权。本次授予增值权行权期及各期行权时间安排如表 5-6 所示：

表 5-6 行权期及各期行权时间安排

行权期	行权时间	可行权比例
第一个行权期	自授权日起 12 个月后的首个交易日起至首次授权日起 24 个月内的最后一个交易日当日止	30%
第二个行权期	自授权日起 24 个月后的首个交易日起至首次授权日起 36 个月内的最后一个交易日当日止	30%
第三个行权期	自授权日起 36 个月后的首个交易日起至首次授权日起 48 个月内的最后一个交易日当日止	40%

③公司业绩考核条件：本计划授予的股票增值权，在行权期的 3 个会计年度中，分年度进行绩效考核并行权，每个会计年度考核一次，以达到绩效考核目标作为激励对象的行权条件。各年度绩效考核目标如表 5-7 所示：

表 5-7 各年度绩效考核目标

行权期	行权时间
第一个行权期	以 2015 年业绩为基础，2016 年度营业收入的增长率不低于 20%
第二个行权期	以 2015 年业绩为基础，2017 年度营业收入的增长率不低于 40%
第三个行权期	以 2015 年业绩为基础，2018 年度营业收入的增长率不低于 60%

④个人绩效考核条件：薪酬与考核委员会将对激励对象每个考核年度的综合考评进行打分，并依照激励对象的业绩完成率确定其行权比例，个人当年实际行权额度 = 标准系数 × 个人当年计划行权额度。

激励对象的绩效评价结果划分为（A）、（B）、（C）和（D）4 个档次，考核评价表适用于考核对象。届时根据表 5-8 确定激励对象的行权比例：

表 5-8 绩效评价

考评结果 S	S ≥ 80	80 > S ≥ 70	70 > S ≥ 60	S < 60
评价标准	A	B	C	D
标准系数	1.0	1.0	0.8	0

若激励对象上一年度个人绩效考核结果为（A）/（B）/（C），则上一年度激励对象个人绩效考核“达标”；若激励对象上一年度个人绩效考核结果为（D），则上一年度激励对象个人绩效考核“不达标”。激励对象在行权年度的上一年度绩效考核达标，方可行权；激励对象考核不达标，则其相对应行权期所获授的但尚未行权的股票增值权即被取消。

2015 年，中科创达实现净利润 1.17 亿元，同比增长 4.17%，现金流充足；自 2015 年 12 月上市后，股价稳定上涨，位列资金流入速度最快的个股前五名；加之此次激励对象为受政策限制无法纳入限制性股票激励计划的外籍员工，因此，股票增值权是比较合适的激励模式。

5.2.6 延期支付

延期支付曾经在部分案例中出现过，现在已不常用，但其操作思路仍可借鉴。它是指公司将激励对象的部分薪酬（年度奖金、股权激励收入等），按当日公司股票市场价格折算成股票数量，存入公司为管理人员单独设立的延期支付账户，在既定期限后或激励对象退休后，再以公司股票的形式或根据期满时的股票市场价格以现金方式支付给激励对象。延期支付收益与公司业绩紧密相连，当折算后存入延期支付账户的股票市价在行权时上升，则激励对象就可以获得收益；反之，激励对象的利益就会受到损失。

（1）优势与缺陷

①优势：激励对象为了获取延期支付的收益必须努力工作，绑定作用明显；将经营者的部分薪酬转化为股票且长期锁定，有利于规避经营者的短期行为；

延期支付无须证监会审批，可操作性强。

②缺陷：激励对象持股数量少，难以起到较强的激励力度；股票价格波动带来一定风险，如果延期期限过长，将会弱化激励作用。

（2）适用范围

延期支付模式比较适合那些业绩稳定的上市公司及其子公司。

【案例 5-7】

三木集团延期支付计划[1]

三木集团的延期支付方案主要思路是：公司对完成考核指标的管理层进行“效益薪金”奖励，并进行一定时间的冻结，以任职期限为延期支付的期限。

在本方案中，公司高层领导的薪酬结构由三部分组成：年薪、股票、福利。总裁除了拿年薪 12 万元，还根据上一年度的“综合业绩”——完成的利润指标及对公司长远发展的努力程度，来确定“效益薪金”，而且 70% 的效益薪金要用于购买本公司股票。公司高级管理人员和下属公司经理人员实行按净利润 5% 提取效益薪金制度，效益薪金 70% 再用于购买本公司股票，并锁定用于企业风险抵押。对外贸等子公司经理人员按公司注册资本 10%~30% 的比例持虚股（只有分红权，没有实际所有权），然后再用所得红利的 70%，转为其个人对公司的实际出资，使虚股转为实股，逐步使子公司经营者个人实际出资达到公司注册资本的 10%~30%。控股子公司经营者实行“持股经营”，持股比例从 5%~30% 不等。对有经营管理能力，而资金不足的经营者，先给 10% 的“干股”，若经营得好，来年的红利全额“填空”。经过多年努力，逐步变“干股”为“实股”，一直到规定的限额。

1 案例来源：http://www.blog.sina.com.cn/s/blog_9322b0de0102v4dr.html，最后访问日期：2018 年 8 月 16 日。

【问题聚焦】

三木集团的延期支付计划，使延期支付收益与公司的业绩紧密相连。管理层必须关注公司的股市价值。只有股价上升，激励对象才能保证自己的利益不受损害，如果激励对象工作不力或者失职导致企业利益受损，则其延期支付收益将会减少甚至取消。因此，这种支付方式可以有效地激励管理层考虑公司长远利益的决策，以免经营者行为的短期化。

5.2.7 业绩股票

业绩股票指在年初确定一个较为合理的业绩目标，如果激励对象到年末时达到预定的目标，则公司授予其一定数量的股票或提取一定的奖励基金购买本公司股票。激励对象在以后的若干年内经业绩考核通过后可以获准兑现规定比例的业绩股票，如果未能通过业绩考核或出现有损公司的行为、非正常离任等情况，则其未兑现部分的业绩股票将被取消。

业绩股票与限制性股票有些类似，它们都对持股人的行权设置了一定的限制条件，其主要区别是，业绩股票是后授予，而限制性股票是先授予。

（1）优势

①能够激励公司高管人员努力完成业绩目标。为了获得股票形式的激励收益，激励对象会努力地去完成公司预定的业绩目标；激励对象获得激励股票后便成为公司的股东，与原股东有了共同利益，更会倍加努力地去提升公司业绩。

②具有较强的约束作用。激励对象获得奖励的前提是实现业绩目标，并且收入是在将来逐步兑现；如果激励对象未通过年度考核，出现有损公司行为、非正常调离等情形，激励对象将可能被取消激励股票，损失较大。

③激励与约束机制相配套，激励效果明显，且每年实行一次，因此，能够发挥滚动激励、滚动约束的良好作用。

（2）缺陷

①公司的业绩目标确定的科学性很难保证，容易导致公司高管人员为获得业绩股票而弄虚作假；

②激励成本较高，有可能造成公司支付现金的压力。

（3）适用范围

业绩股票激励模式只对公司的业绩目标进行考核，不要求股价的上涨，因此比较适合业绩稳定型，现金流量充足的上市公司及其集团公司、子公司。

【案例 5-8】

福地科技业绩股票激励计划[1]

福地科技（000828）是我国首家披露实施股权激励方案的上市公司。在 2000 年 3 月的董事会公告中，福地科技披露了股权激励方案及奖励基金的分配方法：1999 年度对董事、监事及高管人员进行奖励，奖励以年度计一次性奖励，按经会计师审计的税后利润在提取法定公积金及公益金后按 1.5%的比例提取，其中所提取金额的 70%奖励董事及高级管理人员，30%奖励监事。其中奖金的 80%用于购买福地科技股票，20%为现金发放。福地科技同时还披露了获得奖励的 16 名高管人员名单及其所获奖励数额。

分析福地科技的激励方案，可以看出其优缺点：

（1）激励模式选择较为恰当。福地科技是彩色显像管的重要生产基地，由于市场竞争的白热化，业内企业的业绩多数趋向平稳或略有下降，因此采用业绩股票模式较为适合。

（2）激励范围过窄。福地科技业绩股票的激励范围为公司高级管理人员（包括董事、监事），未将核心技术、业务骨干等包含在内。公司所处的电子元器件制造业，其产品的科技含量较高，产品的市场竞争又非常激烈。这些企业有

1 案例来源：https://www.gaodun.com/guoshui/648009.html，最后访问日期：2018 年 8 月 16 日。

一个突出的特点：一方面，人力资源（主要是核心技术、业务骨干）因素在企业的发展过程中起着非常关键的作用；另一方面，为了在市场竞争中取得优势地位，各企业对核心人才的争夺也非常激烈。显然，福地科技未将核心骨干员工纳入激励范围是其股权激励方案一个很大的缺陷。

（3）激励力度偏低。福地科技的年度激励基金 =（经审计后的税后利润 - 法定公积金 - 法定公益金）× 1.5%，一般而言，法定公积金和法定公益金分别占税后利润的 10%和 5%，这样算来，年度奖励基金实际 = 税后利润 × 1.275%，1.275%这个比例应该说是比较低的。虽然公司的税后利润基数较大，但激励基金提取比例过小，分配的人数却又不少，导致对激励对象的激励力度较小，股价的约束作用也就有限。

（4）地理位置对激励效果有所影响。福地科技地处广东东莞，人才（包括核心骨干和高管）的价格和流动性均较高，使公司激励范围过窄和激励力度偏小的缺点显得更为突出。

总体看来，福地科技的股权激励方案设计与企业的具体情况不太相符，存在较大的不完善之处，难以充分发挥业绩股票的激励作用，再加上后来与 PT 红光进行的重组并非如管理层所设想的那么成功，在激烈的市场竞争中，公司的业绩迅速下滑。2000 年度公司没有达到股东大会规定的业绩目标，股权激励计划也就没有实现。

5.2.8 无条件赠予

前面讲的 7 种股权激励方式，有的是有偿，有的也是无偿，并且都无一例外地附加了考核和限制条件。实践中也存在另一种比较特殊的股权激励方式：无条件赠予股权。在采用这种工具实施股权激励时，需要注意以下四方面的问题：

（1）适用场景

无条件赠予股权一般发生在两种场合：

①公司初创成立时，创始人为了聚集资源，拓展业务，往往会给予重要的伙伴或员工无偿发放股权；

②公司运营过程中，对某些重要的外部顾问或渠道资源，为了加强他们与公司之间的利益深度绑定，也会免费给予部分股权。

（2）激励工具越简单效果越好

实践证明，在所有股权激励工具中，操作简单、理解成本低的股权激励工具是最受欢迎的。授予条件和考核条件如果设计得过于复杂，激励对象可能会对能否最终取得激励收益抱有怀疑态度，认为老板在“画饼”，从而可能降低对股权激励的认同度，最终激励效果可能是下降的。无条件赠予股权在前端解决了激励的力度问题，在后续管理过程中，更加需要提升激励对象对股权价值的认同度，最后也许会起到不错的激励效果。

（3）建议支付象征性对价

实施这种激励方式时需要注意，尽量不按照完全无偿赠与的方式对激励对象授予股权，而是按照股权有偿转让的方式实施激励，在许多案例中，转让对价确定为1元价格。这样处理的好处是，即使是1元的象征性对价，在性质上也是有偿转让，而不是无偿赠与，未来套现纳税时不会完全按照赠与的税率纳税。

（4）优势与缺陷及应对策略

①优势：激励力度大，激励对象的理解成本低，初期激励效果好。

②缺陷：激励对象均为实名在册股东，后期管理难度大，特别是出现合作不愉快或者由于其他原因需要将激励对象从股东名册中去除时，很难操作。

③应对策略：提前约定好持股人的退出方式，比如持股人离开公司时一律由公司或大股东按照退出时公司的净资产价格或者公司最近一次融资的价格回购，若一方不配合将承担一定违约金等，增加约定条款的可执行性，降低后期管理难度。

5.3 怎样制定股权激励方案

5.3.1 选择合适的股权激励工具

上述 8 种激励工具是股权激励实践中常用的方式，除了这些工具之外，还有其他一些不常用的激励工具，如利润分享计划、账面增值权等。而且，在实践中，公司根据自身情况和需求，还会有一些新的激励工具被创造出来。选择工具虽然很多，但不代表企业可以随手拿来就用，只有符合企业实际需求的才是最合适的。所以，企业在实施股权激励时，既要评估公司所处环境的要求，包括公司所处发展阶段、员工激励体系的设计、行业竞争对人才的需求等，也要评估各个激励工具本身的效果，选择合适有效的激励方法。

（1）激励工具的效果评估

无论是哪种类型的激励工具，都可以归入 2 种类型：

第一，权益类激励。前述 8 种类型的激励中，股权期权、限制性股权、员工持股计划、延期支付、业绩股票、无条件赠予 6 种方式可以归入这个类型。这种激励方式的优点是激励对象可以获得真实股权，公司不需要支付大笔现金，有时甚至还可以有现金流入；缺点是公司股本结构需要变动，原股东的股权可能因此被稀释。

第二，现金类激励。前述 8 种类型的激励中，虚拟股权、股票增值权 2 种方式可以归入这个类型。这种激励方式的优点是不影响公司的股本结构，原股东的股权比例不会被稀释；缺点是公司需要以现金形式进行支付，现金支付压力较大，而且，由于激励对象不能获得真正的股权，对员工的激励作用持续时间很短，不利于公司与员工之间的长期绑定。

综合目前国内股权激励的实践及法律法规的规定来看，股票期权、限制性股票、虚拟股权是在公司股权激励计划中使用比较多的方式。

（2）不同人员有不同的激励偏好

按照公司中人员的大致归类来看，可以分为 4 个群体：高管人员、骨干员工、销售人员、普通员工。这 4 种不同的人员对股权激励有不同的偏好。在制订股权激励计划时，需要充分认识到他们的不同利益诉求，只有投其所好才能使股权激励的效果真正发挥出来。

①高管人员

高管是公司的核心团队，控制着公司的战略方向和实际运营。对这一类型的激励对象，实施股权激励的目的就应该以长期激励为主，激发其斗志并约束其行为，与公司深度牢固绑定，激励工具的选择应当更加着重于权益类激励。股权期权、限制性股权、延期支付、业绩股票等都可以作为高管人员股权激励首先考虑的主要方式。当然，也可以根据公司盈利及现金流的实际情况适度地辅之以其他激励工具，如果公司条件允许，可以在适当的时候通过分红等形式使其享受阶段性的收益，不能只“画饼”，还需要时不时地给予物质激励，毕竟圣人在当今的时代已经很难寻觅，况且，公司就是以营利为目的而存在的，适度的物质激励有利于高管团队更加坚定信心。

②骨干员工

这些人大多处于公司的核心二级部门，对于他们来说，激励目的同样也应当是激励其斗志、稳定其军心。这些员工所处的部门都很关键，本身职位也很重要，只有调动起他们的工作热情和积极性，才能够调动整个部门的积极性，从而最终有利于整个公司的发展。对骨干员工的股权激励，应当平衡采用权益类激励和现金类激励两种方式。相对高管人员来说，骨干员工对公司战略的领悟和对公司发展的陪伴相对较弱，不可以指望员工与高管有同样的思想高度，因此体现在激励方式上，就是减少权益类激励的比重，加大现金类激励的比重。如可以多采用虚拟股权、股票增值权等方式进行激励，股票期权、限制性股票等方式可以相对高管来说减少使用。

③销售人员

对这部分人员来说，股权激励具有特殊的意义。按照常规的市场形势来判断，销售人员的流动性相对频繁，其中深层次原因就是公司没有对销售人员激励方式的科学性予以足够重视，一般是以眼前的销售业绩为主要回报依据，对其制定的收入制度过于简单直接。所以，造成了销售人员只追求眼前的业绩，对公司整体利益及长远利益漠不关心的问题，一旦出现收入波动或管理问题，很容易造成人员流动。因此，股权激励对销售人员来讲，应当主要解决两个问题：收入不稳定、增强归属感。在选择激励工具时，可以适度倾向于使用业绩股票、限制性股票等工具，规定销售人员一定比例的业绩收入只能以这些激励工具的形式发放，并且只有在满足了公司制定的限制条件后才能将股权转让或者兑现，这样就可以将销售人员的短期利益转化为长期利益，也能够促使他们在工作中减少或避免短视行为。

④普通员工

从实践来看，对普通员工来说股权激励的意义不大。原因有二：第一，普通员工由于职级的限制，所取得的激励股权一般数量不大，激励效果是有限的；第二，他们的工作绩效与企业的整体效益一般没有直接的关联，即使实施了股权激励，效果也很难衡量。事实上，很多员工对股权激励没有很深刻的理解，甚至有的人将“持股”与“集资”“存款”画上等号，歪曲了股权激励的意义。因此，从激励效果来说，普通员工适合采用现金类激励，一般不适合权益类激励。及时兑现的做法，不仅符合基层员工的短期利益，也有利于营造友好的企业文化。

（3）不同发展阶段对应不同的激励模式

企业通常要经过初创期、成长期、成熟期和衰退期四个阶段，每个阶段的战略规划、经营模式和人才需求等情况各不相同，由此也会导致不同发展阶段的企业需要对应选择不同的激励模式。

①初创期

初创期的企业，首要目的是生存。在这个阶段，企业大多数面临资金匮乏、品牌认知度低、人才招聘困难、管理不规范等问题，并且企业的技术和产品也面临市场认可及竞争风险。随着供应链的延长和市场营销的拓展，企业开始向良性发展，规模逐渐扩大，组织结构逐渐成型，管理制度也日趋完善。同时，员工的要求也在不断提高，人才激励问题逐渐摆上台面。初创期的企业，可以综合考虑对高级管理人员、核心骨干人员、业务人员的依赖程度，在保证创始团队控制权不变的情况下，采用虚拟股票、限制性股票、员工持股计划等方式，留住关键人才，稳定企业发展，帮助企业顺利渡过安全期。

②成长期

成长期的企业，除了要大力开发新产品、提高产品知名度、进一步扩大市场占有率以外，还要不断完善企业的内部管理机制，相适应地进行管理变革，防止由于管理不当引发制造成本过高、财务失控、市场增长缓慢等风险的发生。处于这一阶段的企业，应当选择激励力度相对比较大的激励方式，比如限制性股票、业绩股票、员工持股计划、期权计划等，将对企业发展有重要作用的高管人员、核心技术人员、业务骨干纳入激励范围，使其与公司形成利益共同体，实现企业的快速发展。

③成熟期

成熟期的企业，客户群体相对固定，营收也相对稳定，公司有稳定的现金流，具备应对市场风险、技术风险、人才风险等各种风险的能力。但是随着市场上同类产品的不断涌现，竞争日趋激烈，企业增长的速度放缓，库存成本增加，价格战往往成为重要的营销策略。因此，降低成本、提高效率、产品迭代将是企业在成熟期的重要任务。这种情况下，实施股权激励的首要目的就是稳定住企业的骨干人员，激励他们更加努力地工作，保持优势、拓展新的空间。由于企业有较强的现金支付能力，在选择股权激励工具上可以更多地倾向于现金类激励，比如虚拟股票、股票增值权等，同时再配合股票期权、延期支付、限制性股票等权益类的激励工具，可能会有比较好的效果。

④衰退期

衰退期的企业，销售额明显下降，产能过剩，市场份额不断萎缩，利润大幅下降甚至亏损。这种情况下，很多企业不得不选择进行裁员，但是核心的关键岗位还是要保留的。由于企业的未来前景看淡，在选择股权激励工具上可以更多地倾向于现金类激励，少用权益类激励，最直接的就是采用虚拟股票进行现金分红，以稳定和留住核心骨干。

上面讨论的是选择股权激励工具时需要考虑的一般主要因素，具体哪种方式适合本企业，还需要考虑企业性质、股东意愿、激励成本、激励目的、岗位性质、同行业惯例等多种内外部因素的影响，单独或者组合使用各种激励工具，以便取得良好的激励效果。

【案例 5-9】

华为公司股权激励计划[1]

华为公司的股权激励从公司创立开始，迄今为止经历了一系列变化，每次变化都紧跟公司发展的步伐，相应匹配或者进行调整，这为华为成为世界级的公司奠定了坚实的基础。根据截至 2018 年 4 月 12 日工商披露的信息，华为投资控股有限公司（全资持股华为技术有限公司，该公司即文中所述的“华为公司”，华为投资控股有限公司下称“华为控股”）的股权结构为：任正非持股 1.01%，华为控股工会委员会持股 98.99%，是一家真正意义上的全员持股公司，股权激励为这家公司的成功发挥了巨大作用。

综观华为公司的股权激励，历史上也经过多次调整：

（1）向员工融资缓解现金流

1990 年，处于初创期的华为公司为了稳定创业团队、获取研发新产品所需的资金，采用了内部融资、员工持股的激励模式。当时，华为员工和华为与各地客户成立的合资公司都有资格认购公司股份，参股的价格为每股 10 元，以税后利润的 15% 作为股权分红，只要是进入公司满 1 年的员工都可以认购

1 案例主要来源于以下网站：http://www.sohu.com/a/211290122_100048333，http://www.sohu.com/a/233936876_263537 等，最后访问日期：2018 年 8 月 16 日。

公司股票，一般用员工的年度奖金购买，如果新员工的年度奖金不够派发的股票额，公司可以帮助员工获得银行贷款以购买股权。至 1997 年，华为的注册资本增至 7005 万元，其中华为公司员工占比 65.15%，子公司华为新技术公司员工占比 34.85%。

通过这种方式，华为公司缓解了公司现金流紧张的局面，增强了员工的归属感，稳住了创业团队。

（2）工会托管股份

1997 年 6 月，华为公司对股权结构进行了调整，员工所持股份分别由 2 家公司工会集中托管，并代行股东表决权，华为新技术公司、华为新技术公司工会以及华为公司工会分别持有华为公司 5.05%、33.09% 和 61.86% 的股份。当时的深圳市体改办也批复同意了华为的改制方案。

（3）初现员工虚拟股权

1998 年，华为公司决定改变员工持股方案，派高层赴美考察期权激励和员工持股制度，一种名为虚拟股的激励制度进入其视野。

1999 年 6 月，华为公司工会以现金收购了华为新技术公司所持的 5.05% 股份，同时收购了华为新技术工会所持有的 21.24% 的华为公司股权。至此，华为公司两家股东为深圳市华为技术有限公司工会和华为新技术公司工会，分别持有 88.15% 和 11.85% 的股份。

（4）确立任正非的独立股东地位

2000 年 12 月，华为新技术公司工会持有的 11.85% 的股份并入华为公司工会，任正非持有的 3500 万元（1.1%）单独剥离，至此，华为公司在工商局注册的 2 个股东为华为公司工会和任正非，任正非的独立股东地位第一次得到确认。

其间，曾有 2 位离职员工起诉华为，要求离职时公司按每股净资产价格回购股票，而不是按购入时的每股 1 元价格回购。

最终，深圳市中院和广东省高院判 2 位员工败诉，因员工股份没经工商登记，不是法律意义上的股东；只能按照员工与公司签订的合同处理，而当时华为与员工所签署的《参股承诺书》明确规定，员工辞职或因违反公司规章制度被辞退等丧失持股资格时，需将所持股份以原价退回公司。

（5）实体股明确转为虚拟股

2001 年，深圳市政府颁布了新的《深圳市政府内部员工持股规定》，规定员工持股会负责员工股份的托管和日常运作，以社团法人登记为公司股东。

2001 年 7 月，华为公司通过了股票期权计划，推出了《华为技术有限公司虚拟股票期权计划暂行管理办法》，华为员工所持有的原股票被逐步消化吸收转化成虚拟股，员工购买或公司回购均按净资产价值定价，原本就不具表决权的实体股明确变为虚拟股。

华为这次改制得以顺利进行，与当时的环境有关。当时网络泡沫破灭，华为正经历史上第一个冬天，股票分红不高，许多员工对股票期望值不高；而包括李一男在内的一批华为资深员工陆续离职创业。此时华为鼓励员工“辞职再回岗”，手中的股票也被回购到工会手中，包括董事长孙亚芳也参加了这一计划，华为公司股票在虚实之间悄然转换，华为也从号称全员持股的公司变成由 2 个实体股东持股的公司。

（6）华为股权结构再优化

2003 年，华为控股成立，任正非持股 1.0708%，其余为华为控股工会持有，华为公司原有的内部员工持股、期权激励都被平移至华为控股的平台。

华为控股每年发行股票，由实体股东按当年每股净资产购买，再将等比例虚拟股出售给员工。员工签署合同后交回公司保管，没有副本，没有持股凭证，每个员工有一个内部账号，可以查询自己的持股数量。

2003 年的调整大幅度增加配股额度，向核心层员工倾斜，并允许在职员工兑现部分配股。

为解决员工大量购买虚拟股的资金问题，华为为员工争取了银行贷款，员工只需拿出资金的 15%，其余可以“个人助业”的名义从中国银行、工商银行、平安银行和建设银行 4 家银行获得贷款支持。

10 年间华为虚拟股收益超过 15 倍，参与虚拟股的员工获得了丰厚收益，如 2010 年华为内部股票购买价格为 5.42 元，每股分红 2.98 元，年收益率超过 50%，虚拟股成为华为员工最可靠、稳定的投资渠道，有华为员工说：“我身边没有人不买的。”

直到 2011 年银行贷款被叫停，华为内部融资超过 260 亿元；华为公司也实现了销售业绩和净利润的突飞猛涨。

（7）华为虚拟受限股实行饱和制

为给新员工保留发展空间，2008 年起，华为对虚拟股制实行饱和配股制，即规定员工的配股上限，每个级别达到上限后，就不再参与新的配股，给新员工留下激励空间。

（8）华为与奋斗者分享利益

华为多年的高速发展，给员工带来丰厚的收益，也出现老员工坐享丰厚分红而“怠惰”的情况，2011 年 4 月，任正非与华为公司高层召开“如何与奋斗者分享利益”的座谈会，出台具体措施去识别“奋斗者”，如华为一位员工因为家庭原因拒绝调往国外，便不再是“奋斗者”因而失去了配股资格。

（9）TUP 与虚拟股并行

随着公司发展，华为的外籍员工越来越多，而外籍员工无法参与虚拟受限股，从 2013 年起华为为外籍员工推出 TUP（奖励期权计划），使外籍员工也可以分享利润；2014 年起对国内员工推出。

TUP 计划实施框架：每年根据员工岗位及级别、绩效，分配一定数量的 5 年期权，员工不需花钱购买，可获得相应的分红权和增值权，5 年后清零，举例：

2014 年，某员工获得期权 5000 股，当期股票价值为 5.42。

2015 年，可以获取 5000 × 1/3 分红权。

2016 年，可以获取 5000 × 2/3 分红权。

2017 年，可以获取 5000 股的全额分红权。

2018 年，可以获取全额分红权，同时对 2014 年的期权结算，如果 2018 年股票价值为 6.42，则第 5 年获取的回报是：2018 年分红 +5000 ×（6.42-5.42），同时将 5000 股期权进行清零。

（10）虚拟受限股 vs 奖励期权计划

虚拟受限股，在员工参与配股后，如果员工不离职也不主动退出，则企业不能强迫员工退出。

可能出现早期员工拥有大量虚拟股，业绩平平也能靠分红获得年数百万的收入，而新员工同样贡献获得收益相差较远，挫伤新员工的积极性。

而 TUP 计划，员工获得后有效期为 5 年，5 年后将清零，员工只能不断努力工作以换取更多的奖励期权，避免老员工在拥有大量股票后坐享受益，不思进取。

虚拟股在公司资金紧张时可获得内部融资，而 TUP 计划在公司资金充裕时可让利留权。

推出 TUP 以后，华为的虚拟受限股是否会逐步退出？暂时不得而知。工商登记资料显示，华为在 2016 年 12 月 27 日进行了一次增资，增加了 3 亿多元，是否又对员工进行了一次虚拟股的配股？

【问题聚焦】

通过上述华为公司股权激励演变可以看出，公司在每个不同的发展阶段，都会根据实际需求及实施股权激励的效果进行调整，以达到公平、可控、多赢。

归纳起来，华为的股权激励可以分为三个阶段：

（1）早期，华为公司缺资金、员工缺投资渠道，对股权不了解，华为用实体股权激励获得内部融资，解决资金困难，也留住员工和激发动力。

（2）中期，员工对华为公司有一定信任，股权激励逐步由实体股转为虚拟股，公司扩大股权激励规模，帮助员工申请银行贷款。在此过程中，公司获得大额资金支持，员工获得丰厚收益，华为业绩迅猛发展。

（3）近期，公司资金充裕，逐步推出 TUP 计划，给员工分利，给公司留权，为未来发展留下空间。

在一定程度上可以说，华为公司是中国股权激励最典型的代表，任正非只占 1.01% 股份，没有机构投资者，其余 98.99% 的利益都与员工分享，但保留了股东的控制权，在任正非的引领下，华为员工倾情参与，公司实现 20 多年的高速发展。根据华为于 2018 年 3 月 30 日发布的 2017 年年报，报告显示，华为业绩稳健增长，实现全球销售收入 6036 亿元人民币，同比增长 15.7%，净利润 475 亿元人民币，同比增长 28.1%。公司取得的成绩有目共睹。

5.3.2 确定激励对象

（1）选择激励对象的基本原则

在选择激励对象的人选时，我们认为应当遵循以下 3 个基本原则：

①不可替代性原则

股权激励是稀缺性资源，因此接受股权激励的对象也应当具有稀缺性。对于那些能够通过工资薪酬形式解决利益诉求的人，不建议采用股权激励的方式进行激励。公司的高管人员、掌握核心技术的人员、掌握产品销售渠道的市场大将、后场部门重要的负责人等，都是企业中的稀缺人员，特别是某些重要岗位还具有一定的不可替代性，在制定股权激励方案时，这类人员应当首先被确定为激励对象。

②公平性原则

股权激励的价值不仅在于对接受激励的人给予肯定和鼓励，对于未接受激励的人也应当起到一定的示范作用，从而能够在整体上激发全体团队成员的积极性和主动性。如果激励对象的选择不公平不公正，甚至感情用事，反而可能会给公司带来负面影响，让员工失去对公司的期望。

③价值贡献原则

股权激励的本质是对人力资本的额外补偿。因此，制定股权激励方案时，需要着重考虑激励对象对公司的人力价值贡献，并使给予激励对象的激励与其价值贡献相匹配。如果准备授予激励的人没有特殊的人力价值贡献，则不可以通过股权激励进行补偿。能够通过薪酬奖金等形式进行补偿的，一般认为已经公允地反映了其价值贡献。

（2）从技术角度选择激励对象

选择激励对象时，既要考虑企业当前的现实需求，也要站在公司近 3 年甚至 5 年的发展战略高度考虑，要具备一定的前瞻性。同时，还要保证选出的激励对象具有稀缺性、价值性和忠诚性。

具体而言，在确定激励对象时，需要从以下 4 个方面进行考量：

①历史贡献

自从企业创业以来，一路同行的各级管理人员、普通员工，为企业的发展做出了非常重要的贡献，在选择激励对象时，这部分人员是需要被优先考虑的。因为：一方面肯定这些人的历史贡献，体现出了知恩图报的正向激励作用；另一方面也对新入职的管理人员及员工树立潜移默化的榜样典范，增强他们跟随企业共同发展的信心，这对于塑造人性化的企业文化有着积极的、正面的帮助。

②岗位价值

员工的价值主要是通过履行其岗位职责实现的，不同岗位对公司产生的价值是不一样的，识别出关键、重要的岗位并据此进行赋能、激励，可以为公司带来更多价值。国资发改革〔2016〕133 号文件《关于国有控股混合所有制企业开展员工持股试点的意见》也规定，坚持以岗定股的激励原则，员工持股要体现爱岗敬业的导向，与岗位和业绩紧密挂钩，支持关键技术岗位、管理岗位和业务岗位人员持股。这也说明，依据岗位价值进行激励是确定激励对象人选的重要标准。

③素质能力

员工的素质能力是确定激励对象时要重点考虑的因素之一。股权激励一方面解决的是有历史贡献人员的价值确认，另一方面也是为了发掘有工作能力、综合素质高、有发展潜力的人员，作为公司后续发展的战略储备人才。股权激励效果的理想状态是能够将其对人才的杠杆激励作用最大化，一般认为，素质能力平庸的人，适合采用固定的增加工资或奖金的方式给予激励，而实施股权激励对这一类群体的杠杆撬动作用不大。

④忠诚度

对公司的忠诚度也是考虑激励人选时需要关注的另一个重要因素。在某种程度上讲，忠诚度的重要性不亚于素质能力。素质能力低但对公司忠诚的人，可以通过内部培训、外部培训等方式进行弥补，这样的人还是可用的；素质能力高但对公司不忠诚的人，其对公司可能造成的损害往往会更大，这样的人往往是不可用的。忠诚度主要从在岗时间、是否勤勉、是否恶意损害公司利益等角度考察。

（3）从法律角度确保合法合规

普通有限公司的股权激励对象可以自由确定，法律上一般没有限制。法律规定对股权激励对象的限制主要体现在上市公司、国有企业等，这些企业可以对照以下规定核查本企业的激励对象是否合规。

①《上市公司股权激励管理办法》第8条

激励对象可以包括上市公司的董事、高级管理人员、核心技术人员或者核心业务人员，以及公司认为应当激励的对公司经营业绩和未来发展有直接影响的其他员工，但不应当包括独立董事和监事。在境内工作的外籍员工任职上市公司董事、高级管理人员、核心技术人员或者核心业务人员的，可以成为激励对象。

单独或合计持有上市公司 5% 以上股份的股东或实际控制人及其配偶、父母、子女，不得成为激励对象。下列人员也不得成为激励对象：

A. 最近 12 个月内被证券交易所认定为不适当人选；

B. 最近 12 个月内被中国证监会及其派出机构认定为不适当人选；

C. 最近 12 个月内因重大违法违规行为被中国证监会及其派出机构行政处罚或者采取市场禁入措施；

D. 具有《公司法》规定的不得担任公司董事、高级管理人员情形的；

E. 法律法规规定不得参与上市公司股权激励的；

F. 中国证监会认定的其他情形。

②《国有科技型企业股权和分红激励暂行办法》第 7 条

激励对象为与本企业签订劳动合同的重要技术人员和经营管理人员，具体包括：

A. 关键职务科技成果的主要完成人，重大开发项目的负责人，对主导产品或者核心技术、工艺流程做出重大创新或者改进的主要技术人员。

B. 主持企业全面生产经营工作的高级管理人员，负责企业主要产品（服务）生产经营的中、高级经营管理人员。

C. 通过省、部级及以上人才计划引进的重要技术人才和经营管理人才。

企业不得面向全体员工实施股权或者分红激励。

企业监事、独立董事不得参与企业股权或者分红激励。

③《国有控股上市公司（境内）实施股权激励试行办法》第 11 条

股权激励对象原则上限于上市公司董事、高级管理人员以及对上市公司整体业绩和持续发展有直接影响的核心技术人员和管理骨干。

上市公司监事、独立董事以及由上市公司控股公司以外的人员担任的外部董事，暂不纳入股权激励计划。

证券监管部门规定的不得成为激励对象的人员，不得参与股权激励计划。

④《国有控股上市公司（境外）实施股权激励试行办法》第7条

股权激励对象原则上限于上市公司董事、高级管理人员（以下简称高管人员）以及对上市公司整体业绩和持续发展有直接影响的核心技术人才和管理骨干，股权激励的重点是上市公司的高管人员。

本办法所称上市公司高管人员是指对公司决策、经营、管理负有领导职责的人员，包括总经理、副总经理、公司财务负责人（包括其他履行上述职责的人员）、董事会秘书和公司章程规定的其他人员。本办法所称上市公司董事包括执行董事、非执行董事。独立非执行董事不参与上市公司股权激励计划。

本办法所称上市公司核心技术人才、管理骨干由公司董事会根据其对上市公司发展的重要性和贡献等情况确定。高新技术企业可结合行业特点和高科技人才构成情况界定核心技术人才的激励范围，但须就确定依据、授予范围及数量等情况作出说明。在股权授予日，任何持有上市公司5%以上有表决权的股份的人员，未经股东大会批准，不得参加股权激励计划。

⑤《中关村国家自主创新示范区企业股权和分红激励实施办法》第4条

激励对象应当是重要的技术人员和企业经营管理人员，包括以下人员：

A. 对企业科技成果研发和产业化做出突出贡献的技术人员，包括企业内关键职务科技成果的主要完成人、重大开发项目的负责人、对主导产品或者核心技术、工艺流程做出重大创新或者改进的主要技术人员，高等院校和科研院所研究开发和向企业转移转化科技成果的主要技术人员。

B. 对企业发展做出突出贡献的经营管理人员，包括主持企业全面生产经营工作的高级管理人员，负责企业主要产品（服务）生产经营合计占主营业务收入（或者主营业务利润）50%以上的中、高级经营管理人员。

企业不得面向全体员工实施股权或者分红激励。

企业监事、独立董事、企业控股股东单位的经营管理人员不得参与企业股权或者分红激励。

5.3.3 确定激励额度

股权激励数量的确定是整体股权激励方案的核心问题，也是工作量最大、最容易引发争议的问题。激励数量过大，会影响控股股东的控制权，并可能给公司带来现金流压力；激励数量过小，又难以起到激励的作用。同时，激励数量的分配还要做到公平公正，否则可能导致内部争端、降低激励效果。总体来说，确定股权激励额度主要涉及两个核心问题：确定总量、确定个量。

（1）确定总量

股权激励总量也就是俗称的“总池子”“大包”，在确定总量时，需要考虑下述几个方面的因素后做出决定。

①法律法规的规定

关于非上市公司股权激励的总数额，法律法规没有强制性规定，公司可以根据需要自行设计，只要股东会或股东大会做出决议即可。现有法律法规对股权激励数量的强制性规定，主要是针对上市公司和国有企业。

《上市公司股权激励管理办法》第 14 条第 2 款：上市公司全部在有效期内的股权激励计划所涉及的标的股票总数累计不得超过公司股本总额的 10%。

《国有科技型企业股权和分红激励暂行办法》第 10 条第 1 款：大型企业的股权激励总额不超过企业总股本的 5%；中型企业的股权激励总额不超过企业总股本的 10%；小、微型企业的股权激励总额不超过企业总股本的 30%，且单个激励对象获得的激励股权不得超过企业总股本的 3%。

《国有控股上市公司（境内）实施股权激励试行办法》第 14 条：在股权激励计划有效期内授予的股权总量，应结合上市公司股本规模的大小和股权激励对象的范围、股权激励水平等因素，在 0.1%~10% 之间合理确定。但上市公司全部有效的股权激励计划所涉及的标的股票总数累计不得超过公司股本总额的 10%。

上市公司首次实施股权激励计划授予的股权数量原则上应控制在上市公司股本总额的 1% 以内。

《国有控股上市公司（境外）实施股权激励试行办法》第9条：（1）在股权激励计划有效期内授予的股权总量累计不得超过公司股本总额的10%。（2）首次股权授予数量应控制在上市公司股本总额的1%以内。

《中关村国家自主创新示范区企业股权和分红激励实施办法》第21条第1款：大型企业用于股权激励的股权总额，不得超过企业实收资本（股本）的10%。

②创始股东的意愿

实施股权激励意味着现有股东的让利和股权稀释，激励额度大小和股东意愿有很大关系。具有开放心态和分享精神的股东，一般会愿意出让较大的激励额度。从本质上看，股权是一个奇妙的工具，它可以聚集人才，聚集资源，依靠这种聚集效应将公司规模做大后，形式上看起来是出让了一部分利益给员工，但实际上更大的受益者还是创始股东。所以说，愿意与员工分享股权的股东都是具有大智慧的。如前所述，华为公司到目前为止实施了多次股权激励，大部分股份都分给了员工，创始人任正非实际持有的华为股权仅占1%多一点，这种分享精神让华为吸引和聚集了一批国内外顶尖的研发和管理人才，也使得华为成为世界级的企业。类似的企业家还有蒙牛的牛根生、阿里巴巴的马云、联想的柳传志等，他们都舍得与创业伙伴和优秀员工分享企业发展的红利，舍得分享他们手中的权力，凭借这一优势，不仅聚集了顶尖人才，也将各自企业做成了行业龙头。

③公司当前的薪酬水平

在确定股权激励总量时，公司需要评估自身的整体薪酬水平，如果整体水平比同行业高，则激励总量可以适当少一些；如果整体水平比同行业低，则激励总量就要多一些。最终目标是使激励对象获取的薪酬加上股权激励收益不低于行业平均水平，才能够维持公司对人才吸引方面的竞争力。

④公司规模和发展阶段

如果公司规模较大，且处于成熟期阶段，股权激励的比例可以适当少些，因为此时公司体量大，即使比例小，总量也很大，可以起到激励的作用和效果；相反，如果公司规模不大，且处于初创期或者成长期阶段，股权激励的比例就应当大一些，因为处于这些发展阶段的企业往往不会有像成熟期企业那样稳定的现金流和风险抵抗能力，激励额度小可能会起不到吸引人才、留住人才的激励效果。

⑤资本运作的要求

公司如果有融资和上市的规划，在确定授予激励的总量时还要考虑好 2 个问题：

第一，公司创始股东在股权上的控制不能发生变动，国内有一些互联网企业原本打算在境外上市的，前期发行了大量的股权激励，导致创始人股东的持股数额不足以控制整个公司，只能通过其他辅助手段（如表决权委托、一致行动协议、AB 股制度等）增强控制权，这些企业如果要回归境内上市，就要谨慎处理好股权控制的连续性问题。

第二，公司有近期融资打算的，为了使投资权益不被稀释或者尽量少稀释，每一轮的投资人可能会要求公司在投资人进入之前预留一部分期权池作为股权激励的准备，公司需要考虑在上市前准备融资的次数以便确定最终期权池的大小。一般来说，最终期权池占股本总额 20% 左右是合理的，当然这个并没有硬性要求，是各方博弈的结果。

⑥外部因素的考虑

上面 5 个方面都是从公司内部自身情况考虑的，在确定股权激励总量时，公司也需要考虑同行业类似规模、类似发展阶段的企业如何实施股权激励，特别是直接竞争对手的激励程度。为了防止人才外流，吸引优秀人才加盟公司，公司的激励总量应当保持相对的竞争优势，激励额度应当稍微大一些。

（2）确定个量

对每个对象分配具体额度时，需要在遵守法律法规的基础上，兼顾公平和效率，准确把握激励对象的心理预期，采用直接分配和量化分配的方式，使股权激励真正起到肯定价值贡献、留人留心引人的作用。

①法律法规的规定

关于非上市公司每个激励对象获取的股权激励数额，法律法规没有强制性规定，公司可以根据需要自行设计，只要股东会或股东大会做出决议即可。现有法律法规对个人激励数量的强制性规定，主要是针对上市公司和国有企业。

《上市公司股权激励管理办法》第 14 条第 2 款：非经股东大会特别决议批准，任何一名激励对象通过全部在有效期内的股权激励计划获授的本公司股票，累计不得超过公司股本总额的 1%。

《国有科技型企业股权和分红激励暂行办法》第 10 条：单个激励对象获得的激励股权不得超过企业总股本的 3%。

《国有控股上市公司（境内）实施股权激励试行办法》第 15 条、第 16 条第 1 项：上市公司任何一名激励对象通过全部有效的股权激励计划获授的本公司股权，累计不得超过公司股本总额的 1%，经股东大会特别决议批准的除外。在股权激励计划有效期内，高级管理人员个人股权激励预期收益水平，应控制在其薪酬总水平（含预期的期权或股权收益）的 30% 以内。

《国有控股上市公司（境外）实施股权激励试行办法》第 10 条、第 11 条第 1 项：在股权激励计划有效期内任何 12 个月期间授予任一人员的股权（包括已行使的和未行使的股权）超过上市公司发行总股本 1% 的，上市公司不再授予其股权。在股权激励计划有效期内，高管人员预期股权激励收益水平原则上应控制在其薪酬总水平的 40% 以内。

②分配的原则

在具体分配之前及分配过程中，应当把握 3 个基本原则：

合理分层。即在董事 / 高级管理人员、中层管理人员、核心技术人员、核心业务人员等各个层级之间，要对股权激励的总量进行合理分层配置激励比例，根据公司的激励导向确定各个层级的具体比例。

预期管理。每个人对激励额度的心理预期不同，有的人期望短期现金激励，有的人期望长期激励，在制定激励方案时就要相应地有所区别，否则可能会出现激励错位，起不到应有的激励作用而且还浪费激励资源。

兼顾公平。之所以是“兼顾”公平，是指股权激励无论如何实施，都不可能做到让所有人满意。正如本书第一章所述，股权是一个艺术品，衡量其价值的天平在创始人心中，有时候很难用量化标准去对某个激励对象的价值贡献进行衡量，以及匹配相应数量的股权。创始股东要做的，就是在相对公平的基础上，用可视化的方法使被激励群体感觉到程序正义，至于结果是否真的完全准确地匹配每个人的价值贡献，就见仁见智了，这也需要创始人用智慧和胸怀去平衡。

③直接分配法

这是一种简单、高效的分配方法，是指创始股东根据其个人的主观判断来确定对某一激励对象的分配数量。这种方法适用于人数较少、规模较小的企业，操作起来比较简单，但是容易受创始股东的个人喜好影响。如果公司规模大、人数较多，这种方法因缺少可视化的评估方法，如操作不慎就很容易让员工产生负面情绪，因而在这种公司就不太适合使用。

④量化分配法

这种方式相对比较公平合理，也是在实践中应用最多的方法。其基本原理是：根据公司需求设置若干个评价维度，对每个评价维度分别赋予权重及系数，然后对照权重系数分别对每个激励对象进行评价，每个人分配系数总和占公司总分配系数的比例，就是此人在激励总量中应当占的个人比例。

具体操作步骤如下：

第一步：设置评价维度，如司龄、工资、岗位、人才价值、考核结果、销售增长率、安全事故率、投诉率等，可以根据公司的实际情况自行设置。

第二步：评价维度建模，将每个评价维度分别赋予不同的核算系数。

第三步：计算个人分配系数，对每个评价维度的核算系数，根据公司的偏好赋予不同的百分比，注意，所有评价维度核算系数的百分比之和应当等于1。

第四步：计算总分配系数，第三步算出的个人分配系数之和即为总分配系数。

第五步：第三步的结果除以第四步的结果，即为每个人在激励总量中应当占的比例，再乘以本层级的激励总量，就可以得出每个人可以获取的激励个量。

第六步：如果第五步计算的结果偏离合理性，可以由创始股东进行二次矫正，最终确定每个激励对象应当分配的个量。

【案例 5-10】

某公司股权激励分配过程[1]

某科技公司拟实施股权激励，采用股权期权的方式对高管人员、中层管理者和销售骨干进行激励。公司股本总额 8000 万元，准备以增资方式增加 2000 万元注册资本，增资完成后激励股权占股本总额比例为 20%，所增加的 2000 万元注册资本设立有限合伙企业统一对公司持股。具体分配过程如下：

（1）确定分层数量

将 2000 万股权期权在高管人员、中层管理者和销售骨干 3 个类别中进行总体分配，按照重要性程度划分，高管人员分得 600 万股，中层管理者分得 400 万股，销售骨干分得 1000 万股。

（2）确定评价维度

经综合考虑，将 3 类不同的激励群体分别设置不同的评价维度。其中，高管人员、中层管理者的评价维度为：工资所得、司龄；销售骨干的评价维度为：工资所得、司龄、销售收入增长率。

（3）评价维度建模

工资所得系数模型见表 5-9。

1 本案例根据真实案例改编。

表 5-9　工资所得系数模型

工资所得（S）	对比基数	工资系数
S ⩾ 40000	20000	2.5
30000 ⩽ S < 40000		2
20000 ⩽ S < 30000		1.5
S < 20000		1

司龄系数模型见表 5-10：

表 5-10　司龄系数模型

入职年数（Y）	司龄系数
Y ⩾ 10 年	2.5
5 ⩽ Y < 10	2
3 ⩽ Y < 5	1.5
Y < 3	1

销售收入增长率系数模型见表 5-11：

表 5-11　销售收入增长率系数模型

利润增长率（G）	增长率换算系数
G ⩾ 100%	4
50% ⩽ Y < 100%	3
20% ⩽ Y < 50%	2
Y < 20%	1

（4）计算个人分配系数

以高管人员为例，公司共有 3 名需要激励的高管，其中甲在公司已工作 11 年，月薪 40000 元；乙在公司工作 9 年，月薪 30000 元；丙在公司工作 6 年，月薪 25000 元。在 2 个评价维度中，工资占比 60%，司龄占比 40%。则

3 人按照上述公示分别计算出各自的分配系数见表 5-12：

表 5-12　3 名待激励高管按公示所得的分配系数

姓名	计算过程	个人分配系数
甲	2.5×60%+2.5×40%	2.5
乙	2×60%+2×40%	2
丙	1.5×60%+2×40%	1.7
总计		6.2

（5）计算激励个量见表 5-13

表 5-13　3 名待激励高管激励个量

姓名	计算过程	激励个量（万股）	股本占比（%）
甲	600×2.5/6.2	242	2.42
乙	600×2/6.2	194	1.94
丙	600×1.7/6.2	164	1.64
总计		600	6

（6）计算结果纠正

根据最终计算数值可以看出，基本上能够合理反映 3 名高管对公司的价值贡献程度。如果计算结果偏离合理判断，公司的创始人股东还可以进行二次矫正。

上面介绍的对个人数量分配的计算只是以 3 名高管为例，中层管理人员、销售骨干人员的计算方式与此相同。在应用过程中，公司还可以根据实际情况增加激励评价维度，维度越多，系数设置越精细，最终计算结果就越能反映公司的评价偏好。

5.3.4 确定激励股权来源

（1）原股东有偿转让或赠予

这是一种最简单、高效的股权来源形式，由原股东与激励对象直接签署股权转让协议即可完成。采用这种方式时需要注意 2 个问题：

①要遵守《公司法》对其他股东优先购买权的规定，保证除转让股东以外的其他股东明确放弃行使优先购买权，确保程序的合规性。

②要将公司作为协议主体的一方签署股权激励协议。原因是：股权激励是公司和激励对象之间安排，原股东在法律上没有义务出让股权，这种操作的实质是公司委托股东完成股权转让行为以实现公司与激励对象之间的激励约定。如果公司不作为激励协议的主体一方，原股东和激励对象之间的股权转让行为就没有事实基础，激励对象不能据此向公司主张权利。

（2）增资扩股

这种方式即公司通过增资的形式解决激励股权的来源问题。采用这种方式时需要注意两个问题：

①公司其他股东需要放弃优先认购权。如果公司之前有融资行为，还要确保当时的融资协议中“反稀释权”条款（如有）不适用于这种情况下的增资。

②对激励对象增发股份，在非上市公司中不存在法律障碍，但要符合《公司法》关于股东人数上限的要求。有限公司股东上限为 50 人，股份有限公司股东上限为 200 人。如果激励对象人数超过这些限制，可以考虑通过设立有限公司或者有限合伙的形式让激励对象间接持股。不过，根据《非上市公众公司监管问答——定向发行（二）》的规定，单纯以认购股份为目的设立的公司、合伙企业等持股平台，无实际经营业务的，不得参与非上市公众公司的股份发行。

（3）预留期权池

公司设立时或者公司融资时可能会设立期权池，用于公司未来的股权激励。期权池一般由专门设立的持股平台（有限公司或有限合伙）持股，根据将来董事会/股东会批准的股权激励方案落实到具体的激励对象。如果不预留期权池，可能导致将来加入股东团队的人员稀释原股东团队的股份，容易引起股东之间的不和谐。通常情况下，企业预留的期权池比例为全部股份总额的10% ~ 20%，也有超过此比例的，具体数额由各方协商确定。

（4）公司回购本公司股份

股份有限公司可以回购自己的股份用于股权激励。《公司法》第142条第1款第3项和第3款规定，“公司不得收购本公司股份。但是，有下列情形的除外：……（三）将股份奖励给本公司职工；公司依照第一款第（三）项规定收购的本公司股份，不得超过本公司已发行股份总额的百分之五；用于收购的资金应当从公司的税后利润中支出；所收购的股份应当在一年内转让给职工”。不过，对有限公司而言，由于不存在股权公开交易的市场，一般采用公司增发股权或者老股东出让股权的方式，来解决激励股权的来源问题。

（5）二级市场购买

通过二级市场购买股权是上市公司解决激励股权来源的又一个重要途径，这种方式主要在上市公司员工持股计划操作中比较常用。一般做法是，上市公司委托证券公司设立定向资产管理计划，或者委托信托公司设立集合资金信托计划，再以募集的资金在二级市场购买上市公司股票，作为股权激励的标的。

（6）资本公积或盈余公积转增

公司可以通过股东会或股东大会做出决议，将一部分资本公积或者盈余公积转增为公司的股份，作为预留股份实施未来的股权激励计划。

5.3.5 确定激励资金来源

确定了激励股权的来源后，如何支付这些激励股权的对价是方案制定时的另一个重要问题。

（1）有偿还是无偿

有的公司股权激励方案中，由公司或股东无偿提供用于激励的股权，有的则是有偿。我们一般建议采用有偿的方式实施激励，原因有两个：

①对员工来说，有偿获取的股权具有更强的仪式感和责任感，在激励态度上会更加慎重和珍惜，也更加关心股权价值的变化，公司与员工之间的绑定作用更强。无偿获取的股权很容易沦为廉价赠品，员工的珍惜度会差一些。

②从未来退出来说，无偿获取的股权相当于赠予，个人完全按照赠予所得缴纳 20% 的个人所得税，而有偿获得的股权，未来转让时可以在整体转让对价中扣减原始取得成本，具有一定的税基抵扣作用。

（2）激励对象的自有资金

激励对象通过自筹资金的方式缴纳获授的股权激励对价款，是股权激励实践中比较常见的方式。在制定激励方案时，也要注意考虑员工的支付能力，使激励对象获授的股权激励与其经济能力相匹配。超过员工支付能力的股权激励往往是不可取的，可能会降低员工对股权激励的认同度。另外，也可以通过采取分期付款的形式降低员工的经济负担。需要注意的是，《上市公司股权激励管理办法》《国有科技型企业股权和分红激励暂行办法》均规定，上市公司、国有科技型企业不得为激励对象依股权激励计划获取有关权益提供贷款以及其他形式的财务资助，包括为激励对象向其他单位或个人贷款提供担保。在这类公司实施股权激励时应当注意这些限制性规定。

（3）专项激励基金

公司从税后利润中提取法定公积金后，经股东会或者股东大会决议，还可以从税后利润中提取任意公积金，形成专项的激励基金用于实施股权激励。

（4）其他资金来源

对于支付能力不强的激励对象而言，可以在股权激励方案中设计由公司提供贷款，或者从工资和奖金中扣除、股东借款等。尤其是在公司提供贷款的情况下，需要遵守公司章程的相关规定，并由全体股东做出决议。

5.3.6 确定激励价格

（1）有限公司的股权激励价格

法律法规没有对有限公司的股权激励价格做出限制，可以由各方协商确定，并在股东会决议批准后即可实施。常见的有限公司股权激励价格确定方式有以下 4 种：

①以注册资本金作为行权价格

即以原始注册资本的价格作为行权价。相比较其他价格确定方式，这是一种比较低的价格，激励力度很大。但是，由于这个价格与股权公允值之间有较大差距，在公司上市时，会计上会要求差额部分（股份支付费用）用于冲减当期损益，从而会影响公司的财务数据。在激励数额较大时，这种影响有时会很大，严重的甚至可能导致当期利润变为负数，从而影响公司上市。

②以净资产评估值作为行权价格

这是一种相对比较客观的定价标准，也容易被税务局所接受。缺点是，公司净资产值较高时，激励对象的支付能力会受到影响。

③注册资本金或净资产值的折扣价

激励对象除了以货币购买激励股权外，自身投入的人力资本也有一定价值，也可以考虑用以适当折抵一部分对价。因此，在确定的注册资本或净资产值的基础上，给予一定的折扣是尊重人力资本价值贡献的人性化做法。

④以市场评估价作为行权价格

包括参考同行业同体量上市公司的 PE 倍数与本公司年度净利润的乘积作为定价依据，或者按照未来收益法评估确定公司当前估值等。这种方法的好处是，完全体现了股权的公允价值，未来一般不会再确认股份支付费用。

（2）上市公司的股权激励价格

①限制性股票

《上市公司股权激励管理办法》第 23 条：上市公司在授予激励对象限制性股票时，应当确定授予价格或授予价格的确定方法。授予价格不得低于股票票面金额，且原则上不得低于下列价格较高者：

股权激励计划草案公布前 1 个交易日的公司股票交易均价的 50%；

股权激励计划草案公布前 20 个交易日、60 个交易日或者 120 个交易日的公司股票交易均价之一的 50%。

上市公司采用其他方法确定限制性股票授予价格的，应当在股权激励计划中对定价依据及定价方式作出说明。

②股票期权

《上市公司股权激励管理办法》第 29 条：上市公司在授予激励对象股票期权时，应当确定行权价格或者行权价格的确定方法。行权价格不得低于股票票面金额，且原则上不得低于下列价格较高者：

股权激励计划草案公布前 1 个交易日的公司股票交易均价；

股权激励计划草案公布前 20 个交易日、60 个交易日或者 120 个交易日的公司股票交易均价之一。

上市公司采用其他方法确定行权价格的，应当在股权激励计划中对定价依据及定价方式作出说明。

5.3.7 确定激励时限

（1）何时实施股权激励

初创期的企业，主要关注股东之间的股权架构设计，以及可能预留的期权池，为后续实施股权激励作准备。这个阶段的企业严格来讲不适合大规模股权激励。

成长期和发展期的企业，比较适合实施股权激励。这些阶段的企业一般都有清晰的远景规划，甚至稳定的现金流，对于人才激励既有动力也有能力。

衰退期的企业，一般不适合股权激励。用股权描绘的蓝景已经不再像成长期那么诱人，也不像成熟期那么稳定。

因此，股权激励的实施一定要谨慎，合理评估自己企业所处的阶段，有针对性地制定股权激励方案。不恰当地实施股权激励，不仅会带来控制权稀释、公司股权纠纷等法律风险，也会削弱股权激励的效果，甚至会带来不必要的麻烦。

（2）股权激励中的几个时间概念

股权激励方案中常见的几个概念含义如下：

①有效期

有效期是指从股权激励计划生效到最后一批激励标的的股份行权完毕的期间。普通有限公司的股权激励有效期可以由股东会自行确定，《公司法》对此没有限制性规定。特殊类型的公司股权激励有效期有明确规定，如《上市公司股权激励管理办法》规定股权激励计划的有效期从首次授予权益日起不得超过 10 年；《国有科技型企业股权和分红激励暂行办法》和《中关村国家自主创新示范区企业股权和分红激励实施办法》规定有效期不得超过 5 年。

②授权日

授权日是指公司将激励权益实际授予激励对象的具体日期。对非上市公司而言，股权激励计划的授权日可以是股东会或者股东大会审议通过股权激励计划后的合理时间，常见的授权日包括：受聘日期、确定晋升日、业绩评定日、战略目标起始日等；对上市公司而言，授权日通常做法为股东大会批准后 30 日，如果未能在 60 日内完成授予权益并完成公告、登记的，应当及时披露未完成的原因，并宣告终止实施股权激励，自公告之日起 3 个月内不得再次审议股权激励计划。

③行权期

行权期又称窗口期，是指股权激励计划的等待期满次日起至有效期满当日止可以行权的期间。进入行权期后，激励对象有权利开始行权。

④行权日与可行权日

行权期的首日即为可行权日，行权日是指激励对象行权的具体日期。上市公司的可行权日必须为交易日。

⑤等待期

等待期是指授权日至可行权日之间的这段时间。激励对象获得股权激励标的之后，需要等待一段时间，达到一系列事前约定的条件后，才可以实际获得激励股份或者激励标的的完全处分权。常见的等待期类型包括：一次性等待期、分次等待期、梯级等待期、业绩等待期等。

⑥禁售期

禁售期又称锁定期，是指激励对象在行权后，必须在一定时期内持有该激励标的，不得转让、出售。设置禁售期主要是为了防止激励对象以损害公司利益为代价，抛售激励标的的短期套利行为。目前，关于禁售期的规定主要体现在国有公司层面，如《国有科技型企业股权和分红激励暂行办法》和《中关村国家自主创新示范区企业股权和分红激励实施办法》规定禁售期不得超过 5 年，上市公司的禁售期需要遵循《公司法》和《证券法》的相关规定。普通有限公司的禁售期可以由股东自行规定，法律上没有限制。

上面几个概念可以用图 5-1 直观表示：

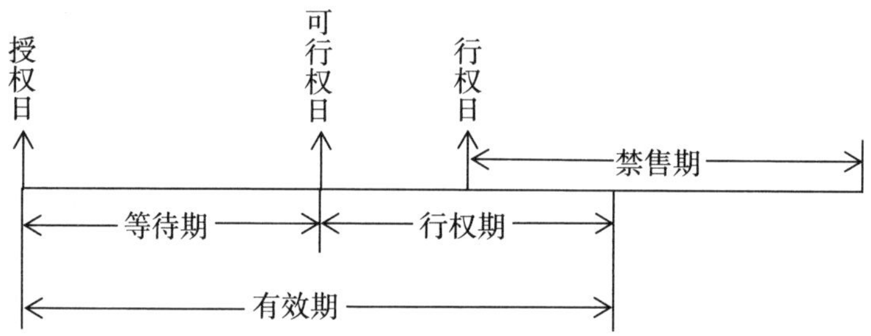

图 5-1　股权激励方案中相关时间概念

5.3.8　确定激励条件

股权激励计划的激励条件主要包括授予条件和行权条件。授予条件是指激励对象获授激励标的时必须要满足的条件，行权条件是指激励对象已经获取的激励标的行权时要达到的条件。

（1）授予条件

授予条件通常是企业根据公司及个人的既有业绩所设定的指标，这是一个后置性的指标，也是推行股权激励计划的前提。非上市公司的股权激励授予条件不受法律法规限制，可以根据绩效考核标准、人才管理的需求等灵活设计。常见条件包括：新入职人员达到一定级别可直接授权，在职人员晋升到一定级别可以直接授权，表现突出、贡献较大（按 HR 政策认定）的一定级别以下的员工也可以直接授权等。

上市公司的股权激励也可以根据绩效考核、人才管理等需求自行设计，但不得违反《上市公司股权激励管理办法》规定的禁止性条件：

①最近一个会计年度财务会计报告被注册会计师出具否定意见或者无法表示意见的审计报告；

②最近一个会计年度财务报告内部控制被注册会计师出具否定意见或无法表示意见的审计报告；

③上市后最近 36 个月内出现过未按法律法规、公司章程、公开承诺进行利润分配的情形；

④法律法规规定不得实行股权激励的；

⑤中国证监会认定的其他情形。

（2）行权条件

①行权条件的设置

行权条件是公司对未来预期指标的判断，一方面要有一定的挑战性，以保证股权激励真正起到杠杆作用；另一方面要具备实现的可能性，否则无法调动员工的积极性。

与授权条件类似，公司可以针对个人行权设置符合自身实际需求及法规要求的个人条件，对激励对象考核后将考核结果在行权时进行应用。此处可以由人力资源部门借助专业的考核工具进行考核，常用方法包括：关键绩效指标（KPI）、平衡计分卡、360 度考核、评级量表等。同时，还可以设置行权时公司要满足的条件，比如公司净利润增长率、净资产增长率、经济增加值（EVA）、每股收益（EPS）等。需要注意的是，对个人条件和公司条件应当确定分配比例，避免员工为了满足个人条件而损害公司的整体利益。但是，考虑到某些情况下激励对象个人对公司条件实现的非直接相关性，在分配比例时公司条件不可占比过大，我们一般建议个人条件和公司条件的比例为 8 ∶ 2 或者 9 ∶ 1，具体根据公司情况确定。

②行权后的事项处理要点

股权激励中常见的风险是，激励对象在行权后，在锁定期限届满之前离职，导致其继续持有公司股权，由此可能会给公司后续的股权管理带来麻烦。解决的方法是：

第一，在股权激励方案中明确，如果激励对象行权后在锁定期届满前从公司离职，则公司或大股东有权以事先约定的价格予以回购，激励对象如果违约则应当承担确定数额的违约金，并将这些内容在具体的股权激励授予协议中明确记载，以便发生争议时可以迅速解决；

第二，股权激励方案中要明确定义各个期间的计算起止日，防止产生理解上的分歧，包括有效期、锁定期的具体计算方式等，在方案中不能有多种理解。

【案例 5-11】

富安娜（002327）股权激励纠纷案 [1]

2007 年 6 月，富安娜制订并通过了《限制性股票激励计划》，以每股净资产 1.45 元的价格，向 109 位员工发行 700 万股限制性股票。

2008 年 3 月 20 日，因富安娜向中国证监会申请首次公开发行股票（IPO），为配合上市的要求，公司终止了此前的《限制性股票激励计划》，将所有限制性股票转换为无限制性的普通股。上述员工自愿向公司出具了《承诺函》，在《承

1 本案例根据互联网登载的多处资料整理而成。

诺函》中双方约定：持有原始股的员工“自承诺函签署日至公司上市之日起三年内，不以书面的形式向公司提出辞职、不连续旷工超过七日、不发生侵占公司资产并导致公司利益受损的行为，若违反上述承诺，自愿承担对公司的违约责任并向公司支付违约金”。

但在 2008 年 3 月至 2012 年 12 月即富安娜上市满 3 年期间，其中 26 名员工先后以各种理由向公司提出了辞职申请或自动离职。2012 年 12 月底，富安娜向法院提请诉讼，对余松恩、周西川等 26 名自然人股东违反承诺函承诺应支付违约金一事提起诉讼，要求判令上述 26 名股东赔偿违约金共计 8121.67 万元。在诉讼开始前，已有 3 名原股东和富安娜达成和解协议。

曹琳案是富安娜与前原始股东的第一场官司，2012 年 10 月，曹琳在深圳市南山区法院一审判决中败诉，需要向富安娜支付违约金 189.89 万元及利息，案件诉讼费用也由曹琳全部承担。2013 年 12 月 18 日，曹琳不服南山区法院裁定，向深圳中院提起上诉。

深圳中院审理后认为，股权激励计划终止后，通过由激励对象出具承诺函的方式继续对其约束，实为原限制性股票激励计划回购条款的变通和延续，不违反公平且合法有效，曹琳在富安娜上市后 3 年内离职，承诺函约定的条件已经达成，应依约将被限制的部分收益返还给富安娜。因此，曹琳上诉理由均不成立，并维持原判。

【问题聚焦】

本案中《承诺函》的内容对案件判决起了关键作用，对普通公司的股权激励方案设计具有很好的借鉴意义。富安娜是上市公司，由于上市后激励对象持有的股票已无法返还，让激励对象承担违约责任也可以在事实上起到维护公司利益的作用。如果富安娜没有实现上市，激励对象持有的限制性股票在行权后，锁定期满前离职的，可以采用要求激励对象将股票转让给大股东或者公司的方式，确保后续股权管理的可控性。当然，其中的违约责任条款是必备的，否则，可执行性就会差一些。

上面介绍的八个要素是制定股权激励方案时需要着重考虑的核心要素，实际上，一个完整的股权激励方案是比较复杂的。除了八要素外，还要考虑到设置管理机构、配套的管理制度、税务问题处理、激励对象离职时的特殊处理、特殊情况下对员工期权的调整等。各个公司情况都不同，不能照抄照搬其他公司的股权激励方案，需要根据本企业的实际需求进行个性化定制。下面是某公司的股权激励完整方案，包含了上述八要素及其他必要的配套机制，企业在制定股权激励方案时可以参考。

【案例 5-12】

×××× 有限公司股权期权激励计划[1]

第一章　总　　则

第一条　为了进一步夯实公司的人才团队，促进公司业务快速发展，激励公司中长期战略及规划的达成，形成对公司核心员工的有效吸引、激励和保留，【　　】有限公司（简称“公司”）特此制定针对高管人员、核心技术骨干、核心业务骨干及其他符合激励条件的人员（简称“激励对象”）的股权激励计划（简称“股权激励计划”）。

第二条　为实施股权激励计划，公司将搭建三个有限合伙企业作为员工持股平台（简称“持股平台”），每个有限合伙企业内包含的激励对象数量及范围由董事会另行确定。公司将与激励对象签署期权授予协议（简称“授予协议”），授予激励对象在未来一定期限内以预先确定的价格和条件受让本公司一定份额股权的权利（简称“股权期权”或“期权”）。

1　本案例改编自某公司股权激励方案。

第三条 为了保障参与股权激励计划员工的合法权益，维护公司实施股权激激励的公正性、公平性，规范股权激励计划的管理机制，特制定《【 】有限公司股权激励计划》（简称“本股权激励计划”）。

第二章 定 义

第四条 本激励计划中使用的术语具有下列含义：

公司	指【 】有限公司
持股平台	指公司为实施本股权激励计划设立的三个有限合伙企业，将在本激励计划通过董事会、股东会审议后启动设立工作
股权激励计划	指关于【 】有限公司之股权激励计划
本方案	指【 】有限公司股权激励计划方案
授予协议	指【 】有限公司期权授予协议
激励对象	指【 】有限公司股权激励计划的激励对象
股权期权 / 期权	指公司授予激励对象在未来一定期限内以预先确定的价格和条件受让本公司一定份额股权的权利
授予日	公司向激励对象授予权益的日期
等待期	期权授权日至期权可行权日之间的时间段
行权	激励对象根据本激励计划，在规定的行权期内以预先确定的价格和条件受让公司股权的行为
可行权日	指激励对象可以行权的日期
行权价格	指公司通过持股平台向激励对象授予期权时所确定的受让公司股权的价格
行权条件	激励对象行使期权所必须满足的条件
离职	指激励对象与全部公司及公司的关联方劳动关系终止
恶意离职	包括激励对象由于严重违反公司规章制度，严重失职、营私舞弊，有证据证明其加入竞争对手，违反法律、行政法规的规定而被追究行政、刑事责任，以及其他因为该激励对象的过错被公司解聘
善意离职	包括由于激励对象死亡、伤残、丧失劳动能力、退休、由于公司战略调整或经济原因而裁员等原因导致激励对象离职
期权池	指经股东大会批准的，用于进行股权激励的全部期权

第三章 激励目的

第五条 公司制定实施股权激励计划的主要目的为完善公司的激励和约束机制，在激励中实现约束，进一步提高激励对象的积极性、创造性，促进公司业绩持续增长，在提升公司价值的同时为激励对象带来增值利益，实现激励对象与公司共同发展和互惠共赢，具体表现为：

（一）建立对公司激励对象中长期激励约束机制，将激励对象利益与股东价值紧密联系起来，使激励对象的行为与公司的战略目标保持一致，促进公司可持续发展。

（二）通过股权激励计划的引入，进一步完善公司的绩效考核体系和薪酬体系，吸引、保留和激励实现公司战略目标所需要的人才。

（三）树立激励对象与公司共同持续发展的理念和公司文化。

（四）通过实施股权激励，助力提升公司业绩。

（五）完善公司治理结构，在股东团队中引入优秀的核心人才和具备发展潜力的员工，促进股东团队的多元化，进一步提升公司决策的科学性，为公司未来进行资本运作做好准备。

第四章 激励总量

第六条 员工激励股权的总量为公司在本激励计划正式实施前股本总额的20%（简称“激励总量”）。本公司现有股东同意，激励股权由现有（创始）股东在其所持的股权中预留，未来正式实施时分别进行转让。现有股东分别让出的份额如下：

现有股东姓名或名称	出让注册资本（人民币/万元）	占股比例（%）
A	100	10
B	50	5
C	50	5
总计	200	20

第五章 管理机构

第七条 公司董事会薪酬委员会（以下简称薪酬委员会）负责制定本股权激励计划，在董事会批准后负责股权激励计划的实施、变更和终止。

第八条 薪酬委员会是本股权激励计划和股权激励计划的执行管理机构，主要负责：

（一）确定激励对象名单及其相应的授予额度；

（二）设置行权条件并指示公司与激励对象签署授予协议；

（三）建立《内部激励名册》；

（四）根据本股权激励计划之要求，对激励对象进行定期考核；

（五）本股权激励计划规定的应由公司董事会负责的其他事项。

第六章 激励对象的资格及范围

第九条 参与本股权激励计划的激励对象范围为：

（一）在【　】有限公司工作满 5 年；

（二）在【　】有限公司的职级为 B7/T7 以上；

（三）经董事会认定的为公司发展作出突出贡献、绩效优异的中高层管理人员、核心技术及业务骨干人员；

（四）对公司发展至关重要而引进的高级管理人员及核心技术骨干；

（五）公司董事会认定的其他激励对象。

第十条 薪酬委员会将有权对公司员工进行绩效考核。在个人绩效考核达到公司设定的标准时，该激励对象方可被授予一定额度的期权。员工的绩效考核的方法将由公司董事会或其授权公司按照公司制订的相关绩效考核管理办法执行。

第七章 激励计划具体安排

第十一条 激励对象被授予期权的授予日应为以下日期：

（一）集中授予：授予日为每年的 12 月 31 日；

（二）新入职授予：公司新引进重要员工时，入职日即为授予日。

第十二条 期权的有效期、等待期、行权期、考核期、可行权日、锁定期：

（一）有效期：经薪酬委员会确定授予激励对象的期权，有效期为四年。

（二）等待期：期权授予日至首次行权日经过的期间应满 1 年，期满之日起，激励对象可以开始行权。

（三）行权期：自等待期满之日起，激励对象进入行权期。在符合本激励计划规定条件的前提下，期权分三次行权，第二年可行权 30%，第三年可行权 30%，第四年可行权 40%。激励对象每一期行权可以选择部分行权，但是没有行权的部分将不被累计至下一期。

（四）考核期：绩效考核区间：第一次为 2018 年业绩考核期，即 2018 年 1 月 1 日至 2018 年 12 月 31 日；第二次为 2019 年业绩考核期，即 2019 年 1 月 1 日至 2019 年 12 月 31 日；第三次为 2020 年业绩考核期，即 2020 年 1 月 1 日至 2020 年 12 月 31 日。

（五）期权的可行权日：为使行权工作有序开展，公司董事会根据公司整体工作安排统一在可行权期内确定具体的行权日。

（六）锁定期：每一期期权行权后，对所取得的股权，自行权之日起两年内不得转让。

第十三条 期权的行权价格

行权价格为：授权日公司净资产值的 50%。

行权对价支付：

（一）每一期的行权激励对象必须在当期行权期内足额支付行权对价。

（二）如激励对象未在行权期内足额支付当期行权对价，则公司按照激励对象实际支付的款项与应付款的比例完成股权转让的比例。

激励对象在行权期内认购股权的，双方应当签订正式的股权转让协议，激励对象按本协议约定向公司支付行权对价款后，激励对象成为公司的正式股东，依法享有相应的股东权利。

第十四条 期权的行权条件

激励对象行权必须同时满足以下条件：

（一）公司未出现导致激励计划失效或终止的情形；

（二）激励对象个人未出现导致其丧失出资，或被取消行权资格的法定情形或本方案规定的其他情形；

（三）公司业绩达到指标：

（1）公司 2018 年度、2019 年度、2020 年度达到预定的业绩指标时，激励对象方可在相应年度行权；

（2）公司 2018 年度如无法达到预定的业绩指标，个人绩效达到 B 及以上（包括 B、A 及 A+），则 2018 年暂不行权，若公司 2019 年度达到业绩指标，且个人绩效达到 B 及以上（包括 B、A 及 A+），激励对象可连同上年度未行权的期权一次性行权；如激励对象个人绩效为 C，上年度未行权的期权取消行权资格。2020 年度行权与此相同。

（3）如公司 2018 年至 2020 年三年中连续两年或累计三年无法达到预定的业绩指标的，所有激励对象未行权部份中的 20% 均不得行权，且永久失效。

（4）上述预定的公司业绩指标由董事会另行确定。

（四）激励对象个人达到绩效考核指标，即按照公司制订的绩效考核办法，各岗位激励对象可行权的业绩情况具体如下：

（1）如果激励对象在公司最近一次绩效考核为 B 及以上（包括 B、A 及 A+），该激励对象按当年度可行权总额度的 100% 行权；

（2）如果激励对象在公司最近一次绩效考核为 C，该激励对象按当年度可行权总额的 50% 比例行权；

（3）如果激励对象在公司最近一次绩效考核为 D，取消该激励对象当年度应行权的资格及数量。

（4）如果激励对象离职，则在离职之日起 3 个月内应当对可行权的部分行权，如果不行权则期权作废；不可行权的期权自离职之日起立即作废。

由于绩效考核的原因，激励对象当年度本应行权但未实际归属至激励对象的员工期权应作废并视为自始未授予，并冲回期权池。

（五）特殊情况由股东大会授权董事会决定是否行权或是否提前 / 延展行权。

第十五条 期权的授予按照如下程序执行：

（一）股东大会做出决议，授权董事会负责制定、实施股权激励计划；

（二）在董事会授予年度额度内，确定激励对象名单及其相应的授予额度；

（三）激励对象与公司签署授予协议。

第十六条 激励计划的授权与调整程序

（一）公司股东大会授权公司董事会在股东大会授权范围内依本计划规定，在每次授权前召开董事会会议，确定该次授予的期权权益数量、激励对象名单、授予价格等相关具体事宜。董事会作出决议后，应及时告知激励对象。激励对象无权对前述决议提出异议。

（二）公司股东大会授权公司董事会依上述列明的原因或其他董事会认为应当作出调整的原因，对上述决议事项作出调整。董事会作出调整后，应及时告知激励对象。激励对象无权对前述调整提出异议。

第八章 内部管理制度

第十七条 薪酬委员会负责建立并保管《内部激励名册》，并载明下列事项：

（一）激励对象的姓名、性别、年龄、身份证号、住址、电话、邮编、所在公司部门、职务和授予协议的编号；

（二）所持有员工期权变动的情况，包括是否行权及行权日期、行权数量、行权价格、收付金额（如有）等；

（三）员工期权所获分红收益分配的情况，包括分配年度、分配额度等；

（四）激励对象及经办人签章。

第十八条 人力资源部接受薪酬委员会的指导，对《内部激励名册》进行日常维护、更新。薪酬委员会应定期对《内部激励名册》进行核对清查，对《内部激励名册》的变动情况进行详细记录，并定期向公司董事会汇报。

第九章 股权的转让和处置

第十九条 公司董事会有权以合理的理由设置、调整或修改部分或全部行权条件。公司董事会应在进行前述调整后以书面形式及时通知激励对象，该等行权条件应自动成为授予协议中规定的行权条件的组成部分。

第二十条 在届时适用法律允许激励对象就持有期权办理确权的情况下，董事会将根据公司的整体安排在合理期限内就激励对象已经行权的期权统一办理确权及相关工商登记手续。但是，董事会不应因为延迟办理工商登记而向激励对象承担任何责任。

第二十一条 员工期权在全部或部分行权后，激励对象有权就已经行权的期权根据本股权激励计划及授予协议的规定享有该部分期权对应的权利或经济利益。

第二十二条 除本股权激励计划另有约定外，激励对象通过行权取得的股权不得向公司以外的任何第三方进行转让。

第二十三条 激励对象不得以任何方式将公司股权用于设定抵押、质押、担保、赠与、交换、还债。激励对象股权如被人民法院依法强制执行的，参照《公司法》第七十二条规定执行。

第二十四条 股权随售规定：

（1）如第三方投资人购买公司的全部股权，公司创始股东同意转让其股权的情况下，通过公司《股权激励计划》的实施取得公司股权的股东必须同意以相同价格和其他转让条件，与创始股东一起转让所持有的股权。

（2）如第三方投资人购买公司的部分股权，公司创始股东有权选择仅转让自己所持部分股权或要求通过公司《股权激励计划》的实施取得公司股权的股东以相同价格按照公司股权比例共同转让公司部分股权。在此情况下，通过公司《股权激励计划》的实施取得公司股权的股东必须同意。

第十章　激励对象离职时的特殊处理

第二十五条　如果激励对象恶意离职，无论员工激励股权是否已经归属均应作废。如果激励对象在恶意离职之前已经处置员工激励股权，公司有权就激励对象处置该等员工激励股权取得的全部收益进行追索，激励对象应根据公司的要求将该等收益向公司返还。

第二十六条　如果激励对象善意离职，则对于已归属部分的员工激励股权，激励对象有权保留；对于尚未归属的部分，应全部作废。

第二十七条　所有取消的激励股权视为自始未授予，并充回期权池。

第十一章　特殊情况下对员工期权的调整

第二十八条　公司有权在选择上市地及未来上市过程中，根据聘请的专业中介机构（包括承销商、律师事务所、会计师事务所、评估师事务所等）的专业意见和上市地证券监管部门的监管和审核要求，对公司的股权激励方案进行调整。根据公司的上市计划以及公司实际经营需要，公司可能相应修订本股权激励计划，并对本股权激励计划项下规定的员工期权的具体安排作出相应调整。激励对象届时有义务采取一切必要的措施配合公司的上市计划和满足公司的实际经营需要及因此对股权激励计划所作之调整，包括但不限于签署法律文件、如实提供相关证明材料等。

第二十九条　在公司未来发生引入战略投资者、私募股权投资者、股份改制、公司大股东增资、筹备发行上市等重大事项需要激励对象通过持股平台行使股东权利时，激励对象应授权持股平台的普通合伙人代为行使该等股东权利。

激励对象充分理解并同意，公司未来引入战略投资者、私募股权投资者、公司大股东在公司融资后以不低于公允价值向公司进行增资、或者进行其他形式的融资安排，可能导致其间接拥有的公司权益因此被稀释或摊薄，公司亦可能根据相关投资者的要求相应修订本股权激励计划，并对本股权激励计划项下规定的员工激励股权的具体安排作出相应调整。激励对象届时有义务采取一切必要的措施配合公司对股权激励计划所作之调整，包括但不限于签署法律文件、如实提供相关证明材料等。

第十二章 相关税费

第三十条 各激励对象应根据中国法律之规定，对其因参与股权激励计划或行使股权激励计划项下的权利（包括取得的任何形式的收益）所产生任何税费的，激励对象应当自行承担。激励对象应向相关税务机关按时、足额缴纳相关税费，包括但不限于个人所得税。

第三十一条 如任何税收部门或其他主管部门要求公司和 / 或持股平台代扣代缴激励对象因参与股权激励计划或行使股权激励计划项下的权利产生的税费的，公司和持股平台有权在激励对象的员工激励股权收益和 / 或工资、奖金中代扣代缴有关税费。

第十三章 附 则

第三十二条 本股权激励计划经公司董事会决议通过之日起生效。

第三十三条 本股权激励计划未尽事宜，按国家有关法律、法规、规范性文件和公司章程的规定执行；本股权激励计划与有关法律、法规、规范性文件以及公司章程的有关规定不一致的，以有关法律、法规、规范性文件以及公司章程的有关规定为准；本股权激励计划如与国家日后颁布的法律、法规、规范性文件或经合法程序修改后的公司章程相抵触时，按国家有关法律、法规、规范性文件和公司章程的规定执行，并立即修订，报公司董事会审议通过。

第三十四条 公司与激励对象签署期权授予协议不构成公司对激励对象劳动期限和劳动关系的任何承诺，亦不构成对公司与激励对象签署的劳动合同的修改或取代，公司与激励对象的劳动关系仍按激励对象与公司已签订的劳动合同及相关协议的约定执行。

第三十五条 本股权激励计划由公司董事会负责修订和解释。

第三十六条 本股权激励计划的有效期为八（8）年，公司董事会可以根据激励的需要，自行决定延长本股权激励计划的有效期。

第三十七条 本股权激励计划构成授予协议不可分割之组成部分，激励对象一旦与公司签署授予协议，即视为其同意并接受本股权激励计划的约束并享有相应的权利和承担相应的义务。

5.4 激励股权的持股路径

持股路径是指股权激励计划中，激励对象通过何种途径最终持有激励股权。一般来说，有两种持股路径：直接持股、间接持股。直接持股即激励对象与股权公司之间没有任何隔层，直接持有股权公司的股权；间接持股即通过持有其他主体的权益而间接拥有股权公司的权益，实践中出现过的间接持股包括通过壳公司、有限合伙、委托代持、信托、工会、职工持股会、金融产品等方式和工具持有股权公司的股权。这些方式各有利弊，企业应当根据自身需求妥善选择。

5.4.1 激励对象直接持股

（1）优势

①员工有较强的归属感、荣誉感；

②直接行使股东权利，反映自身真实意愿，安全便捷；

③法律关系清晰，不易产生纠纷；

④减少持股和行权管理过程中的沟通成本。

（2）弊端

①人数受限制，有限公司不得超过 50 人，股份公司不得超过 200 人，如果激励对象数量超过该数额，操作上有法律障碍；

②管理难度大，如果出现员工离职、退休、股权转让等情形，需要召开股东会、修改公司章程并且要完成工商变更登记，程序繁杂；

③决策效率低，因持股人数众多，且小股东与大股东之间有天然不同的利益诉求，小股东希望多分红，大股东为了公司发展希望不分红或少分红，可能会因此影响公司的决策效率。

5.4.2 壳公司持股

这种持股方式是指，激励对象共同设立一家或多家（视情形需求）有限责任公司，通过该有限公司持有目标公司的股权。这种方式是常见的间接持股方式，也是利弊共存，目标公司可以根据需求决定是否采用这种持股方式。

（1）优势

①可以避免人数过多时，无法在目标公司层面直接持股的人数限制；

②可以起到风险隔离的作用；

③降低目标公司股权变动频繁的管理风险，激励对象股权变动时，在壳公司层面即可完成人员变更，不会影响到目标公司的股权稳定，有利于目标公司的资本运作管理。

（2）弊端

①存在双重纳税问题，壳公司从目标公司取得的股权收益（主要是转让款，分红免税）先在壳公司层面统一按照税法规定核算缴纳企业所得税，激励对象从壳公司取得收益时，还要缴纳个人所得税，持股人员的税负较重；

②壳公司需要按照《公司法》规定弥补亏损、提取法定公积金后符合分红条件时，才能向激励对象进行分红，可能会造成资金闲置，降低激励收益；

③激励对象对目标公司没有直接的影响力；

④按照目前的发行监管要求，发行人股东及其向上追溯的股东，若存在单纯以持股为目的的壳公司，壳公司将不再视同为一个股东，需要进行穿透披露至最终的自然人股东并合并计算股东数量。因此这种方式仍然不能规避发起人股东数量不得超过 200 人的限制。

5.4.3 有限合伙持股

本书在第二章第 2.8.1 部分“有限合伙企业持股有利有弊”和第三章第 3.1.3 部分“有限合伙作为持股主体”对有限合伙持股的相关问题做了详细介绍，此处不再赘述。

5.4.4 委托持股

本书在第二章第 2.6.2 部分“股权代持在公司准备上市前必须清理”也做了介绍，这里要补充的是，委托持股在公司未上市的情况下是可以得到法律认可的，委托人的权益也能得到法律的保护，但是如果委托人离世，代持权益的处理可能就会稍微复杂一些。在这种情况下，为了充分保护委托人的权益，需要在签署《委托持股协议》时，明确约定代持人应当根据委托人的继承人或遗嘱执行人的要求，将其股东权益进行相应处理，而不仅仅只是常见的根据委托人的要求对股权进行相应处置。

5.4.5 信托持股

本书在第三章第 3.1.4 部分“金融产品作为持股主体”中涉及了部分信托持股内容，此处从员工持股的角度进一步补充如下：

（1）优势

①可以避免双重征税，有利于激励对象的权益最大化；

②不存在杠杆、分级、嵌套等结构化安排的信托计划，可以视为一个持股主体，能够有效避免有限公司股东不超过 50 人、股份公司不超过 200 人的数量限制。

（2）限制

对于准备上市的公司而言，根据《首次公开发行股票并上市管理办法》等相关规定，信托持股由于其背后的出资人股东不明确，因此监管部门认为可能会导致股权纠纷，因而要求所有拟上市公司在上市申报前必须将信托持股清理干净，才能申报材料。所以，以上市为目标的公司在设计员工持股路径时，不推荐信托方式持股。

5.4.6 工会持股

工会持股是指由本公司的工会委员会代表全体激励对象对目标公司持股的一种形式。在20世纪90年代初期，作为我国上一轮员工持股热潮中的持股主体，工会持股被广泛运用，直到今天仍然有一些非上市公司还存在员工持股的身影（如华为投资控股有限公司工会委员会目前对华为投资控股有限公司持股98.99%），不过，根据中国证监会法律部于2000年12月11日出具的《关于职工持股会及工会能否作为上市公司股东的复函》（法律部〔2000〕24号）规定，“根据中华全国总工会的意见和《中华人民共和国工会法》的有关规定，工会作为上市公司的股东，其身份与工会的设立和活动宗旨不一致，可能会对工会正常活动产生不利影响。因此，我会也暂不受理工会作为股东或发起人的公司公开发行股票的申请”。所以，对于准备上市的公司来说，实施股权激励时，不建议通过工会的形式持有公司股权，否则在上市申报时还要清理，并会增加许多潜在成本。

5.4.7 职工持股会持股

与工会持股相同，职工持股会在20世纪90年代初期也是我国上一轮员工持股热潮中被广泛运用的持股主体，是我国职工持股实践中内容最完善、形式最丰富的持股主体。实际操作中，这种方式有两种具体做法：一是由地方主管部门发布职工持股会管理办法，在办法中确认职工持股会作为社团法人，由地方民政部门注册登记为社团法人；二是不单独赋予职工持股会社团法人地位，而是将其作为企业的内部组织，由工会直接管理和领导，并由工会行使相关权利、承担相关义务。

民政部办公厅于2000年7月7日印发《关于暂停对企业内部职工持股会进行社团法人登记的函》（民办函〔2000〕110号），规定“职工持股会属于单位内部团体，不应再由民政部门登记管理。关于1997年四部委文件应停止执行问题我部已提出书面意见,国家体改办将综合有关部门意见后上报国务院。在国务院没有明确意见前，各地民政部门暂不对企业内部职工持股会进行社团法人登记；此前已登记的职工持股会在这次社团清理整顿中暂不换发社团法人证书”。中国证监会法律部的《关于职工持股会及工会能否作为上市公司股东的复函》也明确“在此种情况改变之前，职工持股会不能成为公司的股东。”因此，职工持股会持有公司股权，目前存在政策法规上的制度性障碍。

5.4.8 金融产品持股

本书在第三章第3.1.4部分“金融产品作为持股主体”对这种持股形式做了介绍，作为员工持股的载体，其优势与上述信托持股相同，即：可以避免双重征税，有利于激励对象的权益最大化；不存在杠杆、分级、嵌套等结构化安排的金融产品，可以视为一个持股主体，能够有效避免有限公司股东不超过50人、股份公司不超过200人的数量限制。对于准备上市的目标公司来说，存在金融产品持股的，在上市申报时还需要满足2018年1月12日证监会就“三类股东”问题发布的审核口径。

综上所述，在8种持股形式中，直接持股、壳公司持股和有限合伙持股是最常用的形式，职工持股会持股已经不再使用，委托持股、信托持股、工会持股在公司上市之前必须清理干净，金融产品持股在遵循资管新规要求的前提下可以适用。准备实施股权激励的公司，在确定持股路径之前应当慎重选择适合本企业的持股形式。

5.5 制定股权激励方案需要注意的事项

5.5.1 股权激励不是股权福利

实施股权激励过程中，要注意股权激励不能平均化，不能搞成一种普惠性的股权福利。管理考核体系要完备，实施程序要透明，并具有“仪式感”，让员工在整个过程中感受到平等和尊重，这些对于成功实施股权激励是极其重要的。

实际操作时应注意避免两个极端：

（1）人人持股。股权激励是稀缺性资源，如果人人都可以参与，那么平均分配到每个人可获得的份额就会比较少，激励度就小。另外，也无法体现奖优罚劣的原则，这是一种事实上的不公平，激励效果较差。

（2）仅把股权激励给少数人。这样会让员工觉得公司没有分享精神，导致公司管理层和骨干员工不满，甚至导致核心人才流失，达不到应有的激励效果。

5.5.2 股权激励要分散连续地进行

股权激励作为一种长期激励方式，应当连续不断地、分散地进行，不宜集中实施。主要考虑的原因是：防止高级管理人员、核心技术人员、核心技术骨干等激励对象到期一次性套现获利离开，还可以防止这些人员的集中变动给公司人才管理带来挑战。具体到技术层面的设计，可以选择以下方式：

（1）采用一次授予、分次到期行权或者分次授予、分次到期行权的做法，避免采用一次授予、一次到期行权或者分次授予、一次到期行权的方式；

（2）在等待期的设计上，可以考虑匀速到期、加速到期、减速到期等几种方式。匀速到期的方式激励力度比较均与，激励效果平稳；加速到期的方式中长期激励效果好，有利于激励对象的稳定；减速到期的方式近期激励效果好，且激励力度大，但中长期激励效果较弱。企业在设计股权激励方案时，可以根据企业的具体需求进行选择。

5.5.3 股权激励要有恰当的锁定期安排

股权激励的锁定期安排要恰当，不可过长，也不可没有。期限过长会打击激励对象的积极性，让员工觉得公司在给自己“画饼充饥”，从而可能会降低激励效果；没有锁定期则不利于激励对象与公司的长期绑定。具体期限可以由公司根据实际管理需求确定，上市公司还要遵守《公司法》《证券法》和上市规则等法律文件的规定，非上市公司可以自行确定，常见的为 1~2 年。

5.5.4 股权激励成功的关键在于“投其所好”

股权激励是一种中长期激励工具，其最终目的是调动员工积极性，最大限度地挖掘员工潜能，实现员工和公司的“双赢”。企业中不同类型的人员有不同的激励偏好，如高级管理人员侧重于公司的长期成长，可以接受中长期激励；销售骨干偏重于公司业绩的快速增长，更希望能够及时兑现奖励，因而侧重于短期激励。

通过股权进行激励只是众多激励手段中的一种，如果通过其他激励方式也可以达成这种效果，企业就不必拘泥于实施股权激励这种形式。在选择激励手段时，应充分评估员工的喜好，在不损害公司利益的情况下，无论通过何种激励工具，只要能充分调动其积极性，实现各方共赢才是激励的落脚点和核心。如果激励形式错配，不仅可能浪费激励资源，实现不了激励初衷，反而会损害积极性。所以，对激励对象能够“投其所好”地进行激励，是保障股权激励成功实施的关键要素。

5.5.5 股权激励要防止产生“懒人”

股权激励实施后，如果公司成功上市或者被其他投资者溢价并购，那些已经行权的激励对象可能因此获得比较丰厚的回报。这本是激励对象应得的收益，但是如果激励对象实现收益后不思进取，积极性下降，则可能对公司和其他激励对象产生不好的效应。股权激励的意图是希望获得激励收益的人能够陪同公司继续长期发展，那些故步自封、不思进取的人给团队带来的是负能量，不利于公司形成积极向上的激励文化氛围。为了防止在激励过程中出现这种“懒人”，公司应当有事先的应对策略，做好相应的约束机制安排，如行权节奏、锁定期、回购机制等，使激励对象既对激励收益心怀期望，又不至于很容易地实现小富即安，而是始终保持一种积极向上的斗志和激情，与公司共同发展。当然，这些策略机制安排也不可以标准过高、过难实现，否则激励对象认为公司在“忽悠”自己，也会损害积极性。如何在两者之间保持平衡，考验着创始股东的格局和智慧。

5.5.6 激励对象非正常离职时的处理

股权激励方案实施后，有时会出现激励对象主动或被动离开公司的情况。对此，一般的应对处理方法是：

（1）如果员工自愿离职，对其持有的激励股权可行权部分可以行权，尚在等待期的激励股权不得行权且自动失效；

（2）如果员工离职到竞争对手工作，且有证据证实对公司造成影响或损害的，公司有权收回激励股权，无论是否已经可行权（成熟）；

（3）如果公司无过错辞退员工，对其持有的激励股权可行权部分可以行权，尚在等待期的激励股权不得行权且自动失效。

5.5.7 股权激励中的股权回购

激励对象行权获得股权后，便成为公司的正式股东。此后如果员工由于跳槽、违法等情况离开公司时，股权原则上应当收回，用于激励新的激励对象，否则可能造成仍留在公司的其他股东在创造公司收益，却让该激励对象免费“搭便车”的现象。

为了避免这种情况的发生，在制定股权激励方案、签署授予协议时，需要明确股权的回购措施。比如，可以约定员工在行权获得股权后，如果在一定时间内离开公司，就应当将持有的股权转让给公司或指定的股东，转让价格应当事先约定清楚具体数额，或者明确转让价格的计算方法。

5.5.8 关注股权激励的税务问题

股权激励涉及的主要是五类税收问题：

（1）通过股权转让授予激励股权的税收问题。如果股权转让方是公司，则向激励对象转让的股权价格不能过低（比如低于净资产价格，甚至直接以注册资本作价），否则会存在较大的税务风险；如果股权转让方是自然人，则不涉及税务问题。不过，根据财政部、国家税务总局《关于完善股权激励和技术入股有关所得税政策的通知》（财税〔2016〕101 号）文件规定，非上市公司授予本公司员工的股票期权、股权期权、限制性股票和股权奖励，符合规定条件的，经向主管税务机关备案，可实行递延纳税政策。即员工在取得股权激励时可暂不纳税，递延至转让该股权时纳税。

（2）通过转增股本实施股权激励的税务问题。根据国家税务总局《关于股权奖励和转增股本个人所得税征管问题的公告》（国家税务总局公告 2015 年第 80 号）规定：

①非上市及未在全国中小企业股份转让系统挂牌的中小高新技术企业以未分配利润、盈余公积、资本公积向个人股东转增股本，并符合财税〔2015〕116 号文件有关规定的，纳税人可分期缴纳个人所得税；非上市及未在全国中小企业股份转让系统挂牌的其他企业转增股本，应及时代扣代缴个人所得税。

②上市公司或在全国中小企业股份转让系统挂牌的企业转增股本（不含以股票发行溢价形成的资本公积转增股本），按现行有关股息红利差别化政策执行。

③股权回购产生的税务问题。这种情况下，一般先判断由哪一方导致的回购，并由责任方承担由此产生的税务成本。实践中，一般是激励对象触发股权回购的约定条款，因而由激励对象承担税务成本比较合理。

④分红产生的税务问题。一般由激励对象自行负担税收成本。根据国家税务总局《关于股权激励有关个人所得税问题的通知》(国税函〔2009〕461号)规定，“个人因任职、受雇从上市公司取得的股票增值权所得和限制性股票所得，由上市公司或其境内机构按照‘工资、薪金所得’项目和股票期权所得个人所得税计税方法，依法扣缴其个人所得税”。

⑤转让产生的税务问题。根据财政部、国家税务总局《关于完善股权激励和技术入股有关所得税政策的通知》（财税〔2016〕101号）文件规定，股权转让时，按照股权转让收入减除股权取得成本以及合理税费后的差额，适用“财产转让所得”项目，按照20%的税率计算缴纳个人所得税。股权转让时，股票（权）期权取得成本按行权价确定，限制性股票取得成本按实际出资额确定，股权奖励取得成本为零。

5.5.9 股权激励不能影响控制权的稳定

有的企业在实施股权激励时，创始股东比较慷慨，释放的股权数量甚至超过自身的股权数量，这在法律上将会带来新的问题：即控制权不稳定或发生变化。这种情况对公司融资和上市是严重不利的。如果由于客观需要，必须向员工释放大量股权时，也应当做好增强控制权的配套措施，比如签署表决权委托协议、一致行动协议、设立员工持股平台而创始人能够控制该平台等，以确保创始股东的控制权不会发生变化。因此，在设计股权激励方案时，应当始终将保持控制权的稳定作为底线。

5.5.10 股权激励需要对标公司未来的资本运营

从战略角度考虑，股权激励的实施是关系到公司未来资本运营的大事，而不仅仅只是向激励对象让利这么简单。恰当的激励时机、合适的激励数量对于公司掌握在资本运营中的主动权具有非常重要的意义。

（1）公司在融资之前就要考虑好如何实施股权激励。对于投资方来说，已经实施了股权激励的创业团队，代表着开放分享的合作精神和团结稳定的氛围，相比那些股权高度集中的公司，具有更加友好的合作预期，这样的公司在股权架构上也显得更加民主、科学。一般情况下，投资人对股权架构是比较在意的，正如投资圈内的惯例所述，“投资 = 投人 = 投股权架构”即是如此。

（2）如果公司未来有上市融资打算，股权激励的实施越早越好。比如拿A股主板上市来说，公司申报材料中要求近3年的审计报告显示公司财务数据良好，连续盈利且累计超过3000万元，如果公司的股权激励发生在3年报告期内，则要对低价激励产生的股份支付费用进行冲抵当期损益的财务处理，从而可能会影响利润数据，冲抵数额较大时甚至会导致出现亏损，使业绩出现中断并因此严重影响上市进度。但是，如果股权激励的实施不在3年报告期内，则对财务数据没有影响。因此，提前规划、尽早实施股权激励对于公司上市来说有非常重要的战略意义。

5.6 股权激励相关参考文本

（1）股东会决议

【　】有限公司股东会决议

根据《中华人民共和国公司法》和【　】有限公司（“公司”）章程的有关规定，公司的全体股东，代表公司100%的注册资本，于________年____月____日一致决议如下：

一、公司全体股东特此通过《【　】有限公司股权激励计划》（“股权激励计划”）；

二、公司全体股东特此授权公司董事会薪酬委员会作为管理人管理和解释上述股权激励计划，包括但不限于确定股权激励对象（股权激励计划下的合格人员）、授予数量及价格、具体授予、业绩考核等事宜；

三、批准通过现有股东转让的方式，留出公司【 】%股权（对应【 】元注册资本）用于本公司的股权激励计划；

四、全体股东特此放弃对上述股权转让的优先购买权；

五、全体股东特此同意对公司章程进行相应修订（如有必要）；

六、特此授权公司法定代表人或其指定的人士签署股权激励计划有关的法律文件，并办理与上述事项相关的一切必要事宜。

全体股东签名：

时间：【 】年【 】月【 】日

（2）董事会决议

【 】有限公司董事会决议

根据《中华人民共和国公司法》和【 】有限公司（“公司”）章程的有关规定，公司的全体董事于________年____月____日一致决议如下：

一、特此授权薪酬委员会作为管理人管理和解释上述股权激励计划，任命【 】担任薪酬委员会股权激励管理组组长，任命【 】担任组员，具体负责包括但不限于确定股权激励对象（股权激励计划下的合格人员）、授予数量及价格、具体授予、业绩考核等事宜；

二、本决议附件一合格人员名单所列的人员作为第一批合格人员有权依据股权激励计划和各自的授予协议，被授予第一批激励股权，本公司薪酬委员会有权对第一批合格人员及其被授予第一批激励股权的比例进行最终确认和调整；

三、特此授权公司法定代表人或其指定的人士与第一批合格人员签署股权激励计划有关的法律文件，包括但不限于股权激励计划、股权授予协议，并授权股权激励计划项下代持股东与第一批合格人员签署代持协议等持股方式有关的文件，并授权公司法定代表人或其指定的人士办理与上述文件相关的一切必要事宜。

全体董事签名：

时间：【　】年【　】月【　】日

（3）限制性股权授予协议

【　】有限公司限制性股权授予协议

本《【　】有限公司员工激励股权授予协议》（以下简称“本协议”）由以下双方于【　】年【　】月【　】日于中华人民共和国【　】共同签订。

甲方：【　】有限公司，一家依据中国法律在【　】注册的有限责任公司，注册地址为【　】（以下简称“甲方”或“公司”）；

乙方：【　】，中国公民，其身份证号码为【　】，住所为【　】。

鉴于：

（1）为有效激励公司员工的工作积极性和创造性，甲方拟实施针对其核心员工的持股计划，并制定了《【　】有限公司股权激励计划》（以下简称“《股权激励计划》”）。乙方知悉《股权激励计划》中规定的条款和条件并认可《股权激励计划》中内容为本协议的组成部分。

（2）甲方拟按《股权激励计划》和本协议的条款和条件向乙方授予《股权激励计划》项下一定额度的限制性股权，乙方同意按照本协议的条款和条件接受该等限制性股权。

因此，双方根据《中华人民共和国合同法》及其他相关法律法规，在自愿、平等、公平的基础上，经友好协商，就实施员工股权激励计划事宜达成本协议如下：

第 1 条　限制性股权的授予

1.1　受限于本协议的条款和条件及《股权激励计划》的规定，甲方同意授予乙方不超过截至本协议签署之日相当于公司【　】% 股权（对应【　】元注册资本）对应的财产性利益的员工激励股权（以下简称“限制性股权”）。

1.2　乙方应符合《股权激励计划》规定的授予资格。除本协议另有约定、《股权激励计划》另有规定及公司另行决定外，乙方在本协议项下的限制性股权不得被以任何方式出售、质押、转让或以其他任何方式加以处置。

1.3　乙方就获授限制性股权向甲方支付的对价为【　】元 / 股。

第 2 条　限制性股权的成熟

2.1　在满足《股权激励计划》规定的成熟条件的前提下，乙方被授予的限制性股权自授予日后分为【　】年成熟，每年成熟与该授予日对应的激励股权数量的【　】%。

2.2　乙方被授予的限制性股权在成熟后，乙方有权就已经成熟部分的激励股权根据《股权激励计划》和本协议的规定享有相关权利。

第 3 条　特殊情况下乙方的配合义务

3.1　一致行动。在甲方未来发生引入战略投资者、私募股权投资者、股份改制、筹备发行上市等重大事项需要乙方行使股东权利时，乙方在此不可撤销的授权创始人【　】（身份证号：【　】）代为行使该等股东权利。乙方充分理解并同意，甲方未来引入战略投资者、私募股权投资者或者进行其他形式的融资安排，可能导致其间接拥有的公司权益因此被稀释或摊薄，甲方亦可能根据相关投资者的要求相应修订本协议的条款，并对本协议项下规定的激励股权的归属及确权等具体安排作出相应调整。乙方届时有义务采取一切必要的措施配合甲方对股权激励计划所作之调整，包括但不限于签署法律文件、如实提供相关证明材料等。甲方承诺在重大事项发生时公平、公正地维护乙方的利益。

第 4 条　股权激励计划的终止

4.1　自动终止

双方同意，以下任一情形发生的，本协议将自动终止，且任何一方均不对其他方承担任何违约责任：

（1）甲方根据《股权激励计划》的规定调整激励方案，需要终止本协议，并且甲方向乙方发出了终止本协议的书面通知；

（2）若在本协议的履行过程中，因所适用的法律、法规、规范性文件和政策等的变化致使甲方无法履行本协议的；

（3）公司或公司的任何子公司通过一个交易或一系列相关交易出售、出租、转让、独家许可或以其他方式处置全部或几乎全部公司及其子公司的整体资产；

（4）本协议约定的归属日尚未到来或者届满之前，甲方因破产、解散、注销、吊销营业执照等原因丧失民事主体资格或者不能继续营业的。

4.2　协议终止

在本协议有效期内，双方可协商一致以书面合意的方式提前终止本协议。

第 5 条　股权激励计划约束

5.1　本协议项下员工限制性股权系根据《股权激励计划》的条款及条件授予，本协议及本协议项下员工限制性股权均需遵守《股权激励计划》。甲方有权根据《股权激励计划》的规定对该《股权激励计划》及其项下规定的股权激励计划进行相应变更或调整（包括修改、中止或终止股权激励计划并相应修改、中止或终止《股权激励计划》），且该等变更或调整将自动适用于本协议及乙方。但甲方无正当理由不得通过变更《股权激励计划》对乙方在本协议项下被授予的限制性股权的归属及确权等相关事项做出不公平或有损员工利益的重大变更。

5.2　除非本协议另有定义，本协议中所使用的术语同《股权激励计划》

项下的术语应具有同样的含义。

5.3 乙方在此确认其已阅读《股权激励计划》并同意受《股权激励计划》的约束。

第6条 税费承担

乙方在履行本协议的过程中根据中国法律法规的规定产生任何税费的，应当由乙方自行承担。

第7条 劳动关系

公司与乙方签署本协议不构成乙方或公司对乙方劳动期限和劳动关系的任何承诺，亦不构成对公司与乙方签署的劳动合同的修改或取代，公司与乙方的劳动关系仍按乙方与公司已签订的劳动合同及相关协议的约定执行。

第8条 保密义务

本协议的存在及其条款以及乙方因签订或履行本协议而获悉的本协议其他方的所有专有信息及商业秘密等均为保密信息（以下合称“保密信息”）。乙方承诺，未经本协议其他相关方的事先书面同意，不得向任何第三方披露保密信息。本条规定的保密义务将在本协议终止或提前解除后继续有效。

第9条 违约责任

除本协议另有规定外，如果任何一方违反其在本协议项下的任何义务、所作出的承诺和保证或者其在本合同中所作出的陈述是虚假、不真实或有误导，即视为该方违约，其应赔偿其他方因该等违约而招致的全部实际损害，包括但不限于其他方为减少损失支出的费用及合理的律师费和仲裁费。

第10条 不可抗力

由于战争、火灾、地震、台风、洪水或其他不可预见并且对其发生和后果不可避免或不可克服的不可抗力事件发生，致使本协议一方或双方不能完全或部分履行本协议的，遭受不可抗力的一方或双方不承担违约责任，但遭受不可抗力事件的一方应立即书面通知其他方，并在十五天（15）天内提供不可抗力事件发生地区的公证机构或其他适当机构出具的证实不可抗力事件的合法证明。双方应通过协商寻求找到并执行协议双方均能接受的解决方法。

第 11 条　适用法律和争议解决

11.1　本协议受中国法律管辖并据其解释。

11.2　凡由本协议引起的或与本协议有关的任何争议，应由双方通过友好协商的方式解决。如果该等争议在一方向其他方发出要求协商解决的书面通知后三十（30）日之内仍未解决的，任何一方均可向公司注册地人民法院提起诉讼。在诉讼过程中，除双方有争议正在进行诉讼的部分外，本协议应继续履行。

第 12 条　其他

12.1　本协议经双方签署后生效。

12.2　《股权激励计划》与本协议不一致的，应以《股权激励计划》的规定为准。

12.3　未经其他方事先书面同意，任何一方均不得转让本协议及其在本协议项下的权利和义务。但是，甲方及乙方向其关联方转让的情形除外。

12.4　本协议任何一方放弃或者延迟行使其在本协议项下一项或多项权利不应视为其放弃本协议项下的任何其他权利或在其他情形下亦放弃行使同样的权利。

12.5　对本协议的任何修改、补充均应经双方达成一致并签署书面协议后方可生效。对本协议的修改、补充协议应是本协议的组成部分，与本协议有相同的法律效力。

12.6　本协议一式两（2）份，双方各执一（1）份，每份具有同等法律效力。

（以下无正文）

甲方（盖章）：【　　】有限公司

授权代表（签字）：____________

乙方（签字）：____________

（4）一致行动协议

本《一致行动人协议》（以下简称“本协议”）由以下各方于【　】年【　】月【　】日在【　】订立：

甲方：【　】；

乙方：【　】。

甲方和乙方以下合称为“双方”，单独称为“一方”。

鉴于：

（1）甲方、乙方均为【　】有限公司（“目标公司”，统一社会信用代码为【　】）的股东。

（2）甲方系目标公司创始人、董事，并负责目标公司的实际经营管理，乙方是【　】，双方在长期的合作中建立了良好的合作关系。

为促进目标公司今后的稳步发展，双方在平等互利、协商一致的基础上达成以下一致行动协议条款，以资信守：

第一条　一致行动事项

1.1　在本协议有效期内，双方应就以下范围的事项（“一致行动事项”）采取一致行动：

（1）股权转让、质押及其他处置；

（2）股东会召集权、投票权、提案权的行使；

（3）董事、监事候选人的委派；

（4）指示双方委派的董事在董事会会议上的表决；

（5）退出或加入本协议；

（6）本协议的变更或终止；

（7）本协议双方认为应该作为一致行动事项的其他事项。

1.2　由甲方担任召集人，负责通知、主持各一致行动事项的事先协商。虽经通知，不参加协商也不委托其他方参加协商的，视为弃权。

1.3　本协议双方应就本协议第 1.1 条中的各一致行动事项事先协商，并应尽最大努力争取通过协商一致做出决定。当协商无法达成一致时，由甲方作出决定。对此决定，乙方应无条件遵照执行。

第二条　股权转让、质押及其他处置

2.1　本协议任何一方在任何时候、任何情况下如有以任何方式转让、质押或以其他方式处置其所持有的全部或部分目标公司股权的意向，应即时向本协议的另一方通报其行为的目的、实施的计划；

2.2　本协议另一方在知悉第 2.1 条所述的股权转让、质押或其他处置意向后 10 日内，应根据本协议第一条规定的程序进行协商并作出决定。

第三条　股东会召集权、投票权、提案权的行使

3.1　本协议双方承诺，根据本协议第一条规定的程序协商并共同行使股东会召集权、投票权、提案权等股东权利。

第四条　董事、监事的选任

4.1　本协议双方应根据本协议第一条规定的程序确定董事、监事候选人，并共同向股东会推荐；

4.2　对于需董事会表决的一切事项，应由本协议双方按照本协议第一条规定的程序作出书面指示，并要求双方委任的董事在董事会的表决中遵照执行。

第五条　退出或加入本协议

5.1　本协议任何一方在出现以下情况时自动退出本协议：

（1）该方不再持有目标公司的股权；

（2）该方被宣告失踪、死亡（含被宣告死亡）或丧失行为能力。

5.2　本协议任何一方向另一方提出申请退出本协议，并经本协议双方根据本协议第一条规定的程序经过协商同意的，可以退出本协议。

5.3　本协议之外的任何一方向本协议双方提出申请加入本协议的，应经本协议双方根据本协议第一条规定的程序经过协商决定是否接纳。

5.4　新加入的当事方应签署本协议，享有和承担本协议项下的权利、义务。

第六条 协议的变更、终止

6.1 本协议生效后任何一方不得擅自变更或终止。需变更或终止时，由双方根据第一条规定的程序经过协商决定，并就此达成书面协议。在书面协议达成前，本协议各条款仍然有效。

第七条 违约责任

7.1 任何一方因故意或过失不履行本协议的，应在违约行为发生之日起15日内向守约方支付违约金人民币【 】万元。该违约金低于守约方遭受的实际损失的，违约方应赔偿守约方所遭受的实际损失。

第八条 争议解决

8.1 就本协议的解释、执行所发生的一切争议应首先通过友好协商解决。协商不成，争议的一方可以向有管辖权的中国法院提起诉讼。

第九条 其他

9.1 就本协议未尽事宜，双方有权制订书面补充协议。补充协议效力同本协议。

9.2 本协议自双方正式签署之日起生效。

9.3 本协议一式三份，甲方、乙方及目标公司各执一份，各份具有同等效力。

（以下无正文）

甲方（签字）：____________

乙方（盖章）：

授权代表签字：____________

（5）表决权委托协议

本《表决权委托协议》（以下简称“本协议”）由以下各方于【 】年【 】月【 】日在【 】订立：

甲方（委托方）：【 .】；

乙方（受托方）：【 】。

甲方和乙方以下合称为“双方”，单独称为“一方”。

一、委托范围

甲方将其所持的【 】股份有限公司（以下简称“【 】高科”）【 】万股股份（以下简称“委托股份”）对应的【 】股表决权委托给乙方行使。乙方在委托期限内，有权根据届时有效的【 】高科的章程行使包括但不限于如下权利：

1.召集、召开和出席【 】高科股东会会议；

2.针对所有根据相关法律或【 】高科章程需要股东会讨论、决议的事项行使表决权。

二、委托期限

1.本协议所述委托股份表决权的行使，自甲方完成本协议相关的全部股权变更的工商登记程序之日起开始实施，直至甲方所持的委托股份全部转让后终止。

2.本协议双方经协议一致后可解除。除此之外，未经双方协商一致，任何一方均不得单方面解除本协议。

三、表决权委托方式

1.本协议所述表决权委托是指甲方就其持有的委托股份不可撤销地委托乙方就【 】高科股东会决议事项代为行使该等股权的表决权。

2.甲方将就【 】高科所有董事会/股东大会审议事项与乙方保持相同意见，双方意见不同的，以乙方意见为准。

3. 表决权委托的方式为：甲方委托乙方在公司相关会议中代为行使表决权，包括提出提案并表决、提出董事/监事候选人并投票选举或做出其他意思表示。

四、甲方的参会权

在乙方参加【 】高科相关会议并行使表决权的情况下，甲方可以自行参加【 】高科的相关会议，但就委托股份不另行行使表决权。

五、违约责任

除本协议另有约定或不可抗力外，如甲方违反本协议约定的，应承担相应的违约责任，包括但不限于赔偿乙方及【 】高科因此形成的损失。如乙方利用甲方委托其行使的表决权作出有损【 】高科的决议和行为的，乙方应承担相应的法律责任。

六、其他

1. 未尽事宜由双方另行补充。

2. 本协议一式两份，双方各执一份，同等有效。

（以下无正文）

甲方（盖章）：

授权代表（签字）：__________

乙方（盖章）：

授权代表（签字）：__________

（6）委托持股协议

实际出资人（甲方）：【 】

身份证号：【 】

住所：【　】

名义股东（乙方）：【　】

身份证号：【　】

住所：【　】

鉴于，甲方拥有【　】有限公司（以下简称“【　】公司”）【　】%股份，其中，甲方欲将其中【　】%股份按委托给其乙方代为持有。现在中华人民共和国的相关法律规定范围框架下，双方就本协议股份代持的有关事宜，经协商一致，达成如下协议：

一、股份代持关系的界定

1.1　为明确代持股份的所有权，甲、乙双方通过本协议确认，代持股份实际由甲方所有并实际出资，并由乙方以自己的名义持有。

1.2　乙方以自己的名义，代理甲方对外持有股份，并依据甲方意愿对外行使股东权利，并由甲方实际享受股权收益。

1.3　根据本协议，甲方委托乙方并以乙方名义代为行使的股东权利包括：在股东名册上具名；按照甲方意愿，参与公司股东会并依据甲方意愿行使表决权利；代理甲方行使公司法、公司章程项下的其他股东权利；代领或代付相关利润款项、投资款项；对外以股东名义签署相关法律文件。

1.4　股份代持关系，可以理解为实际出资人、隐名代理等类似法律概念，但均需遵照最高人民法院《公司法》司法解释（三）的相关规定。

二、代持股份

2.1　代持股份：甲方将其拥有的【　】公司【　】%的股权，即出资金额【　】万元人民币（【　】公司注册资本金为【　】万元），通过本协议作为“代持股份”。

2.2　代持股份将通过工商变更登记程序，登记至乙方名下，并委托乙方以自己名义对外代为持有。

2.3　甲方作为实际出资人，在设立【　】公司时对代持股份已完成了实际出资。乙方作为名义股东，仅为代持目的，在工商变更登记时不再支付相关股权转让款。

2.4　乙方应根据本协议的委托目的，按照甲方的意愿代持股份，未有甲方指令，乙方不得将其名义下的代持股份进行转让、质押以及进行增、减资等处分行为。

三、股份收益权利

3.1　代持股份项下的股份收益（含利润分红），由甲方实际受益人所有。

3.2　乙方按照甲方真实意思或指令，对【　】公司的利润分配等重大事宜，以股东名义在股东会行使表决权。

3.3　【　】公司的利润分红款将汇入乙方名义股东账户或由乙方名义股东领取的，乙方在代领包括利润分红在内的股权收益后，将立即汇至甲方账户或由甲方指令安排。

四、其他股东权利

4.1　除上述股权收益的行为以外，乙方作为名义股东，应当按照甲方意愿，履行股东权利。

4.2　乙方作为名义股东，应按照甲方意愿行使公司法规定的股东各项权利，包括参加股东会、行使表决权、派遣董事会成员、签署股东会决议文件、行使股东知情权利、参加股东诉讼等。

4.3　鉴于甲方作为实际出资人且为【　】公司的最大股东，甲方同时委托乙方作为【　】公司法定代表人，按照甲方意愿行使【　】公司法定代表人职责。

五、甲方的声明与承诺

5.1　甲方承诺：将代持股份以工商变更形式过户至乙方名下之前，甲方已完成实际出资，并对代持股东享有合法、完整的权利，包括不存在任何质押、担保等权利瑕疵的情形。

5.2　甲方有权以实际出资人名义，直接行使【　】公司的股东权利，乙方配合甲方行使股东权利程序。甲方参加【　】公司股东会，乙方按照甲方意愿在股东会行使表决权利签署相关股东会决议。

5.3　甲方有权实际享受代持股份项下的利润分红在内的股权收益，或就该股权收益的具体处置，享有最终的决定权。

5.4　甲方有权对代持股份，按照自己的意愿进行处置，包括转让、质押等。乙方按照甲方意愿，配合甲方完成代持股份的相应处置。

5.5　甲方承诺，乙方按照甲方意愿行使股东权利的各项行为的经济盈亏与法律责任，均由甲方承受。

5.6　如乙方未按照甲方意愿，超越权限或擅自行使股东权利，包括擅自转让、质押、擅自对外代表公司对外签署合同、借款、担保等损害【　】公司情形，甲方除有权立即收回代持股份外，乙方上述行为造成甲方或【　】公司的损失、甲方有权要求乙方赔偿。

六、乙方的声明与承诺

6.1　乙方承诺：其将根据本协议的有关规定，以及甲方的意愿或指令，合法实施代持行为，保障和实现甲方对代持股份的合法权益。

6.2　乙方有权根据甲方意愿，在公司法及公司章程框架范围内，对外行使股东权利。

6.3　未经甲方事先书面同意，乙方不得擅自对代持股份进行任何处置，包括但不限于转让、质押代持股份。

6.4　未经甲方事先书面同意，乙方不得对本协议项下的代持股份的全部或部分事务进行转委托、转代持。

6.5　乙方在行使股东权利之前，应当事先与甲方保持充分沟通并了解甲方实际出资人真实意愿。

6.6　乙方根据甲方意愿和指令，以名义股东行使股东权利或履行股东义务的行为，其经济盈亏与法律责任等均由甲方承担。

七、代持期限及协议终止

7.1 代持期为【 】年，自代持股份工商变更至乙方名下之日起计算。

7.2 代持期限届满后，未有甲方书面终止通知的，本代持协议继续有效，代持期限继续持续。

7.3 代持期限内，甲方可以根据公司运行的实际情况终止代持关系，或对代持关系进行调整。

7.4 如出现乙方超出或违反甲方意愿行使股东权利等情形，甲方可以随时终止本协议并收回代持股份。

7.5 如遇甲方出现丧失全部民事行为能力或死亡情形的，乙方应当作为善良管理人继续履行本代持协议，并按照甲方书面遗嘱或其他书面指令继续对外行使股东权利。如未有书面遗嘱或其他甲方书面指令，乙方应当就甲方该情形出现后，继续以名义股东行使股东权利180日后，将代持股份按照法定继承人的份额，归还甲方法定继承人。

7.6 如遇乙方出现丧失全部民事行为能力或死亡情形的，本协议自动终止，甲方将收回代持股份。

7.7 一旦本协议被解除或终止，双方代持股份委托关系即告终止；除本协议另有约定外，乙方应在本协议解除或终止后的【 】内，配合甲方办理工商变更登记手续，重新变更至甲方或甲方指定主体名下。

八、保密

协议双方及见证人应对本协议包括代持股份在内的全部内容予以保密。

九、仲裁与法律适用

9.1 本协议及相关法律关系，由中华人民共和国的有关法律来解释，并受其管辖。

9.2 因本协议委托事宜引发、形成或与之相关的任何争议，双方应以友好协商的方式予以解决；协商不成，提交【 】仲裁委员会仲裁。

十、其他

10.1　本协议如需补充的，应另行签署书面补充协议。代持股份的工商变更资料均作为本协议附件。

10.2　本协议自双方签字后生效。一式两份，甲、乙双方各执一份，具同等法律效力。

甲方（签字）：____________　　　　乙方（签字）：____________

第六章

股权融资的股权架构设计

6.1 股权融资的常用工具

6.1.1 普通股

普通股权（common shares）是不包含特别权利的股权，是公司实务中最常见、最基本的股权形式。普通股的股东只有在公司弥补亏损、提取公积金、支付优先股股息之后，才能参与税后利润的分配。普通股的股息是变动的，是否发放股息、发放多少数额股息、何时发放股息等都取决于公司的经营状况和盈利情况，由股东会作出决定。持有这种股权的投资者在完成出资义务后通常承担盈利不确定的风险，风险和收益的变动幅度都比较大。

普通股的表决权通常没有限制，除非股东之间存在关于表决权的特殊安排，否则都是同股同权，这是它优于优先股的地方。但是在股权高度分散的情况下，表决权同股同权的原则可能存在被大股东恶意利用的风险。按照我国《公司法》的规定，一般表决事项过半数通过即可，重大事项比如增资、减资、合并、分立、修改章程等，出席会议的股东 2/3 以上表决权通过就生效。如果大量分散的小股东不出席会议，大股东可能会利用持股优势操纵相关议案，使“股东大会”变成“大股东会”，进而可能损害中小股东利益。证券监管部门近年来不遗余力地推进中小股东权益保护的各项措施，其用意就在于促使股东合理行使股权，实现各股东的平等保护。

6.1.2 优先股

优先股（preference shares）是相对于普通股而言的，主要指在分配红利及分配剩余财产的权利方面优先于普通股，但参与公司决策管理等权利受到限制的一种股权。

优先股作为介于普通股和债券之间的融资产品，主要承担了为企业融资、企业并购、危机救助等功能。其发展历史悠久，起源于17世纪的欧洲，兴起于19世纪的美国，目前在主要发达国家证券市场几乎都得到了不同程度的运用。其应用受资本市场发展程度、税收政策、金融政策和投资偏好的影响较大。从海外优先股市场发展来看，美国是全球优先股市场规模最大、发达程度最高的市场，特别在2008年金融危机时，优先股成为美国政府实施金融救援计划的主要手段。在香港市场，优先股的使用更多出自企业自发的筹资需求，在使用目的上更加多元化；内资背景的上市公司多将优先股用于并购重组、债务资本化等目的；中国台湾地区、日本以及英国等国家和地区虽然目前优先股发行量较小，但也是企业重要的融资工具之一。

优先股在我国的应用也是最近几年的事情，从行业分布来看，主要集中在银行业金融领域，其他行业比较少见。国内目前有关优先股的规定，主要是国务院及证监会的一系列规范，在《公司法》层面没有就优先股做出规定。

优先股的种类可以细分如下：

（1）累积优先股与非累积优先股

累积优先股（cumulative preference）是指公司当年利润不足以支付优先股股息时，对于所欠股息必须在次年度予以补足，如在若干年后仍然不能补足的，则应将历年所欠股息全部补足之后，才能向普通股股东分配股息。

非累积优先股（non-cumulative preference）是指所有的股息分配均限定于当年年度，如果公司在某年度未能对优先股股东支付股息，则以后年度不再承担向优先股股东补付股息的责任。

（2）参与优先股与非参与优先股

参与优先股（participating preferred shares）是指除了享受固定的股息之外，还有权与普通股共同参与股利分配和剩余财产分配的优先股权，如果进一步细分又可以包括参与股利分配优先股、参与剩余资产分配优先股。相对而言，非参与优先股（non-participating preferred shares）是指无权参与普通股多余的股利分配或者剩余财产分配的股份。实践中参与优先股比较少见，大多数情况属于非参与优先股。

6.1.3 可转换优先股

可转换优先股（convertible preferred stock）是指股东有权在一定期限内或某个条件成就时，按照约定的价格和比例，将优先股转换为普通股的股权。反之即为不可转换优先股。其中可转换优先股又可以分为任意转换优先股、强制转换优先股。任意转换优先股是指股东有权在任何时候将其持有的优先股要求公司转换为普通股，公司则必须按照其要求发行相应数量的普通股。强制转换优先股是指当达到某一条件时，持有优先股的股东必须将其优先股转换为普通股。比如，公司章程中规定当公司申报 IPO 时，优先股股东必须将其股份转换为普通股。

发行可转换优先股票，对于股份公司和投资者来说，都有一定的意义。

（1）股份公司在其股票发行遇到困难时，可以给予优先股票认购者以转换请求权，来吸引更多的人购买。同时，可转换优先股票的股息率往往略低于其他种类的优先股票，也有利于减轻公司负担。

（2）投资者投资于可转换优先股票，实际上多了一个选择余地和改变资产种类的机会。比如，投资者认购该种股票后，在公司盈利较少时，可以不行使转换请求权，而继续持有优先股票以保证获取固定股息；而当公司盈利较高时，可行使转换请求权，转换成普通股票以分享丰厚的盈利。

6.1.4 可转换债券

可转换债券（convertible bond），又简称可转债，是一种可以在特定时间、按特定条件转换为普通股票的特殊企业债券。可转换债券兼具债权和期权的特征，既有债权性，又有股权性，对企业和投资者都具有吸引力。

如果债券持有人不想转换，则可以继续持有债券，直到偿还期满时收取本金和利息，或者在流通市场出售变现。如果持有人看好发债公司股票增值潜力，在宽限期之后可以行使转换权，按照预定转换价格将债券转换成为股票，发债公司不得拒绝。该债券利率一般低于普通公司的债券利率，企业发行可转换债券可以降低筹资成本。可转换债券持有人还享有在一定条件下将债券回售给发行人的权利，发行人在一定条件下拥有强制赎回债券的权利。

6.1.5 可交换债券

可交换债券（Exchangeable Bond），全称为“可交换他公司股票的债券”，是指上市公司股份的持有者通过质押其持有的股票给托管机构进而发行的公司债券，该债券的持有人在将来的某个时期内，能按照债券发行时约定的条件用持有的债券换取发债人质押的上市公司股权。可交换债券是一种内嵌期权的金融衍生品。

可交换债券可以为发行人获取低利息成本融资的机会。由于债券还赋予了持有人标的股票的看涨期权，因此发行利率通常低于其他信用评级相当的固定收益品种。

与可转债相比，可交换债券融资方式还有风险分散的优点，这使可交换债券在发行时更容易受到投资者青睐。由于债券发行人和转股标的的发行人不同，债券价值和股票价值并无直接关系。债券发行公司的业绩下降、财务状况恶化并不会同时导致债券价值或普通股价格的下跌，特别是当债券发行人和股票发行人分散于两个不同的行业时，投资者的风险就更为分散。由于市场不完善，信息不对称，在其他条件不变的情况下，风险分散的特征可使可交换债券的价值大大高于可转债价值。

与发行普通公司债券相比，由于可交换债券含有股票期权，预计的还本压力较普通债券少，且在债券到期时一般不影响公司的现金流状况，因此可以降低发行公司的财务风险。在成熟的资本市场，可交换债券比可转债更容易被分拆发售，即将嵌入的认股权证与债券拆开并且作为单独的交易工具出售。

6.2 股权融资中的投资方

公司在进行股权融资时，经常面对的是三类投资群体，即天使投资人、风险投资人（VC）、私募股权投资人（PE）。这三种类型的投资人主要是依据公司发展所处的阶段做的划分，彼此之间有区别也有共同点。从最广义的角度理解，这三种类型的投资都可以称为风险投资。

它们的主要特点及区别如表 6-1 所示：

表 6-1 三类投资群体的特点与区别

投资人类型	投资阶段	投资依据	投资金额	投资用途	投资风险	企业要求	性质
天使投资	初创期	眼光	百万级	搭建团队	极高	要求很低	雪中送炭
VC	成长期	分析	千万级	公司发展	高	团队齐全 业绩良好	雪中送炭 锦上添花
PE	成熟期	资源	资金 + 资源	产业整合	相对安全	发展成熟 业绩稳定	锦上添花

6.2.1 天使投资人

“天使投资”一词源于纽约百老汇，最初是指富人出资资助一些具有社会意义演出的公益行为。对于那些充满理想的演员来说，这些赞助者就像天使一样从天而降，使他们的美好理想变为现实。后来天使投资被引申为一种对高风险、高收益的新兴企业的早期投资。天使投资人又被称为投资天使（Business Angel），是指具有一定财富能力的个人或者机构，对具有巨大发展潜力的初创企业进行早期的直接投资，属于一种自发而又分散的民间投资方式。

（1）天使资本的来源

天使资本主要来源于朋友、家庭成员、成功的创业者、大型高科技公司或跨国公司的高级管理者等（也有人总结为“3F”，即 friend、family、fool）。目前国内的著名“天使”有：雷军、徐小平、沈南鹏、周鸿祎、薛蛮子、李开复、蔡文胜等。

（2）引入天使投资的考虑

第一，天使投资人是起步公司的最佳融资对象。很多天使投资人本身是企业家，了解创业者面对的难处。他们不但可以带来资金，同时也带来联系网络，如果他们是知名人士，也可以同时提高公司的信誉和知名度。

第二，防止“引狼入室”。投资完成后，不同的天使投资人对于投后管理的态度有很大不同。一些天使投资人会积极参与被投企业的战略决策和战略设计、为被投企业提供咨询服务、帮助被投企业招聘管理人员、协助公关、设计退出渠道和组织企业退出等。然而，还有另一些天使投资人，他们可能会利用创业者在融资和交易经验方面的缺乏，提出不合理的投资条件，其投资的最终目的是控制企业。甚至有一些更加恶劣的投资人，利用自己的资源优势威胁恐吓创业者，实现不正当的个人目的。因此，创业企业在考虑引入天使投资人时，注意防范那些可能伺机剥夺公司控制权、给公司带来麻烦的投资人。

（3）投资形式

天使投资一般是在公司设立阶段就以原始出资形式参与公司的设立，也有少部分是在初创公司设立后，通过股权增资的形式对初创公司进行资本的支持。

6.2.2 风险投资人

风险投资（Venture Capital，VC）简称“风投”，国内又称为“创业投资”，主要是指向成长期的企业提供资金支持并取得该公司股份的一种投资方式。广义的风险投资泛指一切具有高风险、高收益的投资，狭义的风险投资指以高新技术为基础，生产经营技术密集型产品的投资。风险投资人一般是专业的投资公司，由一群具有科技及财务相关知识与经验的人组成，通过直接投资股权的方式，提供资金给需要资金者（被投资公司）。风投公司的资金大多用于投资新创事业或是未上市的企业，并不以经营被投资公司为目的，仅是提供资金及专业上的知识与经验，以协助被投资公司获取更大利润为目的。

中国大陆在海外股市（新加坡、纳斯达克）上市的互联网企业很多都曾获得过风险投资的支持，比如腾讯的马化腾、百度的李彦宏、盛大的陈天桥和搜狐的张朝阳等都曾获得美国风险投资的资金支持。阿里巴巴的马云曾在1995年得到软银孙正义的风险投资。美国的红杉资本（Sequoia Capital）、日本的软银投资公司等都是业界公认的比较成功的风险投资企业。

总体而言，风险投资人是一个比较广泛的概念，在初创期、成长期、成熟期投资的投资者都可以称为风险投资人，天使投资人、私募股权投资人从事的投资都可以认为是有风险的投资。不过，在投资实践中，风险投资人一般常用于指代位于天使投资和私募股权投资中间阶段的一类投资人。

6.2.3 私募股权投资人（PE）

私募股权投资（PE）是指主要通过私募方式募集资金，并对企业进行股权或准股权投资的集合投资方式。国内对PE的相关称呼有：股权投资基金、产业投资基金等。之所以被称为私募股权，是因为这类基金一般通过私募方式募集，并且投资方向主要为私募的非上市股权。PE投资人主要是通过寻找优秀的高成长性的未上市公司，投资后获得一定比例的股份，推动公司发展、上市，此后通过转让股权获利退出。

（1）PE 资本的来源

在资金募集上，PE 主要通过非公开方式面向少数机构投资者或个人募集资金，比如富有的个人、风险基金、杠杆并购基金、战略投资者、养老基金、保险公司等，它的销售和赎回都是通过基金管理人私下与投资者协商进行的。另外在投资方式上也是以私募形式进行，绝少涉及公开市场的操作，一般无须披露交易细节。

（2）PE 的种类

国内私募股权投资基金主要有三种：一是专门的独立投资基金，拥有多元化的资金来源。二是大型的多元化金融机构下设的投资基金。这两种基金具有信托性质，他们的投资者包括养老基金、大学和机构、富有的个人、保险公司等。美国投资者偏好第一种独立投资基金，认为他们的投资决策更独立，而第二种基金可能受母公司的干扰；欧洲投资者更喜欢第二种基金，认为这类基金因母公司的良好信誉和充足资本而更安全。三是大型企业的投资基金，这种基金的投资服务于其集团的发展战略和投资组合，资金来源于集团内部。

不同类型的 PE 有不同的结构和管理风格，也都有不同的投资目的和战略，对风险的承受能力也各不相同。

（3）PE 的形式及投资方式

① PE 的形式

按照国内法律法规的规定，私募股权基金一般采用三种形式设立：有限公司、有限合伙、信托（契约）。有限公司由于涉及双重纳税的问题，在投资实践中一般较少采用。有限合伙实行的是单层纳税，仅在合伙人层面按照适用的税率纳税，而且各地为了吸引私募股权基金在本地设立，相应出台了一些税收优惠政策，因而实践操作中有限合伙是最常用的 PE 法律组织形式。信托（契约）形式的私募股权基金由投资者自行申报纳税，因受制于上市监管规定对投资主体的规定，这种形式的基金在准备上市的公司中应用也不是很多。

②投资方式

PE 设立后，主要通过增资扩股、股权转让的方式完成对被投资企业的投资，也有的在公司设立阶段就参与出资。

6.3 股权融资的步骤

企业融资时，整体交易的流程如图 6-1 所示：

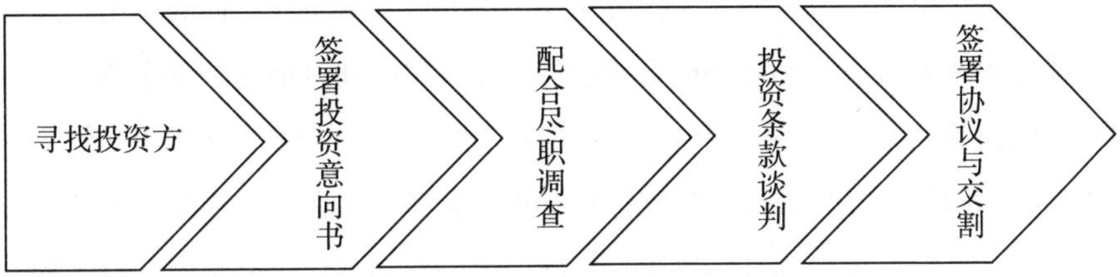

图 6-1 企业融资交易流程

6.3.1 寻找投资方

（1）依据企业发展阶段匹配投资方

公司准备融资时，首先要准确地评估自身企业所处的发展阶段，是初创期还是成长期、成熟期，并按照前述投资人的类型特点相应地进行匹配。如果公司刚刚创立，团队也未搭建完善，商业模式还未定型，就应当多关注天使类的投资人；如果团队已经稳定，开始产生现金流收入，业绩增长较快，则可以多关注一些 VC 类型的投资人；如果公司商业模式完全成熟，业绩稳中有升，占有相对固定比例的市场份额，或者有上市打算的（Pre–IPO 阶段），可以关注 PE 类型的投资人。当然，这只是一个大致的匹配划分方式，融资企业还应当根据自身特点和资源需求去寻找投资人。

（2）气场要相符

融资企业是缺钱的，但这不意味着找投资人时只以资金条件作为衡量双方合作的唯一标准。其中有一点是非常重要的：创始股东与投资人要有相同或者类似的价值观，彼此能合得来，也就是“气场相符”。如果找来的投资人有较强的控制欲望，或者喜欢指手画脚、好为人师、比较强势，那么可以预见双方合作后，会有一段痛苦的磨合期，若磨合不成功最终散伙，就可能导致一些不愉快的事情发生。心胸大度、有共享精神、愿意成就他人的投资人往往是比较好的合作伙伴。

（3）避免陷入被动

融资企业还要注意的一个风险是：防止投资者可能成为潜在的竞争者甚至反客为主。例如，如果一家跨国公司在中国参股数家企业，同时又出于总部的整体考虑来安排产品和市场或自建独资企业，这样就可能与融资企业的长期发展战略目标相左。此外，投资者还可能在投资条款中设置未来退出时的清算优先权、回购权、领售权等条款来保护其投资利益，融资企业需要了解投资方的真实意图，并运用谈判技巧来争取长期发展的有利条件，避免因这些条款引发连锁效应，导致陷入被动。

6.3.2 签署投资意向书

投资意向书又称框架协议、谅解备忘录（Memorandum of Understanding，MOU），在国际上通行的称法是投资条款书（Term Sheet，TS）。虽然这些说法不同的文件在内容和格式上各有不同，但基本作用是一致的，即投融资双方就投资事宜达成的初步书面共识，是下一步进行尽职调查和谈判的基础。

TS的条款内容可以约定的很简单，也可以约定得很复杂。从法律角度来看，TS只是各方初步合作的意向，除了排他期约定、保密约定、费用承担约定等条款外，其他条款对合作双方没有法律约束力。尽管这样，多数专业的投资人仍然非常重视TS的各项条款约定，签字后一般不会轻易爽约。因为，除非通过尽职调查发行双方之前的交易假设严重不符合实际情况，否则爽约的投资者将会付出巨大的声誉代价，以后其他融资企业听说这种情况时，一般会直接把投资者过滤掉。

国内著名的天使投资人徐小平老师创立的真格基金，在选择创业项目时，推崇用极简主义的形式跟创始人合作，给创业者最大限度的自由，不会利用初创时期公司的困难为自身谋取尽可能多的利益。他们认为相比于让公司尽快跑起来，这些烦琐的权利根本不重要，难怪很多人说真格基金是对创业者最友好的基金，他们使用的新版一页纸 TS 便是最直接的证明。

【案例 6-1】

真格基金的“一页纸”投资条款书[1]

[公司 / 项目名称] [种子期 /Pre-A 轮] 优先股融资条款摘要

[ ] 年 [ ] 月 [ ] 日

发售条款：

发行人 / 公司：创始人在中国或其他地域设立的公司及其关联方

投资者：真格基金或其关联方

拟发行证券：[种子期 /Pre-A 轮] 优先股（“优先股”）

投资金额：[____人民币 / 美元]

股权比例：[____%]

估值：投资后估值 [____人民币 / 美元]（包括 15% 的员工期权）

附属细则：

清算权：一旦发生公司清算或整体出售后，全部可分配款项将基于优先股转换成普通股后的比例分配给所有股东（包括投资者）。

保护性规定：采取以下任何行动需征得真格基金的事先同意：（1）清算、合并、兼并或解散；（2）修改、变更投资者权利或可能影响投资者权利的事项；

1 案例来源：https://wenku.baidu.com/view/6914c1ac192e45361066f5c7.html，最后访问日期：2018 年 8 月 16 日。

（3）购买或赎回股份；（4）支付任何股息。

知情权：公司应定期提供财务报表及投资者可能合理要求的其他信息，一旦发生任何重大变化，应及时通知投资者。

跟投权：如公司未来进行增资（向员工发行的期权或股份除外），投资者有权按其届时的持股比例以同等条件和价格购买该等股份。

公司治理：真格基金有权委派一位公司董事和 / 或董事会观察员。

投资者权利：投资者应享有不劣于公司现有及未来股东 / 投资人的股东权益，包括但不限于优先购买权、共售权、分红权、转换权、上市登记等权利。

创始人股份限制：各创始人 25% 的股份将于交割后一年时悉数归属，各创始人其余 75% 的股份将在之后三年等额期归属。

优先投资权：若交割后创始人从事任何新项目，投资者在同等条件下对该等新项目享有优先投资的权利。

交割：应根据投资者接受的协议在本文件签署后 60 日内合理可行时尽快满足交割条件并完成交割。

有约束力条款：在 60 日内，公司和创始人同意不招揽要约来自他方的任何融资。在真格基金同意之前，公司将不得向他人透露这些条款，但高级管理人员、董事、主要服务供应商以及在本次融资的其他潜在投资者除外。本条款摘要适用中华人民共和国法律。

（注：本摘要未纳入有利于投资者保护的典型条款：优先清算权、赎回权、强制随售权、反稀释保护、详尽的保护性规定等）

公司：________________

签署：________________　姓名：　　　　职务：法定代表人 / 授权代表

创始人：代表团队签署

签署：________________ 姓名： 身份证号 / 护照号：

投资人：真格基金

签署：________________

【问题聚焦】

真格基金的投资条款书在国内创投界是一股清流。很多投资人在对融资企业进行投资时，用的是一种“有罪推定”思维模式，即首先我认为你不行，除非你提出证据证明你行。这种证明和被证明的过程，会带来很多的沟通和信任成本。当然，对于自己切实付出真金白银的投资人来说，尤其考虑到现在复杂的融资环境，这本无可厚非，只是在这种思维模式指导下，投融资双方各自为了保护自己的权益，对融资条款的谈判会比较复杂。如此一来，可能会贻误发展的良机，对双方利益的最大化可能会有影响。

真格基金投资条款书的简化，不是简单意义上对投资权利的放弃，而是突出重点，彰显了投资人的价值观，具有更高层面的智慧。真格愿意对全情投入的创始人给予鼎力支持，减轻他们的负担，这样反而有利于创始人轻装上阵，共同培育出优秀的项目。相反，优先清算权、赎回权、强制随售权、反稀释保护等规定，表面上看是对投资人进行了充分的保护，但试想一下，如果创业项目失败，这些权利能够给予投资人充分保障吗？恐怕未必。天使投资本身就是高风险的投资，投资人投资的是“人”，凭借的是眼光，押注的是人的价值产出，如果这些因素没有判断准确，设计再多的投资保护条款也是徒劳。

6.3.3 配合尽职调查

尽职调查（Due Diligence，DD）最初起源于 1933 年美国证券法的要求。

该法案规定，经纪人在出售证券给客户时只要做到应尽的勤勉，即充分合理地调查发行人信息并向客户披露，如果后来因为发行人其他未披露的信息导致客户遭受损失，经纪人也可以免责。后来尽职调查的概念被延伸使用到投资并购等非诉讼事项以及民事、刑事诉讼等多个领域。

（1）尽职调查目的

所有尽职调查可以归为两类：买方 DD、卖方 DD。投资者对融资企业的 DD 以及收购方对被收购方的 DD 属于买方 DD；公司 IPO 时聘请的中介机构团队，包括律师、会计师、审计师、券商等对公司进行的 DD 属于卖方 DD。买方 DD 的目的在于查找问题、风险发现，卖方 DD 的目的在于寻找亮点、价值发现。

（2）尽职调查范围

尽职调查一般分为三个方面：业务 DD、财务 DD、法律 DD。

第一，业务 DD 是整个尽职调查工作的核心，目的是了解企业过去及现在创造价值的机制，以及这种机制未来的变化趋势。业务 DD 主要关注企业概况、管理团队、产品 / 服务、市场、发展战略、融资用途、风险分析等事项。

第二，财务 DD 的目的在于发现企业的投资价值和潜在风险，更加注重企业未来价值和成长性的合理预测。财务 DD 主要关注企业的会计政策及相关会计假设、财务比率分析、现金流分析、盈利能力及前景评析、资产质量及负债评估、内控合规性等问题。

第三，法律 DD 更多地侧重于风险发现，而非价值发现。法律 DD 主要关注公司历史沿革的合规性、所提供资料的真实准确完整性、公司资产业务的产权状况和法律状态、发现法律风险并提出解决方案等。

融资企业在配合实施尽职调查时，需要从以上三个方面有序地应对投资人及其中介机构团队的调查，了解其关注的核心问题，提高合作效率。

6.3.4 投资条款谈判

尽职调查完成后，如果投资人对融资企业有投资意愿，接下来双方就进入协议谈判的环节。这个环节是整个融资交易的核心，也是最能体现双方谈判技巧和能力的环节。本章将在第六节选择其中最重要的 12 个条款进行详细介绍和讨论，并提示每个条款的关键点。

交易各方将投资条款谈判完毕后，律师将会起草正式的有约束力的投资协议。这种协议通常被称为股权购买协议（Shares Purchase Agreement，SPA），也有的称为认购协议（Subscription Agreement，SA）。除这些专门文件外，投资条款的内容还会体现在公司章程（Articles of Association 或者 Memorandum of Association）、投资者权利协议（Investor Rights Agreement）、投票权协议（Voting Agreement）、第一拒绝权及共同出售协议（Right of First Refusal and Co-Sale Agreement）、管理权函（Management Rights Letter）以及薪酬协议（Indemnification Agreement）等法律文件之中。

6.3.5 签署协议与交割

SPA 签署后，除了附条件或者附期限生效的协议，股权购买在投资人与老股东之间或投资人与公司之间立即发生法律效力。尽管有《公司法》上的优先购买权、优先认购权的限制，除交易协议因不符合法定条件而被撤销的以外，股权变动在当事人之间已经生效。国内工商登记只是就股权变动事项发生对外公示的效力，不是股东变动的生效条件。凭借股权购买协议以及公司更新后的股东名册，投资人在法律上足以被认定为公司股东，即使工商变更登记手续没有完成，也不会丝毫妨碍股权变动的效力。

正是因为上述原因，融资企业在与投资人签署 SPA 后，如果由于投资人的原因导致无法交割而使交易被迫终止的，双方的股权投资关系若协商不成就可能会出现纠纷。为了防止此类情况出现，一般应注意以下三个方面：

（1）尽量使股权购买协议的生效时间后延，最理想的状态是投资款项到位之日起 SPA 生效。需要注意，协议中的违约责任条款、争议解决条款应当自各方签字之日起生效，以便预防在各方发生纠纷后，能够凭借生效的违约责任条款、争议解决条款解决各方之间的争议。

（2）股东名册的更新应当在投资款项到位之后进行，在此之前维持原状。主要目的是防止投资方凭借生效的SPA及股东名册，能够被认定为公司股东，由此给后续的协议解除、股权退出造成障碍。

（3）交割条件的约定要明确、具体、可执行。不预留开放性的条件敞口，应通过闭环的方式使各方对交割有明确的时间预期。例如可以这样约定，自SPA签署之日起60日内或者一方向另一方提交协议列明的交割文件后（以先到者为准），作为交割的具体日期。为了防止歧义，一方在向另一方提交协议列明的交割文件后，另一方应当在收到之日起5日内提出异议或予以确认，既不提出异议也不予以确认的，视为同意对方提交的交割文件。

6.4 股权估值

本部分对估值问题的探讨主要是从略微宏观的角度进行讨论，具体的评估方法、评估过程及评估结论应当请专业评估人士协助公司进行操作。

6.4.1 估值是投融资决策的灵魂

对于投融资双方来说，股权估值是整个交易中最核心的工作，决定了双方利益的分配和平衡。在决定融资前，融资企业也应当通过专业的方法明确了解自己的价值，以便在与投资人谈判时能够做到知己知彼，并在投资人对企业价值低估时能够明确提出反驳的理由，提出有说服力的估值方案。总体来说，股权估值越高，对公司现有股东越有利；股权估值越低，对新加入公司的股东越有利。

（1）两个基本概念

讨论估值前，先明确两个简单而又可能混淆的概念：股权价值、公司价值。

①股权价值（equity value）。是指归属于公司股东的资产价值，由于公司的股权价值代表着公司所有股票的市场价值总和,因此股权价值有时也称为"市场价值"（market value，简称市值）。普通股的每股价值可以用公司的市值除以公司发行在外的普通股股票数量计算得出，如果是上市公司，在市场机制运行正常、能够公正反映公司股权价值的情况下，股权价值等于公司的市值。

②公司价值（enterprise value）。公司价值与股权价值不同，是指整个公司的价值,即归属于所有股东、债权人及利益相关者的价值总和。用公式表示即:公司价值 = 股权价值 + 公司债务的价值 + 少数股东权益 + 优先股权益。可见，公司价值的范围比股权价值大。

本章在讨论估值内容时，是从股权价值评估的角度展开的，并非指公司价值评估。

（2）估值适用的场景

从公司设立到股东退出公司，在这一过程中一般涉及三类需要进行股权估值的场景：交易要求的估值、合规要求的估值、诉讼要求的估值。其中，交易要求的估值是非上市公司估值的主要场景，本节主要讨论这种类型的估值；合规要求的估值主要是指财务报告、税务报告两种情形，包括在进行商誉减值测试、公司重组、转移定价等情况下进行的估值等；诉讼要求的估值是指涉及损害赔偿计算、利润损失计算、股东纠纷和离婚财产分割等相关法律程序时要求进行的估值，这种情况下的估值可能对公司有影响，也可能只存在于股东之间而不影响公司。

交易要求的估值主要包括下面四种类型：

①公司融资

设立初期的公司往往会面临资金不足的状况，创始股东投入的资金会随着业务的发展逐渐耗尽，而公司新产品研发、市场开拓以及招募人才都需要大量的资金作为基础。尤其是现在"互联网 +"的企业更是如此，比如共享单车、移动平台的打车软件等，都是需要大量烧钱的行业。如果没有外部融资的支持，很多新经济模式的企业是无法在短期内迅速发展起来的。

②股权激励

对员工提高薪酬是可以在短期内立竿见影的激励方式，然而，随着薪酬总额的上升，公司的固定成本会逐渐加大，并会给公司现金流带来压力。采用股权激励的方式可以避免单纯调薪带来的压力，但与此同时，如何对公司股权进行客观、相对公平的估值，将会影响到双方的利益安排。本书第五章“5.2 实施股权激励的工具”部分介绍的权益性股权激励工具，都需要以股权的准确价值作为支撑。

③公司并购

无论是公司对外投资、收购其他企业，还是公司内部的股权重组、资产剥离，都需要准确界定各相关交易方的真实价值，这些相关的公司估值结果将会成为最终成交价格的定价参考依据。尤其是在换股交易的情况下，对股权价值的评估结果具有高度的依赖性。需要注意的是，公司并购估值还有一层隐含的意义在于，两个公司合并后的价值要大于独立的个体价值之和（原因在于协同效应、规模效应等），这是战略投资人愿意比财务投资人支付更高价格的主要原因。

④公司上市

公司在经营一段时间之后，如果具备了上市条件，一般都会寻求上市，包括直接上市（IPO）、间接上市（借壳上市），以便为公司日后发展打通融资渠道、筹集资金。公司上市时，一项非常重要的工作就是确定股票发行价格，发行价格主要取决于公司整体的价值。个人投资者、机构投资者对公司的情况一般不十分了解，对于想要上市的公司而言，聘请一家具有良好声誉的投资银行协助公司进行估值，并由投资银行为估值公允性提供担保是十分重要的。

（3）估值的本质是什么

参与评估的相关人员代表不同的利益主体，他们的评估目的也各不相同，了解并辨识这些情况对于正确理解估值有非常重要的意义。下述四个方面有助于正确理解估值的含义：

①估值是介于科学和艺术中间的技术，是收益和风险的平衡。由于各种不确定性的存在，使估值不可能是一门精确的科学，必须在收益和风险之间做好平衡；正如著名作家谢尔·诺德思特姆所言“粗略的正确总比精确的错误要好”。假如费尽心思选择了一个理论上大致正确的模型，使用时也注意到了每一个细节，但是却使用了一个完全错误的假设，由此得出的估值结果一定是错误的。尽管估算出的数据从理论上讲并没有错误，但是与事实相去甚远。

②从相互成就的角度来看，估值不是零和交易。估值最终是为了达成交易，是为了双方共赢，企业获得资金以发展业务，投资人分享企业增长带来的价值；因此，估值的最终目的在于促成双方的利益平衡，而不是为了估值而估值。

③估值是交易的核心，但不是交易的全部，它只是为了促成交易而服务的，不应该把估值教条地置于交易之上。不利于交易进行的估值不是好的估值。

④估值不能偏离金融法则。资产价值的大小取决于人们愿意为其支付的价格。如果公司是卖家，这一法则在任何情况下都成立，并且不以个人的意志为转移。事实上，很多因素会影响到估值的结果，比如资产流动性、稀缺性、买方的急迫需求等。例如，一把雨伞的制造成本相比一瓶水会更高，但是对于在沙漠中想要解渴的人来说，可以接受比雨伞高出许多倍的价格，这与两种商品自身的制造价值无关。

（4）股权估值应当与公司发展阶段相匹配

当公司处于不同的发展阶段时，股权估值的侧重点是不同的。初创期的公司，往往销售收入很少甚至没有销售收入，现金流量和净利润均为负值，并且对于公司何时能够扭亏为盈或者达到期望的现金流量也是不确定的，这个阶段公司股权的估值，应当以商业模式和管理团队的水平、能力为侧重点。当公司迈过初创期的生死挣扎、进入成长期后，收入开始加速增长，但是由于仍然要进行大量的资本支出，公司现金流量仍为负值，这个阶段公司股权的估值，应当侧重于行业价值驱动因素和销售收入水平。当公司经过一定时间的积累，进入成熟期后，公司的收入和现金流量都稳步增长，这个阶段的股权估值则会侧重于公司的盈利能力、现金流量的状况。

可以看出，初创期的企业估值主要取决于管理团队的信誉和市场机遇，因而创始人在与投资者谈判时的谈判技巧在很大程度上会影响公司的估值。成长期和成熟期的公司估值，往往有比较成熟的估值模型和计算方法，谈判的空间和余地没有初创期的公司那么大。

（5）融资前估值与融资后估值

①区别

在对企业股权价值进行评估时，经常用到两个概念：融资前估值（Pre-Money Valuation）、融资后估值（Post-Money Valuation），它们分别指按照本轮融资价格计算，企业在投资者注资前和注资后的股权价值。简单来讲，它们之间的关系是：融资后估值 = 融资前估值 + 本轮融资额。虽然这是两个很简单的概念，但实践中仍有很多创始股东不能清晰地辨认两者之间的差异，这对投资者和公司都有很大的影响，举例如下：

投资人甲准备向公司 A 投资 1000 万元，假如公司融资前估值为 4000 万元，则投资完成后甲在 A 所占的股权比例为 1000/（1000+4000）=20%；假如公司融资后估值为 4000 万元，则投资完成后甲在 A 所占的股权比例为 1000/4000=25%。两者相差 5% 的股权比例。

另外，也要注意在使用相对估值方法时，需要确认其中的参考指标是融资前还是融资后。比如，中国企业家更熟悉市盈率作为估值参照指标，却很少注意这个市盈率是融资前市盈率还是融资后市盈率。这两者之间也有很大的差别，例如：

公司 A 本年预期净利润为 1000 万元，经谈判某 PE 愿意以 10 倍市盈率的估值向该公司投资 5000 万元，那么该 PE 应该获得多少股份比例？如果 10 倍市盈率是指融资前市盈率，则 A 的融资前估值为：1000 万元 ×10=10000 万元，该 PE 所占 A 公司的股份比例为 5000/（5000+10000）=33.3%；如果 10 倍市盈率是指融资后市盈率，则 A 的融资前估值为：1000 万元 ×10−5000 万元 =5000 万元，对应的融资前公司市盈率为 5000/1000=5（倍），该 PE 所占 A 公司的股份比例为 5000/10000=50%。由此可见，其中的差距是比较大的。

②完全摊薄

在理解融资前估值和融资后估值时，还需要注意一个经常出现的概念：完全摊薄（Fully Diluted）。这一概念通常在两种情况下使用：员工持股计划（ESOP）、认股权证（Warrant，香港称“窝轮”）。

员工持股计划：如果企业在融资前未设立 ESOP，在融资时投资人一般会建议创始人设立占股份总数 10% ~ 20% 的期权池，用作未来员工行权的标的。员工取得这些股权激励的方式可以是免费取得、名义价格购买或者缴纳行权费用取得，融资完成时已授予员工的期权已经生效，未授予部分则尚未生效。在计算完全摊薄总股份数时，会将已经授予和未授予部分都计算在内。

认股权证：投资者获得的认股权证在行权时，需要向公司缴纳事先确定的认股金额，以获得相应的股份数。如果公司的发展符合投资者预期，则投资者在行权后获得公司股份，否则放弃行权。认股权证的行权标的也是公司普通股份，在计算完全摊薄总股份数时，也会将现存的认股权证对应股份数计算在内。

不过，应当注意的是，完全摊薄后的持股比例只是一种理论上的算法，摊薄前的持股比例（没有考虑未生效的股票）是一种更加现实的估值方法。原因在于，如果融资后企业被立刻出售，员工期权池中的未生效股份并没有分配收益的权利，企业出售所得只是在创始人与投资人之间进行分配。因此，实际融资后的企业估值按照完全摊薄前比例计算，能够更加真实地反映企业的估值水平。期权池中的股份在未来授予时会作为费用列支，在进行财务预测时，也需要将这部分股权激励成本计算在内。

（6）采用恰当的估值方法

估值的方法非常多，可供选择的估值模型也很多。公司在进行估值时，要充分评估估值目的、公司所处行业、公司发展阶段、公司规模以及估值所要求的其他细节。从数学角度来讲，如果估值所使用的数据是一致的，无论使用哪种估值模型，所得出的结果应该都是相似的。

非上市公司最常见的估值方法有三种：

①收益法：用资产预期产生收益的现值评估资产的价值，根据评估人员做出的假设，收益法有几种不同的变体。

②市场法：以价格乘数为基础评估资产的价值，价格乘数来自与目标资产相似的资产的销售情况。

③资产基础法：以企业相关资产的价值减去所有相关负债的价值为基础评估目标资产的价值。

在公司发展的初期阶段，最好用资产基础法进行估值，因为持续经营的价值前提可能不确定或者未来的现金流极难预测；当公司进入高速增长的发展阶段时，公司可以采用收益法进行估值；如果公司已经进入成熟期，公司最好采用基于市场的方法进行估值。不同估值方法各有不同的特点，正是因为这样，大多数专业评估师都会将不同的估值方法结合在一起使用，这样得出的结果才是相对合理的。

在西方国家成熟的资本市场中，对上市公司的价值判断经常采用托宾 Q 理论（Tobin’s Q）来确定。托宾 Q 理论是经济学家托宾于 1969 年提出的一个著名系数，即“托宾 Q”系数（也称托宾 Q 比率），有两种计算方法：

①资本法：（股票市值 + 债务市值）/ 总资产

②权益法：股价 × 发行在外的股票总数 / 所有者权益的账面价值

该理论认为，高 Q 值的公司是好公司，显示了公司具有良好的竞争优势和经济商誉，而低 Q 值的公司则存在很大的管理提升空间。投资者想要控制一家公司，可以采用两种方法：第一，直接设立。第二，在二级市场收购。这两种方法的选择是以“托宾 Q”系数等于 1 作为判断的临界点。如果此系数大于 1，投资者倾向于新设立一家公司，如果系数小于 1，则倾向于收购一家现成的公司。因为系数大于 1 的公司表明其创造的价值大于投入的资产成本，资产存在溢价；小于 1 的公司说明其创造的价值不足以覆盖投入的资产成本，价值可能被低估。

6.4.2 收益法评估股权价值

收益法是指通过估算被评估股权的未来预期收益并折算成现值，借以确定被评估的股权价值的一种常用的评估方法。在 IFRS 和 GAAP 中，资产被定义为可能的未来经济收益，这个定义对使用收益法为上市或非上市公司的股权估值提供了强有力的支持。

收益法包括以下三种形式：

（1）自由现金流法

这种方法在评估行业经常被称为现金流折现法（Free Cashflow Method，FCM），是指以自由现金流的现值为基础评估股权的价值，折现时使用的折现率反映了与现金流相关的风险水平。在持续经营假设下，这个方法经常包括一系列分期的现金流预测和在预测期结束时对持续经营企业整体的价值估计。

（2）资本化现金流法

这种方法也被称为资本化收益法（Capitalized Cashflow Method， CCM），是指用具有代表性的单一经济收益估计值除以合适的资本化率来估计公司的股权价值。在无法进行预测且预期未来经营稳定的情况下，这种方法多用于较小的非上市公司股权估值，很少被用于上市公司、较大的非上市公司、收购背景或财务报告的估值。

（3）剩余收益法

这种方法也被称为超额收益法（Excess Earnings Method， EEM），是指用资本化的未来超额收益估计企业所有无形资产的价值，其中的超额收益是指超过营运资本和固定资产要求回报估计值的盈利。无形资产的价值加上营运资本和固定资产的价值得到企业的价值。EEM 通常在其他方法（如市场法）不可行时被用于估计无形资产和非常小的企业的股权价值。

上面三种估值方法中，折现率是影响评估价值的重大因素。其微小变动就可能会对整个评估结果无限放大。在应用收益法时，由于未来预期收益口径、未来收益期等有不同的含义，因此，要求折现率与未来预期收益额、未来收益期等的口径匹配十分重要。

6.4.3 市场法评估股权价值

市场法也称市场价格比较法（market approach），是指通过比较被评估股权与最近售出类似股权的异同，并将类似的市场价格进行调整，从而确定被评估股权价值的一种资产评估方法。市场法包括以下三种形式：

（1）可比上市公司法

在股权估值中，基于相似上市公司乘数的估值经常被称为可比上市公司法（Guideline Public Company Method， GPCM）即通过观察上市公司股票交易反映的乘数建立价值估计，这些上市公司的股权与被评估的股权应当具备合理的可比性。上市公司的乘数要经过调整，使之反映被评估股权与可比上市公司在相对风险和增长前景上的差异。对非上市公司股权评估来说，这个方法可以直接得到股权估值的结论，对上市公司股权评估来说，这个方法可以帮助判断股权价值在某个时点是被高估了还是被低估了。

常见的可比上市公司法包括以下四种：

①市盈率（P/E），即每股市场价格除以每股收益的比例，P/E 越大说明市场对其增长预期越高，企业价值被高估的可能性就越大。P/E 算法虽简单，但有两个问题需要注意：第一，它针对的是公司市值和净利润的关系，而公司价值不仅包括市值，还包括净负债，P/E 仅仅考虑了股东价值，没考虑任何债权人价值；第二，每股收益（EPS）比较容易造假，净利润应当采用经常性、可持续性的净利润，而不应当考虑一次性的偶然利润。因此，在计算 P/E 时，需要考察净利润有无重大进出报表的项目，如有，净利润要做剔除处理，以反

映企业真实的净利润。P/E 要在比较中才有意义，绝对值无意义。

②市净率（P/B），即每股市场价格与每股净资产的比例。与 P/E 类似，P/B 越大说明市场对其增长预期越高。有些行业的收益、盈利具有周期性，但因其账面净资产不会随季节变动而大幅度波动，这种行业的企业采用 P/B 就比 P/E 更准确。计算 P/B 时，也需要考察净资产有无重大进出报表的项目，如有，净资产要做剔除处理，以反映企业真实的经营性资产结构。市净率要在比较中才有意义，绝对值无意义。

③市销率（P/S），即每股市场价格与每股营业收入的比例。如果可以用 P/E 估值，这种方法就很少被用到，但 P/E 估值有个缺点，即假如企业的利润为负或零，P/E 方式就无法估算企业价值。这时 P/S 估值是个常用的替代方法，许多高科技公司如果上市后净利润仍然为负，这种方法就会被经常使用，如早期的亚马逊就是经常被投资者用 P/S 进行估值。采用 P/S 估值的，往往是业务规模或市场份额比盈利能力更重要的公司。计算 P/S 时，需要考察销售额的主营构成，有无重大进出报表的项目，如有，要做剔除处理。找出企业在一定周期内的历史最低、最高和平均三档市销率区间。考察周期至少 5 年或一个完整经济周期，若是新上市企业，必须有至少 3 年的交易历史。

④企业价值倍数（EV/EBITDA），企业价值（EV）= 股票市值 + 总负债 − 总现金，EBITDA 是企业获得的“息税折旧摊销前利润”。这种方法的优势在于：第一，不受所得税率不同的影响，使不同国家和市场的上市公司估值更具可比性；第二，不受资本结构不同的影响，公司对资本结构的改变都不会影响估值，同样有利于比较不同公司估值水平；第三，排除了折旧摊销这些非现金成本的影响（现金比账面利润重要），可以更准确地反映公司价值。但 EV/EBITDA 也有局限性，它更适用于单一业务或子公司较少的公司估值，如果业务或合并子公司数量众多，需要做复杂调整，有可能会降低其准确性。企业价值倍数法是当前专业投资人员越来越普遍采用的一种估值方法，它对企业收益的度量更清晰，与企业价值之间具有相比 P/E 方式更强的相关性。然而在某些

具体行业中，由于行业特性和会计处理规定可能会导致上述关系发生一定程度的扭曲，这时就需要使用者对 EBITDA 指标进行一定的调整，恢复其衡量企业主营业务税前绩效的合理性。

（2）可比交易法

可比交易法（Guideline Transaction Method， GTM）与 GPCM 相似，但与 GPCM 不同，GTM 使用的价格乘数来自上市公司或非上市公司的股权收购交易。如果是公开报告的收购，交易数据可以从交易参与者提交给监管部门的公开文件中收集，例如上市公司在上海证券交易所或深圳证券交易所披露的交易文件中列明的信息等。如果是不公开披露的交易，交易数据只能通过其他非正式渠道获得。由于信息可能有限而且一般难以证实，许多评估者将会质疑这些数据的可靠性。

（3）前期交易法

前期交易法（Prior Transaction Method， PTM）估值的基础是实际支付的价格或交易隐含的价格乘数，即在着重考虑对标股权的实际交易基础上进行估值。如果有交易而且是公平交易，那么 PTM 预期能够提供最有意义的价值支持，但是如果交易不经常发生，PTM 所提供的估值证据的可靠性就会降低。

上面三种估值方法适用于发育完善、交易活跃的资本市场，参照物及其与被评估股权可比较的指标、技术参数等资料应当能够方便地收集到。运用市场法进行评估时，最重要的是能够找到与被评估股权相同或相类似的参照物。但与被评估股权完全相同的股权是很难找到的，这就要求对类似股权参照物进行调整，有关调整的指标、技术参数能否获取是决定市场法运用与否的关键。

6.4.4 资产基础法评估股权价值

资产基础法又称为成本法，可以用来间接评估股权价值。这种方法的基本原理是：企业所有权的价值 = 资产的公允价值 – 债务的公允价值。从估计一个持续经营企业的价值来看，这种方法是三种评估方法中最弱的，一般很少用于评估持续经营企业的股权价值。原因在于：第一，能够直接估计无形资产价值的市场数据有限；第二，某些有形资产估值很困难（如用于特殊目的的厂房、设备等）；第三，将持续经营企业作为一个整体而不是逐个资产估值的信息通常更容易获得。

如果企业经营只能得到名义上的利润，而且没有会改善的前景，那么假设结束营业并用资产基础法进行估值可能较好。在这种情况下，企业的持续经营价值可能小于清算价值（通过清算资产可以实现的价值），因为资产的买家可以把资产投入到更高价值的使用中。

6.4.5 估值的溢价和折价

在进行股权估值时，因控制权和流通性的影响，经常需要对估值进行调整，以便相对准确地反映股权的价值。这种调整通常包括三种类型：

（1）控制权溢价

控制权溢价（Control Premium， CP），是指与非控制性权益按持股比例计算得出的价值相比，超出部分的金额反映的就是控制权溢价。

例如，两种持股结构下的控制权比较：第一，甲拥有一家公司 2% 的股权，另外 98% 由另一名股东乙拥有；第二，甲拥有一家公司 2% 的股权，另外 98% 由另两名股东乙、丙分别拥有 49%。如果甲拟进行股权转让，在这两种持股结构下，控制权溢价有很大差别。在第一种持股结构下，2% 的股权只能按实际价值进行评估，没有额外增值；在第二种持股结构下，如果乙、丙不是一致行动人，甲选择与乙或者丙进行股权联合将会直接决定其中一方拥有最终的控制权，因而，2% 的股权转让价值将会与第一种持股结构明显不同，超出的部分即为控制权溢价。

控制权溢价的评估一般要考虑下面三个因素：

①交易类型。即判断此项股权交易是战略交易还是财务交易，战略交易中的买家可以从拥有目标公司所产生的协同效应中获益，因而相比财务交易的

买家可以接受一定的控制权溢价。

②行业因素。在估值日有收购活动的将会被认为有行情，即该行业上市公司的股票价格可能反映了部分的潜在控制权溢价。

③交易形式。如果交易涉及了大量换股操作（相对于全现金交易），可能不太适合进行控制权溢价，因为有可能是收购方管理层选择他们公司的股票价格被市场高估时作为交易时机。

（2）无控制权折价

无控制权折价（Discount for Lack of Control， DLOC）是指企业股权的价值因为缺少控制权或者完全没有控制权而减少的金额或百分比。

如果非上市公司全部股权的价值是基于控制性权益计算的，那么非控制性权益的估值就可能需要进行无控制权折价。由于不能选择对企业经营有控制权的董事、经理和管理层，因而缺乏控制权对投资者是不利的。没有控制权，投资者就不可以分配现金或其他财产、买卖资产、获取融资或者采取其他行动，从而会影响投资的价值、分配的时机和投资者的最终回报。影响控制权程度的关键因素包括以下：

①在少数股东批准公司特定行为的能力问题上，股权结构的影响；

②在少数股东影响董事会成员人选的能力问题上，股权结构的影响；

③在关键一票影响的问题上，股权结构的影响；

④在特定司法环境下，法律对少数股东权益保护的程度；

⑤无表决权的股票。

（3）缺少流通性折价

缺少流通性折价（Discount for Lack of Marketability， DLOM），是指由于股权缺乏流通性、不能在短期内变现卖出而导致其价值减少的金额或百分比。

DLOM 经常被用于非上市公司的非控制性权益的估值。尽管 DLOM 和 DLOC 不同，但两个折价经常连在一起使用，即如果估值以非控制性权益为基础，那么缺少流通性折价一般也是恰当的。例如，某公司股权最初确定的含控制权的可变现价值为 1000 万元，在考虑 20% 的 DLOC 运用后，股权价值为（1–20%）× 1000 万元 =800 万元，在进一步考虑 35% 的 DLOM 运用后，股权价值为（1–35%）× 800 万元 =520 万元。

影响流通性的关键因素包括以下：

①股份转让流通的限制条件（锁定安排）；

②妨碍股份转让的相关协议；

③套现的前景；

④分红的历史记录和分红目的；

⑤潜在买家数量；

⑥风险或波动性；

⑦价值的不确定性和所有权的集中度。

需要注意的是，上述股权估值调整的三种方法目前没有量化的控制性权益和流通性折价的经验数据，实践操作中更多依赖于评估师的经验、股权交易各方的价值博弈和取舍。

【案例 6–2】

山东华能公司估值[1]

1994 年 6 月，华能集团以其拥有的几家主要发电厂与多家地方政府投资公司共同发起设立了华能国际电力股份有限公司（以下简称华能国际）和山东华能发电股份有限公司（以下简称山东华能）。华能国际和山东华能均于 1994 年在纽约证券交易所发行上市。1998 年华能国际以介绍方式在香港交易所挂牌上市。

山东华能拥有德州、济宁、威海及日照四家火力发电厂。自上市后，山东

1 主要内容参考：https://www.wenku.baidu.com/view/9ca117bc960590c69ec3768b.html，最后访问日期：2018 年 8 月 16 日。

华能的净利润不断下降，其股价也不断下跌。至 2000 年 7 月，山东华能的股价仅为其每股净资产的一半左右。在此背景下，华能国际向山东华能董事会发出整体收购要约。

2000 年 7 月 15 日山东华能和华能国际的管理层以及两家公司的财务顾问，就收购对价达成一致。华能国际将以每国内普通股 1.34 元人民币以及每 N 股 0.618 美元的现金价格收购山东华能，相当于 10.23 倍的静态市盈率，较当时市场价格约溢价 100%。

法国里昂证券新兴市场部（以下简称里昂证券）作为山东华能董事会聘请的财务顾问，对此收购要约价格的公平性进行了评估。以下是里昂证券向山东华能董事会提交的《对价公平性分析》报告中涉及评估的主要内容。

（1）股权自由现金流折现法

里昂证券采用的现金流折现模型预测了山东华能未来 15 年（2000~2014 年）的现金流量，并对 15 年后的现金流使用了永续增长的假设计算公司终值。按股本成本对未来扣除偿债成本后可获得的净现金流进行了折现，所得结果加上山东华能 2000 年 1 月 1 日现金持有量，得出公司资产净值。

里昂证券在报告中解释，之所以未采用企业自由现金流作为估值依据，是因为他们认为山东华能未来的资本结构会发生变化，因此采用股本成本折现法有助于得到更精确的估值结果。从事后来看，华能国际以举债方式完成了该笔收购交易，1 年之后又通过在上交所发行 A 股募集资金偿还贷款。其资本结构确实发生了较大改变。

根据 14%~16% 的股权资本成本及 0 的永续增长率，里昂证券估算山东华能的每股资产价值在 1.33~1.51 元。如果以 15% 折现率及永续增长率为基本场景，则华能国际 1.34 元 / 股的出价相比里昂证券的估值有 5% 的折让，虽然相比市价已经溢价近 100%。

（2）相对估值法

里昂证券挑选了几家中国境外上市的发电企业市盈率及市净率作为山东华

能估值的参照标准。如果按照参照企业的相对估值水平来看，华能国际的要约收购价格接近甚至超过山东华能股票的公允市场价值。如表 6–2 所示：

表 6–2　中国境外上市的发电企业市盈率及市净率

公司	市盈率（%）	市净率（%）
北京大唐电力	7.20	0.77
华能国际	8.57	0.75
山东国电	4.83	0.89
浙江东南电力	6.54	1.08
山东华能（市场价格）	5.08	0.35
山东华能（并购出价）	10.23	0.70
平均值 – 中国电力公司	6.44	0.77
中间值 – 中国电力公司	6.54	0.77

注：根据 2000 年 6 月 20 日收盘价格计算。

（3）可比交易法

此外，里昂证券还采用了可比交易法（Precedent Transaction Analysis）。里昂证券分析了当时已经完成的几宗电力并购交易的出价情况，包括：

- Nisource Inc 和 Columbia Energy Group（2000 年 2 月）– 美国
- RWE AG 和 VEW（1999 年 10 月）– 德国
- Consolidated Edison Inc 和 Northeast Utilities（1999 年 10 月）– 美国
- Northern state Power 和 New Century Energies Inc（1999 年 3 月）– 美国
- National Grid USA 和 Eastern Utilities Associate（1999 年 1 月）– 美国
- National Power Plc 和 Malakoff Bhd（1998 年 4 月）– 马来西亚

- Sithe Energies Group 和 The Cogeneration Public Company Limited（1998 年 3 月）－泰国

上述并购交易的价格与公告日 4 周前价格相比的平均溢价为 28.04%。华能国际对山东华能的出价与估值日 4 周前的市价相比溢价达 108.83%，相比估值日（2000 年 7 月 14 日）市价仍有 79.83% 的溢价。

通过采用上述三种方法进行评估，里昂证券认为：经过对公司公开可得的、公司管理层提供的或其他各项资料的评估、审核及分析，我们认为上述对价对山东华能的股东，就财务角度而言是公平的。

【问题聚焦】

上面的估值方法可以看出，相对估值的结果受市场情况影响较为明显，因此在市场底部给出的价格是很低的。而折现现金流法不太受当前市场情况影响，但其结果却高度依赖长期现金流假设。如果从收购后的发展来看，里昂证券对山东华能的估值是低的。但这一估值显然是在当时所掌握的信息下做出的相对合理的评估结果，流通股股东获得了近 1 倍的溢价回报。不过，里昂证券没有为 15% 的折现率和 0 的永续增长率提供合理的解释，这也反映了在许多估值的案例中，都是先有评估的目标，然后才根据目标逆向推导出对应参数，是为了支持评估结果服务的。

6.5 股权架构设计的核心

6.5.1 保证控制权的稳定

（1）为什么要保证控制权稳定

在设计股权架构时，追求稳定的控制权不仅关系到公司的日常运营，也对未来的资本运作有重大影响。正如本书第二章所述，控制权是整个股权架构设计的主线，一切股权结构安排均围绕控制权而展开。实践操作中，追求控制权稳定的原因至少有以下三个：

第一，便于公司的高效决策和管理

民主是以牺牲效率为代价的，公司的管理亦是如此。在激烈竞争的市场环境下，公司面临的外部竞争瞬息万变，市场机会往往是昙花一现，如果公司对这些机会没有快速的响应机制，很可能导致错失良机。因此，这就要求公司的决策机制必须实时、快速。现在很多公司推行的组织扁平化、阿米巴管理等都是为了缩短响应路径、提高响应效率而做出的尝试，实践证明产生了不错的效果。公司快速决策所需要的核心支撑就是要有能够拍板的人、有明确的控制人。如果股权均衡、彼此难分伯仲，那么对公司的快速决策有时是不利的。

第二，便于公司融资

公司在对外融资时，专业投资人首要关注的就是股权架构，判断公司的实际控制人是谁，对公司的控制权是否稳定。投资人最不希望看到的是，投资完成后公司股东出现内讧导致公司僵局，业务受到严重影响，甚至出现公司清盘的局面。毕竟，投资人一般没有精力和能力实质性参与公司的运营管理，更多依靠团结的管理层实现公司战略，最终将公司成功上市或者寻找第三方进行高溢价收购，以此实现退出。投资行业内常说的“投资 = 投人 = 投股权结构”讲的就是对公司控制权的关注。因此，科学合理的、控制权稳定的股权结构是公司未来进行融资时，能否找到投资人、能否以合理价格进行融资的关键因素之一。

第三，是公司上市的核心要求

公司上市时，监管规则将会要求报告期内公司的控制权保持稳定，以此来判断上市后公司盈利能力的连续性和稳定性。如果报告期内公司的控制权发生了变化，将会导致重新计算报告期，从而导致上市时间被推迟。例如，根据《首次公开发行股票并上市管理办法》，发行人最近 3 年内实际控制人没有发生变更；《首次公开发行股票并在创业板上市管理办法》也要求发行人最近 2 年内实际控制人没有发生变更；香港主板上市规则也要求发行人在上市前 1 年内控制权没有发生变更，否则将重新计算上市起始期限。因此，对于有上市打算的公司来说，尽早设计并保持稳定的控制权，对于后续的上市操作来说是非常必要的。

（2）怎样保证控制权的稳定

本书在第二章介绍了增强控制权的若干种具体方法，其实总体来说可以分为两大类：法定方式、约定方式。约定方式也是在不违背法律法规禁止性规定的前提下进行的约定。

第一，法定方式：是不借助任何私下约定，仅凭持股的自然状态即可实现对公司控制的方式。各个国家和地区的法律规定不同，法定方式也就呈现出不同的状态。一般而言，法定方式主要是三种：法定持股比例控制（数字化控制，包括绝对控制、相对控制、累积控制、消极控制、依附控制等）、类别股份的控制（AB 股，同股不同权）、结构化控制（主要是持股平台设计），具体操作方式可参照第二章的相关内容。

第二，约定方式：是通过协议方式让渡表决权，使表决权累积到一定程度后实现的控制。这种方式一般不受法律约束，只要各方当事人意思表示一致、达成共识即可。如投票权委托、一致行动协议、股权代持等。与法定方式相比，通过约定方式实施的控制权并不牢固，当协议一方违约时，控制权就会面临变动的危险。但是，如果协议各方之间有很强的信任纽带关系，约定方式也是一种保证控制权稳定的常用方法。

实践中也有一种事实控制权，即通过实际控制公司的公章、营业执照、账务资料、业务渠道等方式实施的控制，可能在一定期间内也能够起到控制的作用，但是一旦发生纠纷，这些控制方式不受任何的法律保护，会面临很大的控制权变动风险。在进行股权结构设计时，需认识到这只是一种辅助性的控制方式，主要控制还是应当基于法定控制方式和约定控制方式。

6.5.2 保证创始股东的风险隔离

创始股东是公司最核心的资产，公司的战略方向、商业模式、资源整合等都是由创始股东亲自主导，因此，在公司融资过程中，对创始股东应当进行必要的风险隔离保护，防止因融资公司经营出现不利情况时，创始股东背负巨大的债务负担而影响公司的发展。最坏的假设，即使公司出现破产清算的局面，创始股东仍然有机会东山再起，而不是因此而一蹶不振。公司融资实践中，投资人出于自身利益保护的考虑，对创始股东施加了各种各样、手法复杂的枷锁，以防止或减少投资损失。从经济利益角度来看这本身是无可厚非的，但是从实际效果来看，如果公司到了资不抵债的地步，投资人虽然可能通过利益保护条款挽回部分损失，但是实际上导致的是双输的局面。

（1）创始股东应慎重对待无限连带责任

中国的民营企业家大多具有冒险精神，在与投资者谈判时经常能够接受在外人看来比较苛刻的对赌条件，这一方面反映了企业家对自身经营管理能力的自信，另一方面可能也反映了法律规则意识的淡薄。商场如战场，在双方没有正式合作之前，可以就合作条件进行各种谈判，一旦谈判确立规则，各方确认后即产生法律效力，那种寄希望于事后商谈解决的方法是不可取的。笔者认为，在各种谈判条件中，创始股东是否要对投资人的收益或损失承担连带担保责任是需要慎重考虑的。对投资者而言，如果创始股东愿意承担连带责任，可能会增强他们的投资信心，但是，创始股东也是有正常需求的社会人，承诺承担连带责任的创始股东必定承受着巨大的心理压力和精神焦灼，这虽然会有助于他们更加谨慎地运用投资人的资金，但是对企业而言也意味着破釜沉舟、背水一战。而这种状态是否真的有助于使投资人的利益最大化，目前尚未看到有明确的研究数据支撑。当然，创始股东是否承担连带责任，也与交易目的、投资成本等相关，是由各方自主商定的。

（2）创始股东的个人财产应当与公司严格区分

有限责任的理论基础是，公司与股东是分别独立的民事主体，股东财产完全独立于公司财产，如果股东个人财产与公司财产发生混同，将会导致公司的独立法人人格被否认（英美国家称为“刺破法人面纱”），从而会要求股东对公司的债务承担连带责任。我国《公司法》第20条第3款也规定，“公司股东滥用公司法人独立地位和股东有限责任，逃避债务，严重损害公司债权人利益的，应当对公司债务承担连带责任”。因此，创始股东应当注意个人财产要严格区分于公司财产，防止被认定为滥用公司法人独立地位和股东有限责任，避免承担连带责任。

企业经营的环境是复杂的，投资相比借贷本身就是一个高风险的行为，投资人如果用借贷的思维方式处理股权投资问题，在定位上可能是不妥当的，当然，投资、融资双方就融资模式达成一致的除外。如果不是外界客观因素导致，创始股东没有主观上的恶意将公司搞垮（个别故意掏空公司的情况除外）。投资人的利益保护和创始股东的责任负担应当在合理基础上追求一个平衡，互信互助、成就对方才能真正实现共赢。

6.5.3 保证融资主体的风险隔离

集团性质的公司其业务往往是多元化的，彼此之间也经常存在大量的关联交易。这类公司在进行融资时，应当注意确定合适的融资主体，做好风险隔离措施，防止对公司此后的上市、并购等资本运作带来不利影响。

除产业投资、战略投资等具有特殊目的的投资外，多数投资人不会陪伴公司走到最后，最终是要套现退出融资主体的。这就要求融资主体必须具备独立的资本运营能力和条件，凡是不利于进行资本运作的业务板块一般要进行内部股权重组，放到融资主体之外，其他的保留在融资主体。进行内部股权重组的最大好处就是，使公司主营业务突出、资金用途明确、关联交易降低，减少不必要的负担和包袱，从而有利于描绘公司的故事亮点，在资本市场得到更好的估值和溢价。这不仅对于投资者的未来退出是必要的，也防止了因非相关业务版块的存在而拉低整个融资主体估值的风险。

6.6 股权融资中的关键条款

6.6.1 价格条款

价格条款是股权交易的核心条款之一，是交易各方博弈的焦点。当前公司实务中，除了对国有股权的转让价格做了限制性规定以外，对一般公司的股权转让，依据当事人意思自治原则，只要不违反法律法规的禁止性规定，不损害国家和第三人的合法权益，法律允许交易各方自由确定股权转让价格。

实务中股权转让价格的确定主要有以下几种方法：

（1）以出资额进行作价

出资额作价是指以目标公司工商登记的注册资本额作为股权转让价格的方法。这种方法的优点是简单明了、操作方便；缺点是此种方法确定的股权价格可能并未准确反映股权的真实价值，因为公司设立完成后在经营过程中，资产、债务一直处于动态变化的状态，并且时间越久原始出资额与股权真实价值的偏离度越大。特别是在公司经营良好、净资产值远大于出资额的情况下，以出资额作价还可能带来低价转让股权的税务风险，税务机关可能会认定股权转让作价不公允，并按照同类股权转让作价或类似股权转让作价的平均值或目标公司的净资产值等方法重新核定股权价值并征收所得税。

（2）以净资产值进行作价

即以目标公司资产减去负债后的净资产额作为股权转让作价的方法。此种方法避免了出资额作价的缺点，将股权的实际价值与公司账面净资产挂钩，具有一定的准确性，因而在实践中被广泛采用，相对而言，也能被税务机关接受。但是，这种方法反映的只是公司历史沉淀的价值，没有考虑公司未来的成长性因素，是一个静态的概念，也具有一定的局限性。在以净资产值作为股权作价基准时，通常采用两种方法确定最终价格：

①固定价格。即在审计确定的净资产基础上，双方商定一个固定价格，并且除非出现双方约定的调整情形，此价格不得改变。

②预约价格。即在审计确定的净资产基础上，双方仅商定初步价格，同时约定最终价格的计算公式，并在转让协议中进行明确。

相比较而言，预约价格更具有灵活性，更能够反映接近交割时点股权的真实价值，在实践中应用较多。

（3）通过评估进行作价

即对目标公司的资产和负债进行评估，并根据评估值确定股权价格的方法。前面介绍了几种估值方法，实践中针对不同类型企业采用的评估方法也不同：

①重资产型企业（如钢铁、水泥、煤炭等传统制造业），应当以成本法为主，收益法为辅。

②轻资产型企业（如文化、教育等服务业），应当以收益法为主，成本法为辅。

③互联网企业（如BATJ、美团、今日头条等），应当以用户数、点击数和市场份额为远景考量，以市销率为主。

④新兴行业和高科技企业，应当以市场份额为远景考量，以市销率为主。

选择不同的评估方法可能对股权交易价格带来以下影响：

第一，采用成本法评估的，在股权转让协议签署后至交割完成前的过渡期间，目标公司股权产生的收益一般归股权转让方所有；采用收益法评估的，过渡期间目标公司股权收益一般归股权受让方所有（上市公司重组亦同），因为通过此方法确定的股权价格包含了股权未来的收益，对受让方而言是一个含权的概念。

第二，在上市公司重大资产重组中，采用收益法评估的，应当对标的资产进行业绩承诺，采用成本法评估的，可以不用进行承诺业绩。

（4）通过拍卖进行作价

即依据拍卖法对目标公司股权进行作价的一种方法。一般而言，采用拍卖方式作价的往往是处于法院执行程序中的股权，或者为了某些特殊目的进行的交易。这种方法在一般股权交易中采用较少。根据最高人民法院《关于冻结、拍卖上市公司国有股和社会法人股若干问题的规定》第 13 条规定，股权拍卖的保留价，应当按照评估值确定。第一次拍卖最高应价未达到保留价时，应当继续进行拍卖，每次拍卖的保留价应当不低于前次保留价的 90%。经 3 次拍卖仍不能成交时，人民法院应当将所拍卖的股权按第三次拍卖的保留价折价抵偿给债权人。人民法院可以在每次拍卖未成交后主持调解，将所拍卖的股权参照该次拍卖保留价折价抵偿给债权人。

（5）通过协商进行作价

协商作价是实践中运用广泛的一种方法，以上各种方法中都会涉及协商的内容，诸如净资产溢价倍数、可比市盈率、市净率等，协商经常与其他方法结合使用。有时候，协商也可以是不基于任何标准的协商，实践中经常有企业家出于各种目的或直觉拍脑袋决定价格，似乎没有直接的理论依据，但是从股权交易效果来看，也很难评判是否合理。企业每时每刻都在发生变化，通过理论模型计算得出的股权价值往往有许多假定的前提条件，但这些条件在经济现实中又不可能一成不变，所以从某种程度上讲，股权价格是谈出来的，而不是算出来的。

此处应当注意的是，集团公司内部进行股权重组时，有时为了操作便利，可能会安排股权无偿在成员公司之间划转。这样操作可能会给受让方股东带来税务负担，因为按照法律规定，无偿划转即为赠与，受赠人需要依据税法缴纳所得税。通常的处理方法是，将股权按照 1 元的象征性价格进行转让，尽管价格可以忽略不计，但在法律上构成有偿转让，可避免按照接受赠与的税率缴纳所得税，即使对将来股权再次转让时的计税基础有影响，但也取得了递延纳税的效果。

（6）国有企业股权转让作价的特殊性

国有资产的管理有独立的法律法规体系，比普通民营企业的管理更加严格、规范。按照《中华人民共和国企业国有资产法》《企业国有资产交易监督管理办法》等法律法规，转让国有股权时，必须进行评估和审计，股权转让作价一般不低于评估和审计确定的股权价值，并由国资监管机构负责备案审核。因股权转让致使国家不再拥有所出资企业控股权的，须由国资监管机构报本级人民政府批准。应当进场交易的，在产权交易所通过竞价产生最终的股权交易价格。

【案例 6-3】

关联方股权转让价格过低被税务机关核定征缴案[1]

中国境内 A 公司成立于 1999 年 11 月，注册资本 500 万美元，为香港 B 公司 100% 持股，主要生产销售塑料包装袋制品。2009 年 4 月，B 公司将其持有的 A 公司 75% 的股权以 375 万美元的价格转让给中国境内的关联公司 C 公司，并取得有关部门的批复，公司类型由外商投资企业变更为中外合资经营企业。

税务机关在税务稽核中发现了本次交易的异常，并对本案的股权转让行为进行了调查分析，通过研究 A 公司 2007~2008 年各类财务报表及相关数据后发现：A 公司经过近 10 年的发展，注册资本和资产规模均有了较大幅度的增长，企业销售毛利率、营业利润率、净资产收益率等各项经济指标也实现了平稳增长，所以企业具有较高的经营水平和较强的获利能力。B 公司从该企业获得了丰厚的投资回报，已经累计分回投资利润 569 万元。截至 2008 年 12 月 31 日，A 公司净资产为 5279 万元，75% 股权对应的净资产约为 3959.25 万元，约合 579 万美元。

根据上述调查结果，税务机关认为，在 A 公司具有良好发展能力和成长性的情况下，B 公司股权转让价格明显偏低，明显不符合商业常理。根据《企业

1 根据真实案例改编。具体参见柴文祺：《股权转让估值问题》，载 https://wenku.baidu.com/view/49c4960602768e9950e7383a.html，最后访问日期：2018 年 8 月 16 日。

所得税法》《税收征收管理法》《国税函〔2009〕698号文》以及《内地和香港特别行政区关于对所得避免双重征税和防止偷漏税的安排》，该项所得应在中国境内按照10%的税率交税，税务机关有权对不符合独立交易原则的股权转让价格进行调整。

经过多次协商，确定了以2008年年末A公司净资产为股权转让的作价基础，同时计算出企业2006~2008年净利润增长率的平均水平，并以此来预测企业未来3年的收益，最后将2008年年末公司净资产与企业预计未来3年收益相加得出公司价值为7330万元。在此基础上，综合考虑企业面临的汇率因素、政策因素，再对股权价值做出适当调整后，最终确定企业股权转让所得1156万元，缴纳企业所得税115.6万元。

【问题聚焦】

关联方之间的股权转让价格需要遵循独立交易原则，需要采用合适的股权价值评估方法对股权转让价格进行评估，税务机关在这方面拥有对股权价值进行调整的权力。通常情况下，企业委托第三方评估机构进行股权价值评估时，虽然在理论上有多种股权估值方法，但在具体案例中，需要结合企业自身实际情况选择一种最恰当的方法。股权交易价格的确定，不仅仅关系到交易各方的利益，也关系到税务风险，尤其转让方是公司，且未来有资本运作计划时，更应当关注税务处理的合规性，防止带来潜在的处罚风险。

6.6.2 优先购买权条款

股东优先购买权是指股权向外部投资人转让时，内部非转让股东享有在同等条件下优先购买的权利。站在投资人的角度，优先购买权条款主要是为了限制创始团队股东或管理层股东在融资完成后，向第三方转让其直接或者间接持有的目标公司股权，从而可能导致目标公司股东团队之间的信任出现新的不确定性。投资人对公司的投资，特别是 Pre-IPO 轮之前的投资，在很大程度上投资的就是原始股东团队，希望其具有相对可控的稳定性，便于完成后续的公司上市及套现退出。

此项权利常见的条款描述为：

“如创始股东拟向任何第三方转让其持有的目标公司股权，其应向投资人发出书面通知，通知应列明转让股权的所有重要条款和条件（包括但不限于转让价格和付款时间）。投资人有权（但无义务）在收到该等通知后的 10 日内书面通知公司，以相同的价格和付款时间，优先于第三方向转股股东购买全部转让股权。投资人逾期未作出行使优先购买权回复的，视为放弃该等权利。以下情形不受优先购买权限制：

“1. 公司开展员工股权激励计划；

“2. 与关联企业或关联自然人之间因税收筹划或为公司完成合格 IPO 之需要进行的权益转让（或其他情形），但该等转让应于转让发生前 15 个工作日通知投资人，且不应导致目标公司的实际控制人及（或）控制权变更。”

（1）优先购买权的场景

股东优先购买权仅发生于有限责任公司股权转让的场合，这是由有限公司的封闭性、人合性[1]决定的。有限公司的人合性注重股东的个人条件，目的在于维护股东之间的信赖关系，维护股东团队的和谐。股份有限公司强调公开性、资合性，所以不存在优先购买权的问题。

（2）优先购买权的触发

依据《公司法》第 71 条规定，有限责任公司股东向外部投资人转让股权时，其他股东首先要行使同意权，其次行使优先购买权。按照该条规定，股权转让经其他股东明示同意或者视为同意的情况下，才触发非转让股东的优先购买权。

1　现行《公司法》对人合性的规定主要体现在两方面：（1）股东虚假出资时，其他股东对其虚假出资承担连带责任；（2）通过优先购买权制度限制股东对外转让股权。

因此，作为股权的一项权能，优先购买权具有附属性、条件性。

（3）优先购买权的行使期限

我国《公司法》没有明确规定股东优先购买权的期限，从诚信、效率原则考虑，优先购买前的行使应当限制在合理期限内。该期限主要涉及期限起点、期限长短、期限性质（一般期间 / 除斥期间）3 个问题。

关于起点问题，如上所述，股权转让在程序上包括征求同意阶段和优先购买权阶段这两个阶段，第二阶段的开始对应第一阶段的结束，即以半数以上其他股东同意转让股权这一法律事实作为起点。关于期间长短，可以鼓励股东自行在公司章程或股东协议等文件中约定，比如参考《公司法》第 71 条关于其他股东在 30 日内作出答复的规定，或参考《公司法》第 72 条关于人民法院强制执行股权时其他股东在 20 日内行使优先购买权的规定，以此作为股东行使优先购买权的合理期间，总体而言不宜过长。关于期间性质，认定为除斥期间可能较为妥当，这样有利于维护交易秩序、保障交易安全，保护有关利益主体的合法权益。正如法谚所云，“法律不保护躺在权利上睡觉的人”。如果不认定为除斥期间，其他股东可能有意无意地怠于行使优先购买权，转让方可能因此迟迟无法完成股权转让，不利于交易的稳定。

（4）“同等条件”的认定标准

股东行使优先权是“同等条件”下的优先权，如何理解“同等条件”？有的主张认为“同等条件”指相同的转让价格，其他股东若想优先受让拟转让股份，则应在合理期限内出具同样价格。有的主张认为“同等条件”还应当考虑价格以外的因素，比如转让方与外部投资人之间的业务关系、投资关系等条件，只有与这些条件等同才是“同等条件”。本书认为，对“同等条件”的这两种解释都有一定道理，但是属于两种极端化的理解。在实践中，转让方与外部投资人就股权转让的商谈一般是出于综合性的考虑，如新投资人的资源渠道、市场影响力、未来对公司资本运作的影响等，在此基础上协商确定转让价格和数量等合同条款。因此，对于“同等条件”的标准认定，应当首先考虑双方的合作条件（转让数量、价格、付款方式等主要合同条款），其次考虑合作背景进行综合确认。不过，这种认定方式也不是固定的，有时对合作背景的考虑甚至要超过合作条件。

但是，这也容易产生另外一个问题，就是其他股东可能以符合标准的“同等条件”轻易使转让方的前期努力付之东流，这对转让方也是不公平的，甚至有可能使转让方承担违约责任。为了解决这个问题，可以采用以下方法：

①先征求股东意见再签署股权转让合同，尽量避免先签股权转让合同再征求股东意见；

②向股东征求意见时将“是否同意转让”与“是否行使优先购买权及交易条件”分别独立列示，并明确各自的时间期限，过期不回复的视为同意转让、视为放弃行使优先购买权；

③在股权转让合同中约定合同生效的前置条件之一就是取得其他股东放弃优先购买权的声明，避免可能的违约责任；

④在公司章程中就股权对外转让的流程、通知方式、通知期限、行使期限等细节问题进行约定，以使后期股权转让时有章可循，避免不必要的纠纷。

另外，实践中也存在规避触发优先购买权的一些非常规做法，典型的是，投资者先以小额参股方式取得拟收购公司的股权，不引起大股东的特别关注，再逐渐小额增持取得其他股东的股份，最终在不引起其他股东剧烈对抗的情况下，达到实现控制公司的目的。按照《公司法》规定，这种情形属于股权内部转让，不存在优先购买权问题。

（5）不享有优先购买权的几种情况

①股东之间转让股权

优先购买权的适用范围仅限于向股东以外的人转让股权，股东之间内部转让，本身并不需要其他股东同意。

②股东因继承、遗赠而变更

继承、遗赠而导致的股东变更并不是一种股权转让，没有股权支付对价，更不是一种需要“经股东同意”的股权转让，而是由于法定事实的出现而依法形成的法定结果，不存在股权转让的意图或者合意。因此，按照《公司法》第71条的内在逻辑，该等情形下理论上不应存在优先购买权的问题。

③夫妻家庭财产分割

夫妻共同财产的分割是基于亲属身份关系发生的向特定对象的股权转让，而非向普通的外部第三人转让。法律不仅需要保障公司股东之间的人合性，更需要考虑基于特定亲缘关系而发生的财富分割和自由流动。这种分割和流动与上面的股权继承具有相同的法理基础，法律对股东优先购买权的保护应当居于次要地位。

④股权出资

在以股权作为出资的情况下，出资方相当于以出资股权与被投资公司的股权进行了换股操作，出资方仍然间接享有用作出资的股权所对应的公司权益，没有因为转让股权而彻底退出公司。同时，如果允许其他股东行使优先购买权，则出资方必须先行处置出资股权，再将现金对价缴付至被投资公司，这与股权出资的制度设计是背离的。

（6）间接收购的优先购买权问题

间接收购是指投资人通过购买目标公司上层的直接或间接股东的股权，实现对目标公司间接控制的行为。虽然表面上看目标公司的股东没有发生变化，但实际上其法人股东的控制人已经发生变化。这种交易形式的核心是利用公司股权结构形式上的不变来实现控制权的变化，其理论基础是公司被认为是合同权益概括转让的载体：当公司的控制权发生变化时，一般来说，公司持有的各种合同关系并不发生必然的变化，除非合同另有约定。[1]

---

1 彭冰：《股东优先购买权与间接收购的利益衡量——上海外滩地王案分析》，载《清华法学》2016年第1期。

间接收购股权涉及的目标公司层面优先购买权的问题，在实践中经常引起争议。纵观近几年的司法判例，法院在面对商业交易时倾向于“刺破”交易形式，关注交易实质，认定间接转让股权触发了目标公司其他股东的优先购买权。这种倾向在“SOHO 中国与复星国际的优先购买权之争”（见下例）中再次得到印证。从优先购买权制度的设计初衷来看，是为了保护有限责任公司的人合性，但是在现行公司法下对人合性的保护也是有限度的，过于强调保护人合性，可能会增加许多交易成本。在间接收购股权与优先购买权的衡量中，法院应当尊重商业交易的形态，股东的人合性可以交由当事人通过公司章程、股东协议等文件进行个性化约定，对于不涉及不特定社会公众利益的有限责任公司，司法干预的程度应当与公众上市公司有别。

（7）违反优先购买权的协议效力

违反优先购买权条款新签署的股权转让协议，并不当然无效。优先购买权条款也不具有阻止股权转让的功能。根据《公司法解释（四）》第 21 条规定，“有限责任公司的股东向股东以外的人转让股权，未就其股权转让事项征求其他股东意见，或者以欺诈、恶意串通等手段，损害其他股东优先购买权，其他股东主张按照同等条件购买该转让股权的，人民法院应当予以支持，但其他股东自知道或者应当知道行使优先购买权的同等条件之日起三十日内没有主张，或者自股权变更登记之日起超过一年的除外。”

据此，可以将转让股东未遵循优先购买权条款转让股权的后果归纳为两点：

第一，投资人未在法定期限内主张优先购买权的，不影响股权转让的效力；

第二，股权转让行为在股权变更登记之日起超过一年的，不影响股权转让的效力。

【案例 6-4】

SOHO 中国与复星国际的优先购买权之争[1]

2012 年 5 月 30 日，原告浙江复星商业发展有限公司向上海市第一中级人民法院起诉，要求判令确认：

（1）被告上海长烨投资管理咨询有限公司（以下简称长烨公司）分别与被告浙江嘉和实业有限公司（以下简称嘉和公司）、被告上海证大置业有限公司（以下简称证大置业公司）签署的《框架协议》及《框架协议之补充协议》中关于嘉和公司、证大置业公司向长烨公司转让被告杭州绿城合升投资有限公司（以下简称绿城公司）、被告上海证大五道口房地产开发有限公司（以下简称证大五道口公司）100% 股权的约定无效；

（2）判令确认嘉和公司与被告上海长昇投资管理咨询有限公司（以下简称长昇公司，长烨公司指定的主体）签署的《股权转让协议》无效；

（3）判令确认证大置业公司与长昇公司签署的《股权转让协议》无效；

（4）判令各被告将绿城公司、证大五道口公司的股权状态恢复至转让前，即由嘉和公司持有绿城公司 100% 股权，证大置业公司持有证大五道口公司 100% 股权；

（5）判令各被告承担本案全部诉讼费用。

经上海市一中院审理查明：被告证大置业公司于 2010 年 10 月 11 日设立“上海证大外滩国际金融服务中心置业有限公司”（以下简称项目公司），并持有项目公司 100% 股权。2010 年 2 月 1 日，项目公司通过公开竞标方式竞得外滩 8-1 地块，负责对外滩 8-1 地块进行开发。项目公司取得地块使用权后，被告证大置业公司与原告“浙江复星商业发展有限公司”（以下简称复星商业）、被告绿城公司、上海磐石投资管理有限公司（以下简称磐石投资）

1 具体参见雷霆：《公司并购原理、实务及疑难问题诠释》，中国法制出版社 2014 年版，第 201~207 页。

达成了建立合资公司，并通过合资公司控股项目公司开发外滩 8-1 地块的合意。2010 年 4 月 25 日，上海证大房地产有限公司（以下简称证大房地产）分别与复地（集团）股份有限公司（以下简称复地集团）、磐石投资、被告绿城公司签署《合作投资协议》，约定以上四方共同在上海投资设立合资公司上海海之门房地产投资管理有限公司（以下简称海之门公司），并对四方对合资公司的出资和股东贷款进行了约定。2010 年 4 月 26 日，海之门公司成立。

海之门公司成立后，经过进行相关股权调整，至绿城公司和证大五道口公司股权被长异公司收购之前，海之门公司的股权结构如下（见图 6-2）：

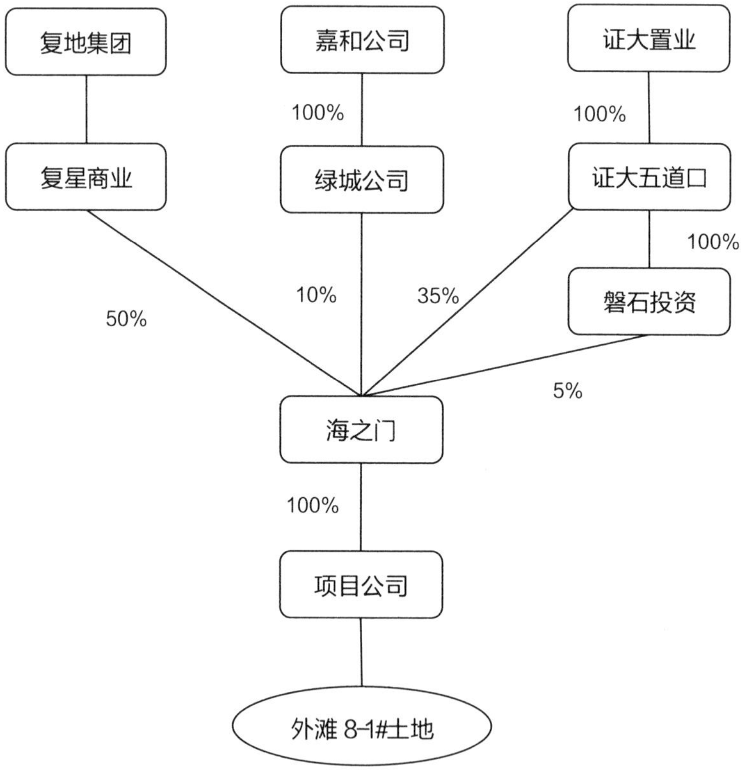

图 6-2　交易前海之门公司股权结构

2011 年 12 月 29 日，SOHO 中国有限公司（以下简称 SOHO 中国）全资子公司长烨公司与嘉和公司和证大置业订立股权及债权转让框架协议（《框架协议》），以收购证大五道口公司及绿城公司的全部股权及股东贷款的所有权利，对价人民币 40 亿元。完成后，长烨公司将通过证大五道口公司及绿城公司间接拥有海之门公司 50% 股权，另于完成项目公司转让协议后，海之门公司将成为项目公司的唯一股东，而项目公司拥有外滩 8-1 项目地块的土地使用权，从而长烨公司将间接拥有项目公司及外滩 8-1 地块 50% 的权益。

2012 年 1 月 9 日，长烨公司与嘉和公司、证大置业公司签署了《框架协议之补充协议》，《框架协议之补充协议》对受让绿城公司、证大五道口公司 100% 股权的主体作出了变更约定，由长烨公司指定长昇公司分别自证大置业公司和嘉和公司处受让证大五道口公司 100% 股权和相关债权及绿城公司 100% 股权和相关债权。

2011 年 12 月 29 日，证大置业公司与长昇公司签署了《股权转让协议》，约定由被告长昇公司受让被告证大置业公司持有的被告证大五道口公司 100% 股权。2012 年 1 月 12 日，嘉和公司与长昇公司签署了《股权转让协议》，约定由长昇公司受让嘉和公司持有的绿城公司 100% 股权。

2012 年 1 月 12 日，杭州市工商行政管理局核准将绿城公司的股东变更为长昇公司。2012 年 1 月 17 日，上海市工商行政管理局浦东分局核准证大五道口公司的股东变更为长昇公司。

交易完成后股权架构如下（见图 6-3）：

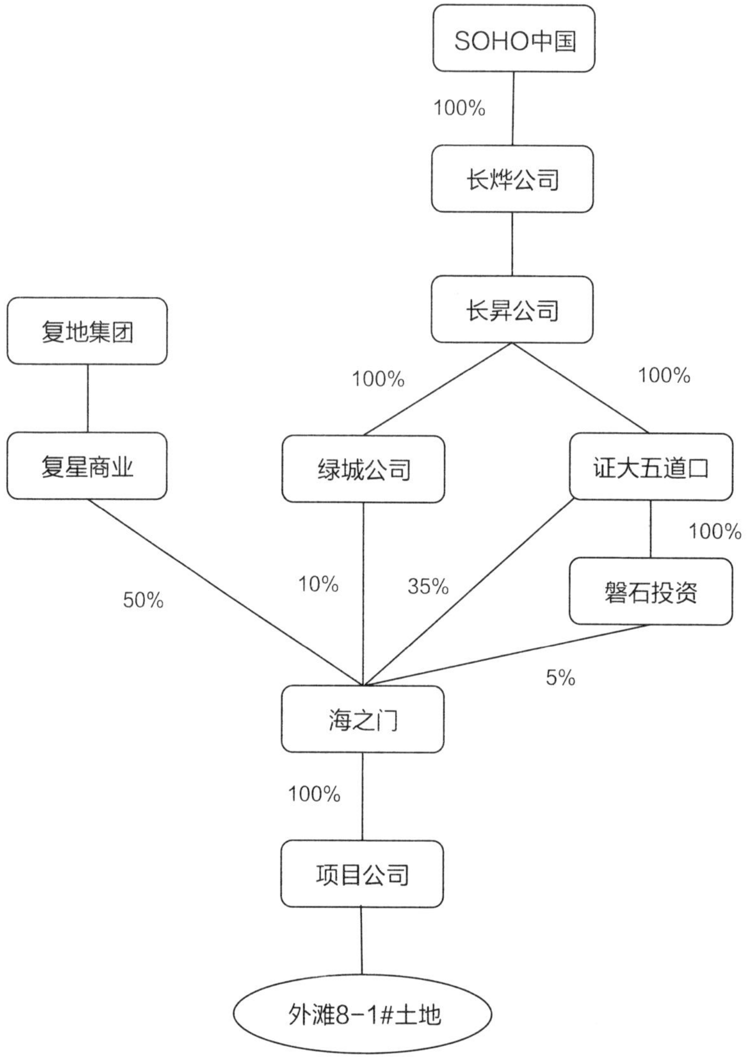

图 6-3　交易后海之门公司股权结构

【法院判决】

上海市第一中级人民法院经过审理后认为：

（1）综观本案交易行为的目的，长昇公司旨在控制海之门公司 50% 的权益。交易前，海之门公司的原有股权结构由三方核心利益集团构成，即原告所属方持有 50%，被告绿城公司所属方持有 10%，被告证大五道口公司所属方持有 40%，原告处于相对控股地位。交易发生后，嘉和公司、证大置业公司、长昇公司作为股权交易的主体，与海之门公司并无直接关联，原告与上述交易主体亦不具有同一阶梯的关联关系。但是，从交易行为的实质上判断，上述交易行为结果具有一致性，且最终结果直接损害了原告的利益，即原告对于海之门公司的相对控股权益受到了实质性地影响和损害，海之门公司股东之间最初设立的人合性和内部信赖关系遭到了根本性地颠覆。

（2）股东优先购买权具有法定性、专属性、是一种附条件的形成权和期待权。本案中，绿城公司、证大五道口公司共同出让其合计持有的海之门公司 50% 股权的意思表示是清晰完整的，并由证大置业公司代表绿城公司、证大五道口公司作为联合方发函询问原告是否决定购买之一节事实，亦充分证明了绿城公司、证大五道口公司明知法律赋予股东优先购买权的履行条件和法律地位。但嗣后，绿城公司和证大五道口公司并未据此继续执行相关股东优先购买的法定程序，而是有悖于海之门公司的章程、合作协议等有关股权转让和股东优先购买的特别约定，完全规避了法律赋予原告享有股东优先购买权的设定要件，通过实施间接出让的交易模式，达到了与直接出让相同的交易目的。据此，本院认为，绿城公司和证大五道口公司实施上述交易行为具有主观恶意，应当承担主要的过错责任。上述交易模式的最终结果，虽然形式上没有直接损害原告对于海之门公司目前维系的 50% 权益，但是经过交易后，海之门公司另 50% 的权益已经归于长烨公司、长昇公司所属的同一利益方，客观上确实剥夺了原告对于海之门公司另 50% 股权的优先购买权。

（3）本案的股权转让行为，旨在实现一个直接的、共同的商业目的，即由长烨公司、长昇公司所归属的同一利益方 SOHO 中国，通过上述股权收购的模式，完成对绿城公司、证大五道口公司的间接控股，从而实现对海之门公司享有 50% 的权益，最终实现对项目公司享有 50% 的权益。属于《中华人民共和国合同法》第 52 条第 3 款规定的“以合法形式掩盖非法目的”，因此，本案的《框架协议》《框架协议之补充协议》及《股权转让协议》应当归于无效。

据此作出判决：被告之间签署的《框架协议》《框架协议之补充协议》及《股权转让协议》无效，股权应恢复至交易之前的状态。

一审判决后，被告提起了上诉，在二审过程中，复星国际和 SOHO 中国达成了和解。2015 年 9 月 23 日，SOHO 中国与复星国际双双发布公告，公布了重组海之门公司的股东协议，重组之后，复星商业收购海之门公司持有的项目公司全部股权，并将通过项目公司持有外滩 8-1 地块的全部权益，SOHO 中国对外滩 8-1 地块不再拥有权益。

【问题聚焦】

SOHO 中国通过收购海之门公司股东的股权，实际控制项目公司名下土地 50% 的权益，在法律形式上并没有违反具体规范的痕迹，为何一审法院仍然判决其败诉呢？本案有三个问题值得深入思考：

（1）原告的诉求是判决涉案股权转让协议无效、将涉案股权恢复原状，未明确提出要行使优先购买权，但却认为涉案的股权转让规避了优先购买权的规定，侵害了其合法权益。这实际上是矛盾的，股东优先购买权是由股东选择行使的权利，不行使才会受到损害。从本案事实来看，在股权转让发生之前，被告两次向原告发函询问其是否行使优先购买权，原告均未明确答复，截至提起诉讼也未明确表示要行使优先购买权。被告向原告发送的两个通知函也存在问题，信函主要内容包括对价款总额、支付进度、回函时间等，并没有就优先购买权的放弃设定时间要求，当然更根本的方法是在公司章程中就优先购买权的流程进行规定。所以，这导致了在原告不表态的情况下，优先购买权仍然处于悬而未决的状态，给后续争议直接埋下了隐患。

（2）关于“以合法形式掩盖非法目的”的适用。根据本案事实，SOHO中国购买两被告的股权，直接目的就是取得项目公司名下外滩 8-1 地块的权益，也在证券交易所进行了公开披露。但这一目的难说非法，因为通过收购目标公司股权从而取得目标公司财产的做法，是公司收购的惯常模式，特别是在存在多层母子公司架构的公司中，更是常见，在我国上市公司收购中也被广泛采用。一审法院所说的“非法目的”是指通过间接收购的方式，规避原告在海之门公司享有的优先购买权这一目的。在中国的司法实践中，“以合法形式掩盖非法目的”往往被用于处理法律规避行为，在双方当事人违反了法律的禁止性规定、损害了社会公共利益时，法律阻止这种表面合法的行为发生效力。本案的情形属于通过设计交易结构维护当事人的私人利益，并未侵犯公共利益，也没有哪部法律做出了禁止性规定，这种判决的理由需要进行斟酌。

（3）关于“刺破交易形式，关注交易实质”的合理性。本案的判决彰显了间接收购和股东优先购买权之间的利益平衡问题，在二者发生冲突时，应当首先考虑公共利益监管和个人权益保护孰轻孰重，对于通过间接收购或其他形式规避监管的，应当穿透核查其交易实质，但是对于普通商业交易中不涉及第三方利益和规避监管的，似乎应当将决策权交由成熟的商人进行意思自治。如果某些股东对优先购买权有特别需求，完全可以在公司章程或股东协议中作出“禁止股东并购”或“禁止股东控制权发生变更”等条款来实现。

6.6.3 优先分红权条款

优先分红权是指投资人在被投资企业分红时，相比其他股东有权优先取得一定比例股息的权利。

投资条款书中约定的红利一般分为两种：累积红利、非累积红利。累积红利是指如果公司没有按期支付，将会不断累积直至公司能够支付为止。某些情况下，各方会约定累积的最长期限，比如，如果公司 3 年后仍然无法支付优先红利，那么这些红利将会作废。非累积红利是指，如果公司当年没有支付约定的优先红利，则后续不再有支付义务。

此项权利常见的条款描述为：

条款一：在A轮优先股股东获得分红之前，公司不得以现金、财产或股份等形式向其他类别的股票派发股息。

条款二：A系列优先股有权享有每年［__］%的可累积分红权，并在清算或赎回事件发生时支付。对其他分红或分配，则有权在优先股全部转换的基础上参与普通股的分配。

条款三：经董事会宣告，A系列优先股有权享有每股［__］元的非可累积分红权。

（1）优先分红权的场景

优先分红权可以存在于有限责任公司、股份有限公司，只要投资人与股东达成一致，并写入正式生效的法律文件（公司章程、股东协议等）即可。

（2）优先分红权的目的

早期优先分红权的功能主要是为了保障投资人优先取得固定收益。发展到现在，对于大多数风险投资人来说，分红并不太重要，优先分红权更重要的目的是限制企业分红，防止原有股东套现，确保资金用于公司发展，进而实现风险投资人自身利益的最大化。

（3）优先分红权的合法性

优先分红权条款在中国法下不具有法律上的障碍。根据我国《公司法》第34条“股东按照实缴的出资比例分取红利；公司新增资本时，股东有权优先按照实缴的出资比例认缴出资。但是，全体股东约定不按照出资比例分取红利或者不按照出资比例优先认缴出资的除外”和第166条第4款“股份有限公司按照股东持有的股份比例分配，但股份有限公司章程规定不按持股比例分配的除外”等规定，公司章程可以规定公司股东不按其出资比例分取红利，而设置优先分红权。

投资协议中的投资人优先权条款一般均为投融资双方出于商业目的的真实意思表示，大多不涉及国家、集体、第三人或社会公共利益，条款的法律效力大多没有问题。不过应当注意的是，根据《中外合资经营企业法》第4条、第8条的规定，合资各方应当按"出资比例"分配利润。如果PE投资者在合资企业中设定"优先分红权"，可能会因违反强制性法律规定被认定为无效。所以"优先分红权"条款在中外合资企业中是不适用的。

（4）分红应当在满足条件后才能实施

公司资产是公司对外承担债务的担保，分红意味着公司资产转移给股东，从债权人角度而言等于公司偿债能力风险在增加。因此，为了贯彻资本维持原则，保护公司债权人利益，分红应当满足法定及约定的条件。依我国《公司法》规定，分红条件如下：

①提取法定公积金、弥补亏损

用于分红的税后利润应当首先提取10%列入公司法定公积金，法定公积金数额累计达到注册资本50%以上的，可以不再提取。法定公积金不足以弥补以前年度亏损的，在提取法定公积金之前，应当先用当年利润弥补亏损。提取法定公积金之后，经股东会或股东大会决议，还可以从税后利润中提取任意公积金。

②分红程序须遵守公司法、公司章程及监管规则的规定

公司准备分红时，先由董事会制订公司的利润分配方案和弥补亏损方案，报股东会或股东大会审议批准后执行。上市的股份有限公司分红还要遵守《上市公司证券发行管理办法》《上市公司章程指引》等文件的规定。

基于民法意思自治的基本原则，股东在分配公司利润时应遵循下列顺序[1]：

A.股东之间有约定的，按照约定的比例分红；

B.股东没有约定的，按照公司章程规定的比例分红；

1 虞政平：《中国公司法案例精读》，商务印书馆2016年版，第259页。

C. 公司章程没有规定的，按照实际出资比例或持股比例分红。

③遵守公司与债权人的借款合同中关于分红限制的约定

假如公司对外的大额借款合同约定公司在债务履行期间，不得向股东分配股利，或者限制公司以工资、奖金等形式向股东变相支付股利的，公司应当遵守此种约定，这种限制体现了合同的相对性效力，应当遵守。

（5）有效行使优先分红权的做法

站在投资人角度，为了防止因优先分红权引发相关纠纷，在公司融资时及之后的合作过程中，应当取得并完善相关文件、证据，主要是三方面：

①优先分红权条款必须明确写入公司章程

将优先分红权条款写入公司章程后，便属于《公司法》规定的股东会决议撤销事由，投资人才可以在公司违反约定时据此提起公司决议撤销之诉。并且，因为公司章程具有公示对抗效力，即使是后轮投资股东，在对公司进行投资时必定对于公司章程进行了尽职调查，并于投资入股成功后形成新的公司章程或章程修正案。公司章程约定的优先分红权，效力约束于公司全体股东，各股东均应遵守。

所以，投资人在对公司进行投资时，应该特别注意将优先分红权以章程约定作为表现形式，而非仅在投资协议中体现，以更好保障将来优先分红权的诉权。

②在投资协议中明确约定创始股东的违约责任

虽然违反投资协议不属于撤销违反优先分红权的公司利润分配方案的股东会决议法定事由，在先的投资协议亦不能约束在后的投资股东，但是投资协议对于享有优先分红权的股东及创始 / 原股东均具有约束力，享有优先分红权的投资人可通过主张创始 / 原股东违反投资协议，要求其承担相应赔偿责任。

③保全相关分红决议的证据

根据《公司法》规定，只有在公司股东会的决议内容违反“公司章程”规定时，投资人股东才有权利提起撤销之诉，如果公司违背了“投资协议”的约定，投资人并不能据此要求撤销股东会决议。因此，为了妥善应对后续可能发生的因优先分红权引发的争议，投资人应当妥善保全并取得股东会 / 股东大会决议分红的相关文件。法律依据在于，《公司法解释（四）》第 14 条、第 15 条规定，“股东提交载明具体分配方案的股东会或者股东大会的有效决议，请求公司分配利润，公司拒绝分配利润且其关于无法执行决议的抗辩理由不成立的，人民法院应当判决公司按照决议载明的具体分配方案向股东分配利润。股东未提交载明具体分配方案的股东会或者股东大会决议，请求公司分配利润的，人民法院应当驳回其诉讼请求”。

【案例 6-5】

公司分配利润应当满足一定的前提条件[1]

2005 年 3 月，胡克以河南思维自动化有限公司（以下简称思维公司）自成立以来长期不向股东分红、损害股东利益为由提起诉讼，请求判令思维公司向其分红 4000 万元。

经审理查明：1998 年 4 月，胡克、王卫平、李立、李欣作为发起人，在河南省工商局注册成立了思维公司，注册资本 300 万元人民币，四名股东分别出资 75 万元，胡克为董事长。思维公司章程载明：“……第八条，股东享有的权利是股东按照出资比例分取红利……第二十八条，公司分配当年税后利润时，应当提取利润的百分之十列入公司法定公积金，并提取利润的百分之五至百分之十列入公司法定公益金；公司法定公积金累计额为公司注册资本的百分之十五以上的，可不再提取；公司提取公积金、法定公益金后所余利润，公司按照股东的出资比例分配……”思维公司 2004 年度企业财务会计报表载明，截至 2004 年 12 月底思维公司未分配利润（历年）期末数为 103，812，679.64 元，资本公积金期末数为 34，803，668.26 元，盈余公积金期末数为 65，351，871.29 元。

1　案例来源：最高人民法院（2006）民二终字第 110 号判决书。

另查明：1997 年 2 月至 5 月，胡克因投资东莞横沥别墅区项目而向思达公司（系胡克、王卫平、李立、李欣四人于 1996 年 12 月设立的公司，股权结构与思维公司相同，目前已处于歇业状态，未注销）借款共计 650 万元，为此曾与思达公司约定，该项目投资回收期为 7 年，且投资回报率以月息 3 分为下限，高出部分归胡克所有，若未能收回本金与利润则由胡克承担损失，并以本金和利润总额冲抵其个人在思达公司的资产。2000 年 3 月 14 日，思达公司做出《关于胡克先生东莞横沥项目的投资到期未收回的决议》载明：胡克投资东莞横沥项目的本金和利润经商议截至 1998 年 8 月定为人民币 1000 万元，决定不再向其分配思达公司的利润，其他董事以人民币 1000 万元银行同期定期利息以分红形式分配；在 2001 年 3 月 1 日前收回本金 650 万元，利润部分 350 万元可延至 2002 年 3 月 1 日，到期不能收回的投资按公司 1998 年 8 月的财务报表及其他资产总值 2400 万元的公司整体估值作为参照标准，冲抵胡克相应股份的价值。

【法院判决】

河南省高级人民法院一审认为：思维公司是由胡克、王卫平、李立、李欣四人共同出资设立的有限公司，胡克的出资占思维公司股本总额的 25%。公司自成立以来，盈利丰厚，截至 2004 年年底，公司未分配利润已有 1 亿元以上，但公司自成立以来至今没有向股东分红。思维公司由巨额利润而长期不向股东分配，违反了《公司法》规定，特别是在股东之间发生纠纷时。长期不分配利润损害了占股比例小的股东的利益。根据思维公司 2004 年度财务报告，公司未分配利润（历年）期末数为 103，812，679.64 元，胡克按 25% 的出资比例应分配红利 25，953，169.91 元。对于胡克要求对资本公积金和超出 15% 比例的盈余公积金也作为公司利润进行分配的主张，因违反《公司法》及公司章程的规定，不予支持。至于思维公司辩称胡克的股份已经冲抵欠款，胡克不再具备公司股东资格的问题，因缺乏事实和法律依据，不予支持。据此判决：（1）思维公司于本判决生效后10日内支付胡克分红款25，953，169.91元。（2）驳回胡克的其他诉讼请求。

最高人民法院二审认为：本案应适用2005年10月27日修订前《公司法》的规定。根据修订前《公司法》第38条和第46条的规定，有限责任公司利润分配方案应由董事会制定并由公司股东会审议批准。2005年10月27日修订后的《公司法》亦保留了上述内容。据此，在公司董事会、股东会未就公司利润分配方案进行决议之前，公司股东直接向人民法院起诉请求判令公司向股东分配利润缺乏法律依据。因此，本案中在思维公司董事会、股东会未就利润分配做出决议之前，胡克以股东身份直接向人民法院起诉请求分配公司利润，其诉讼请求本院不予支持。由于公司是否分配利润以及分配多少利润属公司董事会、股东会决策权范畴，原审判决认定思维公司有巨额利润而长期不向股东分配损害了占股比例较小的股东的利益，并据此径行判决公司向股东分配利润，不符合公司利润分配的法律规定，应当予以纠正。据此判决：撤销原判、驳回胡克的诉讼请求。

【问题聚焦】

本案有两个关键点值得注意：

第一，公积金不能用于分红，按照法律规定仅可以用来弥补亏损、扩大生产经营、转增公司注册资本。因此一审法院否定了原告要求分配公积金的主张。

第二，分红的前提条件之一是公司股东会必须作出分红决议，才能分配利润。从判决结果来看，两级法院的意见截然相反，一审法院侧重实质正义，直接做出分红判决，而二审法院侧重程序正义，认为在公司未履行分红决策程序之前，司法不应干预。如此一来，留给我们的问题是，在公司拒不分红的情况下，如何通过程序正义实现小股东的分红权保护？司法直接干预的方式和程度怎样选择才能既不违反《公司法》又能兼顾股东利益的平衡？或许，异议股东回购请求权、股东直接诉讼、司法解散公司等方式，需要结合公司现状、股东之间的关系等情形才能做出合理应景的选择。

6.6.4 清算优先权条款

清算优先权（Liquidation Preference）是指公司在发生清算事件时，持有优先股的投资者拥有的优先于其他股东获得相当于其初始投入一定倍数的回报、并在此后公司仍有剩余财产的情况下继续按照持股比例参与分配剩余财产的权利。清算优先权是投资人经常要求的一项重要权利。

此项权利常见的条款描述为：

公司的清算所得按照如下顺序分配：

选项一：首先向 A 系列优先股股东支付其原始购买价格的 1 倍加上应计红利、已宣布但未支付的红利，之后，剩余资产将按持股比例分配给普通股东。

选项二：首先向 A 系列优先股股东支付其原始购买价格的 1 倍加上应计红利、已宣布但未支付的红利，之后，剩余资产将按持股比例分配给普通股东和优先股股东。在计算持股比例时假定优先股已经转换为普通股。

选项三：首先向 A 系列优先股股东支付其原始购买价格的 1 倍加上应计红利、已宣布但未支付的红利，之后，剩余资产将按持股比例分配给普通股东。优先股股东在分配所得总额达到原始购买价格的 4 倍后不再参与分配。

公司合并（除非公司原股东在合并后的存续公司中持有多数投票权），或者公司以出售、租赁、转让、独家授权或其他形式处置全部或大部分资产都将被认定为清算事件，从而会触发上述清算优先权。如果在认定清算事件时，部分对价被存放于第三方托管账户中，投资者的清算优先权不会因此被削弱或废除。

（1）清算优先权的场景

公司在申报 IPO 材料之前，优先股要自动转换成普通股，清算优先权问题就不存在了。清算优先权条款主要适用于不通过 IPO 退出时的资金分配。而大部分公司最后可能的退出方式往往不是 IPO，所以创始股东在进行公司融资前，应当详细了解这个关系到自身利益的重要条款。

（2）清算优先权的目的

这项权利是投资人为了防止创业者融资之后，立刻关闭企业，不正当获利，或者在公司经营失败时最大限度地挽回自己的投资损失，而与创始团队达成的一个约定；它要解决的是，当创业公司发生清算事件的时候，在公司偿还完债务的情况下，剩余财产应当如何分配的问题。

（3）何为清算事件

此处的清算事件并非《公司法》传统意义上的解散清算或破产清算，而是指“资产变现事件”，通常是由各方自行约定的，包括公司合并、被收购、出售控股股权以及出售主要资产等，从而导致公司现有股东在占有续存公司已发行股份的比例不高于 50%，这些事件都可以被视为清算事件。

（4）清算优先权的类型

此项权利一般包括优先权和参与分配权，其中优先权是必备的，根据参与分配权的不同做法可以将清算优先权分为三种类型：

①不参与分配清算优先权

即在清算事件发生时，投资人仅享有 N 倍于初始投资价格及应付但未付股利的回报，不享有其他权利。这时投资人的回报有三种计算方式：

第一，当公司的清算价值低于优先清算回报（投资协议约定的属于投资人优先取得的金额）时，投资人拿走全部清算资金；

第二，当投资人按持股比例分配的公司清算价值高于优先清算回报时，投资人将优先股转换成普通股，跟普通股股东按比例分配；

第三，当公司的清算价值介于上述两者之间时，投资人拿走约定的优先清算回报。

②完全参与分配清算优先权

即投资人在获得清算优先权的约定回报之后，还要跟普通股一起按照转股后的持股比例分配剩余清算资金。这时投资人的回报有两种计算方式：

第一，当公司的清算价值低于优先清算回报时，投资人拿走全部清算资金。

第二，当公司的清算价值高于优先清算回报时，投资人先拿走优先清算回报部分；超过优先清算回报部分，投资人和普通股股东按股权比例分配。

③附上限参与分配清算优先权

即在支付给优先股股东清算优先权回报之后，剩余资产由普通股股东与优先股股东按相当于转换后股份比例进行分配；但优先股股东一旦获得的回报达到原始投资价格的约定倍数后，将停止参与分配。之后，剩余资产将由普通股股东按比例分配。这时投资人的回报有三种计算方式：

第一，当公司的清算价值低于优先清算回报时，投资人拿走全部清算资金；

第二，当投资人按持股比例分配的公司清算价值高于优先清算回报时，投资人将优先股转换成普通股，跟普通股股东按比例分配；

第三，当公司的清算价值介于上述两者之间时，投资人先拿走约定的优先清算回报，然后将其优先股转换为普通股，与普通股股东一起按比例分配剩余的清算价值，但是，如果其取得的回报达到约定的上限时，投资人将不能再继续参与分配剩余的清算价值。

（5）清算优先权的常见做法

在谈判 A 轮融资的 Term Sheet 时，清算优先权通常比较容易理解和评估。但是随着公司发展，后续的股权融资将使不同系列股份之间清算优先权在数量上和结构上发生变化，清算优先权也会变得更为复杂和难以理解。实践中一般包括两种做法：

第一，后轮投资人将会把他们的优先权置于前轮投资人之上（称为层叠优先权），比如，B 轮投资人先获得回报，然后才是 A 轮投资人；

第二，所有投资人权利平等（称为等比例权益或混合优先权），比如 A

轮和 B 轮投资人按比例获得优先回报。

具体采用哪种做法，一般取决于投资人的谈判实力、公司寻求其他替代融资的能力、当前资本结构的状态以及当前的经济周期等因素。但清算优先权是不同系列优先股之间的事情，通常不会影响创业者，因为创业者的普通股没有优先权。

（6）不同清算优先权的选择

对企业来说，最有利的条款是仅有固定倍数的优先清算回报权利，没有参与分配权；对投资人来说，最有利的条款是不仅有固定倍数的优先清算回报权利，还要有无上限的参与分配权；比较中立的条款是固定倍数的优先清算回报权利加附上限的参与分配权。

6.6.5 回售权条款

回售权（Redemption Rights）是指如果企业在约定的期限（如 3 年）未能实现上市或出售等退出措施，或者达到一定比例的优先股股东要求，优先股股东可以按照原始购买价格的一定溢价将股份回售给企业或者其控股股东的权利。

此项权利常见的条款描述为：

各方一致同意，在本次交易的交割日之日起三十六（36）个月内（公司已提交合格上市资料且目标公司符合合格上市时点适用的各项监管要求和条件，但因不能归咎于目标公司的监管政策原因导致未能上市的，或者，半数以上投资人另行同意的除外），如果目标公司未能在前述约定的时间内实现合格上市，则投资人有权要求目标公司或者原股东以其自有资金、第三方借款或其他方式回购投资人持有的公司全部或部分股权。公司或者原股东回购投资人持有的公司股权的价格为：投资人就所持股权所支付的相应投资人增资价款的百分之百（100%）加上增资款到账后第一个会计年度起每年百分之十（10%）利率计算的利息（按照单利计算）（计息期为自交割日至取得相应对价日的总天数除以365，得出的数额保留两位小数），如第三方受让投资人持有公司股权的，受让价格应不低于前述公司或者原股东回购价格。

（1）回售权的场景

区别于“业绩对赌”条款，回售权条款在中国有时被称为“时间对赌”，在中国的Pre-IPO投资中十分常见。但回售权的使用在美国创投实践中相比而言就少很多，常见于基金投资人的存续期满退出及创始团队股东违约时发生的回售。这可能是因为美国投资者更加看重投资的成长性，可以容忍更长的投资周期，基金的存续期限也多为10年。而中国基金的投资者多为高净值人群，能够容忍的投资周期相比美国的机构投资者更短。中国基金的存续期限也多为5年及7年，甚至部分基金策存续期限为3年。

（2）回售权的目的

清算优先权条款可以有效地避免创始团队股东贱卖企业，它能够解决企业的收益分配问题，却无法保证投资人的投资本金及收益回报。回售权条款解决的就是保证投资者能够获得本金及一定的收益。在实际约定中，投资者一般会要求一定比例（如10% ~ 20%）的溢价。

（3）约定回售权时的注意事项

融资企业在与投资者就回售权条款进行谈判时，应当注意以下两点：

第一，回售权的主体一般约定为由公司或原股东承担购买义务，应当注意的是，根据2019年11月8日《九民纪要》的规定，在公司或股东与投资人发生回售纠纷时，如果各方约定不符合公司法有关股东不得抽逃出资、股份回购的强制性规定及减资程序的，投资人的请求可能得不到法院的支持；

第二，投资人为了增强条款的可执行性，往往会要求原始股东（尤其是控股股东）对购买义务承担连带责任，在实际谈判时原始股东应当结合自身情况量力而行。除非有十拿九稳的把握，连带责任将会给原始股东带来很大的潜在风险。常见的限制连带责任的方式是：原始股东对投资的回购义务限于其持有的目标公司的全部股权，超出此限的，原始股东不再承担责任。

6.6.6 估值调整条款

又称“对赌条款”，是指投资方与原始股东或创业团队在谈判投资协议时，约定在未来不同的业绩条件下，投资方与原始股东或创业团队应当对持股比例进行调整。如果企业实现的业绩达到了约定的标准，则投资方会向原始股东或创业团队转让一部分股权或支付一定金额；反之，则原始股东或创业团队向投资方转让一部分甚至全部股权。对赌条款是一把“双刃剑”，可能对投资方有利，也可能对原始股东或创业团队有利。这项条款的实质是通过预定业绩跟未来实际业绩的对比，来调整各方事先商定的股权价值，达到公平目的。

此项条款的常见描述为：

各方一致同意，目标公司原股东同意对投资人承担业绩承诺及补偿义务。业绩承诺期为三（3）年，自2016年1月1日至2018年12月31日（“上市前业绩承诺期”）。

原股东对目标公司在业绩承诺期间的业绩承诺为：2016年度、2017年度及2018年度实现的净利润累计不低于6亿元（“上市前业绩承诺金额”）。

在上市前业绩承诺期届满且目标公司收到2018年度审计报告后，原股东应相应计算目标公司在上市前业绩承诺期内实际完成的净利润金额（“上市前实际业绩金额”）。上市前实际业绩金额以目标公司聘请且经各投资人一致认可的具有证券、期货业务资格的会计师事务所出具的审计报告中归属于母公司股东的净利润（不扣除非经常性损益）为准。

目标公司上市前实际业绩金额未能达到上市前业绩承诺金额，目标公司原股东应在2018年审计报告出具后的10个工作日内以股份方式对投资人进行补偿。

应补偿给每一投资方的股份＝［（上市前业绩承诺金额－上市前实际业绩金额）/上市前业绩承诺金额］×本次交易后该投资方持股比例。

（1）对赌的场景

股权投资实践中对赌主要适用于以下场景：

①投资人与目标公司股东在上市之前的对赌

此类型一般由 PE 投资机构在进行私募股权投资时经常采用，投资人与目标公司控股股东、实际控制人等签署对赌协议，协议的主要内容包括业绩承诺、上市承诺，以及在不能实现承诺目标时的回购退出等。

②重组方与上市公司在重组上市时的对赌

此类型的对赌主要在借壳上市或上市公司定向增发收购标的资产时适用，由重组方与上市公司签署业绩补偿协议，根据实际完成的业绩与承诺业绩的差额情况，重组方相应履行股份 / 现金补偿义务或者获得奖励。

（2）对赌的目的

股权并购交易中，交易各方无论采用何种方法进行股权估值，由于信息的不对称及市场环境的变化，理论上都存在股权实际价值与事先估值不一致的可能。为了消除这种价值不一致给各方带来的影响，保证交易的公允性，实践中采用“对赌条款”对各方利益进行平衡。对赌的目的即是解决股权估值差异。

（3）对赌的效力

交易各方之间的对赌，除符合多赢共享、平等自愿、公平合理等商业逻辑以外，还必须要遵守《公司法》《合同法》等法律的强制性规定，尤其是其中的效力强制性规定，在此前提下制定的对赌条款，司法实践承认在当事人之间具有约束力，否则将会导致对赌无效。

（4）对赌协议的本质

对赌协议是交易各方对未来目标公司对赌事件的一种契约安排，这种安排在我国目前《合同法》中尚没有明确规定，属于“无名合同”。参考比较相近的合同类型，对赌协议的交易各方以目标公司未来业绩或实现上市作为赌注，而由于目标公司未来业绩或能否实现上市具有不确定性，从这个角度分析，对赌协议本质上是射幸合同。射幸合同与附条件合同的区别在于，射幸合同以某种不确定事件作为合同标的，而附条件合同则以所附条件是否成就作为合同生效与否的标准，两者有很大区别。

（5）签署股权对赌协议的主体要慎重选择

重组上市的对赌主体很明确，根据证监会规定，由重组资产的股东与上市公司签署对赌协议。对于投资人与目标公司在上市之前的对赌，则要慎重选择对赌主体，否则可能影响对赌效力。曾经被资本市场各方高度关注的苏州海富公司与甘肃世恒公司、香港迪亚公司《增资协议》对赌条款效力案，最高人民法院作为再审法院于2012年11月7日以（2012）民提字第11号民事判决书做出判决，就对赌条款的效力问题首次做出认定。在此之后，审判工作一直以此为审判基准，但近年来这一标准逐渐被个案打破。比如，2018年6月，最高人民法院以指导性案例的方式公布了96号“宋文军诉西安市大华餐饮有限公司股东资格确认纠纷案”，确认了“国有企业改制为有限责任公司，其初始章程对股权转让进行限制，明确约定公司回购条款，只要不违反公司法等法律强制性规定，可认定为有效。有限责任公司按照初始章程约定，支付合理对价回购股东股权，且通过转让给其他股东等方式进行合理处置的，人民法院应予支持”的裁判观点。特别是2019年江苏省高级人民法院（2019）苏民再62号判决的“江苏华工创业投资有限公司与扬州锻压机床股份有限公司对赌案”，法院认为，投资人与目标公司之间的对赌是有效的。

我国虽然不是判例法国家，但这些案件确立的原则为许多案件效仿，也为今后PE投资时对赌条款的设置明确了方向。

此处需要注意的是，中国国际经济贸易仲裁委员会（以下简称贸仲）就对赌协议的效力认定，与最高人民法院存在不同看法。贸仲更加注重合同的意思自治，尊重当事人自主约定的效力，PE投资机构与目标公司之间约定的对赌条款不一定无效。因此，在签署对赌协议时，从投资机构和融资主体两个不同的角度将会有不同的选择。从有利于投资机构的角度，可以在对赌协议中选择贸仲仲裁的方式作为争议解决途径；从有利于融资主体的角度，可以在对赌协议中选择人民法院裁决的方式作为争议解决途径。

（6）股权对赌的条件设置

设置股权对赌条件应当遵循的基本原则是：简单明确、易于操作。认定对赌是否完成的数据一般应为经投资者认可的有证券从业资格的会计师事务所出具的标准无保留意见的审计报告确定的归属于目标公司母公司的净利润，且应以合并报表（如适用）中扣除非经常性损益前后较低者为准。

一般采用的对赌条件如下：

①业绩类条件

可以设置为销售业绩、净利润的年度最低值或增长率等，该类指标最能快速、直接考察公司的盈利能力。PE 股权投资或者重组上市时，对股权或重组资产的估值在采用收益法确定时，因未来收益对交易对价的确定有决定性作用，因此必须对未来一定时期内的业绩进行承诺。例如，公司预期未来 3 年净利润为 500 万元、1000 万元、1500 万元，如果行业平均市盈率为 20 倍，那么公司投后估值应为 6 亿元，若投资者按此估值投资 6000 万元，占股 10%，则公司控股股东应当对未来 3 年的业绩进行承诺，以保证公司估值的公允性。

②事件类条件

指目标公司完成某一阶段性事件，如“取得特定知识产权或其他资产”、“挂牌、上市”或“取得 / 保持一定的行业排名”等。PE 投资机构的投资目的一般是增值后套现退出，极少有长期持有的情况，上市作为退出的一个理想通道在投资实践中经常被采用。PE 投资机构经常在投资协议中以公司上市作为对赌条件，如果公司在某个确定的时间之前不能实现上市，将对投资者进行回购或其他补偿。近几年来，由于证监会 IPO 审核速度变化及政策性调控，导致公司上市带有很大的不确定性，如果双方事先约定不明确或沟通不畅极易因此发生纠纷。

③叠加类条件

如果投资者对目标公司投资完成后，在双方业绩承诺期限届满之前，目标公司又实施了重组上市，因目标公司需要对上市公司进行业绩承诺，由此出现了两个对赌：上市前投资者与目标公司股东的对赌、目标公司与上市公司的对赌。一般而言，上市前的对赌按双方约定执行，上市后的对赌应由目标公司承担的承诺义务，需要投资者与目标公司原股东按持股比例分担，此时公司上市后投资者与目标公司原股东的对赌约定一般自动失效，如上市不成功则原对赌约定仍然有效。

（7）股权对赌条款的执行

①投资人与目标公司股东在上市之前的对赌

如果目标公司未实现约定的业绩，双方可采用下列方式调整双方权益：

第一，投资者持股比例不变，原股东向投资者补偿现金

投资者一般会按照调整后的估值重新计算投资价款，要求原股东部分退还或调减投资金额。

例如，目标公司预测当年实现利润为 2000 万元，商定按投资后 5 倍 P/E 估值，则目标公司整体估值为投资后 1 亿元，投资者拟取得 10% 的股权，则需要投资 1000 万元。投资后目标公司当年实际实现的利润为 1500 万元。假定 5 倍 P/E 估值不变，则目标公司整体估值为 7500 万元，投资者持有目标公司 10% 的股权，价值应为 750 万元。

按照估值调整的标准计算，即按实现利润对企业重新估值（假定 P/E 值恒定），将多投资部分需补偿给投资者：

应投资金额 = 预计净利润 ×P/E 值 × 拟持股比例

补偿金额 = 实际投资金额 – 应投资金额 = 已投资金额 ×（1– 实际净利润 / 预计净利润）

即补偿金额 =1000 万元 ×（1–1500 万元 /2000 万元）=250 万元

第二，投资者投资额不变，原股东向投资者补偿股权

股权补偿本质上为投资完成后，公司实际业绩低于预期业绩，根据实际业绩调整估值后，按照投资金额反推投资者应获得的持股数量，要求原股东向投资者转让股权。

例如，目标公司预测当年实现利润为2000万元，商定按投资后5倍P/E估值，则目标公司整体估值为投资后1亿元，投资者拟取得10%的股权，即投资者获得目标公司1000万股股权（按1元每股计算），则需要投资1000万元。投资后目标公司当年实际实现的利润为1500万元。按照估值调整的标准计算，即按实现利润对企业重新估值（假定P/E值恒定），如果要对投资者进行股权调整并补偿，需要假定投资1000万元不变，计算投资者应获得的股权数量。具体如下：

目标公司实际估值＝实际净利润 ×P/E值=1500万元 ×5=7500万元；

应获得股权比例＝投资金额 ÷（实际净利润 ×P/E值）=1000万元 ÷（1500万元 ×5）=13.33%

调整前股权比例＝投资金额 ÷（预测净利润 ×P/E值）=1000万元 ÷（2000万元 ×5）=10%

补偿比例＝应获得的股权比例－调整前股权比例=3.33%

补偿的股权数＝预测净利润 ×P/E值 × 补偿比例=333.33万股（按照每股1元计算）

股权补偿也可以采用下面公式计算：

补偿的股权数＝调整前股权数量 ×（预测净利润 ÷ 实际净利润 –1）

第三，原股东向投资者补偿股权及现金

投资者也可以选择股权补偿与现金补偿方式并用，实践中主要有两种方式，其一是股权补偿为主，在股权补偿不足的部分，以现金方式补足；其二是约定股权补偿及现金方式补偿并存，由投资者根据实际情况，选择对其最为有利的补偿方式。

②重组方与上市公司在重组上市时的对赌

根据中国证监会 2015 年 9 月 18 日关于《上市公司重大资产重组管理办法》第 35 条规定的问答，交易对方为上市公司控股股东、实际控制人或者其控制的关联人，应当以其获得的股份和现金进行业绩补偿。如构成借壳上市的，应当以拟购买资产的价格进行业绩补偿的计算，且股份补偿不低于本次交易发行股份数量的 90%。业绩补偿应先以股份补偿，不足部分以现金补偿。

第一，对赌期限

业绩补偿期限一般为重组实施完毕后的 3 年，对于拟购买资产作价较账面值溢价过高的，视情况延长业绩补偿期限。

第二，补偿股份数量的计算

其一，以收益现值法、假设开发法等基于未来收益预期的估值方法对拟购买资产进行评估或估值的，每年补偿的股份数量为：

当期补偿金额 =（截至当期期末累积承诺净利润数 – 截至当期期末累积实现净利润数）÷ 补偿期限内各年的预测净利润数总和 × 拟购买资产交易作价 – 累积已补偿金额

当期应当补偿股份数量 = 当期补偿金额 / 本次股份的发行价格

当期股份不足补偿的部分，应现金补偿

采用现金流量法对拟购买资产进行评估或估值的，交易对方计算出现金流量对应的税后净利润数，并据此计算补偿股份数量。

此外，在补偿期限届满时，上市公司应当对拟购买资产进行减值测试，如期末减值额 / 拟购买资产交易作价 > 补偿期限内已补偿股份总数 / 认购股份总数，则交易对方需另行补偿股份，补偿的股份数量为：

期末减值额 / 每股发行价格 – 补偿期限内已补偿股份总数

其二，以市场法对拟购买资产进行评估或估值的，每年补偿的股份数量为：

期末减值额 / 每股发行价格 – 补偿期限内已补偿股份总数。

当期股份不足补偿的部分，应现金补偿。

另外，根据2016年9月8日《上市公司重大资产重组管理办法》第59条规定，重大资产重组实施完毕后，凡因不属于上市公司管理层事前无法获知且事后无法控制的原因，上市公司所购买资产实现的利润未达到资产评估报告或者估值报告预测金额的80%，或者实际运营情况与重大资产重组报告书中管理层讨论与分析部分存在较大差距的，上市公司的董事长、总经理以及对此承担相应责任的会计师事务所、财务顾问、资产评估机构、估值机构及其从业人员应当在上市公司披露年度报告的同时，在同一报刊上作出解释，并向投资者公开道歉；实现利润未达到预测金额50%的，中国证监会可以对上市公司、相关机构及其责任人员采取监管谈话、出具警示函、责令定期报告等监管措施。

第三，应注意的问题

其一，净利润数均应当以拟购买资产扣除非经常性损益后的利润数确定。

其二，减值额为拟购买资产交易作价减去期末拟购买资产的评估值并扣除补偿期限内拟购买资产股东增资、减资、接受赠与以及利润分配的影响。

其三，在逐年补偿的情况下，在各年计算的补偿股份数量小于0时，按0取值，即已经补偿的股份不冲回。

其四，拟购买资产为房地产公司或房地产类资产的，上市公司董事会可以在补偿期限届满时，一次确定补偿股份数量，无须逐年计算。

其五，上市公司董事会及独立董事应当关注拟购买资产折现率、预测期收益分布等其他评估参数取值的合理性，防止交易对方利用降低折现率、调整预测期收益分布等方式减轻股份补偿义务。

③对赌义务的双向性

上述对赌条款的执行是建立在目标公司或重组资产未完成对赌承诺的前

提下列示的，如果目标公司或重组资产超额完成承诺，则应当处理如下：

第一，投资人与目标公司股东在上市之前的对赌

此种情况下有的交易不再要求投资者履行返还义务，也有的对赌双方在协议中约定，由投资者向目标公司股东返还超额部分的股权或者以现金折价补偿。计算方式同上。

第二，重组方与上市公司在重组上市时的对赌

根据2016年1月15日证监会《关于并购重组业绩奖励有关问题与解答》，上市公司重大资产重组方案中，基于相关资产实际盈利数超过利润预测数而设置对标的资产交易对方、管理层或核心技术人员的奖励对价、超额业绩奖励等业绩奖励安排时，应当注意以下事项：

其一，业绩奖励安排应基于标的资产实际盈利数大于预测数的超额部分，奖励总额不应超过其超额业绩部分的100%，且不超过其交易作价的20%。

其二，上市公司应在重组报告书中充分披露设置业绩奖励的原因、依据及合理性，相关会计处理及对上市公司可能造成的影响。

（8）股权对赌的核心在于利益平衡

股权对赌的本质是调整股权估值差异，在设计股权对赌条款时，所有的描述均应围绕这一本质而展开。对投资者来说，如果目标公司股东对赌失败，虽然可依据对赌条款行使权利，但投资者其实并不愿意看到这种情况发生。因为这意味着目标公司的利润、成长性出现了问题，其投资价值可能下降。如要避免这种情况发生，除客观因素外，在制定对赌条款时平衡各方利益、最大化地激发目标公司及其操盘股东的积极性是非常重要的。笔者曾见到某公司在战略融资时，新投资人仰仗资源优势在谈判时极其强势，一方面要求目标公司原股东团队承诺未来3年的业绩，另一方面又希望全面控制目标公司的股东会、董事会及日常核心经营事项，引起了双方谈判的僵局。从纯粹法律角度来看，新投资人作为拟引入的大股东要求这些权利也是合规的，但从商业角度来看，也许并不有利于双方利益的最大化。因此，股权对赌条款的设计，除合规考量

外，更多的也是艺术层面的问题。正如孙正义投资阿里巴巴，如果没有对其投资权利个性化的艺术安排，也许阿里巴巴不是今天的样子。

【案例 6-6】

苏州工业园区海富投资有限公司诉甘肃世恒有色资源再利用有限公司等增资协议纠纷案[1]

2009 年 12 月 30 日，海富公司诉至兰州市中级人民法院，请求判令世恒公司、迪亚公司和陆波向其支付协议补偿款 1998.2095 万元并承担本案诉讼费及其他费用。

甘肃省兰州市中级人民法院一审查明：2007 年 11 月 1 日前，甘肃众星锌业有限公司（以下简称众星公司）、海富公司、迪亚公司、陆波共同签订一份《甘肃众星锌业有限公司增资协议书》（以下简称《增资协议书》），约定：众星公司注册资本为 384 万美元，迪亚公司占投资的 100%。各方同意海富公司以现金 2000 万元人民币对众星公司进行增资，占众星公司增资后注册资本的 3.85%，迪亚公司占 96.15%。增资协议书第 7 条第 2 项业绩目标约定：众星公司 2008 年净利润不低于 3000 万元人民币。如果众星公司 2008 年实际净利润完不成 3000 万元，海富公司有权要求众星公司予以补偿，如果众星公司未能履行补偿义务，海富公司有权要求迪亚公司履行补偿义务。补偿金额 =（1-2008 年实际净利润 /3000 万元）x 本次投资金额。第 4 项股权回购约定：如果截至 2010 年 10 月 20 日，由于众星公司的原因造成无法完成上市，则海富公司有权在任一时刻要求迪亚公司回购届时海富公司持有之众星公司的全部股权，迪亚公司应自收到海富公司书面通知之日起 180 日内按以下约定回购金额向海富公司一次性支付全部价款。若自 2008 年 1 月 1 日起，众星公司的净资产年化收益率超过 10%，则迪亚公司回购金额为海富公司所持众星公司股份

1　案例来源：最高人民法院（2012）民提字第 11 号民事判决书。

对应的所有者权益账面价值；若自 2008 年 1 月 1 日起，众星公司的净资产年化收益率低于 10%，则迪亚公司回购金额为（海富公司的原始投资金额 - 补偿金额）x（1+10%x 投资天数 /360）。

2007 年 11 月 1 日，海富公司、迪亚公司签订《中外合资经营甘肃众星锌业有限公司合同》（以下简称《合资经营合同》），有关约定为：众星公司增资扩股将注册资本增加至 399.38 万美元，海富公司决定受让部分股权，将众星公司由外资企业变更为中外合资经营企业。在合资公司的设立部分约定，合资各方以其各自认缴的合资公司注册资本出资额或者提供的合资条件为限对合资公司承担责任。海富公司出资 15.38 万美元，占注册资本的 3.85%；迪亚公司出资 384 万美元，占注册资本的 96.15%。海富公司应于本合同生效后 10 日内一次性向合资公司缴付人民币 2000 万元，超过其认缴的合资公司注册资本的部分，计入合资公司资本公积金。在第 68 条、第 69 条关于合资公司利润分配部分约定：合资公司依法缴纳所得税和提取各项基金后的利润，按合资方各持股比例进行分配。合资公司上一个会计年度亏损未弥补前不得分配利润。上一个会计年度未分配的利润，可并入本会计年度利润分配。还特别约定：合资公司完成变更后，应尽快成立“公司改制上市工作小组”，着手筹备安排公司改制上市的前期准备工作，工作小组成员由股东代表和主要经营管理人员组成。合资公司应在条件具备时改组成立为股份有限公司，并争取在境内证券交易所发行上市。如果至 2010 年 10 月 20 日，由于合资公司自身的原因造成无法完成上市，则海富公司有权在任一时刻要求迪亚公司回购届时海富公司持有的合资公司的全部股权。合同于审批机关批准之日起生效。之后，海富公司依约于 2007 年 11 月 2 日缴存众星公司银行账户人民币 2000 万元，其中新增注册资本 114.7717 万元，资本公积金 1885.2283 万元。2008 年 2 月 29 日，甘肃省商务厅甘商外资字［2008］79 号文件《关于甘肃众星锌业有限公司增资及股权变更的批复》同意增资及股权变更，并批准“投资双方于 2007 年 11

月 1 日签订的增资协议、合资企业合营合同和章程从即日起生效”。随后，众星公司依据该批复办理了相应的工商变更登记。2009 年 6 月，众星公司依据该批复办理了相应的工商变更登记。2009 年 6 月，众星公司经甘肃省商务厅批准，到工商部门办理了名称及经营范围变更登记手续，名称变更为甘肃世恒有色资源再利用有限公司。另据工商年检报告登记记载，众星公司 2008 年度生产经营利润总额 26,858.13 元，净利润 26,858.13 元。

甘肃省高院二审查明的事实与一审一致。

最高人民法院再审查明的事实与一、二审查明的事实一致。

【法院判决】

兰州市中院一审认为：《增资协议书》第 7 条第 2 项的约定违反了法律、行政法规的强制性规定，应属无效，故驳回了海富公司的诉讼请求。海富公司不服改判决，上诉至甘肃省高院。

甘肃省高院二审认为：涉案协议符合法律规定，应为有效，故撤销了一审判决，并判决世恒公司、迪亚公司共同返还海富公司 1885.2283 万元及利息。世恒公司、迪亚公司不服二审判决，向最高院申请再审。

最高人民法院再审认为：2009 年 12 月，海富公司向一审法院提起诉讼时的诉讼请求是请求判令世恒公司、迪亚公司、陆波向其支付协议补偿款 19,982,095 元并承担本案诉讼费用及其他费用，没有请求返还投资款。因此，二审判决判令世恒公司、迪亚公司共同返还投资款及利息超出了海富公司的诉讼请求，是错误的。海富公司作为企业法人，向世恒公司投资后与迪亚公司合资经营，故世恒公司为合资企业。世恒公司、海富公司、迪亚公司、陆波在《增资协议书》中约定，如果世恒公司实际净利润低于 3000 万元，则海富公司有权从世恒公司处获得补偿，并约定了计算公式。这一约定使海富公司均投资可以取得相对固定的收益，该收益脱离了世恒公司的经营业绩，损害了公司利益和公司债权人利益，一审法院、二审法院根据《中华人民共和国公司法》第 20 条和《中华人民共和国中外合资经营企业法》第 8 条的规定认定《增资协议书》中的这部分条款无效是正确的。但二审法院认定海富公司 18,852,283 元的投资名为联营实为借贷，并判决世恒公司和迪亚公司向海富公司返还该笔投资款，没有法律依据，本院予以纠正。

《增资协议书》中并无由陆波对海富公司进行补偿的约定，海富公司请求陆波进行补偿，没有合同依据。此外，海富公司称陆波涉嫌犯罪，没有证据证明，本院对该主张亦不予支持。

但是，在《增资协议书》中，迪亚公司对于海富公司的补偿承诺并不损害公司及公司债权人的利益，不违反法律法规的禁止性规定，是当事人的真实意思表示，是有效的。迪亚公司对海富公司承诺了众星公司 2008 年的净利润目标并约定了补偿金额的计算方法。在众星公司 2008 年的利润未达到约定目标的情况下，迪亚公司应当依约应海富公司的请求对其进行补偿。迪亚公司对海富公司请求的补偿金额及计算方法没有提出异议，本院予以确认。

根据海富公司的诉讼请求及本案《增资协议书》中部分条款无效的事实，本院依照《中华人民共和国合同法》第 60 条、《中华人民共和国民事诉讼法》第 153 条第 1 款第 2 项、第 186 条的规定，判决如下：

（1）撤销甘肃省高级人民法院（2011）甘民二终字第 96 号民事判决；

（2）本判决生效后三十日内，迪亚公司向海富公司支付协议补偿款 19,982,095 元。

（3）驳回海富公司的其他诉讼请求。

【问题聚焦】

本案件是 2012 年最高人民法院就对赌协议效力进行判决的首例案件，当时引起了资本市场各方、尤其是 PE 投资机构的高度关注。总体来说，最高人民法院再审判决的裁判思维及裁判结论值得肯定，判决结果也对 PE 投资界释放了重要的司法立场信号：在我国现行法律制度下，为了贯彻《公司法》的资本维持原则，夯实公司的资本及资产信用基础，保护股东和债权人合法权益，投资者与目标公司之间的对赌是无效的，但投资者与目标公司股东之间的对赌，只要不存在《合同法》规定的无效情形，是双方当事人之间的真实意思表示，就是合法有效的。

因此，PE 投资者在签署对赌协议时，应当与目标公司股东在自愿合法、多赢共享的基础上签订对赌协议，避免与目标公司直接对赌。为了保障投资权益，PE 投资者除了可以与目标公司股东对赌外，还可以与目标公司实际控制人、法定代表人、董事、监事和高管等进行对赌，或者采用优先股、可转换公司债等多种形式保护投资权益。

6.6.7 反稀释条款

反稀释条款（Anti-Dilution Clause）又称为反摊薄条款，是重要的保护投资者权益的条款。它是指当企业发生降价融资时，即新一轮融资的发行价格低于之前轮次的发行价格时，投资者有权免费获得一定数额的新股或调整其转换比例，从而使其入股成本降低到与新发行价格相当的水平。

此项权利一般的条款描述为：

如目标公司以低于投资人（“反稀释权利人”）投资于目标公司时的每单位认购价格进行增资扩股（“低价融资”），则目标公司和原股东应当按照投资人要求的方式对反稀释权利人的股权比例进行补偿，以使其股权比例等于其投资款按照广义加权平均方式调整后的每单位认购价格可认购的比例。该等方式包括（i）在适用法律允许的前提下，由反稀释权利人以注册资本面值向目标公司增资，以使该次增资完成后的反稀释权利人增资价格不高于进一步增资的单位价格；或（ii）在适用法律允许的前提下，由原股东按其届时在目标公司中的持股比例以法律允许的最低价格将其持有的部分目标公司股权转让给反稀释权利人，使其在该次转让完成后获得调整后股权比例；（iii）其他法律允许的安排。投资人有完全的权利选择采取上述一种或多种措施进行调整，且各原股东应共同地补偿投资人为此支付的任何对价（如有）。

目标公司应按照广义加权平均的方式对反稀释权利人的每单位认购价格进行调整和补偿。反稀释权利人调整后的每单位认购价格=[（A+C）/（A+D）]×B。（其中，"A"指低价融资前的目标公司注册资本；"B"指反稀释权利人的低价融资前的每单位认购价格；"C"指假设按照未调整的反稀释权利人每单位认购价格进行增资，低价融资的融资额总额能购买的新增注册资本；"D"指低价融资中增加的新增注册资本。）

（1）反稀释条款的场景

反稀释条款适用于公司有多轮融资的场合，不同轮次的股东都可能设定反摊薄条款。由于以低价入股的早期股东可能会因为后期高价入股的新股东行使反摊薄权而遭受损失，因此，在融资谈判时，不少早期股东和创始人都会对反摊薄条款持否定态度。

（2）反稀释条款的实质

实践操作中，有时会遇到这种情况：投资者对一家公司完成投资后，在下一轮融资时，坚持要求其持股比例不得减少。其实，如果投资者不继续跟投，这种要求是不合理的。"反稀释"的实质是"每股的股权价值"不被稀释，而不是"股权比例"不被稀释。随着公司股本总额的增加，投资者的股权比例被稀释是必然的，除非每次增资时也同比例跟投。反稀释条款正是通过确认后续融资时每股价格的不下降来保护投资者的投资权益，单纯股权比例的降低不意味着投资者总体股权价值的减少。

【案例 6-7】

中投公司投资摩根士丹利的反稀释条款[1]

2007 年 12 月 19 日，中投与危机中的摩根士丹利达成协议，认购其私募发行的面值 55.8 亿美元的强制转换债券。双方约定，该债券到期之前每年派息 9%。根据反摊薄条款，2010 年 8 月 17 日这些债券将按照下列转股价格强制转为摩根士丹利的普通股：

（1）如果当时摩根士丹利股票市场价格在参考价格 \$48.07 × 120%=\$57.684 之上，则转股价格为 \$57.684；

（2）如果当时摩根士丹利股票市场价格介于 \$48.07 ~ \$57.684，则转股价格为当时的市场价格；

（3）如果当时摩根士丹利股票市场价格低于 \$48.07，则转股价格为 \$48.07。

截至 2010 年 8 月 17 日，摩根士丹利股票的市价跌至 \$25 左右，中投按照 \$48.07 的价格将其债券转为股份，账面亏损将近 30 亿美元。2012 年时摩根士丹利股价最低甚至跌至 \$13 以下，中投的亏损可想而知。

【问题聚焦】

本案例中，普通投资者看到该转股条款时，会认为反摊薄安排是公平的，因为投融资双方的风险都被限定在 20% 以内。但是，考虑到当时的美国股市情况，中投作为投资方恐怕犯了一个巨大的错误：当时美国次贷危机正在不断发酵，华尔街所有银行的股票价格都在下跌，摩根士丹利之所以寻求中投的投资，原因在于其缺乏资金。在此背景下，摩根士丹利的股票前景是黯淡的，股票摊薄条款的设定应当考虑进这种因素。合理的反摊薄条款应当是：如果当时摩根士丹利在 2010 年 8 月 17 日的收盘价（或成交均价）低于 \$48.07，则转股价

1 案例来源：http://blog.sina.com.cn/s/blog_511e97c30100b4nr.html，最后访问日期：2018 年 8 月 16 日。

格为当时的市场价格。非常遗憾，中投没有坚持将这样的条款写入投资协议，所以在当时为之付出了巨大的代价。

6.6.8 继续参与条款

继续参与条款是对融资企业有利的一项条款，对优先股股东而言是一项义务。它是指在公司的后续融资中，投资者应当按照董事会分配的份额比例认购增发的新股，如果不参与认购，其所有享有的某些权利将受到限制。

此项条款的一般描述为：

除非持股超过【 】% 的 A 系列优先股股东反对，在任何后续降价融资中，所有 / 主要投资者都应当按照董事会分配的份额按比例认购新股。未履行义务的所有 / 主要投资者所持有的 A 系列优先股将自动失去反稀释权利、后续轮次融资的等比例购买权、转换为普通股并失去对应的董事会席位。

（1）继续参与条款的场景

该条款可以适用于公司后续因经营困难而降价融资的场合，即后续轮次的融资价格低于之前轮次的融资价格；也可以不限定公司降价融资的场合，只要公司有融资需求、为了提高融资的效率都可以设定继续参与条款。由于该条款相当于给投资者限定了义务，所以许多投资者（尤其是天使投资者）一般不愿意接受这个条款。但是，如果企业发展得很顺利，这一条款将不会被触发，特别是在溢价融资时，主要投资人还是新进入的外部投资者。

（2）继续参与条款的惩罚机制

这项条款的威慑力在于，如果投资者不参与后续融资，将会丧失一系列权利，包括：不再享有反稀释权（有被摊薄的可能）、不再享有对后续融资的等比例认购权、强制转换为普通股（意味着不再享有优先股的一系列优惠待遇）等。一般来说，是否在投资协议中纳入此项条款，取决于投融资双方的谈判地位，如果融资方比较强势，在投资协议中采纳此条款并加入一些惩罚机制的可能性就大，反之可能不会采用该项条款。

6.6.9 领售条款

领售权（Drag-Along Right）又称拖售权、强制随售权，是指股东享有的、当该股东向第三方转让股权时，要求其他股东必须依照该股东与第三方达成的转让价格和条件，向第三方转让股权的权利。领售的发起人一般是创始股东或者新引入的投资人股东。

此项权利一般的条款描述为：

在本轮融资交割结束 4 年后，如果超过 2/3 的 A 类优先股股东和董事会同意出售全部或部分股份给一个真实的第三方，并且每股收购价格不低于本轮融资股价的 3 倍，则此优先股股东有权要求其他股东，其他股东也有义务按照相同的条款和条件出售他们的股份（全部或按相同比例），如果有股东不愿意出售，那么这些股东应该以不低于第三方的价格和条款购买其他股东的股份。

（1）领售权条款的场景

在公司投融资实践中，领售权条款一般适用于两种场景：

第一，为了公司整体战略重组的需要，公司多数股东已经同意将公司控制权出让给收购方，但因少数股东提出反对意见而导致交易难以进行。这时，就可能会出现少数股东损害多数股东利益的情况。如 2008 年微软计划以 446 亿美元的价格收购雅虎，但遭到雅虎前 CEO 杨致远的激烈反对，虽然杨致远持股比例不到 5%，但作为创始人，他对雅虎的影响非常大。杨致远的反对最终导致雅虎错过了与微软成交的最佳时机。

第二，投资方为了收回自身的本金及收益，而不顾公司整体战略及经营现状，利用此条款强制创始团队股东接受其寻找的第三方进行的公司收购。例如，俏江南与鼎晖之间的领售权设计，后续触发的一系列事件最终导致张兰彻底退出俏江南，失去控制权。

（2）领售权条款的目的

在 VC 或 PE 投资领域，领售权条款几乎成为标配条款，在投资谈判时也经常成为各方焦点。这项条款的主要目的有两个：

①保障退出权

创始股东与投资人有着天然的理念冲突，创始股东将企业当孩子养，倾注了大量的心血和情感，而投资人将企业当猪养，长大后是为了卖个好价钱。这一根本理念的冲突，使即使在创始股东和投资人初始结合的蜜月期，投资人也要将“丑话说在前面”，未来有整体出售机会时，要通过领售权条款保障实现退出。

②公司整体出售的需要

整体出售是风险投资机构退出的常见方式之一，这主要是因为：风险投资机构多为基金形式，基金都有投资期、退出期的时间要求以及在有限时间内尽快实现自身收益最大化的动力，没有耐心陪伴公司在上市的道路上走到最后。并且，公司上市受到资本市场波动、监管政策变更、公司业绩变化等诸多因素的影响，存在极大的不确定性。风险投资机构在公司近期内上市无望的情况下，要想通过转让股权的方式退出，短期内不一定能够顺利找到买家。只有整体出售公司，出让公司的控制权，对于第三方来说才有吸引力。因此，当这种收购机会出现时，风险投资机构不希望其他股东出面阻拦，领售条款正是帮助其实现这种目的的便利工具。

（3）领售权条款应当注意的事项

①注意条款适用的顺序

领售权条款的适用需要优先于投资协议中的优先购买权、优先认购权、重大事项否决权等条款，以体现权利的制衡。不过为了保护其他股东的权利，也可以进行特别约定。比如就优先购买权，可以约定在领售股东发起整体出售公司的行动时，将给予被拖售的股东一个时间窗口期，在这段时间里，被拖售的股东有权按照同等条件自行或安排第三方收购领售股东持有的公司股权。

②掌控拖售的实施难度

对创始团队股东而言，理应保障投资人合理的退出要求，但也要通过精心的条款细节设计，控制自身可能面临的风险，避免因领售条款而将企业带入危险的境地。常见的细节设计包括：领售权的启动需要经董事会批准、在融资交割完成后若干年后方可启动领售权、在领售时公司估值不得低于最近一次融资的若干倍等，主要目的在于增加启动领售的难度、保障领售发生时创始团队股东可以得到基本的回报。

③通过条款设计增强拖售的可实施性

我国《公司法》虽然规定增资、减资、修改公司章程等重大事项经代表2/3以上表决权的股东即可通过，但在实践操作中，有些地方的工商局为了避免将来股权纠纷的潜在风险，要求相关股权变更文件（如股东会决议）必须经全体股东签字同意才可给予变更登记。如此一来，便加大了领售条款的执行难度。如果被拖售的股东阻挠通过股东会决议，并且不配合办理工商登记，便会对领售条款的实现造成现实障碍。为了避免此种情况的发生，建议在投资协议中约定，被拖售的股东必须对符合各方约定条件的出售事件投票支持，并配合办理工商变更登记，且要在投资协议中明确可以强制执行的权利，如固定数额的违约金、配合工商变更的具体期限等，以便在获得判决支持后，能够凭借判决书完成工商变更登记。

④关注不可约定拖售的情形

如果被拖售的少数股东具有国资背景，那么该股东出售股权时必须符合国有资产交易的相关规定，如评估、审计、产权交易中心挂牌等，由此便可能对领售权的实施造成实质性障碍。在各方约定领售条款时，应当注意这种情况。

6.6.10 共同出售条款

共同出售权（Co-Sale Right）是指，在被投资企业上市之前，若原股东向第三方转让股份，投资人有权按照拟出售股份的原股东与第三方达成的价格与条件进入该项交易中，按照原股东和投资人在目标企业中目前的股份比例向第三方转让股份。

此项权利一般的条款描述为：

如投资人未行使优先购买权，则该未行使优先购买权的投资人有权在优先购买权回复时限届满前向公司及转股股东发出书面通知（“共售通知”，发出共售通知的股东称为“共售股东”），要求与转股股东以同样的价格、条款和条件向第三方共同出售其所持有的公司股权（“共售股权”）。若无任何投资人成功行使优先购买权，则共售股东均行使共同出售权。每一共售股东的共售股权的数量不超过转股股东拟向预期买方出售的股权数乘以各自持股比例。转股股东应有义务促使第三方以相同的价格、条款和条件购买共售股权。如第三方不愿意购买共售股权部分，则转股股东不得将其股权转让给第三方。以下情形不受共售股权限制：

（1）公司开展员工激励计划；

（2）与关联企业或关联自然人之间因税收筹划或为公司完成合格 IPO 之需要进行的权益转让，但该等转让应于转让发生前 15 个工作日通知投资人，且不应导致公司的实际控制人及（或）控制权变更。

（1）共售权的场景

共售权条款一般适用于两种场景：

①创始团队股东欲转让股权时，投资人享有以同等价格向第三方转让股权的权利；

②在目标公司被投资人收购并取得控制权时，此条款也可以反过来适用于投资人，以保护失去控制权的创始团队股东。

（2）共售权的目的

此项权利的主要目的在于约束创始团队股东的转股权，保障投资人的退出权；在创始团队股东失去对公司的控制权时，还可以用于保护团队股东能够顺利退出公司。出售股权的比例可以是按照持股比例出售，也可以是双方约定的其他比例，具体由双方商定。

6.6.11 知情权条款

知情权条款是指公司有义务向投资者提供有关公司管理、财务、业务等方面相关信息的安排，以便投资者在交割完成后能够更加全面、持续地获取公司信息。此项权利也是中国《公司法》特别赋予投资者的权利。

此项权利常见的条款描述为：

公司应当，并且早期股东应当促使公司，向投资人交付与公司及其关联方相关的下列文件：

（1）在每公历年结束后的一百二十（120）日内，提交投资人认可的具有证券期货相关业务许可证的中国会计师事务所根据中国会计准则出具的年度合并审计报告；

（2）在每公历年季度结束后的六十（60）日内，提交未经审计的根据中国会计准则编制的合并季度财务报表；

（3）每个公历月末结束后的三十（30）日内，提交月度运营数据快报；

（4）在每个公历年开始后六十（60）日内，提交公司及其控股子公司本年度的合并预算、商业计划、财务预测和投资计划；

（5）其他投资人合理要求的信息、统计数据、交易和财务数据等。

投资人有权与公司商定该等信息汇报格式，如果该等信息不为公司所能及时提供或者无法以要求汇报格式提交，公司应当尽其所能按照投资人的要求取得/整理/编辑此信息。公司总经理应核实并确认提供给投资人的所有信息均是真实、正确且不会产生误导效果。公司向投资人提供的财务报表应覆盖公司及其子公司的合并报表，而且至少应有当期的损益表、现金流量表和资产负债表。

应投资人要求，公司应立即向投资人提供最新版本的投资协议、与后续融资和公司管理等事项相关的文件，包括经各方签字盖章和经有关监管机构备案的公司章程。

投资人有权自行或委托第三方对公司进行财务审计，投资人应被允许在工作时间内合理检查公司及其子公司、分支机构的财产、不动产，财务账册及运营记录，并可复印、摘要该等文件，以及与公司的管理人员讨论公司的业务、财务及状况，就公司的运营方面的事宜访问公司的顾问、雇员、独立会计师及律师。

在中国公司实践中，知情权很重要的一种形式是查账权，即股东在查阅公司财务会计报告之外享有的查阅公司会计账簿的权利。查账权是为了平衡和制约大股东对公司的控制权而赋予小股东的一项权利，实际更多的是为了保护小股东的利益。不过，在行使这项权利时，也要注意以下几点：

（1）权利行使的场景

按照现行中国《公司法》规定，查账权仅限于有限公司的股东，对股份有限公司股东是否享有查账权没有做出明确规定。为了保护中小股东利益并防止他们滥权，未来《公司法》修改时，可以考虑非上市股份公司及持股比例和持股期限达到一定标准的上市股份公司股东享有此项权利。另，依据《公司法解释（四）》第 7 条规定，股东退出公司后，如果能够证明在持股期间其合法权益受到损害，请求依法查阅或者复制其持股期间的公司特定文件材料的，法院应当支持。

（2）权利行使的程序

①首先向公司提出书面请求而非口头请求，说明查账的理由和目的。以便给公司预留准备时间及便于公司发现股东可能滥用查账权的蛛丝马迹。

②公司对查账目的进行实质审查，以判断查账目的是否正当。公司应当自股东提出书面请求之日起 15 日内答复股东并说明理由，认为查账目的不正当的，由公司承担举证责任。

③同意查账的，公司应当无偿为股东提供会计账簿。

④股东可以自行查账，也可以聘请会计师、律师等专业人士协助查账。

⑤公司拒绝查账时，股东可以请求人民法院要求公司提供查阅。

（3）如何判断查账目的是否正当

在公司实践中，认定查账目的正当与不正当，实际上是一个利益平衡的问题，也是大股东和小股东和谐共处的艺术。若公司在日常经营中保持各股东的良性沟通，查账权作用就会下降，若沟通有障碍，查账权在各方的攻守防备之下也未必能够取得良好的效果。根据《公司法解释（四）》第8条，下列情形可以认定为“目的不正当”：

①股东自营或者为他人经营与公司主营业务有实质性竞争关系业务的，但公司章程另有规定或者全体股东另有约定的除外；

②股东为了向他人通报有关信息查阅公司会计账簿，可能损害公司合法利益的；

③股东在向公司提出查阅请求之日前的3年内，曾通过查阅公司会计账簿，向他人通报有关信息损害公司合法利益的；

④股东有不正当目的的其他情形。

（4）查账权的主体

现行《公司法》没有对查账权的主体作出限定要求，一般认为，下列主体可以行使此项权利：

①现任老股东。且不受持股比例、持股期限的限制。

②新加入股东。这是因为公司经营是一个连续的过程，公司的资产、负债及经营情况具有持续性，新股东对公司之前的经营情况有权知悉。

③已退出股东。主要是因为股东在进行股权转让、退出公司时，有可能存在因未全面了解公司真实情况而低价转让股权，所以，从诚信原则出发，应当允许已退出的股东在对公司财务状况有合理怀疑时，允许其在一定期限内行使查账权，从而救济可能显失公平的股权交易。

④股东聘任的会计师、律师等中介机构。股东依据生效判决行使查阅权时，在该股东在场的情况下，可以聘请中介机构专业人员协助查阅。

（5）查账权的范围

鉴于财务报告、会计账簿、原始会计凭证这三类财务资料在篡改难度上依次递增，《公司法》仅规定了财务报告、会计账簿可以查阅复制，但对于原始会计凭证是否可以查阅，没有作出明确规定。就效果角度而言，原始会计凭证对反映某一项交易的真实性更加权威，《公司法》规定查账权的目的是赋予股东知情权，还原事实真相，因此，查账权的范围覆盖原始会计凭证是符合立法本意的。

【案例 6-8】

查账权的法律衡量[1]

2009 年 9 月，上海新吴淞商贸总公司（以下简称新吴淞公司）提起诉讼，请求判令上海联华新新超市有限责任公司（以下简称联华新新超市）提供自 2000 年 1 月至起诉当月止的公司月度、年度会计报告、账簿及原始凭证供其查阅、复制。

经审理查明：1997 年 4 月，联华新新超市经工商核准设立，股东为新吴淞公司和联华超市商业公司（后更名为联华超市股份有限公司）。联华新新超市的公司章程规定：联华新新超市应当在每年年度终了时制作财务会计报告，经依法审验后，10 日内送交各股东及政府有关部门，并接受其监督；股东有权自行聘请会计师、审计师查阅会计账簿，查阅时，公司应当提供方便。

联华新新超市提供给新吴淞公司的 2007 年 3 月 31 日资产负债表记载，期末股东权益为 12，243，880.16 元，但经上海汇洪会计师事务所有限公司审计调整后的期末股东权益又为 8，835，166 元。

2008 年 9 月至 2009 年 8 月，新吴淞公司多次向联华新新超市发函，要求联华新新超市向其提供经营和资产情况报告以及会计师事务所的年度审计报

1 案例来源：上海市第二中级人民法院（2010）沪二中民四（商）终字第 321 号民事判决书。

告。联华新新超市收函后，或以新吴淞公司要求过于宽泛为由拒绝，或以有关审计报告和资产评估报告已经提供并得到确认为由拒绝。

【法院判决】

上海市宝山区人民法院一审认为：首先，关于财务会计报告，根据联华新新超市公司章程的规定，联华新新超市负有主动向股东提供财务会计报告的义务，应当予以提供。其次，关于会计账簿，《公司法》规定，股东应当向公司提出书面申请说明理由。新吴淞公司确有以书面方式提出查询的意思表示，但由于联华新新超市的原因致使上述申请未被受理。此后新吴淞公司又以诉讼方式提出，因此，新吴淞公司的申请时明确的。新吴淞公司不仅在申请书中对查阅目的进行说明，在诉讼中在此明确了查阅目的，并无损害公司利益或其他不当目的的可能。联华新新超市仅以提供过审计报告和资产评估报告为由拒绝提供 2007 年 3 月之前的会计账簿，缺乏依据。最后，关于原始凭证，公司章程对此并无特别约定，但原始凭证是登记会计账簿的原始依据，最能真实反映公司的资金和经营状况。联华新新超市出具的 2007 年 3 月 31 日的资产负债表反映的净资产与评估基准日为同一日的评估结果汇总表反映的数据有较大差距，新吴淞公司因无法知悉具体情况而对联华新新超市会计账簿的真实性存有合理怀疑，故给予新吴淞公司查阅原始凭证的权利更为合理。据此判决：（1）联华新新超市于判决生效之日起 20 日内提供 2000 年 1 月 1 日起至 2009 年 9 月 8 日止每个会计月度、年度的公司财务会计报告，供新吴淞公司查阅、复制；（2）联华新新超市于判决生效之日起 20 日内提供 2000 年 1 月 1 日起至 2009 年 9 月 8 日止会计账簿及原始凭证，供新吴淞公司查阅。联华新新超市不服，遂提起上诉。

上海市第二中级人民法院二审认为：新吴淞公司作为联华新新超市的股东，有权查阅、复制公司财务会计报告。股东行使该项权利，依法无须审查其查阅目的。故一审判决第一项符合法律规定，应予维持。本案的争议焦点在于，新吴淞公司是否可以查阅公司会计账簿，以及查阅范围如何确定。联华新新超市认为会计账簿不应给予查阅的主要理由是，新吴淞公司明知财务状况并认可经审计的 2007 年 3 月 31 日财务报表，无再次查阅的必要性。该理由不符合《公司法》的规定，也与公司章程不符。按照《公司法》规定，公司可以在有合理根据认为股东查阅会计账簿有不正当目的，可能损害公司合法利益的情况下，拒绝提供查阅。在公司不能举证证明股东有不正当目的，且股东对系争财务资料存在合理怀疑的情况下，股东有权行使查阅权。从审计调整前后的报表数据来看，同一基准日的公司净资产额相差 340 余万元，联华新新超市在二审中说明了产生差额的原因是将对外投资的利润直接调整出表外，该种做法不完全符合企业会计制度的规定。因此，新吴淞公司要求查阅相关财务资料，不仅符合公司章程规定，而且有一定的必要性。一审判决支持新吴淞公司查阅联华新新超市部分会计账簿及凭证是正确的。

关于查阅目的，应当结合本案实际情况，充分考虑在正当目的下的针对性、适当性和可行性，以避免股东知情权行使过度所带给公司经营管理秩序的负面影响。首先，新吴淞公司对报表数据真实性的合理怀疑集中在截至 2007 年 3 月 31 日的股东权益上。而审计调整这一数据的原因，至少从新吴淞公司当时出具的承诺函和联华新新超市董事会决议上看已基本清楚，即所调整的是投资于宝山世纪联华的利润。故新吴淞公司有权查阅的会计账簿及原始凭证的时间范围应是 2002 年至 2004 年。另外，由于太仓联华新新 2006 年审计利润也有所调整，联华新新超市自称对 2007 年 1 月至 3 月的利润应调整而未调整，故 2005 年、2006 年以及 2007 年 1 月至 3 月的会计账簿及原始凭证也应提供查阅。其次，关于 2007 年 3 月以后的会计账簿及原始凭证能否查阅的问题，根据公司章程的规定，新吴淞公司有权查阅的是会计账簿。至于能否查阅凭证，因尚无证据证明该阶段的财务记录存在问题，而公司股东权的行使与公司日常经营管理权的行使显然有别，故新吴淞公司仅以股东身份泛泛而谈查阅目的，缺乏针对性和适当性，其要求查阅该阶段凭证的主张不应予以支持。原审法院没有根据本案的实际情况对股东知情权的行使范围作出必要的、合理的区分，应予部分改判。最后，为了平衡股东行使知情权与维护公司经营管理秩序之间的利益关系，有必要对当事人行使权利、履行义务的时间与方式作出具有可行性的安排。对联华新新超市而言，应有适当准备的时间；对新吴淞公司而言，要约束其查阅时间。关于查阅地点，根据两便原则，可由当事人自行协商确定，但应以尽量不移动会计账簿、凭证为妥，以保证公司会计资料的完整与安全。据此判决：（1）维持原判决第 1 项；（2）撤销原判决第 2 项；（3）联华新新超市应于本判决生效之日起 20 日内向新吴淞公司提供 2002 年 1 月至 2007 年 3 月的会计账簿及原始凭证，新吴淞公司应在对方提供查阅之日起的 20 日内完成查阅；（4）联华新新超市应于本判决生效之日起 10 日内向新吴淞公司提供 2007 年 4 月至 9 月的会计账簿，新吴淞公司应在对方提供查阅之日起的 10 日内完成查阅。

【问题聚焦】

在股东查账权诉讼中，在保护股东权益及维护公司利益之间寻求基本平衡是这类诉讼的关键。本案中，两审法院均认可原告的查阅目的属于正当，并支持原告查阅公司会计账簿和原始凭证的诉讼请求，且在判决措辞上，对财务会计报告可以“查阅、复制”，对于会计账簿、原始凭证可以“查阅”，未写明可以“复制”，这是值得肯定的。不过，相比较而言，二审法院的判决更加严谨周密。不仅明确了查阅的具体范围，也明确了原告查阅的时间，体现了司法谨慎保护股东知情权、平衡保护公司利益的理念。

6.6.12 公司治理条款

公司治理条款不是一个独立的条款，而是由董事会的组建、董事及关键人员的委派、股东会权限范围、董事会权限范围等一系列有关公司治理的事项组合而成的相关条款。公司治理条款是交易各方谈判的重点之一。影响条款内容的因素通常包括：融资企业在资本市场的稀缺性、投资者的持股比例、投资者能够给公司带来的价值贡献、创始团队股东对公司业务和运营的掌控力、双方谈判力量的优劣对比等。

公司治理条款一般包括三方面的内容：

（1）股东会。内容包括会议的召集和召开方式、股东会的权限范围、就不同事项设定的不同的表决比例要求等。

（2）董事会。内容包括董事会的构成、董事及董事长由各方如何委派、会议的召集和召开方式、董事会的权限范围、就不同事项设定的不同的表决要求等。

（3）总经理。内容包括总经理的产生方式、权限范围等。

公司治理条款的约定，一般是依据《公司法》的要求，在谈判基础上进行个性化的修订，各个交易方案中都不相同，此处不再赘述。

第
七
章

股权架构设计过程中的风险管理

7.1 税务风险管理

股权架构的设计往往伴随着股权变动，变动即可能会产生税收问题。从股东角度看，股权变动包括两种方式：股权的原始取得、继受取得。公司新设立时取得的股权和后续增资时取得的股权属于原始取得，通过股权买卖、赠予、拍卖、法院强制执行等方式取得的股权属于继受取得。关于股权变动的税务问题，不少纳税人对此认识都较为片面，以为只要股东采取平价或者低价形式转让股权，便没有所得，无须申报缴纳所得税。还有些股权受让人不知道在向转让人支付转让股款时有代扣代缴所得税的义务，从而给征纳双方增加不必要的成本、损失，甚至带来税务违法风险。因此，税务风险的管理是股权架构设计过程中一个非常重要的课题，尤其是所得税相关风险更是税务筹划主要考虑的问题。

7.1.1 个人所得税

（1）原始取得股权的税务问题

如果以现金作为对价取得原始股权，则不涉及税务问题；如果以实物等非现金资产取得原始股权，则要注意过程中可能产生的所得税问题。

①非货币财产出资

根据财政部、国家税务总局2015年3月30日发布的《关于个人非货币性资产投资有关个人所得税政策的通知》（财税〔2015〕41号）规定，个人以非货币性资产投资，属于个人转让非货币性资产和投资同时发生。对个人转让非货币性资产的所得，应按照“财产转让所得”项目，依法计算缴纳个人所得税。个人以非货币性资产投资，应按评估后的公允价值确认非货币性资产转让收入。非货币性资产转让收入减除该资产原值及合理税费后的余额为应纳税所得额。个人以非货币性资产投资，应于非货币性资产转让、取得被投资企业股权时，确认非货币性资产转让收入的实现。按照20%的税率计算缴纳个人所得税。

②资本公积转增注册资本

对自然人股东而言，如果被投资企业以资本公积转增注册资本，需要根据资本公积形成的方式、被投资企业的性质等因素，综合判断是否需要缴纳个人所得税。通常包括以下4类情况：

第一，股份制企业股票溢价发行收入形成的资本公积金转增股本时不计征个人所得税

依据2010年5月31日发布的国家税务总局《关于进一步加强高收入者个人所得税征收管理的通知》（国税发〔2010〕54号）规定，对以未分配利润、盈余公积和除股票溢价发行外的其他资本公积转增注册资本和股本的，要按照“利息、股息、红利所得”项目，依据现行政策规定计征个人所得税。其中，需要指出企业的类型应为股份制企业。

第二，股票溢价发行之外形成的资本公积金转增股本时计征个人所得税

有限责任公司以吸收新股东时资本溢价形成的资本公积金转增股本，公司以非股票溢价发行收入，以及受赠资产、拨款转入等其他来源形成的资本公积金转增股本时，个人取得的转增股本数额，应依法征收个人所得税。

第三，高新技术企业以资本公积转增股本可以分期缴税

依据《关于将国家自主创新示范区有关税收试点政策推广到全国范围实

施的通知》（财税〔2015〕116 号），自 2016 年 1 月 1 日起，全国范围内的中小高新技术企业（这类企业是指注册在中国境内实行查账征收的、经认定取得高新技术企业资格，且年销售额和资产总额均不超过 2 亿元、从业人数不超过 500 人的企业）以未分配利润、盈余公积、资本公积向个人股东转增股本时，个人股东一次缴纳个人所得税确有困难的，可根据实际情况自行制定分期缴税计划，在不超过 5 个公历年度内（含）分期缴纳，并将有关资料报主管税务机关备案。个人股东获得转增的股本，应按照“利息、股息、红利所得”项目，适用 20% 税率征收个人所得税。

第四，有限公司整体改制为股份公司时资本公积金转增股本要缴纳个税

正在进行股改的企业尚不是股份有限公司，也就不存在以股票作为所持股权的凭证，因此该类企业的资本公积中含有的溢价部分不属于股票溢价发行收入，而只是资本溢价。即使以后新成立的股份有限公司，原企业的资本公积计入新公司的资本公积后，其中原资本溢价部分也不属于新公司的股票溢价发行收入，用这种资本公积向个人股东转增股本时，仍然不符合不征税的条件，均应缴纳个人所得税。

③股权奖励

依据《关于将国家自主创新示范区有关税收试点政策推广到全国范围实施的通知》（财税〔2015〕116 号），自 2016 年 1 月 1 日起，全国范围内的高新技术企业转化科技成果，给予本企业相关技术人员的股权奖励，个人一次缴纳税款有困难的，可根据实际情况自行制订分期缴税计划，在不超过 5 个公历年度内（含）分期缴纳，并将有关资料报主管税务机关备案。个人获得股权奖励时，按照“工资薪金所得”项目，参照财政部、国家税务总局《关于个人股票期权所得征收个人所得税问题的通知》（财税〔2005〕35 号）有关规定计算确定应纳税额。股权奖励的计税价格参照获得股权时的公平市场价格确定。

④技术入股

根据财政部、国家税务总局 2016 年 9 月 20 日发布的《关于完善股权激

励和技术入股有关所得税政策的通知》（财税〔2016〕101号）规定，非上市公司授予本公司员工的股票期权、股权期权、限制性股票和股权奖励，符合规定条件的，经向主管税务机关备案，可实行递延纳税政策，即员工在取得股权激励时可暂不纳税，递延至转让该股权时纳税；股权转让时，按照股权转让收入减除股权取得成本以及合理税费后的差额，适用“财产转让所得”项目，按照20%的税率计算缴纳个人所得税。股权转让时，股票（权）期权取得成本按行权价确定，限制性股票取得成本按实际出资额确定，股权奖励取得成本为零。该文件要点为三个：

第一，上市公司（指其股票在上海证券交易所、深圳证券交易所上市交易的股份有限公司）授予个人的股票期权、限制性股票和股权奖励，经向主管税务机关备案，个人可自股票期权行权、限制性股票解禁或取得股权奖励之日起，在不超过12个月的期限内缴纳个人所得税。

第二，企业或个人以技术成果投资入股到境内居民企业，被投资企业支付的对价全部为股票（权）的，企业或个人可选择继续按现行有关税收政策执行，也可选择适用递延纳税优惠政策。选择技术成果投资入股递延纳税政策的，经向主管税务机关备案，投资入股当期可暂不纳税，允许递延至转让股权时，按股权转让收入减去技术成果原值和合理税费后的差额计算缴纳所得税。

第三，个人从任职受雇企业以低于公平市场价格取得股票（权），凡不符合递延纳税条件的，应在获得股票（权）时，对实际出资额低于公平市场价格的差额，按照“工资、薪金所得”项目，参照财政部、国家税务总局《关于个人股票期权所得征收个人所得税问题的通知》（财税〔2005〕35号）有关规定计算缴纳个人所得税。

（2）继受取得股权的税务问题

根据自2015年1月1日起实施的《股权转让所得个人所得税管理办法（试行）》规定，自然人股东发生股权转让时，相关税务问题要点如下：

①相关义务人

个人股权转让所得的个人所得税，以股权转让方为纳税人，以受让方为扣缴义务人（此处指受让方为企业的情形，如果受让方为自然人，则由转让方自行申报纳税）。扣缴义务人、纳税人应当依法在股权发生转移的次月 15 日内向主管税务机关申报纳税。

②应纳税额

个人转让股权，以股权转让收入减除股权原值和合理费用后的余额为应纳税所得额，按“财产转让所得”适用 20% 的税率缴纳个人所得税。合理费用是指股权转让时按照规定支付的有关税费。即应纳税所得额 = 股权转让收入 − 股权原值 − 合理费用，应纳税额 = 应纳税所得额 ×20%。

③股权转让收入

股权转让收入是指转让方因股权转让而获得的现金、实物、有价证券和其他形式的经济利益。转让方取得与股权转让相关的各种款项，包括违约金、补偿金以及其他名目的款项、资产、权益等，均应当并入股权转让收入。纳税人按照合同约定，在满足约定条件后取得的后续收入，也应当作为股权转让收入。

④股权原值

个人转让股权的原值依照以下方法确认：

第一，以现金出资方式取得的股权，按照实际支付的价款与取得股权直接相关的合理税费之和确认股权原值；

第二，以非货币性资产出资方式取得的股权，按照税务机关认可或核定的投资入股时非货币性资产价格与取得股权直接相关的合理税费之和确认股权原值；

第三，通过无偿让渡方式取得股权，具备本办法第 13 条第 2 项所列情形的，按取得股权发生的合理税费与原持有人的股权原值之和确认股权原值；

第四，被投资企业以资本公积、盈余公积、未分配利润转增股本，个人股东已依法缴纳个人所得税的，以转增额和相关税费之和确认其新转增股本的股权原值；

第五，除以上情形外，由主管税务机关按照避免重复征收个人所得税的原则合理确认股权原值。

⑤股权转让税款的核定征收

在出现以下情形时，主管税务机关可以核定股权转让收入：

第一，申报的股权转让收入明显偏低且无正当理由的；

第二，未按照规定期限办理纳税申报，经税务机关责令限期申报，逾期仍不申报的；

第三，转让方无法提供或拒不提供股权转让收入的有关资料；

第四，其他应核定股权转让收入的情形。

⑥股权转让收入明显偏低的认定

符合下列情形之一，视为股权转让收入明显偏低：

第一，申报的股权转让收入低于股权对应的净资产份额的。其中，被投资企业拥有土地使用权、房屋、房地产企业未销售房产、知识产权、探矿权、采矿权、股权等资产的，申报的股权转让收入低于股权对应的净资产公允价值份额的。

第二，申报的股权转让收入低于初始投资成本或低于取得该股权所支付的价款及相关税费的。

第三，申报的股权转让收入低于相同或类似条件下同一企业同一股东或其他股东股权转让收入的。

第四，申报的股权转让收入低于相同或类似条件下同类行业的企业股权转让收入的。

第五，不具合理性的无偿让渡股权或股份。

第六，主管税务机关认定的其他情形。

⑦股权转让收入明显偏低的例外

符合下列条件之一的股权转让收入明显偏低，视为有正当理由：

第一，能出具有效文件，证明被投资企业因国家政策调整，生产经营受到重大影响，导致低价转让股权；

第二，继承或将股权转让给其能提供具有法律效力身份关系证明的配偶、父母、子女、祖父母、外祖父母、孙子女、外孙子女、兄弟姐妹以及对转让人承担直接抚养或者赡养义务的抚养人或者赡养人；

第三，相关法律、政府文件或企业章程规定，并有相关资料充分证明转让价格合理且真实的本企业员工持有的不能对外转让股权的内部转让；

第四，股权转让双方能够提供有效证据证明其合理性的其他合理情形。

⑧税务机关核定征收的方法

主管税务机关应依次按照下列方法核定股权转让收入：

第一，净资产核定法

股权转让收入按照每股净资产或股权对应的净资产份额核定。

被投资企业的土地使用权、房屋、房地产企业未销售房产、知识产权、探矿权、采矿权、股权等资产占企业总资产比例超过20%的，主管税务机关可参照纳税人提供的具有法定资质的中介机构出具的资产评估报告核定股权转让收入。

6个月内再次发生股权转让且被投资企业净资产未发生重大变化的，主管税务机关可参照上一次股权转让时被投资企业的资产评估报告核定此次股权转让收入。

第二，类比法

首先，参照相同或类似条件下同一企业同一股东或其他股东股权转让收入核定；

其次，参照相同或类似条件下同类行业企业股权转让收入核定。

第三，其他合理方法

主管税务机关采用以上方法核定股权转让收入存在困难的，可以采取其他合理方法核定。

7.1.2 企业所得税

（1）原始取得股权的税务问题

①非货币财产出资

企业以非货币形式出资获取其他公司股权的，应当注意出资过程被拆解为2个环节：第一，非货币资产视同销售，按照相关规定缴纳税收；第二，销售所得金额用于购买公司股权。

②资本公积转增注册资本

对法人股东而言，如果被投资企业以资本公积转增注册资本，需要区分资本公积形成的不同方式确定是否应缴纳企业所得税。根据2010年2月22日国家税务总局《关于贯彻落实企业所得税法若干税收问题的通知》（国税函〔2010〕79号）的规定，被投资企业将股权（票）溢价所形成的资本公积转为股本的，不作为投资方企业的股息、红利收入，投资方企业免征企业所得税。

但是以下4种情况确认的资本公积，在转增注册资本时需要缴税：

第一，采用权益法核算的长期股权投资因被投资方除净损益以外所有者权益的其他变动产生的资本公积。

第二，可供出售金融资产在资产负债表日的公允价值大于其账面价值的差额产生的资本公积。

第三，自用房地产或存货转换为采用公允价值模式计量的投资性房地产，转换日的公允价值大于其账面价值的差额产生的资本公积。

第四，金融资产重分类时的差额产生的资本公积。

上面这4种情形是企业各项资产在持有期间增值产生的资本公积，在资产处置前，该“资本公积”属于不能动用的所有者权益，《税法》和会计均不确认损益，根据会计准则规定只能在资产处置时结转损益，不能转增资本。若企业违反规定转增资本，可以视同企业提前将资产“增值部分”进行了“处置”，需确认损益缴纳企业所得税。

③非居民企业境内再投资的特殊处理

根据2017年12月21日财政部、税务总局、国家发展改革委、商务部《关于境外投资者以分配利润直接投资暂不征收预提所得税政策问题的通知》（财税〔2017〕88号），对境外投资者从中国境内居民企业分配的利润，直接投资于鼓励类投资项目，凡符合规定条件的，实行递延纳税政策，暂不征收10%的预提所得税。直接投资的形式包括：境外投资者以分得利润进行的增资、新建、股权收购等权益性投资行为，但不包括新增、转增、收购上市公司股份（符合条件的战略投资除外）。

（2）继受取得股权的税务问题

企业作为法人股东转让股权时，应当根据《企业所得税法》的规定及时到税务机关办理完税手续，一些地方的工商局甚至以税务机关的完税作为进行工商登记的前置条件。这里应当注意的是，企业作为受让方受让股权时，在支付股权转让对价款时，对转让方的所得税负有代扣代缴义务。

①股权转让收入的确认以及所得的计算

根据2010年2月22日国家税务总局《关于贯彻落实企业所得税法若干税收问题的通知》（国税函〔2010〕79号）规定，企业转让股权收入，应于转让协议生效，且完成股权变更手续时，确认收入的实现。转让股权收入扣除为取得该股权所发生的成本后，为股权转让所得。企业在计算股权转让所得时，不得扣除被投资企业未分配利润等股东留存收益中按该项股权所可能分配的金额。

②通过股权收购取得股权的特殊税务处理

根据财政部、国家税务总局《关于企业重组业务企业所得税处理若干问题的通知》（财税〔2009〕59号）规定，企业在进行股权收购时，如果同时符合下面规定的条件，则可以适用特殊性税务处理规定。

A. 具有合理的商业目的，且不以减少、免除或者推迟缴纳税款为主要目的；

B. 被收购、合并或分立部分的股权比例：收购企业购买的股权不低于被收购企业全部股权的 50%；

C. 企业重组后的连续 12 个月内不改变重组资产原来的实质性经营活动；

D. 重组交易对价中涉及股权支付金额的比例：收购企业在该股权收购发生时的股权支付金额不低于其交易支付总额的 85%；

E. 企业重组中取得股权支付的原主要股东，在重组后连续 12 个月内，不得转让所取得的股权。

特殊税务处理的方式为：

A. 被收购企业的股东取得收购企业股权的计税基础，以被收购股权的原有计税基础确定。

B. 收购企业取得被收购企业股权的计税基础，以被收购股权的原有计税基础确定。

C. 收购企业、被收购企业的原有各项资产和负债的计税基础和其他相关所得税事项保持不变。

③通过资产收购取得股权的特殊税务处理

以股权作为收购资产的支付对价的，根据上述 59 号文规定，在满足上述同样条件的情况下，适用下面的特殊性税务处理：

A. 转让企业取得受让企业股权的计税基础，以被转让资产的原有计税基础确定。

B. 受让企业取得转让企业资产的计税基础，以被转让资产的原有计税基础确定。

④通过债务重组取得股权的特殊税务处理

根据上述 59 号文规定，在满足上述同样条件的情况下，对于通过债务重组方式取得的股权（通常为债转股），适用下面的特殊性税务处理：

企业债务重组确认的应纳税所得额占该企业当年应纳税所得额 50% 以上，可以在 5 个纳税年度的期间内，均匀计入各年度的应纳税所得额。企业发生债权转股权业务，对债务清偿和股权投资两项业务暂不确认有关债务清偿所得或损失，股权投资的计税基础以原债权的计税基础确定。企业的其他相关所得税事项保持不变。

⑤适用的税率

企业转让股权时适用的税率主要分为以下 4 种情况：

第一，普通的居民企业按照 25% 的税率征收企业所得税；

第二，符合条件的小型微利企业，减按 20% 的税率征收企业所得税；

第三，国家需要重点扶持的高新技术企业，减按 15% 的税率征收企业所得税；

第四，非居民企业按照 20% 的税率征收企业所得税。

7.1.3 其他税种

除上面所述的 2 个主要税种外，股权变动环节还会涉及 2 个税：

（1）印花税

印花税是对签订股权转让合同的双方征收的，双方都需要缴印花税。需要注意的是，被投资企业不用缴印花税，也没有代扣代缴的义务，由股权转受双方自己完成。

印花税的税率为 5‱，计算公式：应纳印花税额 = 合同所载金额总额 × 5‱。印花税可以按次申报也可以按时间段汇总后统一申报。一般个人或个体工商户都是按次申报，即签完一份合同后，带着合同去主管税务局办理。而增值税纳税人可以根据自己的增值税申报周期申报印花税。

（2）增值税

实务中，最常见的股权转让是个人作为持股主体，转让自己持有的未上市企业（有限公司居多）的股权，而这种情况不属于增值税征收范围。有限合伙企业或公司转让上市公司的股权时，需要按照金融商品转让缴纳相应增值税。金融商品转让的增值税税率，一般纳税人为 6%，小规模纳税人为 3%。金融商品转让的增值税税率，一般纳税人为 6%，小规模纳税人为 3%。

7.2 合规风险管理

7.2.1 常规监管的要求

股权架构的合规风险往往都是核心风险，一旦发生问题对企业的影响也比较大，有的甚至难以通过时间的延续进行化解。在设计股权架构过程中，需要注意在持股主体、股东数量、持股比例等方面要满足基本法律法规的要求以及行业监管的要求。

（1）关于持股主体

本书在第三章“股权架构的扩展：核心应用规则”第“3.1 持股主体选择是股权架构设计的起点”部分对持股主体做了介绍，读者可自行参阅该部分的内容。此处要强调的是，某些特殊行业对持股主体有限制，在进行股权架构设计时，应当严格遵守行业监管的要求。比如在分业经营的体制下，我国的银行业被禁止直接投资并持有企业的股权。所以，为了避开商业银行法的限制，银行不得不通过其他方式参与股权投资。从目前操作实践来看，银行主要通过两种途径持有企业的股权：第一，在企业破产重组中，银行债权被动转换为股权；第二，银行通过设立境外子公司和孙公司进行股权投资，以子公司为载体，可以进行直接股权投资，或者认股权贷款和产业基金、并购基金的方式进行股权投资。

（2）关于股东数量

在现行《公司法》《证券法》的框架下，有限责任公司股东数量不得超过 50 人，未上市的股份有限公司股东数量不得超过 200 人，实践中有的企业为了规避这个限制或者出于其他目的考虑，有时通过股权代持的方式设计股权架构。由于《公司法解释（三）》第 25 条明确认可了股权代持的有效性及隐名出资人的股东权益，在股权代持的情形下，如果进行穿透计算，就可能会出现实际股东数量大于法定登记股东数量的状况。若穿透后的股东数量突破了上述限制，则可能会对资本运作产生不利影响。

（3）关于股权比例

股权比例是由各方股东自行约定的，但是一些特殊行业针对本行业特点设置了特殊要求，达到或超过一定比例的股东应当满足法定的条件。例如，根据《非金融机构支付服务管理办法》（中国人民银行令〔2010〕第2号）第10条规定，持股超过10%的出资人需要满足下面的条件：

第一，应是依法设立的有限责任公司或股份有限公司；

第二，截至申请日，连续为金融机构提供信息处理支持服务2年以上，或连续为电子商务活动提供信息处理支持服务2年以上；

第三，截至申请日，连续盈利2年以上；

第四，最近3年内未因利用支付业务实施违法犯罪活动或为违法犯罪活动办理支付业务等受过处罚。

7.2.2 上市监管的要求

（1）关于公司控制权

在企业发展初期，需要创始人对公司的绝对控制和快速决策，此时公司股权越集中，公司的决策成本就越低，决策效率更高，公司运转就更加流畅。所以，控股股东保持对初创企业的控制力有着极其重要的意义。尽管公司控制权并非一定要靠股权取得，股权结构也并非公司治理效益的决定因素，但通常认为初期保障创始人的绝对控股即2/3以上，中期保证创始人简单控股即1/2以上，成熟期保障创始人相对控股即1/3以上是比较稳定、合适的股权结构安排。

根据深交所的实证研究报告，表明上市公司第一大股东持股比例与公司经营绩效呈正向关系，第一大股东持股比例越高，公司业绩越好；上交所研究报告也发现，股权集中度与业绩呈正相关关系，即股权集中有利于业绩的增长。

公司股权架构确定后，如果未来有上市计划，则应当保持控制权的稳定性，任何导致控制权变更的行为都会导致公司业绩被重新计算，从而耽误上市进程。

（2）关于股权的历史沿革

公司设立及之后运营过程中，应当保证每一次股权变动都有清晰完整的程序文件、股东权益确认文件，防止历史沿革产生瑕疵而给公司未来上市带来障碍。负责上市合规工作的律师都会比较关注股权设立、股权转让、公司增资等行为的合法性、彼此之间的连续性，如果实际操作中存在不规范行为，能够通过事后补救的，可以采取补救措施，如果无法事后补救，则可能会对上市带来比较大的影响。股权“清晰、无争议”是申报上市材料的基本前提。

7.3 刑事风险管理

近年来，涉及公司及股权的刑事犯罪引起了越来越多的关注和重视。刑事风险与前述税务风险和合规风险不同的是，后两者一旦发生所带来的主要是经济损失，而刑事风险则不同，一旦发生将会给相关方带来牢狱之灾，甚至使一切努力都归零。所以，应当引起企业家及股权投资人的高度重视。在股权架构设计过程中及实施过程中，也需要高度关注可能涉及的刑事法律风险，避免因触犯刑法规定而给个人或公司带来不可挽回的损失。本节内容选取了与股权直接或间接相关的 11 个刑事犯罪类别，进行简单的讨论和提示，期望能够引起广大投资人、股东的重视，依法经营、合法投资。

7.3.1 虚报注册资本罪

这种刑事法律风险主要发生在公司设立环节，发起人或投资人虚报注册资本，骗取获得公司登记，并造成了严重后果的情况。

（1）刑法规定

申请公司登记的个人或者单位，使用虚假证明文件或者采取其他欺诈手段，虚报注册资本，欺骗公司登记主管部门，取得公司登记，虚报注册资本数额巨大、后果严重或者有其他严重情节的行为，可构成本罪。

（2）量刑标准

处 3 年以下有期徒刑或者拘役，并处或者单处虚报注册资本金额 1% 以上

5% 以下罚金。

（3）追诉标准

①实缴注册资本不足法定注册资本最低限额，有限责任公司虚报数额占法定最低限额的 60% 以上，股份有限公司虚报数额占法定最低限额的 30% 以上的；

②实缴注册资本达到法定最低限额，但仍虚报注册资本，有限责任公司虚报数额在 100 万元以上，股份有限公司虚报数额在 1000 万元以上的；

③虚报注册资本给投资者或者其他债权人造成的直接经济损失累计数额在 10 万元以上的；

④虽未达到上述数额标准，但具有下列情形之一的：①因虚报注册资本，受过行政处罚 2 次以上，又虚报注册资本的；②向公司登记主管人员行贿或者注册后进行违法活动的。

7.3.2 虚假出资、抽逃出资罪

这种刑事法律风险主要发生在公司设立后，未按照法律规定完成出资义务，甚至将注册资本抽逃用作其他用途的情况。

（1）刑法规定

公司发起人、股东违反公司法的规定未交付货币、实物或者未转移财产权，或者在公司成立后又抽逃其出资，数额巨大、后果严重或者有其他严重情节的行为，可构成本罪。

（2）量刑标准

自然人犯本罪，处 5 年以下有期徒刑或者拘役，并处或者单处虚假出资金额或者抽逃出资金额 2% 以上 7% 以下罚金。单位犯本罪的、对单位判处罚金、并对其直接负责的主管人员和其他直接责任人员，处 5 年以下有期徒刑或者拘役。

（3）立案标准

最高人民检察院、公安部《关于公安机关管辖的刑事案件立案追诉标准

的规定（二）》第4条规定：公司发起人、股东违反公司法的规定未交付货币、实物或者未转移财产权，虚假出资，或者在公司成立后又抽逃其出资，涉嫌下列情形之一的，应予立案追诉：

①超过法定出资期限，有限责任公司股东虚假出资数额在30万元以上并占其应缴出资数额60%以上的，股份有限公司发起人、股东虚假出资数额在300万元以上并占其应缴出资数额30%以上的。

②有限责任公司股东抽逃出资数额在30万元以上并占其实缴出资数额60%以上的，股份有限公司发起人、股东抽逃出资数额在300万元以上并占其实缴出资数额30%以上的。

③造成公司、股东、债权人的直接经济损失累计数额在10万元以上的。

④虽未达到上述数额标准，但具有下列情形之一的：A.致使公司资不抵债或者无法正常经营的；B.公司发起人、股东合谋虚假出资、抽逃出资的；C.2年内因虚假出资、抽逃出资受过行政处罚2次以上，又虚假出资、抽逃出资的；D.利用虚假出资、抽逃出资所得资金进行违法活动的。

⑤其他后果严重或者有其他严重情节的情形。

7.3.3 非法吸收公众存款罪

这种刑事风险主要发生在股权融资过程中，变相地以股权作为载体，面向不特定社会公众筹集资金。

（1）刑法规定

非法吸收公众存款或者变相吸收公众存款，扰乱金融秩序的行为，可以构成本罪。

（2）量刑标准

自然人犯非法吸收吸收公众存款罪的，处3年以下有期徒刑或者拘役，并处或者单处2万元以上20万元以下罚金；数额巨大或者有其他严重情节的，处3年以上10年以下有期徒刑，并处5万元以上50万元以下罚金。单位犯本罪的，对单位判处罚金，并对直接负责的主管人员和其他直接责任人员，依照上述规定处罚。

（3）立案标准

①个人非法吸收或者变相吸收公众存款，数额在 20 万元以上的，单位非法吸收或者变相吸收公众存款，数额在 100 万元以上的；

②个人非法吸收或者变相吸收公众存款 30 户以上的，单位非法吸收或者变相吸收公众存款 150 户以上的；

③个人非法吸收或者变相吸收公众存款，给存款人造成直接经济损失数额在 10 万元以上的，单位非法吸收或者变相吸收公众存款，给存款人造成直接经济损失数额 50 万元以上的。

7.3.4 集资诈骗罪

这种刑事风险主要发生在公司融资过程中，变相地以股权作为载体和欺骗手段，骗取他人资金。

（1）刑法规定

以非法占有为目的，使用诈骗方法非法集资，数额较大的行为，可构成本罪。

（2）量刑标准

①自然人犯本罪，数额较大的，处 5 年以下有期徒刑或者拘役，并处 2 万元以上 20 万元以下罚金；数额巨大或者有其他严重情节的，处 5 年以上 10 年以下有期徒刑，并处 5 万元以上 50 万元以下罚金；数额特别巨大或者有其他特别严重情节的，处 10 年以上有期徒刑或者无期徒刑，并处 5 万元以上 50 万元以下罚金或者没收财产；

②单位犯本罪的，对单位判处罚金，并对其直接负责的主管人员和其他直接责任人员，处 5 年以下有期徒刑或者拘役，可以并处罚金；数额巨大或者有其他严重情节的，处 5 年以上 10 年以下有期徒刑，并处罚金；数额特别巨大或者有其他特别严重情节的，处 10 年以上有期徒刑或者无期徒刑，

并处罚金。

（3）立案标准

最高人民法院《关于关于审理非法集资刑事案件具体应用法律若干问题的解释》第5条规定：个人进行集资诈骗，数额在10万元以上的，应当认定为“数额较大”；数额在30万元以上的，应当认定为“数额巨大”；数额在100万元以上的，应当认定为“数额特别巨大”。

单位进行集资诈骗，数额在50万元以上的，应当认定为“数额较大”；数额在150万元以上的，应当认定为“数额巨大”；数额在500万元以上的，应当认定为“数额特别巨大”。

集资诈骗的数额以行为人实际骗取的数额计算，案发前已归还的数额应予扣除。行为人为实施集资诈骗活动而支付的广告费、中介费、手续费、回扣，或者用于行贿、赠与等费用，不予扣除。行为人为实施集资诈骗活动而支付的利息，除本金未归还可予折抵本金以外，应当计入诈骗数额。

7.3.5 对非国家工作人员行贿罪

这种刑事风险主要发生在公司参与某些重大活动（如招投标）及申请某些重要行政许可文件等过程中，为了获取资源优势，以本公司股权作为报酬向某些非国家工作人员实施贿赂的情况。

（1）刑法规定及量刑标准

《刑法》第164条规定：为谋取不正当利益，给予公司、企业或者其他单位的工作人员以财物，数额较大的，处3年以下有期徒刑或者拘役；数额巨大的，处3年以上10年以下有期徒刑，并处罚金。

为谋取不正当商业利益，给予外国公职人员或者国际公共组织官员以财物的，依照前款的规定处罚。

单位犯前两款罪的，对单位判处罚金，并对其直接负责的主管人员和其他直接责任人员，依照第一款的规定处罚。

行贿人在被追诉前主动交代行贿行为的，可以减轻处罚或者免除处罚。

（2）立案标准

最高人民法院、最高人民检察院《关于办理贪污贿赂刑事案件适用法律若干问题的解释》第 11 条第 3 款规定：《刑法》第 162 条第 1 款规定的对非国家工作人员行贿罪中的“数额较大”“数额巨大”的数额起点，按照本解释第 7 条、第 8 条第 1 款关于行贿罪的数额标准规定的 2 倍执行。（行贿 6 万元以上或者具有特定情节、行贿 2 万元以上，为对非国家工作人员行贿“数额较大”；行贿 200 万元以上或者具有特定情节、行贿 100 万元以上，为对非国家工作人员行贿“数额巨大”）

7.3.6 行贿罪

这种刑事法律风险与前述“对非国家工作人员行贿罪”的核心区别在于接受贿赂的对象不同，此种犯罪的行贿对象是“国家工作人员”。以公司股权对国家工作人员行贿的，便可能构成本罪。

（1）刑法规定及量刑标准

《刑法》第 389 条规定：为谋取不正当利益，给予国家工作人员以财物的，是行贿罪。在经济往来中，违反国家规定，给予国家工作人员以财物，数额较大的，或者违反国家规定，给予国家工作人员以各种名义的回扣、手续费的，以行贿论处。因被勒索给予国家工作人员以财物，没有获得不正当利益的，不是行贿。

《刑法》第 390 条规定：对犯行贿罪的，处 5 年以下有期徒刑或者拘役，并处罚金；因行贿谋取不正当利益，情节严重的，或者使国家利益遭受重大损失的，处 5 年以上 10 年以下有期徒刑，并处罚金；情节特别严重的，或者使国家利益遭受特别重大损失的，处 10 年以上有期徒刑或者无期徒刑，并处罚金或者没收财产。行贿人在被追诉前主动交代行贿行为的，可以从轻或者减轻处罚。其中，犯罪较轻的，对侦破重大案件起关键作用的，或者有重大立功表现的，可以减轻或者免除处罚。

《刑法》第 390 条之一相关规定：为谋取不正当利益，向国家工作人员的近亲属或者其他与该国家工作人员关系密切的人，或者向离职的国家工作人员或者其近亲属以及其他与其关系密切的人行贿的，处 3 年以下有期徒刑或者拘役，并处罚金；情节严重的，或者使国家利益遭受重大损失的，处 3 年以上 7 年以下有期徒刑，并处罚金；情节特别严重的，或者使国家利益遭受特别重大损失的，处 7 年以上 10 年以下有期徒刑，并处罚金。单位犯前款罪的，对单位判处罚金，并对其直接负责的主管人员和其他直接责任人员，处 3 年以下有期徒刑或者拘役，并处罚金。

（2）立案标准

最高人民检察院《关于人民检察院直接受理立案侦查案件立案标准的规定（试行）》第 5 条规定：行贿案（第 389 条、第 390 条）行贿罪是指为谋取不正当利益，给予国家工作人员以财物的行为。在经济往来中，违反国家规定，给予国家工作人员以财物，数额较大的，或者违反国家规定，给予国家工作人员以各种名义的回扣、手续费的，以行贿罪追究刑事责任。涉嫌下列情形之一的，应予立案：①行贿数额在 1 万元以上的；②行贿数额不满 1 万元，但具有下列情形之一的：第一，为谋取非法利益而行贿的；第二，向 3 人以上行贿的；第三，向党政领导、司法工作人员、行政执法人员行贿的；第四，致使国家或者社会利益遭受重大损失的。

因被勒索给予国家工作人员以财物，已获得不正当利益的，以行贿罪追究刑事责任。

7.3.7 对有影响力的人行贿罪

这种刑事犯罪与前述“行贿罪”的核心区别在于接受贿赂的对象不同，此种犯罪的行贿对象是“国家工作人员的近亲属或者其他与该国家工作人员关系密切的人，或者离职的国家工作人员或者其近亲属以及其他与其关系密切的人”。如果出于非法目的以本公司股权对这些人员行贿，便可能构成本罪。

（1）刑法规定及量刑标准

《刑法》第 390 条之一规定，为谋取不正当利益，向国家工作人员的近亲属或者其他与该国家工作人员关系密切的人，或者向离职的国家工作人员或者其近亲属以及其他与其关系密切的人行贿的，处 3 年以下有期徒刑或者拘役，并处罚金；情节严重的，或者使国家利益遭受重大损失的，处 3 年以上 7 年以下有期徒刑，并处罚金；情节特别严重的，或者使国家利益遭受特别重大损失的，处 7 年以上 10 年以下有期徒刑，并处罚金。

单位犯前款罪的，对单位判处罚金，并对其直接负责的主管人员和其他直接责任人员，处 3 年以下有期徒刑或者拘役，并处罚金。

（2）立案标准

最高人民检察院《关于人民检察院直接受理立案侦查立案标准的规定（试行）》（五）行贿案（第 389 条、第 390 条）：

行贿罪是指为谋取不正当利益，给予国家工作人员以财物的行为。

在经济往来中，违反国家规定，给予国家工作人员以财物，数额较大的，或者违反国家规定，给予国家工作人员以各种名义的回扣、手续费的，以行贿罪追究刑事责任。

涉嫌下列情形之一的，应予立案：①行贿数额在 1 万元以上的；②行贿数额不满 1 万元，但具有下列情形之一的：第一，为谋取非法利益而行贿的；第二，向 3 人以上行贿的；第三，向党政领导、司法工作人员、行政执法人员行贿的；第四，致使国家或者社会利益遭受重大损失的。

因被勒索给予国家工作人员以财物，已获得不正当利益的，以行贿罪追究刑事责任。

7.3.8 私分国有资产罪

这种刑事法律风险一般发生于国有企业改制过程中，因违规操作，导致国有股权的流失。

（1）刑法规定及量刑标准

《刑法》第 396 条规定，国家机关、国有公司、企业、事业单位、人民团体，违反国家规定，以单位名义将国有资产集体私分给个人，数额较大的，对其直接负责的主管人员和其他直接责任人员，处 3 年以下有期徒刑或者拘役，并处或者单处罚金；数额巨大的，处 3 年以上 7 年以下有期徒刑，并处罚金。

（2）立案标准

最高人民检察院《关于人民检察院直接受理立案侦查案件立案标准的规定（试行）》（十一）私分国有资产案（第 396 条第 1 款）：

私分国有资产罪是指国家机关、国有公司、企业、事业单位、人民团体，违反国家规定，以单位名义将国有资产集体私分给个人，数额较大的行为。涉嫌私分国有资产，累计数额在 10 万元以上的，应予立案。

7.3.9 国有公司、企业、事业单位人员失职罪和国有公司、企业、事业单位人员滥用职权罪

股权交易过程中，具有特殊身份的人员，如国有公司、企业、事业单位人员失职或滥用职权，造成国有股权价值流失的，可能会触犯本罪。

（1）刑法规定及量刑标准

《刑法》第 168 条规定，国有公司、企业的工作人员，由于严重不负责任或者滥用职权，造成国有公司、企业破产或者严重损失，致使国家利益遭受重大损失的，处 3 年以下有期徒刑或者拘役；致使国家利益遭受特别重大损失的，处 3 年以上 7 年以下有期徒刑。

国有事业单位的工作人员有前款行为，致使国家利益遭受重大损失的，依照前款的规定处罚。

国有公司、企业、事业单位的工作人员，徇私舞弊，犯前两款罪的，依照第 1 款的规定从重处罚。

（2）立案标准

最高人民检察院、公安部《关于公安机关管辖的刑事案件立案追诉标准的规定（二）》第15条规定，国有公司、企业、事业单位的工作人员，严重不负责任，涉嫌下列情形之一的，应予立案追诉：

①造成国家直接经济损失数额在50万元以上的；

②造成有关单位破产，停业、停产1年以上，或者被吊销许可证和营业执照、责令关闭、撤销、解散的；

③其他致使国家利益遭受重大损失的情形。

第16条规定，国有公司、企业、事业单位的工作人员，滥用职权，涉嫌下列情形之一的，应予立案追诉：

①造成国家直接经济损失数额在30万元以上的；

②造成有关单位破产，停业、停产6个月以上，或者被吊销许可证和营业执照、责令关闭、撤销、解散的；

③其他致使国家利益遭受重大损失的情形。

7.3.10 隐匿、故意销毁会计凭证、会计账簿、财务会计报告罪

股权交易过程中，如果为了调整股权作价目的，故意隐匿或故意销毁会计凭证和账簿，则可能触犯本罪。

（1）刑法规定及量刑标准

《刑法》第162条之一相关规定：隐匿或者故意销毁依法应当保存的会计凭证、会计帐簿、财务会计报告，情节严重的，处5年以下有期徒刑或者拘役，并处或者单处2万元以上20万元以下罚金。单位犯前款罪的，对单位判处罚金，并对其直接负责的主管人员和其他直接责任人员，依照前款的规定处罚。

（2）立案标准

最高人民检察院、公安部《关于公安机关管辖的刑事案件立案追诉标准

的规定（二）》第 8 条规定：隐匿或者故意销毁依法应当保存的会计凭证、会计账簿、财务会计报告，涉嫌下列情形之一的，应予立案追诉：①隐匿、故意销毁的会计凭证、会计账簿、财务会计报告涉及金额在 50 万元以上的；②依法应当向司法机关、行政机关、有关主管部门等提供而隐匿、故意销毁或者拒不交出会计凭证、会计账簿、财务会计报告的；③其他情节严重的情形。

7.3.11 徇私舞弊低价折股、出售国有资产罪

股权交易过程中，具有特殊身份的人员，如国有公司、企业、事业单位人员失职或滥用职权，造成国有股权价值流失的，可能会触犯本罪。

（1）刑法规定及量刑标准

《刑法》第 169 条规定，国有公司、企业或者其上级主管部门直接负责的主管人员，徇私舞弊，将国有资产低价折股或者低价出售，致使国家利益遭受重大损失的，处 3 年以下有期徒刑或者拘役；致使国家利益遭受特别重大损失的，处 3 年以上 7 年以下有期徒刑。

（2）立案标准

最高人民检察院、公安部《关于公安机关管辖的刑事案件立案追诉标准的规定（二）》第 17 条规定，国有公司、企业或者其上级主管部门直接负责的主管人员，徇私舞弊，将国有资产低价折股或者低价出售，涉嫌下列情形之一的，应予立案追诉：

①造成国家直接经济损失数额在 30 万元以上的；

②造成有关单位破产，停业、停产 6 个月以上，或者被吊销许可证和营业执照、责令关闭、撤销、解散的；

③其他致使国家利益遭受重大损失的情形。